전면개정판 제36회 공인중개사 시험대비
동영상강의 www.pmg.co.kr

박문각 공인중개사

기초입문서 2차

공인중개사법·중개실무 | 부동산공법
부동산공시법령 | 부동산세법

박문각 부동산교육연구소 편

브랜드만족 1위 박문각

근거자료 후면표기

2025

YouTube 동영상강의 무료제공

합격까지 박문각
합격 노하우가 다르다!

박문각

박문각 공인중개사

이 책의 머리말

1985년 처음 시행된 공인중개사 시험이 어느덧 36회째 시험을 맞이하게 되었습니다.
해가 거듭될수록 높아지는 문제의 난이도로 많은 수험생들이 시험 준비에 어려움을 겪고 계실 테지만, 준비만 제대로 한다면 단기간에 쉽게 딸 수 있는 자격증이 공인중개사입니다.

먼저 공인중개사 시험을 준비할 때는 [입문서-기본서-필수서-문제집-모의고사-파이널 패스 100선]의 순서로 공부하실 것을 권합니다. 본서는 중개사 시험 준비의 첫걸음이라 할 수 있는 입문서로, 기본서에 앞서 어떤 내용을 익히고 공부해야 하는지, 그 방향을 잡아주는 지침서 역할을 합니다. 때문에 꼭 보지 않아도 되지 않을까 생각하시는 분들도 계시겠지만 입문과정을 거치느냐 거치지 않느냐에 따라 기본서를 이해하고 습득하는 시간이 크게 차이가 나기 때문에 가능하다면 입문서를 공부하고 기본서를 보시는 것이 훨씬 유리합니다.

이 책의 특징은 다음과 같습니다.

- 각 과목별 특성에 맞추어 중요개념을 테마별로 정리하여 제시하고 있습니다.
- 기본서 학습에 앞서 기본적으로 알아야 할 이론과 용어를 쉽게 이해하고 받아들일 수 있도록 풀어서 설명하였습니다.
- 필요한 경우 도표나 만화 등을 활용하여 보다 쉽게 이론을 이해할 수 있도록 돕는 한편, 학습에 재미를 더하고 있습니다.

공인중개사 시험을 준비하시는 분들에게 부끄럽지 않은 교재를 내놓기 위해 많은 교수님들께서 불철주야 애써주셨습니다. 이제 입문서로서의 역할을 제대로 할 수 있도록 다듬고 보완하고 오랜 시간 고민하며 작업한 이 결과물을 조심스럽게 내어놓습니다.
부족한 부분은 계속 채워나갈 것을 약속드리며, 부디 이 책이 공인중개사 합격이라는 수험생들의 꿈을 이루는 데 큰 힘이 되길 바랍니다.

박문각 부동산교육연구소 씀

공인중개사 개요

"자격증만 따면 소자본만으로 개업할 수 있고 '나'의 사업을 능력껏 추진할 수 있다"

'공인중개사는 자격증만 따면 개업하고, 적당히 돌아다니면 적지 않은 수입을 올릴 수 있는 자유직업' 이는 뜬구름 잡듯 공인중개사가 되려는 사람들의 생각인데 천만의 말씀이다.

예전에도 그랬고 지금은 더하지만 '부동산 전문중개인다워야' 제대로 사업을 유지할 수 있고 괜찮은 소득도 올릴 수 있다.

자신의 모든 능력을 전력투구할 때에만 비로소 공인중개사는 최고의 자유직업이라고 할 수 있다.

공인중개사란

공인중개사란 등록을 하고 타인의 의뢰에 의하여 일정한 보수를 받고 토지나 주택 등의 매매, 교환, 임대차 기타 권리의 득실·변경에 관한 행위의 알선·중개를 하는 자로서, 공인중개사시험에 합격하여 그 자격을 취득한 자이다.

개업공인중개사로서의 공인중개사 업무를 좀더 살펴보면, 앞에서 언급한 알선·중개 외에도 중개부동산의 이용이나 개발에 관한 지도 및 상담(부동산컨설팅)업무도 포함된다. 부동산중개 체인점, 주택 및 상가의 분양대행, 부동산의 관리대행, 경매 및 공매대상 부동산 취득의 알선 등 부동산의 전문적 컨설턴트로서 부동산의 구입에서 이용, 개발, 관리까지 폭넓은 업무를 다룰 수 있다. 최근에는 부동산 가치활용의 중점이 종래의 '부동산의 보존'이라는 차원에서 '부동산의 이용'의 차원으로 옮겨가고 있어, 이에 따른 공인중개사의 업무영역이 더욱 활성화될 것으로 전망된다.

전문직업인으로 정착되어 가는 공인중개사

종래에는 토지나 주택 등의 알선·중개업무를 복덕방이라고 불리는 일반중개인이 담당했었지만 지난 1985년부터 공인중개사제도가 시행됨에 따라 공인중개사만이 부동산중개업의 등록을 받을 수 있게 되었다. 앞으로 공인중개사 자격시험은 해를 거듭할수록 더욱 전문적이고 심도 깊은 출제가 예상되는데, 이는 부동산거래의 공정성과 질적 고양을 추구하는 정책방향과도 밀접한 관련이 있다. 현실적으로도 응시자들의 수준이 높아지고 있으며, 공인중개사가 전문직업인으로 정착되어가는 추세를 띠고 있다. 또한 부동산 유통시장이 1996년부터 개방됨에 따라 우리나라의 부동산업계도 전문화·법인화·대형화되는 추세이고, 부동산 거래정보망과 함께 전국적인 체인점 형성이 두드러지게 나타나면서 공인중개사에 대한 관심이 고조되고 있다.

최근에는 우리나라의 부동산중개사무소도 선진국형으로 변화되어, 부동산컨설팅·분양·관리·개발·신탁 등 전문적인 재산상담에까지도 그 영역을 확대하고 있다.

부동산 시장의 패러다임 변화로 공인중개사의 역할이 커졌다.

부동산 시장은 다른 어떤 분야보다도 경제적·사회적 문제로부터 직접적인 영향을 받는다. 경기선행·후행지수, 금리, 주가, 환율, 세계 경제의 이슈 등 거시경제적 지표들과 지역 부동산거래의 증감, 급매물의 증감, 경매의 경락률, 전세가격과 매매가격의 비율, 주택공급의 인허가 통계 등 부동산 관련지표를 종합적으로 분석해 보면 부동산 시장의 단기적 또는 장기적 미래가 보인다.

IMF 사태 이후 부동산 시장은 패러다임의 변화라는 몸살을 앓고 있어, 그 여파로 금융권의 저금리 기조 유지, 리츠 등 부동산 간접상품의 등장, 외국부동산 자본의 국내 진출 등이 부동산 시장을 움직이는 큰 손이 되고 있다.

최근엔 부동산 투기 수요를 잠재우기 위해 분양권전매 제한, 투기과열지구에서의 규제 강화 등 부동산 투기 억제 대책이 나오고 있다.

이러한 변화를 미리미리 읽고, 그 허리 역할을 해야 하는 게 공인중개사이다.

공인중개사 전망

"자격증 취득하면 무슨 일 할까?"

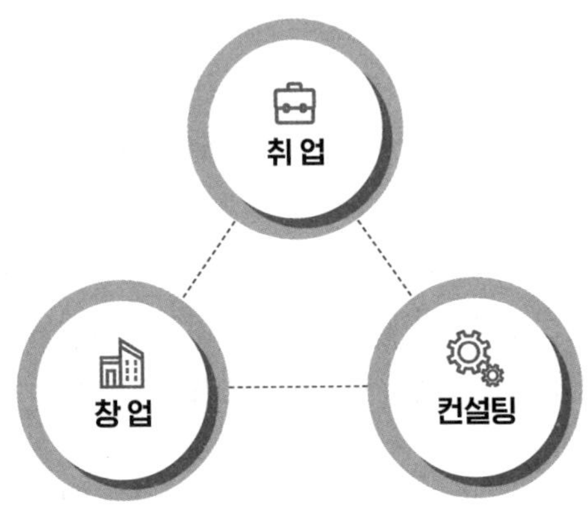

공인중개사 자격증에 대해 사람들이 가장 많이 궁금해 하는 점이 바로 '취득 후 무슨 일을 하나'이다. 하지만 공인중개사 자격증 취득 후 선택할 수 있는 직업군은 생각보다 다양하다.

공인중개사가 타인의 부동산경매 대행 자격을 부여받아 직접 경매에 참여할 수 있는 제도적 장치가 마련되어 업무범위가 확대되어 보다 전문적인 업무를 할 수 있게 되었다. 공인중개사가 경매·공매 대상 부동산에 대한 시장가격 분석과 권리 분석을 전문자격인으로 이미 수행하고 있는데도 절차적인 행위에 불과한 매수신청 또는 입찰신청의 대리업무를 변호사 및 법무사만이 하도록 제한돼 있어 일반인이 경매 등에 대한 접근이 쉽지 않았지만, 공인중개사에게 입찰신청의 대리 등을 할 수 있도록 하여 업계의 형평성을 도모하고 일반인이 개업공인중개사를 통해 편리하게 경매 등에 참여할 수 있게 됨에 따라 진출할 수 있는 범위가 더 넓어졌다.

취 업

20~30대 수험생들의 경우 인터넷 부동산 회사에 취업을 하는 경우를 볼 수 있다. 부동산 관련 회사에서는 "공인중개사 자격증 취득 여부가 입사시 가장 중요한 요소가 될 수 있다."고 밝혔다. 인터넷 회사뿐만 아니라 법인인 개업공인중개사 등 부동산 관련 기업, 정부재투자기관, 즉 법인인 개업공인중개사와 일반기업에서는 부동산 및 관재팀에 입사할 수 있다. 일반 기업 입사 후에도 승급우대 등의 혜택과 자격증 수당 등이 지급되기도 한다.

창업

중개사무소 개업은 가장 많은 수험생들이 선택하는 직업이다. 공인중개사는 중개사무소 개설등록을 하여 사무소를 설치, 중개업을 할 수 있다. 소규모의 자본과 자격증만 있으면 창업이 가능해 40~50대의 퇴직 후의 주 소득원이 된다. 또한 여성들의 경우 결혼과 출산 후에도 안정적으로 일을 할 수 있다는 장점 때문에 20대에서 50대에 이르기까지 다양한 연령층이 공인중개사 시험에 도전하고 있다.

공인중개사가 사무소를 개설하고자 할 때는 가장 먼저 실무교육(실무수습 포함)을 이수하고, 관할 지역 관청(시·군·구청)에 개설등록을 신청한 후 업무보증 설정을 하고 중개업등록증을 교부받음으로써 업무를 개시할 수 있으며 이에 따른 등록신청에 필요한 서류 및 절차는 다음과 같다.

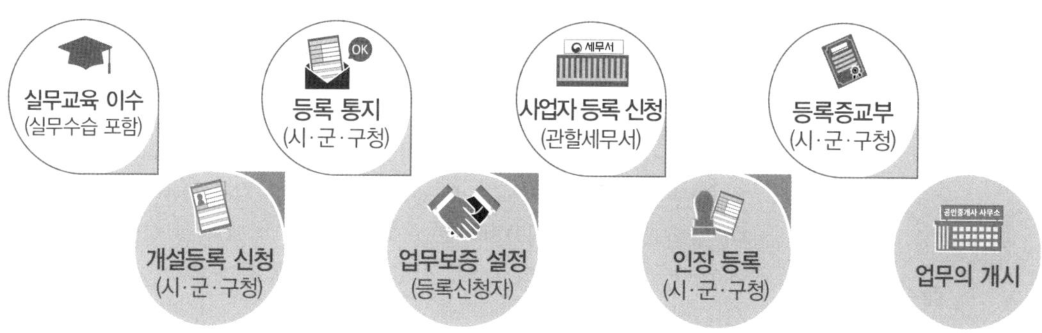

컨설팅

중개사무소 창업과 부동산 기업 입사 외에 합격생들이 선택할 수 있는 직종은 바로 부동산컨설팅이다. 부동산컨설팅은 부동산의 입지 환경과 특성의 조사와 분석을 통해 부동산 이용을 최대화할 수 있는 방안을 연구하며 재개발과 부동산 관련 법규와 세제 등에 대한 자문을 하는 전문화된 직업군이다.

공인중개사 자격증 취득 후 선택할 수 있는 직업의 전문성이 더해짐에 따라 선진국형 중개업으로 자리를 잡아간다고 보는 시각이 높아지고 있다. 기존 장노년층만을 위한 자격증에서 20~30대들의 직업 선택의 폭을 넓혀 주는 자격증으로 범위를 넓혀가고 있다.

공인중개사 공략법

"수험생 유형별 맞춤 합격 방법"

학습 정도에 따른 공략법

type 01 입문자의 경우

공인중개사 시험 준비 경험이 전혀 없는 상태라면 먼저 시험에 대한 전체적인 파악과 과목에 대한 이해가 필요하다. 서점에서 공인중개사 관련 서적을 살펴보고 공인중개사 시험에 대한 대략적 지식을 쌓은 후 학원에서 수험상담을 받는 것이 좋다.

type 02 학습경험이 있는 경우

잠시라도 손을 놓으면 실력이 급격히 떨어질 수 있으므로 문제풀이를 통해 학습한 이론을 정리하고, 안정적 실력 향상을 위해 꾸준히 노력해야 한다. 강의 또한 평소 취약하다고 느끼는 과목에 대해 집중 심화 학습을 해야 한다. 정기적인 모의고사를 실시하여 결과에 따라 약점을 보완하는 동시에 성적이 잘 나오는 과목에 대해서도 소홀하지 않도록 지속적인 복습을 해야 한다.

type 03 시간이 부족한 직장인 또는 학생의 경우

시험에 올인하는 수험생에 비해 절대적으로 학습시간이 부족하므로 시간을 최대한 아껴가며 효율적으로 공부하는 방법을 찾는 것이 무엇보다도 가장 중요하다. 평소에는 동영상강의 등을 활용하여 과목별 이해도를 높이고 자투리 시간을 활용하여 지하철이나 버스 안에서 자기만의 암기카드, 핸드북 등을 보며 학습하는 것이 좋다. 주말은 주로 기본이론보다는 주중에 학습한 내용의 심화학습 위주로 공부해야 한다.

학습 방법에 따른 공략법

type 01

독학할 경우

신뢰할 수 있는 기본서를 선택하여 기본이론을 충실히 학습하면서 문제집 또는 모의고사 문제집을 통하여 실전에 필요한 문제풀이 방법을 터득하는 것이 관건이다. 주기적으로 모의고사 등에 응시하여 자신의 실력을 확인하면서 체계적인 수험계획을 세우고 이에 따라서 공부하여야 한다.

TIP 관련 법령 개정이 잦은 공인중개사 시험의 특성상 시험 전 최신 수험정보를 확인해 보는 자세가 필요하다.
※ 최신 수험정보 및 수험자료는 **박문각 홈페이지(www.pmg.co.kr)** 참고

type 02

학원강의를 수강할 경우

보통 학원에서는 2달을 기준으로 기본서, 문제집, 모의고사 등에 관련된 강의가 개설·진행되는데 그에 맞춰서 수험 전체의 일정을 잡는 것이 좋다. 학원수업 후에는 개인공부를 통해 실력을 쌓아 나가고, 쉬는 날에도 공부의 흐름을 놓치지 않도록 그 주에 공부한 부분을 가볍게 훑어보는 것이 좋다.

type 03

동영상강의를 수강할 경우

동영상을 통하여 이론강의와 문제풀이 강의를 동시에 수강할 수도 있고, 단원별로 이론강의 수강 후에 문제풀이 강의로 즉시 실력 점검할 수도 있다. 그리고 이해가 안 되거나 어려운 부분은 책갈피해 두었다가 다시 볼 수 있다. 패키지 강좌, 프리미엄 강좌 등을 이용하면 강의료가 할인된다.

TIP **공인중개사 동영상강의**: www.pmg.co.kr
박문각공인중개사 전화문의: 02-6466-7201

2025 공인중개사 시험정보

시험일정 및 시험시간

1. 시험일정 및 장소

구 분	인터넷 / 모바일(App) 원서 접수기간	시험시행일	합격자발표
일 정	매년 8월 2번째 월요일부터 금요일까지(2025. 8. 4 ~ 8. 8 예정)	매년 10월 마지막 주 토요일 시행(2025. 10. 25 예정)	11월 중
장 소	원서 접수시 수험자가 시험지역 및 시험장소를 직접 선택		

TIP 1. 제1·2차 시험이 동시접수·시행됩니다.
2. 정기 원서접수 기간(5일간) 종료 후 환불자 범위 내에서만 선착순으로 추가 원서접수 실시(2일간)하므로, 조기마감될 수 있습니다.

2. 시험시간

구 분	교 시	시험과목 (과목당 40문제)	시험시간	
			입실시간	시험시간
제1차 시험	1교시	2과목	09:00까지	09:30 ~ 11:10(100분)
제2차 시험	1교시	2과목	12:30까지	13:00 ~ 14:40(100분)
	2교시	1과목	15:10까지	15:30 ~ 16:20(50분)

* 수험자는 반드시 입실시간까지 입실하여야 함(시험 시작 이후 입실 불가)
* 개인별 좌석배치도는 입실시간 20분 전에 해당 교실 칠판에 별도 부착함
* 위 시험시간은 일반응시자 기준이며, 장애인 등 장애유형에 따라 편의제공 및 시험시간 연장가능(장애 유형별 편의제공 및 시험시간 연장 등 세부내용은 큐넷 공인중개사 홈페이지 공지사항 참조)
* 2차만 응시하는 시간연장 수험자는 1·2차 동시응시 시간연장자의 2차 시작시간과 동일 시작

TIP 시험일시, 시험장소, 시험방법, 합격자 결정방법 및 응시수수료의 환불에 관한 사항 등은 '제36회 공인중개사 자격시험 시행공고'시 고지

응시자격 및 합격자 결정방법

1. 응시자격: 제한 없음

다만, 다음의 각 호에 해당하는 경우에는 공인중개사 시험에 응시할 수 없음

① 공인중개사시험 부정행위자로 처분 받은 날로부터 시험시행일 전일까지 5년이 지나지 않은 자(공인중개사법 제4조의3)

② 공인중개사 자격이 취소된 후 시험시행일 전일까지 3년이 지나지 않은 자(공인중개사법 제6조)

③ 이미 공인중개사 자격을 취득한 자

2. 합격자 결정방법

제1·2차 시험 공통. 매 과목 100점 만점으로 하여 매 과목 40점 이상, 전 과목 평균 60점 이상 득점한 자

TIP 제1·2차 시험 응시자 중 제1차 시험에 불합격한 자의 제2차 시험에 대하여는 「공인중개사법 시행령」 제5조 제3항에 따라 이를 무효로 합니다.

* **제1차 시험 면제대상자:** 2024년 제35회 제1차 시험에 합격한 자

시험과목 및 출제비율

구 분	시험과목	시험범위	출제비율
제1차 시험 (2과목)	부동산학개론 (부동산 감정평가론 포함)	부동산학개론 •부동산학 총론[부동산의 개념과 분류, 부동산의 특성(속성)] •부동산학 각론(부동산 경제론, 부동산 시장론, 부동산 정책론, 부동산 투자론, 부동산 금융론, 부동산 개발 및 관리론)	85% 내외
		부동산 감정평가론(감정평가의 기초이론, 감정평가방식, 부동산 가격공시제도)	15% 내외
	민법 및 민사특별법 중 부동산중개에 관련되는 규정	민 법 •총칙 중 법률행위 •질권을 제외한 물권법 •계약법 중 총칙·매매·교환·임대차	85% 내외
		민사특별법 •주택임대차보호법 •집합건물의 소유 및 관리에 관한 법률 •가등기담보 등에 관한 법률 •부동산 실권리자명의 등기에 관한 법률 •상가건물 임대차보호법	15% 내외
제2차 시험 1교시 (2과목)	공인중개사의 업무 및 부동산 거래신고 등에 관한 법령 및 중개실무	공인중개사법	70% 내외
		부동산 거래신고 등에 관한 법률	
		중개실무	30% 내외
	부동산공법 중 부동산중개에 관련되는 규정	국토의 계획 및 이용에 관한 법률	30% 내외
		도시개발법	30% 내외
		도시 및 주거환경정비법	
		주택법	40% 내외
		건축법	
		농지법	
제2차 시험 2교시 (1과목)	부동산공시에 관한 법령 및 부동산 관련 세법	부동산등기법	30% 내외
		공간정보의 구축 및 관리 등에 관한 법률 제2장 제4절 및 제3장	30% 내외
		부동산 관련 세법(상속세, 증여세, 법인세, 부가가치세 제외)	40% 내외

TIP 답안은 시험시행일에 시행되고 있는 법령을 기준으로 작성

이 책의 활용방법

Thema

01

중점적으로 학습해야 할 내용을 선별하여 수험생들이 각 과목의 특성을 파악할 수 있도록 테마별로 일목요연하게 정리하였다.

Thema 06 결격사유

1 제한능력자

(1) 미성년자

미성년자라 함은 만 19세에 달하지 아니한 자를 말한다. 이러한 미성년자는 판단능력이 불완전하므로 타인의 재산권을 취급하는 중개업에 종사하는 것은 부적절하다고 보고 결격사유자로 규정하고 있다.

(2) 피한정후견인

피한정후견인이라 함은 질병, 장애, 노령, 그 밖의 사유로 인한 정신적 제약으로 사무를 처리할 능력이 부족한 사람으로서 가정법원으로부터 한정후견개시의 심판을 받은 자를 말한다(「민법」 제12조 제1항).

(3) 피성년후견인

피성년후견인이라 함은 질병, 장애, 노령, 그 밖의 사유로 인한 정신적 제약으로 사무를 처리할 능력이 지속적으로 결여된 사람으로서 가정법원으로부터 성년후견개시의 심판을 받은 자를 말한다(「민법」 제9조 제1항).

피특정후견인은 일반적인 행위능력이 있는 자로서 제한능력자에 해당하지 않으므로 결격사유에 해당하지 않는다.

핵심다지기

02

중요 내용을 한눈에 파악하고, 다시 한 번 상기할 수 있도록 구성하였다.

핵심 다지기

결격사유의 의미

1. 결격사유에 해당하면 중개사무소의 개설등록을 할 수 없고 소속공인중개사나 중개보조원이 될 수 없다.
2. 중개사무소의 개설등록을 한 이후에 결격사유에 해당하면 등록취소사유에 해당하고 소속공인중개사나 중개보조원이 된 이후에 결격사유에 해당하면 고용관계종료사유에 해당한다.

2 건축물의 사용승인

핵심용어 Check

◆**강제경매**
채무자가 채무를 이행하지 않은 경우에 채권자가 확정판결 등 집행권원에 의하여 채무자 소유의 일반재산을 압류환가한 금액으로 채권자의 금전채권의 만족을 얻기 위한 강제환가절차이다. 채권자가 강제경매를 신청하기 위해서는 집행권원이 있어야 한다.

◆**임의경매**(담보권실행경매)
담보권실행경매는 저당권이나 질권, 전세권 등 담보권자가 채무자의 채무불이행의 경우에 담보권에 의하여 보장되는 우선변제권을 행사하기 위하여 담보의 목적물을 강제매각하는 절차이다.

3 핵심 확인학습

① 서울특별시 A구에서 연면적의 합계가 20만m^2인 공장이나 창고를 건축하고자 하는 경우에는 서울특별시장이 허가권자이다. ( )

② 허가권자는 건축허가를 받은 날부터 1년 이내에 공사를 착수하지 아니하는 경우에는 허가를 취소하여야 한다. ( )

③ 국토교통부장관은 국방부장관이 국방상 특히 필요하다고 인정하여 요청한 경우 건축허가를 받은 건축물의 착공을 제한할 수 있다. ( )

④ 건축허가나 착공을 제한하는 기간은 2년 이내로 하며, 1회에 한하여 2년 이내의 범위에서 제한기간을 연장할 수 있다. ( )

⑤ 신고를 한 자가 신고일부터 2년 이내에 공사에 착수하지 아니한 경우에는 신고의 효력이 없어진다. ( )

⑥ 기존 건축물의 높이를 5m 이하의 범위에서 증축하는 건축물이 신고대상이다. ( )

Answer

1. × A구청장이 허가권자이다.
2. × 2년 이내에 공사를 착수하지 아니하는 경우에는 허가를 취소하여야 한다.
3. ○
4. × 1회에 한하여 1년 이내의 범위에서 제한기간을 연장할 수 있다.
5. × 신고일부터 1년 이내에 공사에 착수하지 아니한 경우에는 신고의 효력이 없어진다.
6. × 높이를 3m 이하의 범위에서 증축하는 건축물이 신고대상이다.

2과목

03 핵심용어 Check

공인중개사 시험공부의 입문자를 위하여 난해한 관련용어를 알기 쉽게 설명하였다.

04 확인학습 OX

반드시 이해해야 하는 사항을 놓치지 않도록 체계적으로 정리하면서, 문제풀이를 통해 보다 입체적인 학습이 가능하도록 구성하였다.

이 책의 차례

01 공인중개사법·중개실무

02
부동산공법

이 책의 차례

03
부동산
공시법령

이 책의 차례

04 부동산세법

박문각 공인중개사

과목별 학습 방법

공인중개사법·중개실무는 분량이 많지는 않지만 사례형 문제가 출제되기 때문에 관련 법조문의 내용을 이해 위주로 철저히 학습하여야 한다. 이제 막 공부를 시작하는 수험생의 경우 강의를 먼저 충실하게 반복 수강함으로써 관련 제도를 깊이 이해하는 것이 우선이다.

학습 내용에 대한 이해가 어느 정도 되었다면 기출문제를 바탕으로 출제 가능성이 높은 예상문제를 반복해서 풀어 보아야 한다. 모든 과목이 그러하지만 공인중개사법·중개실무 역시 기출문제가 중요하다. 기출문제가 다시 출제되는 비중이 상당히 높다고 할 수 있으므로 최근 기출문제가 출제된 영역 위주로 집중적으로 학습하여야 한다. 나아가 기출문제를 분석해 보면 반드시 암기해야만 맞출 수 있는 문제 또한 상당히 포함되어 있으므로 필수 암기사항에 해당하는 내용을 확실히 암기한다면 충분히 고득점을 얻을 수 있다.

01

공인중개사법 · 중개실무

용어의 정의

1 중 개

"중개"라 함은 법 제3조에 따른 중개대상물에 대하여 거래당사자 간의 매매·교환·임대차 그 밖의 권리의 득실변경에 관한 행위를 알선하는 것을 말한다. 따라서 중고자동차는 중개대상물에 해당하지 않기 때문에 중고자동차 매매를 알선한 행위는 중개에 해당하지 않는다.

2 중개업

"중개업"이라 함은 다른 사람의 의뢰에 의하여 일정한 보수를 받고 중개를 업으로 행하는 것을 말한다.

(1) 중개업이 성립하기 위해서는 계속적·반복적으로 중개가 행해져야 한다. 따라서 우연한 기회에 단 1회 건물 등에 대한 전세계약 등을 알선하고 보수를 받은 것만으로는 이 법상의 중개업이라고 할 수 없다.

(2) 거래당사자들로부터 보수를 현실적으로 받지 아니하고 단지 보수를 받을 것을 약정하거나 거래당사자들에게 보수를 요구하는 데 그친 경우에는 중개업에 해당하지 아니한다(대판 2006. 9.22, 2006도4842).

(3) 부동산 중개행위가 부동산 컨설팅에 부수하여 이루어진 경우라 하더라도 중개업에 해당될 수 있다.

(4) 이러한 중개업을 하기 위해서는 등록관청에 등록하여야 하므로 만약 등록 없이 중개업을 하면 무등록중개업자로 형사처벌의 대상이 된다.

3 개업공인중개사

"개업공인중개사"라 함은 이 법에 의하여 중개사무소의 개설등록을 한 자를 말한다. 중개사무소의 등록을 한 자는 자격증이나 등록증을 갖고 있지 않아도 개업공인중개사에 해당하고, 중개업을 영위하지 않고 있다고 하더라도 개업공인중개사에 해당한다.

1. 공인중개사인 개업공인중개사
2. 법인인 개업공인중개사
3. 법 부칙 제6조 제2항의 개업공인중개사

법 부칙 제6조 제2항의 개업공인중개사는 예전에 공인중개사자격증 없이도 신고하거나 허가를 받아 중개업을 영위하던 자들에게 기득권을 인정하여 제도가 등록제로 변경되었음에도 계속해서 중개업을 할 수 있도록 부칙 조문에서 예외를 둔 자이다. 이들은 공인중개사자격은 없어도 등록된 것으로 의제되기 때문에 개업공인중개사에 해당한다.

4 공인중개사

"공인중개사"라 함은 이 법에 의한 공인중개사자격을 취득한 자를 말한다. 따라서 외국법에 따라 공인중개사자격을 취득한 자는 이 법상의 공인중개사에 해당하지 아니한다. 「공인중개사법」상 중개업을 영위하기 위해서는 중개사무소 개설등록을 하여야 하기 때문에 공인중개사 자격증을 갖고 있다고 해서 즉시 중개업을 할 수는 없다.

5 소속공인중개사

"소속공인중개사"라 함은 개업공인중개사에 소속된 공인중개사(개업공인중개사인 법인의 사원 또는 임원으로서 공인중개사인 자를 포함한다)로서 중개업무를 수행하거나 개업공인중개사의 중개업무를 보조하는 자를 말한다.

핵심 용어 Check

◆ **중개업무**
중개업무 수행이란 중개활동 중에서 본질적이며 중요한 업무를 일컫는데 중개대상물에 대한 확인·설명, 중개대상물확인·설명서 작성 및 거래계약서 작성 등이 이에 해당한다.

◆ **보조업무**
중개업무 보조라 함은 중개대상물에 대한 현장안내, 일반서무, 부동산등기사항증명서의 열람 등이 이에 해당한다.

6 중개보조원

"중개보조원"이라 함은 공인중개사가 아닌 자로서 개업공인중개사에 소속되어 중개대상물에 대한 현장안내 및 일반서무 등 개업공인중개사의 중개업무와 관련된 단순한 업무를 보조하는 자를 말한다.

Thema

02 중개대상물

법정 중개대상물

1. 토지	2. 건축물 그 밖의 토지의 정착물
3. 입목	4. 광업재단
5. 공장재단	

1 토 지

토지란 일정한 범위의 지면에 소유권의 정당한 이익이 있는 범위 내에서의 상하에 미치는 입체적 존재를 말한다(「민법」 제212조). 토지는 그 지목을 불문하고 중개대상물이 된다. 토지의 일부도 분필되지 않은 상태에서도 지상권설정계약이나 임대차계약의 목적물이 될 수 있으므로 중개대상물이 될 수 있다.

2 건축물

(1) 중개대상물로서의 건축물은 「민법」상 부동산에 해당하는 건축물을 의미하므로 토지의 정착물로서 원칙적으로 기둥과 지붕 그리고 주벽을 갖추어야 한다(대판 2009.1.15, 2008도9427).

(2) 토지의 정착물로서 기둥과 지붕 및 주벽을 갖추었다면 무허가건물이나 미등기건물이라도 중개대상물이 될 수 있다.

(3) 세차장구조물은 콘크리트 지반 위에 볼트조립방식 등을 사용하여 철제 파이프 또는 철골의 기둥을 세우고 2면 또는 3면에 천막이나 유리 등으로 된 구조물로서 주벽이라고 할 만한 것이 없고, 볼트만 해체하면 쉽게 토지로부터 분리・철거가 가능하므로 이를 토지의 정착물이라 볼 수는 없다고 할 것이므로 중개대상물이 될 수 없다.

(4) 「공인중개사법」 제3조 제2호에 규정된 중개대상물 중 “건물”에는 기존의 건축물뿐만 아니라 장차 건축될 특정의 건물도 포함된다고 볼 것이므로 아파트의 특정 동・호수에 대하여 피분양자가 선정되거나 분양계약이 체결된 후에는 그 특정아파트가 완성되기 전이라 하여도 이에 대한 매매 등 거래를 중개하는 것은 “건물”의 중개에 해당한다(대판 2005.5.27, 2004도62).

(5) 건축물은 토지와는 독립한 부동산이므로 단독주택이나 아파트의 매매를 하는 경우에는 계약서에 계약의 목적물로 토지와 건축물을 각각 기재하여야 한다.

토지의 정착물이란 토지에 고정적으로 부착되어 용이하게 이동할 수 없는 물건으로서 거래개념상 계속적으로 토지에 부착하여 이용되는 것으로 인정되는 것을 말한다. 이러한 토지의 정착물에는 토지로부터 독립된 부동산(건축물, 입목)도 있고 토지에 속하는 부동산(담장, 우물)도 있다. 토지의 정착물 중에서 토지로부터 독립된 부동산만 중개대상물이 된다.

3 입 목

(1) 입목은 토지에 부착된 수목의 집단으로서 「입목에 관한 법률」에 의하여 소유권 보존등기가 된 것을 말한다. 보존등기가 된 입목은 토지의 정착물이지만 토지와는 별개의 부동산으로 취급된다. 따라서 입목을 매매하거나 저당권을 설정하는 것이 가능하다.

(2) 만약 입목이 있는 토지를 매도하고 이전등기를 해 준 경우에는 토지의 소유권은 이전되지만 입목의 소유권은 이전되지 않는다.

4 광업재단

광업재단은 광업권과 그 광업권에 기하여 광물을 채굴・취득하기 위한 제설비 및 이에 부속하는 사업의 제설비로 구성되는 일단의 기업재산으로 구성된다. 이러한 광업재단은 저당권설정의 목적물이 될 수 있다.

5 공장재단

공장재단은 공장에 속하는 일정한 기업용 재산으로 구성되는 일단의 기업재산을 말한다. 이러한 공장재단은 저당권설정의 목적물이 될 수 있다.

핵심 용어 Check

◆ **영업권**

영업용 건물의 영업시설・비품 등 유형물이나 거래처, 신용, 영업상의 노하우 또는 점포 위치에 따른 영업상의 이점 등 무형의 재산적 가치는 「공인중개사법」 제3조에서 정한 중개대상물이라고 할 수 없다(대판 2009.1.15, 2008도9427).

Thema

03 공인중개사제도

1 공인중개사시험

(1) 시험시행기관

공인중개사가 되려는 자는 특별시장·광역시장·도지사·특별자치도지사가 시행하는 자격시험에 합격하여야 한다. 다만, 국토교통부장관은 공인중개사 자격시험 수준의 균형유지 등을 위하여 필요하다고 인정하는 때에는 대통령령으로 정하는 바에 따라 직접 시험문제를 출제하거나 시험을 시행할 수 있다.

(2) 응시자격

① 공인중개사시험의 응시자격은 연령제한이 없으므로 미성년자도 시험에 응시할 수 있다. 대한민국 국적을 보유하고 있지 않은 자도 공인중개사시험 응시가 가능하다.

② 다만, 시험부정행위자로 적발된 자는 시험은 무효이고 처분일로부터 5년간 응시자격이 정지된다. 또한 「공인중개사법」을 위반하여 자격취소 사유에 해당하는 자가 자격취소 처분을 받은 경우에는 3년 동안 응시자격이 정지된다.

(3) 시험시행

① 시험은 매년 1회 이상 시행한다. 다만, 시험시행기관의 장은 시험을 실시하기 어려운 부득이한 사정이 있는 경우에는 공인중개사정책심의위원회의 의결을 거쳐 당해 연도의 시험을 시행하지 아니할 수 있다.

② 제1차 시험합격자는 다음 회 시험에 한하여 제1차 시험을 면제한다.

(4) 공인중개사 정책심의위원회

공인중개사의 시험 등 공인중개사 자격취득에 관한 사항 등에 대해 법이 정한 일정한 사항을 심의하기 위해서 공인중개사정책심의위원회를 국토교통부에 둘 수 있다. 공인중개사 정책심의위원회는 위원장 1인을 포함하여 7명 이상 11명 이내의 위원으로 구성한다.

(5) 시험공고

① **예비공고**: 시험시행기관장은 법 제4조에 따라 시험을 시행하려는 때에는 예정 시험일시·시험방법 등 시험시행에 관한 개략적인 사항을 매년 2월 말일까지 「신문 등의 진흥에 관한 법률」 제2조 제1호 가목에 따른 일반일간신문(이하 "일간신문"이라 한다), 관보, 방송 중 하나 이상에 공고하고, 인터넷 홈페이지 등에도 이를 공고해야 한다(법 제7조 제2항).

② **시행공고**: 시험시행기관장은 제2항에 따른 공고 후 시험을 시행하려는 때에는 시험일시, 시험장소, 시험방법, 합격자 결정방법 및 응시수수료의 반환에 관한 사항 등 시험의 시행에 필요한 사항을 시험시행일 90일 전까지 일간신문, 관보, 방송 중 하나 이상에 공고하고, 인터넷 홈페이지 등에도 이를 공고해야 한다(법 제7조 제3항).

(6) 합격자 공고 및 자격증 교부

① 공인중개사자격시험을 시행하는 시험시행기관의 장은 공인중개사자격시험의 합격자가 결정된 때에는 이를 공고하여야 한다(법 제5조 제1항).

② 시・도지사는 시험합격자 결정공고일로부터 1개월 이내에 공인중개사자격증교부대장에 기재한 후 공인중개사자격증을 교부하여야 한다(규칙 제3조 제1항).

2 자격증 대여

(1) 자격증 대여 등의 금지

공인중개사는 다른 사람에게 자기의 성명을 사용하여 중개업무를 하게 하거나 자기의 공인중개사 자격증을 양도 또는 대여하여서는 아니 된다(법 제7조 제1항). 누구든지 제1항 및 제2항에서 금지한 행위를 알선하여서는 아니 된다(법 제7조 제3항). 이를 위반하면 공인중개사 자격취소 사유에 해당하며 1년 이하의 징역이나 1천만원 이하의 벌금형에 처한다.

(2) 관련판례

① "공인중개사자격증의 대여"란 다른 사람이 그 자격증을 이용하여 공인중개사로 행세하면서 공인중개사의 업무를 행하려는 것을 알면서도 그에게 자격증 자체를 빌려주는 것을 말한다(대판 2007.3.29, 2006도9334).

② 무자격자가 공인중개사의 업무를 수행하였는지 여부는 외관상 공인중개사가 직접 업무를 수행하는 형식을 취하였는지 여부에 구애됨이 없이 실질적으로 무자격자가 공인중개사의 명의를 사용하여 업무를 수행하였는지 여부에 따라 판단하여야 한다(대판 2007.3.29, 2006도9334).

③ 만일 공인중개사가 무자격자로 하여금 그 공인중개사 명의로 개설등록을 마친 중개사무소의 경영에 관여하거나 자금을 투자하고 그로 인한 이익을 분배받도록 하는 경우라도 공인중개사 자신이 그 중개사무소에서 공인중개사의 업무인 부동산거래 중개행위를 수행하고 무자격자로 하여금 공인중개사의 업무를 수행하도록 하지 않는다면, 이를 가리켜 등록증・자격증의 대여를 한 것이라고 말할 수는 없다(대판 2007.3.29, 2006도9334).

④ 공인중개사가 비록 스스로 몇 건의 중개업무를 직접 수행한 바 있다 하더라도 적어도 무자격자가 성사시킨 거래에 관해서는 무자격자가 거래를 성사시켜 작성한 계약서에 자신의 인감을 날인하는 방법으로 자신이 직접 공인중개사 업무를 수행하는 형식만 갖추었을 뿐 실질적으로는 무자격자로 하여금 자기 명의로 공인중개사 업무를 수행하도록 한 것이므로 이는 공인중개사자격증의 대여행위에 해당한다(대판 2007.3.29, 2006도9334).

Thema 04

등록기준

1 공인중개사인 개업공인중개사

(1) 공인중개사일 것

(2) 실무교육을 받았을 것

(3) 중개사무소 건물을 확보할 것

① 건축물대장(가설건축물대장은 제외한다)에 기재된 건물에 대하여 사용권을 확보하여야 한다. 그러나 건축물대장에 등재될 수 없는 가설건축물, 불법 건축물, 무허가 건축물로는 중개사무소의 개설등록을 할 수 없다. 다만, 건축물대장에 기재되기 전의 건물로서 준공검사, 준공인가, 사용승인, 사용검사 등을 받은 건물에 사용권을 확보해도 등록을 할 수 있다.

② 건물에 대한 사용권 확보는 소유 · 전세 · 임대차 또는 사용대차 등의 방법에 의한다.

③ 「건축법」상 중개사무소로 사용하기 적합한 제2종 근린생활시설이나 일반 업무시설에 해당하여야 한다.

변호사도 중개업을 하기 위해서는 공인중개사법령상 등록기준을 갖추어야 한다.

2 법인인 개업공인중개사

(1) 「상법」상 회사 또는 「협동조합 기본법」 제2조 제1호에 따른 협동조합(같은 조 제3호에 따른 사회적 협동조합은 제외한다)으로서 자본금이 5천만원 이상일 것

(2) 법 제14조에 규정된 업무만을 영위할 목적으로 설립된 법인일 것

(3) 대표자는 공인중개사이어야 하며, 대표자를 제외한 임원 또는 사원(합명회사 또는 합자회사의 무한책임사원을 말한다. 이하 같다)의 3분의 1 이상은 공인중개사일 것

(4) 대표자, 임원 또는 사원 전원 및 분사무소의 책임자(법인인 개업공인중개사가 분사무소를 설치하려는 경우에만 해당한다)가 실무교육을 받았을 것

(5) 건축물대장에 기재된 건물에 중개사무소를 확보(소유 · 전세 · 임대차 또는 사용대차 등의 방법에 의하여 사용권을 확보하여야 한다)할 것

다른 법률의 규정에 의하여 중개업을 할 수 있는 법인은 법인의 등록기준이 적용되지 않는다.

Thema 05

등록절차

1 등록신청

(1) 등록신청자

공인중개사(소속공인중개사는 제외한다) 또는 법인이 아닌 자는 중개사무소의 개설등록을 신청할 수 없다(법 제9조 제2항).

(2) 등록관청

중개업을 영위하려는 자는 국토교통부령이 정하는 바에 따라 중개사무소(법인의 경우에는 주된 중개사무소를 말한다)를 두려는 지역을 관할하는 시장(구가 설치되지 아니한 시의 시장과 특별자치도 행정시의 시장을 말한다) · 군수 또는 구청장에게 중개사무소의 개설등록을 하여야 한다.

2 등록의 통지

등록관청은 등록신청을 받은 날로부터 7일 이내에 개업공인중개사의 종별에 따라 구분하여 등록을 하고 등록신청인에게 서면으로 등록의 통지를 하여야 한다.

3 보증설정

(1) 개업공인중개사는 중개업무를 시작하기 전에 중개업무상 재산적인 손해배상책임을 보장하기 위한 조치를 이행한 후 그 증명서류를 갖추어 등록관청에 신고하여야 한다(영 제24조 제2항).

(2) 등록관청은 중개사무소의 개설등록을 한 자가 보증을 설정하였는지 여부를 확인한 후 중개사무소등록증을 지체 없이 교부하여야 한다(규칙 제5조 제1항).

4 등록증교부

(1) 등록관청이 중개사무소등록증을 교부하는 때에는 부동산중개사무소등록대장에 그 등록에 관한 사항을 기록한 후 중개사무소등록증을 교부하여야 한다(규칙 제5조 제2항).

(2) 등록관청은 매월 중개사무소의 등록에 관한 사항을 중개사무소등록·행정처분 등 통지서에 기재하여 다음 달 10일까지 공인중개사협회에 통보하여야 한다.

5 업무개시

등록증을 교부받은 개업공인중개사는 중개업무를 개시할 수 있다.

Thema 06

결격사유

1 제한능력자

(1) 미성년자

미성년자라 함은 만 19세에 달하지 아니한 자를 말한다. 이러한 미성년자는 판단능력이 불완전하므로 타인의 재산권을 취급하는 중개업에 종사하는 것은 부적절하다고 보고 결격사유자로 규정하고 있다.

(2) 피한정후견인

피한정후견인이라 함은 질병, 장애, 노령, 그 밖의 사유로 인한 정신적 제약으로 사무를 처리할 능력이 부족한 사람으로서 가정법원으로부터 한정후견개시의 심판을 받은 자를 말한다(「민법」 제12조 제1항).

(3) 피성년후견인

피성년후견인이라 함은 질병, 장애, 노령, 그 밖의 사유로 인한 정신적 제약으로 사무를 처리할 능력이 지속적으로 결여된 사람으로서 가정법원으로부터 성년후견개시의 심판을 받은 자를 말한다(「민법」 제9조 제1항).

피특정후견인은 일반적인 행위능력이 있는 자로서 제한능력자에 해당하지 않으므로 결격사유에 해당하지 않는다.

2 파산자

파산선고를 받고 복권되지 아니한 자는 결격사유에 해당한다. 파산선고 받은 자는 빚을 갚지 않아도 되는 대신 행사하지 못하는 권리가 많아진다.

3 형 벌

(1) 금고 이상의 실형의 선고를 받고 그 집행이 종료(집행이 종료된 것으로 보는 경우를 포함한다)되거나 집행이 면제된 날부터 3년이 경과되지 아니한 자는 결격사유에 해당한다.

① 집행이 종료된 날이라 함은 만기석방된 날을 말한다.

② 집행면제의 대표적인 사례가 특별사면이다. 특별사면은 형의 집행만이 면제되며 형선고의 효력은 유지되고 있으므로 특별사면일부터 3년이 경과하여야 중개업무에 종사할 수 있다. 그러나 일반사면을 받으면 즉시 중개업무에 종사할 수 있다.

(2) 금고 이상의 형의 집행유예를 받고 그 유예기간이 만료된 날부터 2년이 지나지 아니한 자는 결격사유에 해당한다.

핵심 용어 Check

◆ **집행유예**
형을 선고함에 있어서 일정한 기간 형의 집행을 유예하고 그 유예기간을 경과한 때에는 형의 선고가 효력을 잃게 하는 법원의 선고를 말한다.

(3) 「공인중개사법」을 위반하여 300만원 이상의 벌금형의 선고를 받고 3년이 경과되지 아니한 자는 결격사유에 해당한다.

4 행정처분

(1) 「공인중개사법」을 위반하여 공인중개사의 자격이 취소된 후 3년이 경과되지 아니한 자

(2) 「공인중개사법」을 위반하여 공인중개사의 자격이 정지된 자로서 자격정지기간 중에 있는 자

(3) 「공인중개사법」에 따른 사유로 중개사무소의 개설등록이 취소된 후 3년이 경과되지 아니한 자

(4) 「공인중개사법」을 위반하여 업무정지처분을 받고 폐업신고를 한 자로서 업무정지기간(폐업에 불구하고 진행되는 것으로 본다)이 경과되지 아니한 자

5 등록 등 결격사유 중 어느 하나에 해당하는 자가 임원 또는 사원으로 있는 법인

결격사유 중 어느 하나에 해당하는 자가 임원 또는 사원으로 있는 법인은 법인 자체가 등록 등의 결격사유에 해당하는 것으로 보기 때문에 당해 법인은 중개사무소의 개설등록을 할 수 없다.

핵심 다지기

결격사유의 의미

1. 결격사유에 해당하면 중개사무소의 개설등록을 할 수 없고 소속공인중개사나 중개보조원이 될 수 없다.
2. 중개사무소의 개설등록을 한 이후에 결격사유에 해당하면 등록취소사유에 해당하고 소속공인중개사나 중개보조원이 된 이후에 결격사유에 해당하면 고용관계종료사유에 해당한다.

Thema
07 중개사무소

1 중개사무소 설치원칙

(1) 개업공인중개사는 그 등록관청의 관할 구역 안에 중개사무소를 두되, 1개의 중개사무소만을 둘 수 있다(법 제13조 제1항).

(2) 개업공인중개사는 천막 그 밖에 이동이 용이한 임시 중개시설물을 설치하여서는 아니 된다(법 제13조 제2항).

(3) 개업공인중개사가 이를 위반한 경우에는 등록을 취소할 수 있으며(법 제38조 제2항), 1년 이하의 징역 또는 1천만원 이하의 벌금형에 처한다(법 제49조 제1항).

2 법인의 분사무소

(1) 법인인 개업공인중개사는 대통령령으로 정하는 기준과 절차에 따라 등록관청에 신고하고 그 관할 구역 외의 지역에 분사무소를 둘 수 있다(법 제13조 제3항).

(2) **분사무소 설치기준**

① 분사무소는 주된 사무소의 소재지가 속한 시 · 군 · 구를 제외한 시 · 군 · 구별로 설치하되, 시 · 군 · 구별로 1개소를 초과할 수 없다(영 제15조 제1항).

② 법인의 분사무소에는 공인중개사를 책임자로 두어야 한다. 다만, 다른 법률의 규정에 의하여 중개업을 할 수 있는 법인은 그러하지 아니하다(영 제15조 제2항).

(3) **분사무소 설치절차**

① **분사무소 설치신고**: 법인인 개업공인중개사의 분사무소 설치신고를 하고자 하는 경우에는 당해 지방자치단체의 조례가 정하는 바에 따라 수수료를 납부하여야 하며, 분사무소 설치신고서에 다음 서류를 첨부하여 주된 사무소의 소재지를 관할하는 등록관청에게 제출하여야 한다.

1. 분사무소 책임자의 실무교육의 수료확인증 사본(등록관청에서 전자적으로 확인 가능한 경우에는 제외한다)
2. 보증의 설정을 증명할 수 있는 서류
3. 건축물대장에 기재된 건물에 분사무소를 확보(소유 · 전세 · 임대차 또는 사용대차 등의 방법에 의하여 사용권을 확보하여야 한다)하였음을 증명하는 서류. 다만, 건축물대장에 기재되지 아니한 건물에 분사무소를 확보하였을 경우에는 건축물대장 기재가 지연되는 사유를 적은 서류도 함께 내야 한다.

② **신고확인서의 교부**: 등록관청은 신고내용이 적합한 경우에는 7일 이내에 분사무소설치신고확인서를 교부하여야 한다(법 제13조 제4항 전단).

③ **통보**: 등록관청은 분사무소설치신고확인서를 교부한 후 지체 없이 그 분사무소 설치 예정지역을 관할하는 시장 · 군수 · 구청장에게 이를 통보하여야 한다(법 제13조 제4항 후단).

3 공동사용

(1) 개업공인중개사는 그 업무의 효율적인 수행을 위하여 다른 개업공인중개사와 중개사무소를 공동으로 사용할 수 있다(법 제13조 제6항). 종별이 같은 개업공인중개사뿐만 아니라 종별이 다른 개업공인중개사도 같이 사무소를 공동으로 사용할 수 있다.

(2) 업무의 정지기간 중에 있는 개업공인중개사는 다음의 어느 하나에 해당하는 방법으로 다른 개업공인중개사와 중개사무소를 공동으로 사용할 수 없다(영 제16조 제2항).

1. 업무의 정지기간 중에 있는 개업공인중개사가 다른 개업공인중개사에게 중개사무소의 공동사용을 위하여 승낙서를 주는 방법
2. 업무의 정지기간 중에 있는 개업공인중개사가 다른 개업공인중개사의 중개사무소를 공동으로 사용하기 위하여 중개사무소의 이전신고를 하는 방법

(3) 다만, 업무의 정지기간 중에 있는 개업공인중개사가 영업정지처분을 받기 전부터 중개사무소를 공동사용 중인 다른 개업공인중개사는 공동사용할 수 있다.

Thema 08 중개사무소 명칭, 옥외광고물 광고 등

1 중개사무소 명칭

개업공인중개사는 그 사무소의 명칭에 "공인중개사사무소" 또는 "부동산중개"라는 문자를 사용하여야 한다. 따라서 "행복공인중개사"나 "우정부동산사무소"라는 명칭사용은 법 위반으로서 100만원 이하의 과태료 사유에 해당한다.

2 간판실명제

(1) 개업공인중개사가 옥외광고물을 설치한 경우 중개사무소 등록증에 표기된 개업공인중개사(법인의 경우에는 대표자, 법인 분사무소의 경우에는 신고확인서에 기재된 책임자를 말한다)의 성명을 표기하여야 한다.

(2) 「옥외광고물 등의 관리와 옥외광고산업 진흥에 관한 법률 시행령」 제3조에 따른 옥외광고물 중 벽면 이용간판, 돌출간판, 옥상간판에 개업공인중개사의 성명을 표기해야 한다.

3 중개대상물에 대한 표시 · 광고

(1) 개업공인중개사는 의뢰받은 중개대상물에 대한 표시 · 광고를 할 수 있다.

(2) 개업공인중개사가 의뢰받은 중개대상물에 대하여 표시 · 광고를 하려면 중개사무소, 개업공인중개사에 관한 사항으로서 아래의 대통령령으로 정하는 사항을 명시하여야 하며, 중개보조원에 관한 사항은 명시해서는 아니 된다(법 제18조의2).

1. 개업공인중개사의 성명(법인의 경우에는 대표자의 성명)
2. 중개사무소의 명칭, 소재지, 연락처 및 등록번호

(3) 개업공인중개사가 인터넷을 이용하여 중개대상물에 대한 표시·광고를 하는 때에는 위에서 정하는 사항 외에 중개대상물의 종류별로 대통령령으로 정하는 소재지, 면적, 가격 등의 사항을 명시하여야 한다(법 제18조의2 제2항). 국토교통부장관은 인터넷을 이용한 중개대상물에 대한 표시·광고가 법 제18조의2의 규정을 준수하는지 여부를 모니터링 할 수 있다.

(4) 개업공인중개사는 중개대상물에 대하여 다음 어느 하나에 해당하는 부당한 표시·광고를 하여서는 안 된다.

1. 중개대상물이 존재하지 않아서 실제로 거래를 할 수 없는 중개대상물에 대한 표시·광고
2. 중개대상물의 가격 등 내용을 사실과 다르게 거짓으로 표시·광고하거나 사실을 과장되게 하는 표시·광고
3. 그 밖에 표시·광고의 내용이 부동산거래질서를 해치거나 중개의뢰인에게 피해를 줄 우려가 있는 것으로 대통령령으로 정하는 내용의 표시·광고

4 중개사무소 간판철거

개업공인중개사는 다음의 어느 하나에 해당하는 경우에는 지체 없이 사무소의 간판을 철거하여야 한다(법 제21조의2).

1. 등록관청에 중개사무소의 이전사실을 신고한 경우
2. 법 제21조 제1항에 따라 등록관청에 폐업사실을 신고한 경우
3. 중개사무소의 개설등록 취소처분을 받은 경우

5 게시의무

개업공인중개사는 중개사무소등록증·중개보수표, 그 밖에 국토교통부령으로 정하는 사항을 해당 중개사무소 안의 보기 쉬운 곳에 게시하여야 한다(법 제17조).

1. 중개사무소등록증 원본(분사무소의 경우에는 분사무소설치신고확인서 원본)
2. 중개보수·실비의 요율 및 한도액표(상한요율 범위 내에서 협상 가능함을 중개의뢰인에게 고지하여야 한다)
3. 개업공인중개사 및 소속공인중개사의 공인중개사자격증 원본(해당되는 자가 있는 경우로 한정한다)
4. 보증의 설정을 증명할 수 있는 서류
5. 일반과세 또는 간이과세사업자를 증명할 수 있는 사업자등록증

Thema 09

업무범위

1 법인인 개업공인중개사의 업무

법인인 개업공인중개사는 다른 법률에 규정된 경우를 제외하고는 중개업 및 다음에 규정된 업무 외에 다른 업무를 함께 할 수 없다(법 제14조 제1항 및 제2항).

(1) 부동산중개업

(2) 상업용 건축물 및 주택의 임대관리 등 부동산의 관리대행

(3) 부동산의 이용 · 개발 및 거래에 관한 상담

(4) 개업공인중개사를 대상으로 한 중개업의 경영기법 및 경영정보의 제공

(5) 상업용 건축물 및 주택의 분양대행

(6) 중개의뢰인의 의뢰에 따른 도배나 이사업체의 소개 등 주거이전에 부수되는 용역의 알선

(7) 경매 및 공매대상 부동산에 대한 권리분석 및 취득의 알선과 매수신청 또는 입찰신청의 대리

① 법 부칙 제6조 제2항에 규정된 개업공인중개사는 경매 및 공매대상 부동산에 대하여는 권리분석 및 취득의 알선과 매수신청 또는 입찰신청의 대리를 할 수 없다(법 부칙 제6조 제2항).

② 개업공인중개사가 「민사집행법」에 의한 경매대상 부동산에 대하여 매수신청 또는 입찰신청의 대리를 하고자 하는 때에는 대법원규칙으로 정하는 요건을 갖추어 법원에 등록하고 그 감독을 받아야 한다(법 제14조 제2항 및 제3항).

2 개인인 개업공인중개사의 업무

개인인 개업공인중개사의 겸업업무의 범위에 대해서는 이 법에 별도로 제한규정을 두고 있지 아니하다. 따라서 「공인중개사법」 및 다른 법률에서 특별히 겸업을 제한하고 있지 아니하다면 겸업이 가능하다.

고용인

1 고용인의 고용 및 고용관계 종료

(1) 숫자제한

개업공인중개사가 고용할 수 있는 중개보조원의 수는 개업공인중개사와 소속공인중개사를 합한 수의 5배를 초과하여서는 아니 된다(법 제15조 제3항).

(2) 중개보조원의 고지의무

중개보조원은 현장안내 등 중개업무를 보조하는 경우 중개의뢰인에게 본인이 중개보조원이라는 사실을 미리 알려야 한다(법 제18조의4).

(3) 신 고

개업공인중개사는 소속공인중개사 또는 중개보조원을 고용하거나 고용관계가 종료된 때에는 국토교통부령으로 정하는 바에 따라 등록관청에 신고하여야 한다(법 제15조 제1항).

(4) 등록관청의 확인사항

① 고용신고를 받은 시장・군수・구청장은 소속공인중개사 또는 중개보조원의 등록 등의 결격사유 해당 여부와 교육 수료 여부를 확인하여야 한다([별지 제11호] 고용신고서).

② 특히 소속공인중개사에 대한 고용신고를 받은 등록관청은 공인중개사 자격증을 발급한 시・도지사에게 그 소속공인중개사의 공인중개사 자격 확인을 요청하여야 한다(규칙 제8조 제2항).

2 고용인의 업무상 행위에 대한 개업공인중개사의 책임

(1) 민사책임

① 소속공인중개사 또는 중개보조원의 업무상 행위는 그를 고용한 개업공인중개사의 행위로 본다(법 제15조 제2항).

② 고용인의 고의 또는 과실로 인하여 거래당사자에게 재산상의 손해를 발생하게 한 경우에는 개업공인중개사는 고용인과 연대하여 그 손해를 배상하여야 할 책임을 진다.

③ 만일 거래당사자가 개업공인중개사에게 손해배상청구를 하여 개업공인중개사가 그 손해를 배상한 경우에는 고용인에게 구상권을 행사할 수 있다.

⑵ 형사처벌

① 개업공인중개사가 고용한 소속공인중개사 및 중개보조원, 그 밖에 개업공인중개사인 법인의 임원 또는 사원이 중개업무에 관하여 이 법 제48조(3년 이하의 징역 또는 3천만원 이하의 벌금에 처하는 사유) 또는 제49조(1년 이하의 징역 또는 1천만원 이하의 벌금에 처하는 사유)의 위반행위를 한 때에는 그 행위자를 벌하는 외에 행위자를 고용한 개업공인중개사에 대하여도 해당 조에 규정된 벌금형을 과한다.

② 다만, 그 개업공인중개사가 그 위반행위를 방지하기 위하여 해당 업무에 관하여 상당한 주의 · 감독을 게을리하지 아니한 경우에는 그러하지 아니하다(법 제50조).

인 장

1 과목

1 인장등록

(1) 등록의무자

개업공인중개사 및 소속공인중개사는 중개행위에 사용할 인장을 등록관청에 등록(전자문서에 의한 등록 포함)하여야 한다. 등록한 인장을 변경한 경우에도 또한 같다(법 제16조 제1항). 그러나 중개보조원은 인장등록의무가 없다.

(2) 등록할 인장

① 공인중개사인 개업공인중개사, 법 부칙 제6조 제2항에 규정된 개업공인중개사, 소속공인중개사의 경우에는 「가족관계의 등록 등에 관한 법률」에 따른 가족관계등록부 또는 「주민등록법」에 따른 주민등록표에 기재되어 있는 성명이 나타난 인장으로서 그 크기가 가로·세로 각각 7mm 이상 30mm 이내인 인장이어야 한다(규칙 제9조 제3항).

② 법인인 개업공인중개사는 「상업등기규칙」에 따라 신고한 법인의 인장을 등록하여야 한다. 그러나 법인인 개업공인중개사의 인장등록은 「상업등기규칙」에 따른 인감증명서의 제출로 갈음한다(규칙 제9조 제4항).

③ 다만, 분사무소에서 사용할 인장의 경우에는 「상업등기규칙」 제35조 제3항에 따라 법인의 대표자가 보증하는 인장을 등록할 수 있다(규칙 제9조 제3항).

(3) 등록시기

개업공인중개사 및 소속공인중개사는 업무를 개시하기 전에 중개행위에 사용할 인장을 등록관청에 등록하여야 한다(규칙 제9조 제1항).

(4) 등록장소

개업공인중개사 및 소속공인중개사는 사용할 인장을 등록관청에 등록하여야 한다. 분사무소에서 사용할 인장은 주된 사무소 소재지 등록관청에 등록하여야 한다.

2 사용의무

개업공인중개사 및 소속공인중개사는 중개행위를 함에 있어서 등록된 인장을 사용하여야 한다. 중개대상물확인·설명서, 거래계약서 등에는 반드시 등록된 인장을 날인하여야 한다.

Thema 12

휴업 및 폐업

1 휴업신고

(1) 개업공인중개사는 3개월을 초과하여 휴업하려는 경우에는 국토교통부령으로 정하는 신고서에 중개사무소등록증을 첨부하여 등록관청에 미리 신고해야 한다(영 제18조 제1항). 법인인 개업공인중개사는 분사무소를 둔 경우에는 제1항에 따른 신고를 분사무소별로 할 수 있다(영 제18조 제2항).

(2) 개업공인중개사의 휴업은 6개월을 초과할 수 없다(법 제21조 제2항). 다만, 질병으로 인한 요양 등 대통령령으로 정하는 부득이한 사유가 있는 경우에는 6개월을 초과하여 휴업할 수 있다(법 제21조 제2항). "대통령령으로 정하는 부득이한 사유"라 함은 다음의 어느 하나에 해당하는 사유를 말한다(영 제18조 제6항).

1. 질병으로 인한 요양
2. 징집으로 인한 입영
3. 취학
4. 임신 또는 출산
5. 그 밖에 1. 내지 4.에 준하는 부득이한 사유로서 국토교통부장관이 정하여 고시하는 사유

2 재개신고

개업공인중개사는 휴업한 중개업을 재개하고자 하는 때에는 미리 등록관청에 신고하여야 한다. 중개사무소 재개신고를 받은 등록관청은 반납받은 중개사무소등록증(법인의 분사무소인 경우에는 분사무소설치신고확인서)을 즉시 반환해야 한다(영 제18조 제5항).

3 변경신고

휴업신고를 한 개업공인중개사는 휴업기간을 변경하고자 하는 때에는 휴업기간이 만료되기 전에 등록관청에 휴업기간의 변경신고를 하여야 한다.

4 폐업신고

개업공인중개사는 폐업하려는 경우에는 국토교통부령으로 정하는 신고서에 중개사무소등록증을 첨부하여 등록관청에 미리 신고해야 한다(영 제18조 제1항). 법인인 개업공인중개사는 분사무소를 둔 경우에는 제1항에 따른 신고를 분사무소별로 할 수 있다(영 제18조 제2항).

Thema 13

중개계약

1 일반중개계약

(1) 일반중개계약이란 중개의뢰인이 불특정·다수의 개업공인중개사에게 경쟁적으로 중개를 의뢰하고 그중 가장 먼저 중개를 완성한 개업공인중개사에게 중개보수를 지급하기로 하는 중개계약을 말한다.

(2) 국토교통부장관은 일반중개계약의 표준이 되는 서식을 정하여 그 사용을 권장할 수 있다(영 제19조). 일반중개계약의 표준서식은 이 법령에 규정되어 있으나 국토교통부장관의 표준서식은 권장사항이므로 개업공인중개사가 이를 사용해야 할 의무가 없다.

2 전속중개계약

(1) 전속중개계약이란 중개의뢰인이 중개대상물의 중개를 의뢰함에 있어서 특정한 개업공인중개사를 정하여 그 개업공인중개사에 한하여 해당 중개대상물을 중개하도록 하는 계약을 말한다.

(2) **유효기간**

전속중개계약의 유효기간은 3개월로 한다. 다만, 당사자 간에 다른 약정이 있는 경우에는 그 약정에 따른다(영 제20조 제1항).

(3) **의 무**

① 전속중개계약은 국토교통부령으로 정하는 계약서에 의하여야 하며, 개업공인중개사는 전속중개계약을 체결한 때에는 해당 계약서를 3년간 보존하여야 한다.

② 개업공인중개사는 전속중개계약 체결 후 7일 이내에 이 법에 의한 부동산거래정보망 또는 일간신문에 다음의 해당 중개대상물에 관한 정보를 공개하여야 한다(법 제23조 제3항 전단). 다만, 중개의뢰인이 비공개를 요청한 경우에는 이를 공개하여서는 아니 된다(법 제23조 제3항 후단).

1. 중개대상물의 종류, 소재지, 지목 및 면적, 건축물의 용도 · 구조 및 건축연도 등 중개대상물을 특정하기 위하여 필요한 사항
2. 벽면 및 도배 상태
3. 수도 · 전기 · 가스 · 소방 · 열공급 · 승강기설비 · 오수 · 폐수 · 쓰레기 처리시설 등의 상태
4. 도로 및 대중교통수단과의 연계성, 시장 · 학교 등과의 근접성, 지형 등 입지조건, 일조 · 소음 · 진동 등 환경조건
5. 소유권, 전세권, 저당권, 지상권 및 임차권 등 중개대상물의 권리관계에 관한 사항. 다만, 각 권리자의 주소 · 성명 등 인적 사항에 관한 정보는 공개하여서는 아니 된다.
6. 공법상 이용제한 및 거래규제에 관한 사항
7. 중개대상물의 거래예정금액 및 공시지가. 다만, 임대차의 경우에는 공시지가를 공개하지 아니할 수 있다.

③ 개업공인중개사는 중개대상물에 관한 정보를 공개한 때에는 지체 없이 공개한 내용을 전속중개의뢰인에게 문서로 통지하여야 한다.

④ 개업공인중개사는 전속중개계약 체결 후 2주일에 1회 이상 업무처리상황을 의뢰인에게 문서로 통지하여야 한다.

⑷ **권 리**

전속중개의뢰인이 그 전속중개계약의 유효기간 내에 다른 개업공인중개사에게 의뢰하여 거래를 한 경우에는 그가 지급해야 할 중개보수에 해당하는 금액을 개업공인중개사에게 지급해야 한다.

부동산거래정보망

부동산거래정보망을 이용한 부동산거래절차

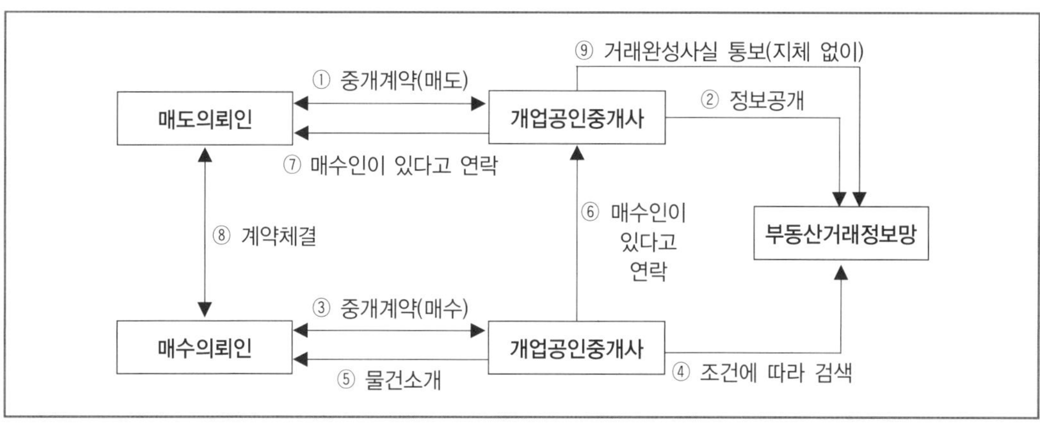

1 거래정보망

국토교통부장관은 개업공인중개사 상호 간에 부동산매매 등에 관한 정보의 공개와 유통을 촉진하고 공정한 부동산거래질서를 확립하기 위하여 부동산거래정보망을 설치 · 운영할 자를 지정할 수 있다(법 제24조 제1항).

2 지정요건

지정을 받을 수 있는 자는 「전기통신사업법」의 규정에 의한 부가통신사업자로서 아래의 국토교통부령으로 정하는 요건을 갖춘 자로 한다(법 제24조 제2항).

1. 그 부동산거래정보망의 가입 · 이용신청을 한 개업공인중개사의 수가 5백명 이상이고 2개 이상의 특별시 · 광역시 · 도 및 특별자치도(이하 "시 · 도"라 한다)에서 각각 30인 이상의 개업공인중개사가 가입 · 이용신청을 하였을 것
2. 정보처리기사 1명 이상을 확보할 것
3. 공인중개사 1명 이상을 확보할 것
4. 부동산거래정보망의 가입자가 이용하는 데 지장이 없는 정도로서 국토교통부장관이 정하는 용량 및 성능을 갖춘 컴퓨터설비를 확보할 것

3 지정절차

(1) 지정신청

부동산거래정보망을 설치 · 운영할 자로 지정받으려는 자는 거래정보사업자지정신청서에 다음의 서류를 첨부하여 국토교통부장관에게 제출하여야 한다(규칙 제15조 제1항).

1. 「전기통신사업법」에 따라 부가통신사업신고서를 제출하였음을 확인할 수 있는 서류
2. 5백명 이상(2개 이상의 시 · 도에서 각각 30인 이상)의 개업공인중개사로부터 받은 부동산거래정보망가입 · 이용신청서 및 그 개업공인중개사의 중개사무소등록증 사본
3. 정보처리기사 자격증 사본
4. 공인중개사 자격증 사본
5. 주된 컴퓨터의 용량 및 성능 등을 확인할 수 있는 서류

(2) 지정처분

국토교통부장관은 지정신청을 받은 때에는 지정신청을 받은 날부터 30일 이내에 이를 검토하여 지정기준에 적합하다고 인정되는 경우에는 거래정보사업자로 지정하고, 거래정보사업자지정대장에 기재한 후에 거래정보사업자지정서를 교부하여야 한다(규칙 제15조 제3항).

(3) 운영규정의 제정 및 승인

지정을 받은 자는 지정받은 날부터 3개월 이내에 부동산거래정보망의 이용 및 정보제공방법 등에 관한 운영규정을 정하여 국토교통부장관의 승인을 얻어야 한다.

(4) 부동산거래정보망 설치 · 운영

거래정보사업자로 지정받은 자는 정당한 사유가 없다면 지정받은 날부터 1년 이내에 부동산거래정보망을 설치 · 운영하여야 한다(법 제24조 제5항 제4호).

4 거래정보사업자 및 개업공인중개사의 의무

(1) 거래정보사업자는 개업공인중개사로부터 공개를 의뢰받은 중개대상물의 정보에 한정하여 이를 부동산거래정보망에 공개하여야 하며, 의뢰받은 내용과 다르게 정보를 공개하거나 어떠한 방법으로든지 개업공인중개사에 따라 정보가 차별적으로 공개되도록 하여서는 아니 된다(법 제24조 제4항).

(2) 개업공인중개사는 부동산거래정보망에 중개대상물에 관한 정보를 거짓으로 공개하여서는 아니 되며, 공개한 중개대상물의 거래가 완성된 때에는 정보를 공개한 개업공인중개사는 그 사실을 지체 없이 해당 거래정보사업자에게 통보하여야 한다(법 제24조 제7항).

Thema 15

확인 · 설명의무 등

1 확인 · 설명의무

(1) 개업공인중개사는 중개를 의뢰받은 경우에는 중개가 완성되기 전에 확인 · 설명사항을 확인하여 이를 해당 중개대상물에 관한 권리를 취득하고자 하는 중개의뢰인에게 성실 · 정확하게 설명하고, 토지대장 등본 또는 부동산종합증명서, 등기사항증명서 등 설명의 근거자료를 제시하여야 한다(법 제25조 제1항).

(2) 확인 · 설명할 사항

개업공인중개사가 확인 · 설명해야 하는 사항은 다음과 같다(영 제21조).

1. 중개대상물의 종류 · 소재지 · 지번 · 지목 · 면적 · 용도 · 구조 및 건축연도 등 중개대상물에 관한 기본적인 사항
2. 벽면 · 바닥면 및 도배의 상태
3. 수도 · 전기 · 가스 · 소방 · 열공급 · 승강기 및 배수 등 시설물의 상태
4. 도로 및 대중교통수단과의 연계성, 시장 · 학교와의 근접성 등 입지조건
5. 일조 · 소음 · 진동 등 환경조건
6. 소유권 · 전세권 · 저당권 · 지상권 및 임차권 등 중개대상물의 권리관계에 관한 사항
7. 토지이용계획, 공법상 거래규제 및 이용제한에 관한 사항
8. 거래예정금액 · 중개보수 및 실비의 금액과 그 산출내역
9. 중개대상물에 대한 권리를 취득함에 따라 부담하여야 할 조세의 종류 및 세율

법 제25조의3 【임대차 중개시의 설명의무】

1. 「주택임대차보호법」 제3조의6 제4항에 따라 확정일자부여기관에 정보제공을 요청할 수 있다는 사항
2. 「국세징수법」 제109조 제1항 · 제2항 및 「지방세징수법」 제6조 제1항 · 제3항에 따라 임대인이 납부하지 아니한 국세 및 지방세의 열람을 신청할 수 있다는 사항

(3) 상태에 관한 자료 요구

개업공인중개사는 확인 · 설명을 위하여 필요한 경우에는 중개대상물의 매도의뢰인 · 임대의뢰인 등에게 해당 중개대상물의 상태에 관한 자료를 요구할 수 있다(법 제25조 제2항).

2 확인 · 설명서의 작성 · 교부 · 보존

(1) 개업공인중개사는 중개가 완성되어 거래계약서를 작성하는 때에는 확인 · 설명사항을 대통령령으로 정하는 바에 따라 서면으로 작성하여 거래당사자에게 교부하고 3년 기간 동안 원본, 사본 또는 전자문서를 보존하여야 한다. 단, 공인전자문서센터에 보관된 경우에는 그러하지 아니하다(법 제25조 제3항).

(2) 확인 · 설명서에는 개업공인중개사(법인인 경우에는 대표자를 말하며, 법인에 분사무소가 설치되어 있는 경우에는 분사무소의 책임자를 말한다)가 서명 및 날인하되, 해당 중개행위를 한 소속공인중개사가 있는 경우에는 소속공인중개사가 함께 서명 및 날인하여야 한다(법 제25조 제4항).

1 과목

3 위반시 제재

(1) 손해배상책임

개업공인중개사의 확인 · 설명의무 위반으로 인하여 중개의뢰인에게 손해가 발생한 경우 개업공인중개사는 그 손해를 배상책임이 있다. 개업공인중개사가 무상의 중개행위로 거래당사자에게 재산상 손해를 발생하게 한 경우에 개업공인중개사의 손해배상의무가 당연히 소멸하는 것은 아니다.

(2) 행정적 제재

① **개업공인중개사**

㉠ 개업공인중개사가 중개대상물에 대하여 성실 · 정확하게 설명하지 아니하거나 설명하는 때에 근거자료를 제시하지 아니한 경우에는 500만원 이하의 과태료를 부과한다(법 제51조 제2항 제1의5호).

㉡ 개업공인중개사가 중개가 완성되어 거래계약서를 작성하는 때에 중개대상물 확인 · 설명서를 작성하여 교부하지 아니하거나 중개대상물 확인 · 설명서를 3년간 보존하지 아니한 경우, 중개대상물 확인 · 설명서에 서명 및 날인을 하지 아니한 경우에는 업무정지 사유에 해당한다.

② **소속공인중개사**: 시 · 도지사는 소속공인중개사가 당해 중개대상물에 대하여 성실 · 정확하게 확인 · 설명하지 아니하거나 설명하는 때에 근거자료를 제시하지 아니한 경우, 해당 중개행위를 한 경우 확인 · 설명서에 서명 및 날인을 하지 아니한 경우에는 6개월의 범위 안에서 기간을 정하여 그 자격을 정지할 수 있다(법 제36조 제1항 제3호 및 제4호).

Thema 16

거래계약서

1 거래계약서 작성

(1) 개업공인중개사는 중개대상물에 관하여 중개가 완성된 때에는 거래계약서를 작성하여야 한다. 소속공인중개사는 거래계약서 작성의무는 없지만 거래계약서를 작성할 수는 있다.

(2) 서 식

국토교통부장관은 개업공인중개사가 작성하는 거래계약서의 표준이 되는 서식을 정하여 그 사용을 권장할 수 있다(영 제22조 제3항). 현재 거래계약서의 표준서식은 정해진 바 없으며 정해진다 하더라도 표준서식에 따라 작성해야 하는 것은 아니다.

(3) 거래계약서의 필수기재사항

거래계약서에는 다음의 사항을 기재하여야 한다(영 제22조 제1항).

1. 거래당사자의 인적 사항
2. 물건의 표시
3. 계약일
4. 거래금액 · 계약금액 및 그 지급일자 등 지급에 관한 사항
5. 물건의 인도일시
6. 권리이전의 내용
7. 계약의 조건이나 기한이 있는 경우에는 그 조건 또는 기한
8. 중개대상물확인 · 설명서 교부일자
9. 그 밖의 약정내용

(4) 거짓 기재 금지

개업공인중개사는 거래계약서를 작성하는 때에는 거래금액 등 거래내용을 거짓으로 기재하거나 서로 다른 둘 이상의 거래계약서를 작성하여서는 아니 된다(법 제26조 제3항).

(5) 서명 및 날인

거래계약서에는 개업공인중개사(법인인 경우에는 대표자를 말하며, 법인에 분사무소가 설치되어 있는 경우에는 분사무소의 책임자를 말한다)가 서명 및 날인하되, 해당 중개행위를 한 소속공인중개사가 있는 경우에는 소속공인중개사가 함께 서명 및 날인하여야 한다(법 제26조 제2항 및 제25조 제4항).

2 거래계약서 교부 및 보존

개업공인중개사는 거래계약서를 작성하여 원본, 사본, 전자문서를 5년간 보존하여야 한다. 단, 공인전자문서센터에 보관하는 경우에는 그러하지 않다.

Thema 17

손해배상책임 및 보증설정

1 손해배상책임

(1) 개업공인중개사는 중개행위를 하는 경우 고의 또는 과실로 인하여 거래당사자에게 재산상의 손해를 발생하게 한 때에는 그 손해를 배상할 책임이 있다(법 제30조 제1항).

(2) 개업공인중개사는 자기의 중개사무소를 다른 사람의 중개행위의 장소로 제공함으로써 거래당사자에게 재산상의 손해를 발생하게 한 때에는 그 손해를 배상할 책임이 있다(법 제30조 제2항).

2 보증설정의무

(1) 보증설정시기 및 방법

개업공인중개사는 업무를 개시하기 전에 손해배상책임을 보장하기 위하여 대통령령으로 정하는 바에 따라 보증보험 또는 법 제42조에 따른 공제에 가입하거나 공탁을 하여야 한다. 그리고 개업공인중개사는 보증설정사실을 등록관청에 신고하여야 한다.

(2) 보증설정금액

개업공인중개사는 다음에 해당하는 금액을 보장하는 보증보험 또는 공제에 가입하거나 공탁을 해야 한다(영 제24조 제1항, 제3항).

1. 법인인 개업공인중개사 ⇨ 4억원 이상. 다만, 분사무소를 두는 경우에는 분사무소마다 2억원 이상을 추가로 설정해야 한다.
2. 법인이 아닌 개업공인중개사 ⇨ 2억원 이상
3. 다른 법률에 따라 부동산중개업을 할 수 있는 경우 ⇨ 2천만원 이상

(3) 기간만료로 인한 재설정

보증보험 또는 공제에 가입한 개업공인중개사로서 보증기간이 만료되어 다시 보증을 설정하고자 하는 자는 그 보증기간 만료일까지 다시 보증을 설정하고 그 증명서류를 갖추어 등록관청에 신고하여야 한다(영 제25조 제2항).

(4) 보증금 지급에 따른 재설정

개업공인중개사는 보증보험금 · 공제금 또는 공탁금으로 손해배상을 한 때에는 15일 이내에 보증보험 또는 공제에 다시 가입하거나 공탁금 중 부족하게 된 금액을 보전하여야 하며, 이를 등록관청에 신고하여야 한다(영 제26조 제2항).

Thema 18

계약금 등 반환채무의 이행보장

1 예치제도

(1) 예치권고

개업공인중개사는 거래의 안전을 보장하기 위하여 필요하다고 인정하는 경우에는 거래계약의 이행이 완료될 때까지 계약금·중도금 또는 잔금(이하 "계약금 등"이라 한다)을 개업공인중개사 또는 대통령령으로 정하는 자의 명의로 금융기관, 법 제42조에 따라 공제사업을 하는 자 또는 「자본시장과 금융투자업에 관한 법률」에 따른 신탁업자 등에 예치하도록 거래당사자에게 권고할 수 있다(법 제31조 제1항).

(2) 예치명의자

예치명의자가 될 수 있는 자는 개업공인중개사 또는 대통령령이 정하는 다음의 자이다(영 제27조 제1항).

1. 「은행법」에 따른 은행
2. 법 제42조의 규정에 따라 공제사업을 하는 자
3. 「자본시장과 금융투자업에 관한 법률」에 따른 신탁업자
4. 「우체국예금·보험에 관한 법률」에 따른 체신관서
5. 「보험업법」에 따른 보험회사
6. 부동산 거래계약의 이행을 보장하기 위하여 계약금·중도금 또는 잔금("계약금 등"이라 한다) 및 계약 관련서류를 관리하는 업무를 수행하는 전문회사

(3) 개업공인중개사 명의로 예치하는 경우

개업공인중개사는 거래계약과 관련된 계약금 등을 자기 명의로 금융기관 등에 예치하는 경우에는 자기 소유의 예치금과 분리하여 관리될 수 있도록 하여야 하며, 예치된 계약금 등은 거래당사자의 동의 없이 인출하여서는 아니 된다(영 제27조 제3항). 이를 위반한 경우에는 업무정지처분을 할 수 있다(법 제39조 제1항 제14호).

2 사전수령제도

계약금 등을 예치한 경우 매도인 · 임대인 등 계약금 등을 수령할 수 있는 권리가 있는 자는 해당 계약을 해제한 때에 계약금 등의 반환을 보장하는 내용의 금융기관 또는 보증보험회사가 발행하는 보증서를 계약금 등의 예치명의자에게 교부하고 계약금 등을 미리 수령할 수 있다(법 제31조 제2항).

Thema 19

금지행위

1 해당 중개대상물의 거래상의 중요사항에 관하여 거짓된 언행 그 밖의 방법으로 중개의뢰인의 판단을 그르치게 하는 행위

거래상 중요사항이란 일반적으로 부동산의 소재 · 규모 · 공법상의 제한 · 매매가액 등 부동산 거래에 있어서 만일 중개의뢰인이 그 진실된 사실을 알았더라면 해당 거래를 하지 않았으리라고 사회통념상 인정되는 사항이라 할 수 있다. 해당 중개대상물의 거래상의 중요사항에는 해당 중개대상물 자체에 관한 사항뿐만 아니라 그 중개대상물의 가격 및 권리관계 등에 관한 사항들도 그것이 해당 거래상의 중요사항으로 볼 수 있는 이상 포함된다(대판 2008.2.1, 2007도9149).

2 중개대상물의 매매를 업으로 하는 행위

매매업이란 계속적 · 반복적인 매도 및 매수행위를 말한다. 이때 "업"에 해당하기 위해서는 부동산의 거래태양이나 규모, 횟수, 보유기간 등에 비추어 사회통념상 사업활동으로 볼 수 있을 정도의 계속성 · 반복성이 있어야 한다(대판 1995.11.7, 94누14025).

3 무등록 개업공인중개사와의 협조행위

등록을 하지 아니하고 중개업을 영위하는 자인 사실을 알면서 그를 통하여 중개를 의뢰받거나 그에게 자기의 명의를 이용하게 하는 행위가 해당된다.

4 사례 · 증여 그 밖의 어떠한 명목으로도 법 제32조에 따른 보수 또는 실비를 초과하여 금품을 받는 행위

(1) 분양대행은 중개와 구별되는 것이어서 피고인이 분양대행과 관련하여 교부받은 금원이 「공인중개사법」 제33조 제1항 제3호에 의하여 초과 수수가 금지되는 금원이 아니다(대판 1999.7.23, 98도1914).

(2) 중개보수 이외의 사례 · 증여 · 광고비 등 다른 명목으로 중개보수를 받은 경우에는 이를 합산하여 법정한도 초과 여부를 판단한다. 따라서 법정한도에 해당하는 중개보수 이외에 동양화 1점을 받은 경우에는 금지행위에 해당한다.

(3) 개업공인중개사가 법정한도를 초과한 금액을 중개보수로 요구하거나 약속한 경우에도 실제로 받지 않았다면 금지행위에 해당하지 않는다.

(4) 개업공인중개사가 중개의뢰인으로부터 보수 등의 명목으로 소정의 한도를 초과하는 액면금액의 당좌수표를 받았다가 그것이 사후에 부도처리된 경우에도 금지행위에 해당한다(대판 2004.11.12, 2004도4136).

5 직접거래 · 쌍방대리

(1) "직접거래"란 중개인이 중개의뢰인으로부터 의뢰받은 매매 · 교환 · 임대차 등과 같은 권리의 득실변경에 관한 행위의 직접 상대방이 되는 경우를 의미한다(대판 2005.10.14, 2005도4494).

(2) 직접거래에 해당하는 상대방은 중개대상물의 소유자뿐만 아니라 그로부터 거래에 대한 대리권을 수여받은 대리인이나 거래에 관한 사무처리를 위탁받은 수임인 등도 포함된다(대판 1990.11.9, 90도1872).

(3) 개업공인중개사가 매도인으로부터 매도중개의뢰를 받은 다른 개업공인중개사의 중개로 부동산을 매수하여 매수 중개의뢰를 받은 또 다른 개업공인중개사의 중개로 매도한 경우에는 직접거래에 해당하지 않는다(대판 1991.3.27, 90도2958).

(4) "쌍방대리"란 개업공인중개사가 중개의뢰인 쌍방으로부터 거래계약체결의 대리권을 수여받아 당사자 모두를 대리하여 혼자 계약을 체결하는 것을 말한다.

6 탈세 등 관계 법령을 위반할 목적으로 소유권보존등기 또는 이전등기를 하지 아니한 부동산이나 관계법령의 규정에 의하여 전매 등 권리변동이 제한된 부동산의 매매를 중개하는 등 부동산 투기를 조장하는 행위

개업공인중개사가 부동산 전매차익을 노린 의뢰인의 미등기 전매를 중개하는 경우에 비록 전매차익이 발생하지 않았다 하더라도 부동산 투기를 조장하는 행위에 해당한다(대판 1990. 11.23, 90누4464).

7 관계 법령에 의해 양도 · 알선이 금지된 증서의 중개 · 매매업

양도 · 알선이 금지된 부동산의 분양 · 임대 등과 관련 있는 증서란 입주자저축증서(주택청약저축 · 예금 · 부금)와 주택상환사채, 시장 등이 발행한 무허가건물확인서 · 건물철거예정증명서 또는 건물철거확인서, 공공사업의 시행으로 인한 이주대책에 의하여 주택을 공급받을 수 있는 이주대책대상자확인서, 재개발이나 철거지역주민에게 주는 입주권(딱지) 등을 말한다.

8 부당한 이익을 얻거나 제3자에게 부당한 이익을 얻게 할 목적으로 거짓으로 거래가 완료된 것처럼 꾸미는 등 중개대상물의 시세에 부당한 영향을 주거나 줄 우려가 있는 행위

9 단체를 구성하여 특정 중개대상물에 대하여 중개를 제한하거나 단체 구성원 이외의 자와 공동중개를 제한하는 행위

10 거래질서 교란행위

누구든지 시세에 부당한 영향을 줄 목적으로 다음의 어느 하나의 방법으로 개업공인중개사 등의 업무를 방해해서는 아니 된다.

1. 안내문, 온라인 커뮤니티 등을 이용하여 특정 개업공인중개사 등에 대한 중개의뢰를 제한하거나 제한을 유도하는 행위
2. 안내문, 온라인 커뮤니티 등을 이용하여 중개대상물에 대하여 시세보다 현저하게 높게 표시·광고 또는 중개하는 특정 개업공인중개사 등에게만 중개의뢰를 하도록 유도함으로써 다른 개업공인중개사 등을 부당하게 차별하는 행위
3. 안내문, 온라인 커뮤니티 등을 이용하여 특정 가격 이하로 중개를 의뢰하지 아니하도록 유도하는 행위
4. 정당한 사유 없이 개업공인중개사 등의 중개대상물에 대한 정당한 표시·광고 행위를 방해하는 행위
5. 개업공인중개사 등에게 중개대상물을 시세보다 현저하게 높게 표시·광고하도록 강요하거나 대가를 약속하고 시세보다 현저하게 높게 표시·광고하도록 유도하는 행위

Thema 20

교 육

1 실무교육

(1) 중개사무소의 개설등록을 신청하려는 자(법인의 경우에는 대표자, 사원 임원을 말하며, 분사무소의 설치신고를 하려는 경우에는 분사무소의 책임자를 말한다)는 등록신청일 전 1년 이내에 시·도지사가 실시하는 실무교육(실무수습 포함)을 받아야 한다. 소속공인중개사는 고용신고일 전 1년 이내에 시·도지사가 실시하는 실무교육을 받아야 한다.

(2) 그러나 다음의 경우에는 실무교육을 면제받는다.

1. 폐업신고 후 1년 이내에 중개사무소의 개설등록을 다시 신청하려는 자
2. 소속공인중개사로서 고용관계 종료 신고 후 1년 이내에 중개사무소 개설등록을 신청하려는 자
3. 고용관계 종료 신고 후 1년 이내에 고용신고를 다시 하려는 소속공인중개사
4. 개업공인중개사로서 폐업신고를 한 후 1년 이내에 소속공인중개사로 고용신고를 하려는 자

(3) 개업공인중개사 및 소속공인중개사의 직무수행에 필요한 법률지식, 부동산중개 및 경영실무, 직업윤리 등을 교육내용으로 한다. 교육시간은 28시간 이상 32시간 이하로 한다.

2 직무교육

(1) 중개보조원은 고용신고일 전 1년 이내에 시·도지사 또는 등록관청이 실시하는 직무교육을 받아야 한다.

(2) 다만, 고용관계 종료 신고 후 1년 이내에 고용신고를 다시 하려는 자는 직무교육을 면제받는다.

(3) 직무교육은 중개보조원의 직무수행에 필요한 직업윤리 등을 내용으로 하며, 직무교육시간은 3시간 이상 4시간 이하로 한다.

3 연수교육

(1) 실무교육을 받은 개업공인중개사 및 소속공인중개사는 실무교육을 받은 후 2년마다 시·도지사가 실시하는 연수교육을 받아야 한다(법 제34조 제4항).

(2) 시·도지사는 연수교육을 실시하려는 경우 실무교육 또는 연수교육을 받은 후 2년이 되기 2개월 전까지 연수교육의 일시·장소·내용 등을 대상자에게 통지하여야 한다(영 제28조 제4항).

(3) 연수교육은 부동산중개 관련 법 제도의 변경사항, 부동산중개 및 경영실무, 직업윤리 등을 내용으로 하며, 교육시간은 12시간 이상 16시간 이하로 한다.

4 사고예방교육

(1) 국토교통부장관, 시·도지사 및 등록관청은 필요하다고 인정하면 대통령령으로 정하는 바에 따라 개업공인중개사 등의 부동산거래사고 예방을 위한 교육을 실시할 수 있다(법 제34조의2 제2항).

(2) 국토교통부장관, 시·도지사 및 등록관청은 부동산 거래질서를 확립하고, 부동산거래사고로 인한 피해를 방지하기 위하여 부동산거래사고 예방을 위한 교육을 실시하려는 경우에는 교육일 10일 전까지 교육일시·교육장소 및 교육내용, 그밖에 교육에 필요한 사항을 공고하거나 교육대상자에게 통지하여야 한다(영 제28조의2 제2항).

Thema 21

중개보수

1 중개보수청구권

(1) 보수지급시기는 개업공인중개사와 중개의뢰인 간의 약정에 따르되 약정이 없을 때에는 중개대상물의 거래대금의 지급이 완료된 날로 한다.

(2) 개업공인중개사는 중개업무에 관하여 중개의뢰인으로부터 소정의 보수를 받는다. 다만, 개업공인중개사의 고의 또는 과실로 인하여 거래행위가 무효·취소 또는 해제된 경우에는 그러하지 않다.

2 법정한도

(1) 주 택

① 주택의 중개에 대한 보수는 국토교통부령으로 정하는 범위 안에서 특별시·광역시·도 또는 특별자치도의 조례로 정한다(법 제32조 제4항).

② 주택의 중개에 대한 보수는 중개의뢰인 쌍방으로부터 각각 받되 그 일방으로부터 받을 수 있는 한도는 [별표 1]로 정하는 바에 따른다.

공인중개사법 시행규칙 [별표 1] 〈신설 2021. 10. 19〉

주택 중개보수 상한요율(제20조 제1항 관련)

거래내용	거래금액	상한요율	한도액
1. 매매 · 교환	5천만원 미만	1천분의 6	25만원
	5천만원 이상 2억원 미만	1천분의 5	80만원
	2억원 이상 9억원 미만	1천분의 4	
	9억원 이상 12억원 미만	1천분의 5	
	12억원 이상 15억원 미만	1천분의 6	
	15억원 이상	1천분의 7	
2. 임대차 등	5천만원 미만	1천분의 5	20만원
	5천만원 이상 1억원 미만	1천분의 4	30만원
	1억원 이상 6억원 미만	1천분의 3	
	6억원 이상 12억원 미만	1천분의 4	
	12억원 이상 15억원 미만	1천분의 5	
	15억원 이상	1천분의 6	

※ 중개보수는 상한요율 이내에서 중개의뢰인과 개업공인중개사가 서로 협의하여 결정

③ 개업공인중개사는 중개대상물 소재지와 중개사무소의 소재지가 다른 경우에는 중개사무소의 소재지를 관할하는 특별시 · 광역시 · 도 조례에서 정한 기준에 따라 보수를 받아야 한다.

(2) 주택 외 중개대상물

① 주택 외의 중개대상물에 대한 보수는 국토교통부령으로 정한다.

② **오피스텔**(아래 1.과 2.의 요건을 모두 갖춘 경우 = 주거용 오피스텔)
중개의뢰인 쌍방으로부터 각각 받되 매매 · 교환은 0.5%, 임대차 등의 경우에는 0.4% 범위에서 중개보수를 결정한다.

1. 전용면적이 85m² 이하일 것
2. 상 · 하수도 시설이 갖추어진 전용입식 부엌, 전용수세식 화장실 및 목욕시설을 갖출 것

③ **기타**(토지, 상가, 업무용 오피스텔, 사무소, 공장, 입목 등)
주택 외의 중개대상물에 대한 중개보수는 중개의뢰인 쌍방으로부터 각각 받되 거래금액의 1천분의 9 이내에서 중개의뢰인과 개업공인중개사가 서로 협의하여 결정한다(규칙 제20조 제4항).

(3) 복합건축물

중개대상물인 건축물이 주택과 주택 외의 용도가 혼합된 복합건축물의 경우에는 건축물 중 주택의 면적이 2분의 1 이상인 경우에는 주택의 중개보수 규정을 적용하고, 주택의 면적이 2분의 1 미만인 경우에는 주택 외의 중개대상물에 대한 중개보수 규정을 적용한다.

3 계 산

(1) 공 식

거래금액 × 요율 = 산출액 VS 한도액(한도액의 범위 내에서의 산출액)

(2) 거래별 거래가액

① **매매**: 매매대금이 거래금액이 된다.

② **임대차**: 임대차 중 보증금 이외에 월세가 있는 경우에는 월단위의 차임액에 100을 곱한 금액을 보증금에 합산한 금액을 거래금액으로 한다. 다만, 합산금액이 5천만원 미만일 경우에는 본문의 규정에도 불구하고 월단위의 차임액에 70을 곱한 금액과 보증금을 합산한 금액을 거래금액으로 한다.

자격취소 및 자격정지

1 자격취소

(1) 처분권자

공인중개사의 자격취소처분은 그 공인중개사자격증을 교부한 시・도지사가 행한다(영 제29조 제1항).

(2) 자격취소 사유

시・도지사는 공인중개사가 다음의 어느 하나에 해당하는 경우에는 그 자격을 취소하여야 한다(법 제35조 제1항).

1. 부정한 방법으로 공인중개사의 자격을 취득한 경우
2. 다른 사람에게 자기의 성명을 사용하여 중개업무를 하게 하거나 공인중개사자격증을 양도 또는 대여한 경우
3. 자격정지처분을 받고 그 자격정지기간 중에 중개업무를 행한 경우(자격정지기간 중에 다른 개업공인중개사의 소속공인중개사・중개보조원 또는 법인인 개업공인중개사의 사원・임원이 되는 경우를 포함한다)
4. 이 법 또는 공인중개사의 직무와 관련하여 「형법」 제114조, 제231조, 제234조, 제347조, 제355조 또는 제356조를 위반하여 금고 이상의 형(집행유예를 포함한다)을 선고받은 경우

(3) 절 차

① 시・도지사는 공인중개사의 자격을 취소하고자 하는 경우에는 청문을 실시하여야 한다(법 제35조 제2항).

② 공인중개사의 자격이 취소된 자는 자격취소처분을 받은 날부터 7일 이내에 공인중개사자격증을 시・도지사에게 반납하여야 한다(법 제35조 제3항).

③ 공인중개사의 자격이 취소된 자는 3년간 개업공인중개사 등이 될 수 없다.

④ 자격취소처분을 한 시・도지사는 5일 이내 국토교통부장관과 다른 시・도지사에게 통보하여야 한다.

2 자격정지

(1) 처분권자

자격정지처분은 그 자격증을 교부한 시 · 도지사가 행한다(영 제29조 제1항). 등록관청은 공인중개사가 자격정지에 해당하는 위반행위 중 어느 하나에 해당하는 사실을 알게 된 때에는 지체 없이 그 사실을 시 · 도지사에게 통보하여야 한다(법 제36조 제2항).

(2) 자격정지 사유

시 · 도지사는 공인중개사가 소속공인중개사로서 업무를 수행하는 기간 중에 다음의 어느 하나에 해당하는 경우에는 6개월의 범위 안에서 기간을 정하여 그 자격을 정지할 수 있다(법 제36조 제1항).

1. 둘 이상의 중개사무소에 소속된 경우
2. 업무개시 전에 인장등록을 하지 아니하거나 등록하지 아니한 인장을 사용한 경우
3. 성실 · 정확하게 중개대상물의 확인 · 설명을 하지 아니하거나 설명의 근거자료를 제시하지 아니한 경우
4. 해당 중개행위를 한 경우 중개대상물 확인 · 설명서에 서명 및 날인을 하지 아니한 경우
5. 해당 중개행위를 한 경우 거래계약서에 서명 및 날인을 하지 아니한 경우
6. 거래계약서에 거래금액 등 거래내용을 거짓으로 기재하거나 서로 다른 둘 이상의 거래계약서를 작성한 경우
7. 법 제33조 제1항 각 호에 규정된 금지행위를 한 경우

(3) 절 차

① 자격정지기간 동안만 중개업무를 할 수 없다. 자격정지기간 중에 업무를 수행하거나 다른 개업공인중개사의 소속공인중개사 또는 법인인 개업공인중개사의 사원 · 임원이 되는 경우에는 시 · 도지사가 공인중개사자격을 취소하여야 한다.

② 시 · 도지사는 공인중개사의 자격정지를 하고자 하는 경우에 청문을 실시하지 않는다.

③ 자격정지처분을 받은 자는 자격증을 반납할 의무는 없다.

④ 자격정지처분을 한 시 · 도지사는 국토교통부장관에게 보고하거나 다른 시 · 도지사에게 통보할 의무는 없다.

등록취소

1 절대적 등록취소사유

등록관청은 개업공인중개사가 다음의 어느 하나에 해당하는 경우에는 중개사무소의 개설등록을 취소하여야 한다(법 제38조 제1항).

1. 개인인 개업공인중개사가 사망하거나 개업공인중개사인 법인이 해산한 경우
2. 거짓이나 그 밖의 부정한 방법으로 중개사무소의 개설등록을 한 경우
3. 법 제10조 제1항 제2호부터 제6호까지 또는 같은 항 제11호·제12호에 따른 결격사유에 해당하게 된 경우. 다만, 같은 항 제12호(사원 또는 임원 중 결격사유의 어느 하나에 해당하는 자가 있는 법인)에 따른 결격사유에 해당하는 경우로서 그 사유가 발생한 날부터 2개월 이내에 그 사유를 해소한 경우에는 그러하지 아니하다.
4. 법 제12조 제1항의 규정을 위반하여 이중으로 중개사무소의 개설등록을 한 경우
5. 법 제12조 제2항의 규정을 위반하여 다른 개업공인중개사의 소속공인중개사·중개보조원 또는 개업공인중개사인 법인의 사원·임원이 된 경우

5의2. 법 제15조 제3항을 위반하여 중개보조원을 고용한 경우

6. 법 제19조 제1항의 규정을 위반하여 다른 사람에게 자기의 성명 또는 상호를 사용하여 중개업무를 하게 하거나 중개사무소등록증을 양도 또는 대여한 경우
7. 업무정지기간 중에 중개업무를 하거나 자격정지처분을 받은 소속공인중개사로 하여금 자격정지기간 중에 중개업무를 하게 한 경우
8. 최근 1년 이내에 이 법에 의하여 2회 이상 업무정지처분을 받고 다시 업무정지처분에 해당하는 행위를 한 경우

2 임의적 등록취소

등록관청은 개업공인중개사가 다음의 어느 하나에 해당하는 경우에는 중개사무소의 개설 등록을 취소할 수 있다(법 제38조 제2항).

1. 법 제9조 제3항에 따른 등록기준에 미달하게 된 경우
2. 법 제13조 제1항의 규정을 위반하여 둘 이상의 중개사무소를 둔 경우
3. 법 제13조 제2항의 규정을 위반하여 임시 중개시설물을 설치한 경우
4. 법 제14조 제1항의 규정을 위반하여 법인인 개업공인중개사가 겸업할 수 없는 업무에 대하여 겸업을 한 경우
5. 법 제21조 제2항의 규정을 위반하여 부득이한 사정이 없음에도 계속하여 6개월을 초과하여 휴업한 경우
6. 법 제23조 제3항의 규정을 위반하여 전속중개계약체결 후 7일 이내에 중개대상물에 관한 정보를 공개하지 아니하거나 중개의뢰인의 비공개요청에도 불구하고 정보를 공개한 경우
7. 법 제26조 제3항의 규정을 위반하여 거래계약서에 거래금액 등 거래내용을 거짓으로 기재하거나 서로 다른 둘 이상의 거래계약서를 작성한 경우
8. 법 제30조 제3항에 따른 손해배상책임을 보장하기 위한 조치를 이행하지 아니하고 업무를 개시한 경우
9. 법 제33조 제1항 각 호에 규정된 금지행위를 한 경우
10. 최근 1년 이내에 이 법에 의하여 3회 이상 업무정지 또는 과태료의 처분을 받고 다시 업무정지 또는 과태료의 처분에 해당하는 행위를 한 경우(1 의 8.에 해당하는 경우는 제외한다)
11. 개업공인중개사가 조직한 사업자단체(「독점규제 및 공정거래에 관한 법률」 제2조 제4호의 사업자단체를 말한다. 이하 같다) 또는 그 구성원인 개업공인중개사가 「독점규제 및 공정거래에 관한 법률」 제51조를 위반하여 같은 법 제52조(시정 조치) 또는 제53조에 따른 처분(과징금부과처분)을 최근 2년 이내에 2회 이상 받은 경우

Thema 24 승계제도

1 폐업신고 전 지위승계

개업공인중개사가 폐업신고 후 다시 중개사무소의 개설등록을 한 때에는 폐업신고 전의 개업공인중개사의 지위를 승계한다(법 제40조 제1항).

2 폐업신고 전에 받은 행정처분효과승계

폐업신고 전의 개업공인중개사에 대하여 업무정지・과태료에 해당하는 위반행위를 사유로 행한 행정처분의 효과는 그 처분일부터 1년간 재등록 개업공인중개사에게 승계된다. 예를 들어 폐업 전에 업무정지처분을 2회 받고 다시 1년 이내 업무정지에 해당하는 위반행위를 한 경우에는 업무정지에 해당하는 위반행위이지만 등록취소처분을 하여야 한다.

3 폐업신고 전의 위반행위승계

(1) 폐업신고 후 다시 중개사무소의 개설등록을 한 개업공인중개사는 폐업신고 전에 행한 행위 중 등록취소처분에 해당하는 행위와 업무정지처분에 해당하는 행위를 승계한다.

(2) 등록관청은 폐업신고 후 재등록한 개업공인중개사에 대하여 폐업신고 전의 법 제38조 제1항 각 호(등록을 취소하여야 하는 사유), 동조 제2항 각 호(등록을 취소할 수 있는 사유) 및 제39조 제1항 각 호(업무의 정지를 명할 수 있는 사유)의 위반행위에 대하여 등록취소처분 또는 업무정지처분의 행정처분을 할 수 있다.

(3) 폐업신고 전의 위반행위를 사유로 재등록한 개업공인중개사에 대하여 등록취소처분 또는 업무정지처분을 하는 경우에는 폐업기간과 폐업의 사유 등을 고려하여야 한다(법 제40조 제4항).

Thema

25 공인중개사협회

1 협회의 설립 및 조직

⑴ 개업공인중개사인 공인중개사(부칙 제6조 제2항에 따라 이 법에 의한 중개사무소의 개설 등록을 한 것으로 보는 자를 포함한다)는 그 자질향상 및 품위유지와 중개업에 관한 제도의 개선 및 운용에 관한 업무를 효율적으로 수행하기 위하여 공인중개사협회를 설립할 수 있다(법 제41조 제1항).

⑵ **협회의 설립절차**

협회는 회원 300인 이상이 발기인이 되어 정관을 작성하여 창립총회의 의결을 거친 후 국토교통부장관의 인가를 받아 그 주된 사무소의 소재지에서 설립등기를 함으로써 성립한다(법 제41조 제3항).

⑶ **협회 조직**

협회는 정관으로 정하는 바에 따라 시·도에 지부를, 시(구가 설치되지 아니한 시와 특별자치도의 행정시를 말한다)·군·구에 지회를 둘 수 있다(법 제41조 제4항).

2 협회의 업무

⑴ **고유업무**

1. 회원의 품위유지를 위한 업무
2. 부동산중개제도의 연구·개선에 관한 업무
3. 회원의 자질향상을 위한 지도 및 교육·연수에 관한 업무
4. 회원의 윤리헌장 제정 및 그 실천에 관한 업무
5. 부동산 정보제공에 관한 업무
6. 법 제42조의 규정에 따른 공제사업. 이 경우 공제사업은 비영리사업으로서 회원 간의 상호부조를 목적으로 한다.
7. 그 밖에 협회의 설립목적 달성을 위하여 필요한 업무

(2) 수탁업무

1. 실무교육, 직무교육, 연수교육에 관한 업무
2. 공인중개사시험의 시행에 관한 업무

3 공제사업

(1) 협회는 개업공인중개사의 재산적인 손해배상책임을 보장하기 위하여 공제사업을 할 수 있다(법 제42조 제1항). 공제사업은 비영리사업으로서 회원 간의 상호부조를 목적으로 한다.

(2) 협회가 개업공인중개사의 손해배상책임을 보장하기 위하여 공제사업을 하고자 하는 때에는 공제규정을 제정하여 국토교통부장관의 승인을 얻어야 한다.

(3) 협회는 공제사업을 다른 회계와 구분하여 별도의 회계로 관리하여야 하며, 책임준비금을 다른 용도로 사용하고자 하는 경우에는 국토교통부장관의 승인을 얻어야 한다(법 제42조 제4항).

(4) 협회는 매년도의 공제사업 운용실적을 일간신문·협회보 등을 통하여 공제계약자에게 공시하여야 한다(법 제42조 제5항). 즉, 매 회계연도 종료 후 3개월 이내에 일간신문 또는 협회보에 공시하고 협회의 인터넷 홈페이지에 게시하여야 한다(영 제35조).

(5) 금융감독원의 원장은 국토교통부장관의 요청이 있는 경우에는 공제사업에 관하여 조사 또는 검사를 할 수 있다(법 제42조의3).

(6) 국토교통부장관은 협회의 공제사업 운영이 적정하지 아니하거나 자산상황이 불량하여 중개사고 피해자 및 공제 가입자 등의 권익을 해칠 우려가 있다고 인정하면 조치를 명할 수 있다(법 제42조의4).

(7) 공제사업에 관한 사항을 심의하고 그 업무집행을 감독하기 위하여 협회에 운영위원회를 둔다(법 제42조의2 제1항).

(8) 국토교통부장관은 협회의 임원이 공제사업을 건전하게 운영하지 못할 우려가 있는 경우 그 임원에 대한 징계·해임을 요구하거나 해당 위반행위를 시정하도록 명할 수 있다(법 제42조의5).

4 협회에 대한 지도 · 감독

(1) 지도 · 감독

국토교통부장관은 협회와 그 지부 및 지회를 지도 · 감독하기 위하여 필요한 때에는 그 업무에 관한 사항을 보고하게 하거나 자료의 제출 그 밖에 필요한 명령을 할 수 있으며, 소속 공무원으로 하여금 그 사무소에 출입하여 장부 · 서류 등을 조사 또는 검사하게 할 수 있다(법 제44조 제1항).

(2) 협회의 보고의무

협회는 총회의 의결내용을 지체 없이 국토교통부장관에게 보고하여야 한다(영 제32조 제1항).

Thema 26

포상금

1 포상금이 걸린 자

등록관청은 다음의 어느 하나에 해당하는 자를 등록관청이나 수사기관에 신고 또는 고발한 자에 대하여 대통령령으로 정하는 바에 따라 포상금을 지급할 수 있다(법 제46조 제1항).

1. 등록증 또는 자격증을 양도·대여한 자 및 받은 자
2. 거짓이나 그 밖의 부정한 방법으로 중개사무소의 개설등록을 한 자
3. 중개사무소의 개설등록을 하지 아니하고 중개업을 한 자
4. 제18조의2 제3항을 위반하여 표시·광고를 한 자
5. 제33조 제1항 제8호 또는 제9호에 따른 행위를 한 자
6. 제33조 제2항을 위반하여 개업공인중개사 등의 업무를 방해한 자

2 포상금 지급조건

포상금은 신고 또는 고발대상 중 어느 하나에 해당하는 자가 행정기관에 의하여 발각되기 전에 등록관청, 수사기관 또는 신고센터에 신고 또는 고발한 자에게 그 신고 또는 고발사건에 대하여 검사가 공소제기 또는 기소유예의 결정을 한 경우에 한하여 지급한다(영 제36조의2 제2항).

3 포상금 지급

(1) 포상금은 등록관청이 지급한다(법 제46조 제1항). 포상금은 1건당 50만원으로 한다(영 제36조의2 제1항). 포상금의 지급에 소요되는 비용은 대통령령으로 정하는 바에 따라 그 일부를 국고에서 보조할 수 있다(법 제46조 제2항). 포상금의 지급에 소요되는 비용 중 국고에서 보조할 수 있는 비율은 100분의 50 이내로 한다(영 제36조의2 제3항).

(2) 포상금을 지급받으려는 자는 포상금지급신청서를 등록관청에 제출해야 한다(규칙 제28조 제1항). 포상금지급신청서를 제출받은 등록관청은 그 사건에 관한 수사기관의 처분내용을 조회한 후 포상금의 지급을 결정하고, 그 결정일부터 1개월 이내에 포상금을 지급하여야 한다(규칙 제28조 제2항).

4 여러 명이 신고 · 고발한 경우

(1) 등록관청은 하나의 사건에 대하여 2인 이상이 공동으로 신고 또는 고발한 경우에는 포상금(50만원)을 균등하게 배분하여 지급한다. 다만, 포상금을 지급받을 자가 배분방법에 관하여 미리 합의하여 포상금의 지급을 신청한 경우에는 그 합의된 방법에 따라 지급한다(규칙 제28조 제3항).

(2) 등록관청은 하나의 사건에 대하여 2건 이상의 신고 또는 고발이 접수된 경우에는 최초로 신고 또는 고발한 자에게 포상금을 지급한다(규칙 제28조 제4항).

Thema 27

부동산거래질서 교란행위

1 거래질서 교란행위

(1) 교란행위

누구든지 부동산중개업 및 부동산 시장의 건전한 거래질서를 해치는 다음 각 호의 어느 하나에 해당하는 행위를 발견하는 경우 그 사실을 신고센터에 신고할 수 있다(법 제47조의2 제2항).

1. 제7조부터 제9조까지, 제18조의4 또는 제33조 제2항을 위반하는 행위
2. 제48조 제2호에 해당하는 행위
3. 개업공인중개사가 제12조 제1항, 제13조 제1항 · 제2항, 제14조 제1항, 제15조 제3항, 제17조, 제18조, 제19조, 제25조 제1항, 제25조의3 또는 제26조 제3항을 위반하는 행위
4. 개업공인중개사 등이 제12조 제2항, 제29조 제2항 또는 제33조 제1항을 위반하는 행위
5. 「부동산 거래신고 등에 관한 법률」 제3조, 제3조의2 또는 제4조를 위반하는 행위

(2) 신고센터 설치 · 운영

① 국토교통부장관은 부동산 시장의 건전한 거래질서를 조성하기 위하여 부동산거래질서 교란행위 신고센터를 설치 · 운영할 수 있다(법 제47조의2 제1항).

② 국토교통부장관은 신고센터의 업무를 대통령령으로 정하는 기관(한국부동산원)에 위탁할 수 있다(제47조의2 제4항).

(3) 신고센터 업무

신고센터는 다음 각 호의 업무를 수행한다(법 제47조의2 제3항).

1. 부동산거래질서교란행위 신고의 접수 및 상담
2. 신고사항에 대한 확인 또는 시 · 도지사 및 등록관청 등에 신고사항에 대한 조사 및 조치 요구
3. 신고인에 대한 신고사항 처리 결과 통보

2 신고센터 설치 · 운영

(1) 국토교통부장관은 "부동산거래질서 교란행위"를 방지하기 위하여 부동산거래질서 교란행위 신고센터를 설치 · 운영할 수 있다. 국토교통부장관은 신고센터의 업무를 한국부동산원에 위탁한다.

(2) 부동산거래질서 교란행위를 신고하려는 자는 서면(전자문서를 포함한다)으로 제출해야 한다.

(3) 신고센터는 제출받은 신고사항에 대해 시 · 도지사 및 등록관청 등에 조사 및 조치를 요구해야 한다.

(4) 신고센터로부터 조사 및 조치의 요구를 받은 시 · 도지사 및 등록관청 등은 신속하게 조사 및 조치를 완료하고, 완료한 날부터 10일 이내에 그 결과를 신고센터에 통보해야 한다.

(5) 신고센터는 매월 10일까지 직전 달의 신고사항 접수 및 처리 결과 등을 국토교통부장관에게 제출해야 한다.

Thema 28

부동산거래신고제도

1 부동산거래신고대상

(1) **부동산**(토지 또는 건축물)

(2) **「택지개발촉진법」, 「주택법」 등 대통령령으로 정하는 법률에 따른 부동산에 대한 공급계약**

1. 「건축물의 분양에 관한 법률」
2. 「공공주택 특별법」
3. 「도시개발법」
4. 「도시 및 주거환경정비법」
5. 「빈집 및 소규모주택 정비에 관한 특례법」
6. 「산업입지 및 개발에 관한 법률」
7. 「주택법」
8. 「택지개발촉진법」

(3) **다음 어느 하나에 해당하는 지위의 매매계약**

1. (2)에 따른 공급계약을 통하여 부동산을 공급받는 자로 선정된 지위
2. 「도시 및 주거환경정비법」 제74조의 규정에 따른 관리처분계획의 인가 및 「빈집 및 소규모주택 정비에 관한 특례법」 제29조에 따른 사업시행계획인가로 취득한 입주자로 선정된 지위

2 부동산거래신고의무자

(1) **거래당사자**

① 부동산거래계약을 체결하고 해당 거래계약을 체결한 거래당사자는 부동산거래계약신고서에 공동으로 서명 또는 날인하여 신고관청에 제출하여야 한다.

② 거래당사자 중 일방이 신고를 거부하는 경우에는 단독으로 신고할 수 있다. 거래당사자 중 일방이 국가, 지방자치단체, 대통령령으로 정하는 자의 경우에는 국가 등이 신고를 하여야 한다.

(2) 개업공인중개사

개업공인중개사가 거래계약서를 작성·교부한 경우에는 해당 개업공인중개사는 부동산거래신고를 하여야 한다. 다만, 개업공인중개사는 소속공인중개사로 하여금 부동산거래계약신고서의 제출을 대행하게 할 수 있다.

3 신고관청

부동산거래신고는 신고의무자가 부동산 등의 소재지를 관할하는 시장·군수 또는 구청장에게 신고하여야 한다. 신고의무자는 거래계약의 체결일로부터 30일 이내에 신고하여야 한다.

4 신고사항

1. 거래당사자의 인적 사항
2. 계약 체결일, 중도금 지급일 및 잔금 지급일
3. 거래대상 부동산 등(부동산을 취득할 수 있는 권리에 관한 계약의 경우에는 그 권리의 대상인 부동산을 말한다)의 소재지·지번·지목 및 면적
4. 거래대상 부동산 등의 종류(부동산을 취득할 수 있는 권리에 관한 계약의 경우에는 그 권리의 종류를 말한다)
5. 실제거래가격
6. 계약의 조건이나 기한이 있는 경우에는 그 조건 또는 기한
7. 위탁관리인의 인적 사항
8. 개업공인중개사가 거래계약서를 작성·교부한 경우
   ① 개업공인중개사의 인적 사항
   ② 개설등록한 중개사무소의 상호·전화번호 및 소재지
9. 거래대상 주택의 취득에 필요한 자금의 조달계획 및 지급방식
10. 거래대상 주택에 매수자 본인이 입주할지 여부와 입주 예정 시기 등 거래대상 주택의 이용계획

신고사항 중 9.와 10.은 투기과열지구 또는 조정대상 지역에 소재하는 주택은 거래금액에 상관없이 제출하여야 하며, 비규제 지역은 실거래가격이 6억원 이상인 주택에 한하여 9. 및 10.의 서류를 제출하여야 한다.

※ 토지의 경우 1.~8. 이외에 다음의 사항이 추가되는 경우

9. 거래대상 토지의 취득에 필요한 자금의 조달계획
10. 거래대상 토지의 이용계획

① 토지 매수의 경우
가. 수도권 등에 소재하는 토지의 경우 : 1억원 이상
나. 수도권 등 외의 지역에 소재하는 토지의 경우 : 6억원 이상
② 토지 지분 매수의 경우
가. 수도권 등에 소재하는 토지 : 금액불문
나. 수도권 등 외의 지역에 소재하는 토지로서 실제 거래가격이 6억원 이상인 토지
"수도권 등"이란 「수도권정비계획법」에 따른 수도권, 광역시 및 세종특별자치시를 말한다.

5 신고필증 발급 등

(1) 신고를 받은 신고관청은 그 신고내용을 확인한 후 신고인에게 신고필증을 지체 없이 발급하여야 한다.

(2) 검 증

신고관청은 신고를 받은 경우 부동산거래가격 검증체계를 활용하여 그 적정성을 검증하여야 한다. 부동산거래가격 검증체계는 국토교통부장관이 구축・운영하여야 한다.

(3) 세무서 통보

신고관청은 (2)에 따른 검증 결과를 해당 부동산의 소재지를 관할하는 세무관서의 장에게 통보하여야 하며, 통보받은 세무관서의 장은 해당 신고 내용을 국세 또는 지방세 부과를 위한 과세자료로 활용할 수 있다.

(4) 신고내용의 조사 및 보고

신고내용을 조사한 경우 신고관청은 조사 결과를 특별시장, 광역시장, 특별자치시장, 도지사, 특별자치도지사(이하 "시・도지사")에게 보고하여야 하며, 시・도지사는 이를 국토교통부령으로 정하는 바에 따라 국토교통부장관에게 보고하여야 한다.

Thema

29 외국인 등의 부동산 취득 등에 관한 특례

1 적용범위

(1) 외국인 등

① **대한민국의 국적을 보유하고 있지 아니한 개인**

② **외국의 법령에 따라 설립된 법인 또는 단체**

③ **다음의 내국의 법령에 따라 설립된 법인 또는 단체**

㉠ 사원 또는 구성원의 2분의 1 이상이 외국인에 해당하는 자인 법인 또는 단체

㉡ 업무를 집행하는 사원이나 이사 등 임원의 2분의 1 이상이 외국인에 해당하는 자인 법인 또는 단체

㉢ 외국인에 해당하는 사람이나 외국법인에 해당하는 법인 또는 단체가 자본금의 2분의 1 이상이나 의결권의 2분의 1 이상을 가지고 있는 법인 또는 단체

④ **외국 정부**

⑤ **대통령령으로 정하는 국제기구**(국제연합과 그 산하기구 등)

(2) 국내의 부동산 등

① 토지 건축물

② 공급계약 지위

(3) 소유권 취득

외국인 등이 국내의 부동산 등에 대한 소유권을 취득하는 경우에 적용된다. 따라서 외국인 등이 국내의 부동산 등에 대한 임차권이나 저당권을 취득한 경우에는 적용되지 않는다.

2 허 가

(1) 허가대상 지역

1. 「군사기지 및 군사시설 보호법」 제2조 제6호에 따른 군사기지 및 군사시설 보호구역, 그 밖에 국방목적을 위하여 외국인 등의 토지취득을 특별히 제한할 필요가 있는 지역으로서 대통령령(국방목적상 필요한 섬 지역, 「국방・군사시설 사업에 관한 법률」에 따른 군부대주둔지와 그 인근지역, 「통합방위법」에 따른 국가중요시설과 그 인근지역)으로 정하는 지역
2. 「문화유산의 보존 및 활용에 관한 법률」 제2조 제3항에 따른 지정문화유산과 이를 위한 보호물 또는 보호구역

2의2. 「자연유산의 보존 및 활용에 관한 법률」에 따라 지정된 천연기념물 등과 이를 위한 보호물 또는 보호구역

3. 「자연환경보전법」 제2조 제12호에 따른 생태・경관보전지역
4. 「야생생물 보호 및 관리에 관한 법률」 제27조에 따른 야생생물 특별보호구역

(2) 허가신청서를 받은 신고관청은 신청서를 받은 날부터 다음 각 호의 구분에 따른 기간 안에 허가 또는 불허가 처분을 해야 한다. 다만, 부득이한 사유로 제1호에 따른 기간 안에 허가 또는 불허가 처분을 할 수 없는 경우에는 30일의 범위에서 그 기간을 연장할 수 있으며, 기간을 연장하는 경우에는 연장 사유와 처리예정일을 지체 없이 신청인에게 알려야 한다(영 제6조 제3항).

1. **법 제9조 제1항 제1호에 따른 구역・지역의 경우**: 30일
2. **제1호 외의 구역・지역의 경우**: 15일

(3) 허가를 받지 않고 체결한 토지취득계약은 그 효력이 발생하지 아니한다. 또한 허가를 받지 아니하고 토지취득계약을 체결하거나 부정한 방법으로 허가를 받아 토지취득계약을 체결한 외국인은 2년 이하의 징역 또는 2천만원 이하의 벌금에 처한다.

3 신 고

(1) 외국인 등이 대한민국 안의 부동산 등을 취득하는 계약(법 제3조 제1항 각 호에 따른 계약은 제외한다)을 체결하였을 때에는 계약체결일부터 60일 이내에 대통령령으로 정하는 바에 따라 신고관청에 신고하여야 한다(법 제8조 제1항).

(2) 외국인 등이 상속·경매, 그 밖에 대통령령으로 정하는 계약 외의 원인으로 대한민국 안의 부동산 등을 취득한 때에는 부동산 등을 취득한 날부터 6개월 이내에 대통령령으로 정하는 바에 따라 신고관청에 신고하여야 한다(법 제8조 제2항).

대통령령으로 정하는 계약 외 원인에는 상속, 경매, 환매권행사, 확정판결, 합병, 신축 등이 포함된다.

(3) 대한민국 안의 부동산 등을 가지고 있는 대한민국 국민이나 대한민국의 법령에 따라 설립된 법인 또는 단체가 외국인 등으로 변경된 경우 그 외국인 등이 해당 부동산 등을 계속 보유하려는 경우에는 외국인 등으로 변경된 날부터 6개월 이내에 대통령령으로 정하는 바에 따라 신고관청에 신고하여야 한다(법 제8조 제3항).

4 사후관리

(1) 신고관청은 신고내용 또는 허가내용을 매 분기 종료일부터 1개월 이내에 특별시장·광역시장·도지사 또는 특별자치도지사에게 제출(「전자서명법」 제2조 제1호에 따른 전자문서에 의한 제출을 포함한다)하여야 한다. 다만, 특별자치시장은 직접 국토교통부장관에게 제출하여야 한다.

(2) 신고내용 또는 허가내용을 제출받은 특별시장·광역시장·도지사 또는 특별자치도지사는 제출받은 날부터 1개월 이내에 그 내용을 국토교통부장관에게 제출하여야 한다.

신고기한의 정리

구 분	예	신고기한	제 재
① 계 약	교환계약, 증여계약	계약일로부터 60일 이내 신고	300만원 이하의 과태료
② 계약 외	상속, 경매, 합병판결, 환매권행사, 신축 등	취득일로부터 6개월 이내 신고	100만원 이하의 과태료
③ 계속 보유	국적변경	변경일로부터 6개월 이내 신고	100만원 이하의 과태료

Thema

30 토지거래허가제도

1 토지거래허가구역

(1) 국토의 이용 및 관리에 관한 계획의 원활한 수립과 집행, 합리적인 토지 이용 등을 위하여 토지의 투기적인 거래가 성행하거나 지가가 급격히 상승하는 지역과 그러한 우려가 있는 지역으로서 대통령령으로 정하는 지역에 대해서는 5년 이내의 기간을 정하여 토지거래계약에 관한 허가구역으로 지정할 수 있다.

(2) **지정절차**

① 심의 ⇨ ② 지정공고(공고일로부터 5일 후 효력발생) ⇨ ③ 통지 ⇨ ④ 공고 및 열람

2 기준면적 초과

구 분	용도지역	기준면적	제 재
① 도시지역 (용도지역)	주거지역	$60m^2$ 초과	국토교통부장관 또는 시 · 도지사가 기준면적의 10% ~ 300% 이하의 범위 안에서 따로 정하면 그에 따른다.
	상업지역	$150m^2$ 초과	
	공업지역	$150m^2$ 초과	
	녹지지역	$200m^2$ 초과	
	지역 미지정	$60m^2$ 초과	
② 도시지역 외 (지목)	임 야	$1,000m^2$ 초과	
	농 지	$500m^2$ 초과	
	기 타	$250m^2$ 초과	

3 허가대상 거래

허가구역에 있는 토지에 관한 소유권·지상권을 이전하거나 설정하는 유상 계약·예약을 체결하려는 당사자는 공동으로 대통령령으로 정하는 바에 따라 시장·군수 또는 구청장의 허가를 받아야 한다. 허가받은 사항을 변경하려는 경우에도 또한 같다.

4 허가신청

(1) 토지거래계약의 허가를 받으려는 자는 공동으로 신청서와 국토교통부령으로 정하는 서류를 첨부하여 허가관청에 제출하여야 한다.

(2) 허가신청서를 받은 허가관청은 지체 없이 필요한 조사를 하고 신청서를 받은 날부터 15일 이내에 허가·변경허가 또는 불허가 처분을 하여야 한다. 다만, 법 제15조에 따라 선매협의 절차가 진행 중인 경우에는 위의 기간 내에 그 사실을 신청인에게 알려야 한다.

(3) 15일 이내에 허가증의 발급 또는 불허가처분 사유의 통지가 없거나 선매협의 사실의 통지가 없는 경우에는 그 기간이 끝난 날의 다음 날에 허가가 있는 것으로 본다. 이 경우 시장·군수 또는 구청장은 지체 없이 신청인에게 허가증을 발급하여야 한다.

5 선매협의

(1) 시장·군수 또는 구청장은 법 제11조 제1항에 따른 토지거래계약에 관한 허가신청이 있는 경우 공익사업용 토지 또는 허가 받은 목적대로 이용하고 있지 않은 토지에 대하여 국가, 지방자치단체, 한국토지주택공사, 그 밖에 대통령령으로 정하는 공공기관 또는 공공단체가 그 매수를 원하는 경우에는 이들 중에서 해당 토지를 매수할 자를 지정하여 그 토지를 협의 매수하게 할 수 있다.

(2) 선매가격은 감정평가 법인 등이 감정평가한 감정가격을 기준으로 하되 토지거래계약 허가신청서에 적힌 가격이 감정가격보다 낮은 경우에는 허가신청서에 적힌 가격으로 할 수 있다.

(3) 시장·군수 또는 구청장은 선매협의가 이루어지지 아니한 경우에는 지체 없이 허가 또는 불허가의 여부를 결정하여 통보하여야 한다.

6 토지거래 허가 및 이행강제금

(1) 법 제11조에 따라 토지거래계약을 허가받은 자는 대통령령으로 정하는 사유가 있는 경우 외에는 5년의 범위에서 대통령령으로 정하는 기간에 그 토지를 허가받은 목적대로 이용하여야 한다.

(2) 시장 · 군수 또는 구청장은 법 제17조 제1항에 따른 토지의 이용 의무를 이행하지 아니한 자에 대하여는 상당한 기간(3개월 이내)을 정하여 토지의 이용 의무를 이행하도록 명할 수 있다.

(3) 시장 · 군수 또는 구청장은 최초의 이행명령이 있었던 날을 기준으로 1년에 한 번씩 그 이행명령이 이행될 때까지 반복하여 이행강제금을 부과 · 징수할 수 있다.

7 불허가처분

(1) 불허가처분에 대해서 1개월 이내에 시장 · 군수 또는 구청장에게 이의신청을 할 수 있다.

(2) 허가신청에 대하여 불허가처분을 받은 자는 그 통지를 받은 날부터 1개월 이내에 시장 · 군수 또는 구청장에게 해당 토지에 관한 권리의 매수를 청구할 수 있다.

분묘기지권

1 분묘기지권

타인의 토지에 분묘를 설치한 자가 그 분묘를 소유하기 위하여 분묘기지 부분인 타인의 토지 부분을 사용할 수 있는 권리를 말한다. 관습법상의 지상권 유사 물권으로 판례가 인정한 것이다.

2 성립하는 경우

(1) 토지 소유자의 승낙을 얻어서 분묘를 설치한 경우

(2) 토지 소유자의 승낙 없이 분묘를 설치한 후 20년간 평온, 공연하게 분묘를 점유하여 시효취득한 경우(지료는 유상)

(3) 자기 토지에 분묘를 설치한 자가 후에 분묘기지에 대한 권리를 유보하거나 분묘 이전의 특약 없이 토지를 처분한 경우

「장사 등에 관한 법률」에 따른 제한(2001. 1. 13. 시행) ⇨ 무단으로 설치한 분묘의 연고자는 당해 토지 소유자·묘지설치자 또는 연고자에 대하여 토지 사용권 기타 분묘의 보존을 위한 권리를 주장할 수 없다.

3 공시방법

분묘기지권을 인정받기 위해서는 분묘의 모양으로 공시방법을 갖추어야 하므로 평장이나 암장되어 있는 경우에는 분묘기지권을 제3자에게 주장할 수 없다. 또한 분묘 내부에 시신이 매장되어 있지 않은 가묘의 경우에는 분묘기지권이 인정되지 않는다.

4 분묘기지권의 효력

(1) 분묘기지권은 분묘가 설치된 기지에 국한된 것이 아니고 수호 제사를 위해 필요한 범위 내 주위의 빈 땅에도 미친다. 분묘기지권이 미치는 확실한 범위는 각 구체적인 경우에 개별적으로 정하여야 할 것인바, 사성(무덤 뒤를 반달형으로 둘러쌓은 둔덕)이 조성되어 있다 하여 반드시 그 사성부분을 포함한 지역에까지 분묘기지권이 미치는 것은 아니다(대판 1997.5.23, 95다29086).

(2) 분묘기지권이 인정된다고 하더라도 기존의 분묘 외에 새로운 분묘를 신설할 권능은 포함되지 아니한다. 쌍분 형태의 분묘를 설치하는 것은 허용되지 않고 단분 형태의 분묘를 신설하는 권능도 포함되지 않는다(대판 2001.8.21, 2001다28367).

(3) 분묘기지권의 존속기간은 약정이 있으면 그 기간이 존속기간이며 약정이 없으면 분묘가 존속하고 수호 봉제사를 계속하는 한 분묘기지권은 존속한다. 따라서 분묘가 멸실된 경우라고 하더라도 유골이 존재하여 분묘의 원상회복이 가능하여 일시적인 멸실에 불과하다면 분묘기지권은 소멸하지 않고 존속하고 있다고 해석함이 상당하다(대판 2007.6.28, 2005다44114).

「장사 등에 관한 법률」에 따른 설치기간 제한(2001. 1. 13 시행)

1. 공설묘지 및 사설묘지에 설치된 분묘의 설치기간은 30년으로 한다.
2. 설치기간이 지난 분묘의 연고자가 그 설치기간의 연장을 신청하는 경우에 1회에 한하여 설치기간을 30년으로 연장하여야 한다.
3. 설치기간이 끝난 분묘의 연고자는 설치기간이 끝난 날부터 1년 이내에 해당 분묘에 설치된 시설물을 철거하고 매장된 유골을 화장하거나 봉안하여야 한다.

(4) 2000. 1. 12. 법률 제6158호로 전부 개정된 구 「장사 등에 관한 법률」(이하 "장사법"이라 한다)의 시행일인 2001. 1. 13. 이전에 타인의 토지에 분묘를 설치한 다음 20년간 평온・공연하게 분묘의 기지를 점유함으로써 분묘기지권을 시효로 취득하였더라도, 분묘기지권자는 토지소유자가 분묘기지에 관한 지료를 청구하면 그 청구한 날부터의 지료를 지급할 의무가 있다고 보아야 한다(대판 2021.4.29, 2017다228007).

확인 · 설명서 서식(주거용 건축물)

■ 공인중개사법 시행규칙 [별지 제20호 서식] 〈개정 2024. 7. 2.〉

중개대상물 확인 · 설명서[Ⅰ] (주거용 건축물)

(주택 유형: [ ] 단독주택 [ ] 공동주택 [ ] 주거용 오피스텔)
(거래 형태: [ ] 매매 · 교환 [ ] 임대)

<table>
<tr><td rowspan="2">확인 · 설명 자료</td><td>확인 · 설명 근거자료 등</td><td>[ ] 등기권리증 [ ] 등기사항증명서 [ ] 토지대장 [ ] 건축물대장 [ ] 지적도
[ ] 임야도 [ ] 토지이용계획확인서 [ ] 확정일자 부여현황 [ ] 전입세대확인서
[ ] 국세납세증명서 [ ] 지방세납세증명서 [ ] 그 밖의 자료( )</td></tr>
<tr><td>대상물건의 상태에 관한 자료요구 사항</td><td></td></tr>
</table>

<table>
<tr><th colspan="2">유의사항</th></tr>
<tr><td>개업공인중개사의 확인 · 설명 의무</td><td>개업공인중개사는 중개대상물에 관한 권리를 취득하려는 중개의뢰인에게 성실 · 정확하게 설명하고, 토지대장 등본, 등기사항증명서 등 설명의 근거자료를 제시해야 합니다.</td></tr>
<tr><td>실제 거래가격 신고</td><td>「부동산 거래신고 등에 관한 법률」 제3조 및 같은 법 시행령 별표 1 제1호 마목에 따른 실제 거래가격은 매수인이 매수한 부동산을 양도하는 경우 「소득세법」 제97조 제1항 및 제7항과 같은 법 시행령 제163조 제11항 제2호에 따라 취득 당시의 실제 거래가액으로 보아 양도차익이 계산될 수 있음을 유의하시기 바랍니다.</td></tr>
</table>

Ⅰ. 개업공인중개사 기본 확인사항

<table>
<tr><td rowspan="11">① 대상물건의 표시</td><td rowspan="3">토 지</td><td>소재지</td><td colspan="4"></td></tr>
<tr><td rowspan="2">면적(m²)</td><td rowspan="2"></td><td rowspan="2">지 목</td><td>공부상 지목</td><td></td></tr>
<tr><td>실제 이용 상태</td><td></td></tr>
<tr><td rowspan="8">건축물</td><td>전용면적(m²)</td><td colspan="2"></td><td>대지지분(m²)</td><td></td></tr>
<tr><td rowspan="2">준공년도
(증개축년도)</td><td rowspan="2"></td><td rowspan="2">용 도</td><td>건축물대장상 용도</td><td></td></tr>
<tr><td>실제 용도</td><td></td></tr>
<tr><td>구 조</td><td></td><td colspan="2">방 향</td><td>(기준:)</td></tr>
<tr><td>내진설계 적용 여부</td><td></td><td colspan="2">내진능력</td><td></td></tr>
<tr><td>건축물대장상 위반건축물 여부</td><td>[ ]위반 [ ]적법</td><td>위반내용</td><td colspan="2"></td></tr>
</table>

② 권리관계	등기부 기재사항	소유권에 관한 사항		소유권 외의 권리사항	
		토 지		토 지	
		건축물		건축물	

③ 토지이용계획, 공법상 이용제한 및 거래규제에 관한 사항(토지)	지역 · 지구	용도지역		건폐율 상한	용적률 상한
		용도지구		%	%
		용도구역			
	도시 · 군계획 시설		허가 · 신고 구역 여부	[ ] 토지거래허가구역	
			투기지역 여부	[ ] 토지투기지역 [ ] 주택투기지역 [ ] 투기과열지구	
	지구단위계획구역, 그 밖의 도시 · 군관리계획		그 밖의 이용제한 및 거래규제사항		

④ 임대차 확인사항	확정일자 부여현황 정보		[ ] 임대인 자료 제출 [ ] 열람 동의			[ ] 임차인 권리 설명
	국세 및 지방세 체납정보		[ ] 임대인 자료 제출 [ ] 열람 동의			[ ] 임차인 권리 설명
	전입세대 확인서		[ ] 확인(확인서류 첨부) [ ] 미확인(열람 · 교부 신청방법 설명) [ ] 해당 없음			
	최우선변제금		소액임차인범위 : 만원 이하 최우선변제금액 : 만원 이하			
	민간임대 등록 여부	등 록	[ ] 장기일반민간임대주택 [ ] 공공지원민간임대주택 [ ] 그 밖의 유형( )			[ ] 임대보증금 보증 설명
			임대의무기간		임대개시일	
		미등록 [ ]				
	계약갱신 요구권 행사 여부		[ ] 확인(확인서류 첨부) [ ] 미확인 [ ] 해당 없음			

개업공인중개사가 "④ 임대차 확인사항"을 임대인 및 임차인에게 설명하였음을 확인함	임대인	(서명 또는 날인)
	임차인	(서명 또는 날인)
	개업공인중개사	(서명 또는 날인)
	개업공인중개사	(서명 또는 날인)

※ 민간임대주택의 임대사업자는 「민간임대주택에 관한 특별법」 제49조에 따라 임대보증금에 대한 보증에 가입해야 합니다.
※ 임차인은 주택도시보증공사(HUG) 등이 운영하는 전세보증금반환보증에 가입할 것을 권고합니다.
※ 임대차 계약 후 「부동산 거래신고 등에 관한 법률」 제6조의2에 따라 30일 이내 신고해야 합니다(신고시 확정일자 자동부여).
※ 최우선변제금은 근저당권 등 선순위 담보물권 설정 당시의 소액임차인범위 및 최우선변제금액을 기준으로 합니다.

<table>
<tr><td rowspan="7">⑤ 입지조건</td><td>도로와의 관계</td><td>(　m × 　m) 도로에 접함
[ ] 포장 [ ] 비포장</td><td>접근성</td><td>[ ] 용이함 [ ] 불편함</td></tr>
<tr><td rowspan="2">대중교통</td><td>버 스</td><td colspan="2">(　　　　) 정류장,
소요시간: ([ ] 도보 [ ] 차량) 약 　분</td></tr>
<tr><td>지하철</td><td colspan="2">(　　　　) 역,
소요시간: ([ ] 도보 [ ] 차량) 약 　분</td></tr>
<tr><td>주차장</td><td colspan="3">[ ] 없음 [ ] 전용주차시설 [ ] 공동주차시설
[ ] 그 밖의 주차시설 (　　　　)</td></tr>
<tr><td rowspan="3">교육시설</td><td>초등학교</td><td colspan="2">(　　　　) 학교,
소요시간: ([ ] 도보 [ ] 차량) 약 　분</td></tr>
<tr><td>중학교</td><td colspan="2">(　　　　) 학교,
소요시간: ([ ] 도보 [ ] 차량) 약 　분</td></tr>
<tr><td>고등학교</td><td colspan="2">(　　　　) 학교,
소요시간: ([ ] 도보 [ ] 차량) 약 　분</td></tr>
</table>

<table>
<tr><td rowspan="2">⑥ 관리에 관한 사항</td><td>경비실</td><td>[ ] 있음 [ ] 없음</td><td>관리주체</td><td>[ ] 위탁관리 [ ] 자체관리 [ ] 그 밖의 유형</td></tr>
<tr><td>관리비</td><td colspan="3">관리비 금액: 총 　　　　원
관리비 포함 비목: [ ] 전기료 [ ] 수도료 [ ] 가스사용료 [ ] 난방비
[ ] 인터넷 사용료 [ ] TV 수신료
[ ] 그 밖의 비목(　　　　)
관리비 부과방식: [ ] 임대인이 직접 부과 [ ] 관리규약에 따라 부과
[ ] 그 밖의 부과 방식(　　　　)</td></tr>
</table>

<table>
<tr><td>⑦ 비선호시설(1km 이내)</td><td>[ ] 없음 [ ] 있음 (종류 및 위치:　　　　)</td></tr>
</table>

<table>
<tr><td rowspan="2">⑧ 거래예정금액 등</td><td>거래예정금액</td><td colspan="3"></td></tr>
<tr><td>개별공시지가(m² 당)</td><td></td><td>건물(주택) 공시가격</td><td></td></tr>
</table>

<table>
<tr><td rowspan="2">⑨ 취득시 부담할 조세의 종류 및 세율</td><td>취득세</td><td>%</td><td>농어촌특별세</td><td>%</td><td>지방교육세</td><td>%</td></tr>
<tr><td colspan="6">※ 재산세와 종합부동산세는 6월 1일 기준으로 대상물건 소유자가 납세의무를 부담합니다.</td></tr>
</table>

1 과목

Ⅱ. 개업공인중개사 세부 확인사항

⑩ 실제 권리관계 또는 공시되지 않은 물건의 권리 사항

<table>
<tr><td rowspan="12">⑪ 내부 · 외부 시설물의 상태 (건축물)</td><td rowspan="2">수 도</td><td>파손 여부</td><td colspan="3">[ ] 없음 [ ] 있음 (위치:)</td></tr>
<tr><td>용수량</td><td colspan="3">[ ] 정상 [ ] 부족함 (위치:)</td></tr>
<tr><td>전 기</td><td>공급상태</td><td colspan="3">[ ] 정상 [ ] 교체 필요 (교체할 부분:)</td></tr>
<tr><td>가스(취사용)</td><td>공급방식</td><td colspan="3">[ ] 도시가스 [ ] 그 밖의 방식 ( )</td></tr>
<tr><td>소 방</td><td>단독경보형 감지기</td><td colspan="2">[ ] 없음
[ ] 있음(수량: 개)</td><td>※「소방시설 설치 및 관리에 관한 법률」 제10조 및 같은 법 시행령 제10조에 따른 주택용 소방시설로서 아파트(주택으로 사용하는 층수가 5개층 이상인 주택을 말한다)를 제외한 주택의 경우만 적습니다.</td></tr>
<tr><td rowspan="2">난방방식 및 연료공급</td><td>공급방식</td><td>[ ] 중앙공급
[ ] 개별공급
[ ] 지역난방</td><td>시설작동</td><td>[ ] 정상 [ ] 수선 필요 ( )
※ 개별 공급인 경우 사용연한 ( )
[ ] 확인불가</td></tr>
<tr><td>종 류</td><td colspan="3">[ ] 도시가스 [ ] 기름 [ ] 프로판가스 [ ] 연탄
[ ] 그 밖의 종류 ( )</td></tr>
<tr><td>승강기</td><td colspan="4">[ ] 있음 ([ ] 양호 [ ] 불량) [ ] 없음</td></tr>
<tr><td>배 수</td><td colspan="4">[ ] 정상 [ ] 수선 필요 ( )</td></tr>
<tr><td>그 밖의 시설물</td><td colspan="4"></td></tr>
</table>

<table>
<tr><td rowspan="4">⑫ 벽면 · 바닥면 및 도배 상태</td><td rowspan="2">벽 면</td><td>균 열</td><td>[ ] 없음 [ ] 있음 (위치:)</td></tr>
<tr><td>누 수</td><td>[ ] 없음 [ ] 있음 (위치:)</td></tr>
<tr><td>바닥면</td><td colspan="2">[ ] 깨끗함 [ ] 보통임 [ ] 수리 필요 (위치:)</td></tr>
<tr><td>도 배</td><td colspan="2">[ ] 깨끗함 [ ] 보통임 [ ] 도배 필요</td></tr>
</table>

<table>
<tr><td rowspan="2">⑬ 환경조건</td><td>일조량</td><td colspan="3">[ ] 풍부함 [ ] 보통임 [ ] 불충분 (이유:)</td></tr>
<tr><td>소 음</td><td>[ ] 아주 작음 [ ] 보통임
[ ] 심한 편임</td><td>진 동</td><td>[ ] 아주 작음 [ ] 보통임
[ ] 심한 편임</td></tr>
</table>

<table>
<tr><td>⑭ 현장안내</td><td>현장안내자</td><td>[ ] 개업공인중개사 [ ] 소속공인중개사
[ ] 중개보조원(신분고지 여부: [ ] 예 [ ] 아니오) [ ] 해당 없음</td></tr>
</table>

※ “중개보조원”이란 공인중개사가 아닌 사람으로서 개업공인중개사에 소속되어 중개대상물에 대한 현장안내 및 일반서무 등 개업공인중개사의 중개업무와 관련된 단순한 업무를 보조하는 사람을 말합니다.

※ 중개보조원은 「공인중개사법」 제18조의4에 따라 현장안내 등 중개업무를 보조하는 경우 중개의뢰인에게 본인이 중개보조원이라는 사실을 미리 알려야 합니다.

Ⅲ. 중개보수 등에 관한 사항

<table>
<tr><td rowspan="4">⑮ 중개보수
및 실비의
금액과
산출내역</td><td>중개보수</td><td></td><td rowspan="4">〈산출내역〉
중개보수 :
실　　비 :
※ 중개보수는 시·도 조례로 정한 요율한도에서 중개의뢰인과 개업공인중개사가 서로 협의하여 결정하며 부가가치세는 별도로 부과될 수 있습니다.</td></tr>
<tr><td>실 비</td><td></td></tr>
<tr><td>계</td><td></td></tr>
<tr><td>지급시기</td><td></td></tr>
</table>

「공인중개사법」 제25조 제3항 및 제30조 제5항에 따라 거래당사자는 개업공인중개사로부터 위 중개대상물에 관한 확인·설명 및 손해배상책임의 보장에 관한 설명을 듣고, 같은 법 시행령 제21조 제3항에 따른 본 확인·설명서와 같은 법 시행령 제24조 제2항에 따른 손해배상책임 보장 증명서류(사본 또는 전자문서)를 수령합니다.

년　　월　　일

<table>
<tr><td rowspan="2">매도인
(임대인)</td><td>주 소</td><td></td><td>성 명</td><td>(서명 또는 날인)</td></tr>
<tr><td>생년월일</td><td></td><td>전화번호</td><td></td></tr>
<tr><td rowspan="2">매수인
(임차인)</td><td>주 소</td><td></td><td>성 명</td><td>(서명 또는 날인)</td></tr>
<tr><td>생년월일</td><td></td><td>전화번호</td><td></td></tr>
<tr><td rowspan="3">개업
공인중개사</td><td>등록번호</td><td></td><td>성명(대표자)</td><td>(서명 및 날인)</td></tr>
<tr><td>사무소 명칭</td><td></td><td>소속공인중개사</td><td>(서명 및 날인)</td></tr>
<tr><td>사무소 소재지</td><td></td><td>전화번호</td><td></td></tr>
<tr><td rowspan="3">개업
공인중개사</td><td>등록번호</td><td></td><td>성명(대표자)</td><td>(서명 및 날인)</td></tr>
<tr><td>사무소 명칭</td><td></td><td>소속공인중개사</td><td>(서명 및 날인)</td></tr>
<tr><td>사무소 소재지</td><td></td><td>전화번호</td><td></td></tr>
</table>

Thema
33 명의신탁

1 명의신탁의 의의

"명의신탁약정"이라 함은 부동산에 관한 소유권 기타 물권을 대내적으로는 실권리자가 부동산에 관한 물권을 보유하거나 보유하기로 하고 그에 관한 등기(가등기를 포함)는 그 타인의 명의로 하기로 하는 약정을 말한다.

2 명의신탁의 효력

(1) 명의신탁약정은 무효로 한다. 나아가 명의신탁약정에 따라 행하여진 등기에 의한 물권변동은 무효로 한다.

(2) 다만, 이러한 무효는 제3자에게 대항하지 못한다.

3 양자 간의 명의신탁

(1) 명의신탁자가 소유하던 부동산을 명의수탁자의 명의로 가장 매매 또는 가장 증여하여 등기 이전하는 형태의 명의신탁을 말한다.

(2) 명의신탁자와 명의수탁자 간의 명의신탁 약정은 무효이고 명의수탁자 명의로의 등기도 무효이다. 다만, 명의수탁자가 제3자에게 매매하고 이전등기를 한 경우에 제3자는 명의신탁자와 명의수탁자 간의 명의신탁약정이 있었다는 사실을 알든 모르든 제3자 명의의 이전등기는 유효하다.

(3) **관련판례**

「부동산 실권리자명의 등기에 관한 법률」을 위반한 양자 간 명의신탁의 경우 명의수탁자가 신탁받은 부동산을 임의로 처분하여도 명의신탁자에 대한 관계에서 횡령죄가 성립하지 아니한다(대판 2021.2.18, 2016도18761).

4 명의신탁자 등에 대한 제재

(1) 형사처벌

명의신탁자는 5년 이하의 징역이나 2억원 이하의 벌금형으로 처벌하고 명의수탁자는 3년 이하의 징역이나 1억원 이하의 벌금형에 처한다.

(2) 과징금

명의신탁자가 명의신탁을 하면서 얻은 이득을 몰수하는 것이 과징금 제도이다. 이때 몰수하는 부당이득은 부동산평가액의 30% 이내에서 부동산평가액, 의무위반기간 및 조세포탈의 목적이 있었는지 여부 등을 고려하여 과징금의 구체적인 부과기준을 정한다.

(3) 이행강제금

과징금부과일로부터 1년이 경과하였음에도 실명등기를 하지 아니한 경우에는 당해 부동산가액의 100분의 10에 해당하는 금액을 이행강제금으로 부과한다. 1차 이행강제금 부과일로부터 다시 1년이 경과한 때에는 부동산가액의 100분의 20에 해당하는 금액을 이행강제금으로 부과한다.

5 특 례

종중 보유 부동산을 종중 외의 자 명의로 등기한 경우 및 배우자 명의로 부동산에 관한 물권을 등기한 경우, 종교단체 명의로 산하조직이 보유한 부동산에 대한 물권을 등기한 경우의 명의신탁의 경우에 조세포탈, 강제 집행의 면탈, 법령상 제한의 회피를 목적으로 하지 않는 경우 명의신탁약정의 효력, 과징금, 이행강제금, 벌칙 등의 적용이 없다.

Thema 34 주택임대차보호법

1 과목

1 적용범위

(1) 임차주택의 일부가 주거 외의 목적으로 사용되는 경우에도 적용된다.

(2) 일시사용을 위한 임대차가 명백한 경우에는 적용이 없다.

(3) 법인은 원칙적으로 「주택임대차보호법」이 적용되지 않는다. 다만, 토지주택공사, 중소기업의 경우에는 예외적으로 대항력을 인정하고 있다.

2 존속기간

임대차기간을 정하지 않거나 2년 미만으로 정한 임대차는 그 기간을 2년으로 본다. 다만, 임차인은 2년 미만으로 정한 기간의 유효를 주장할 수 있다. 임대차기간이 끝난 경우에도 임차인이 보증금을 반환받을 때까지는 임대차관계는 존속하는 것으로 본다.

3 계약의 갱신요구권

(1) 임대인은 임차인이 임대차기간이 끝나기 6개월 전부터 2개월 전까지의 기간에 계약갱신을 요구할 경우 정당한 사유 없이 거절하지 못한다.

(2) 임차인은 계약갱신요구권을 1회에 한하여 행사할 수 있다. 이 경우 갱신되는 임대차의 존속기간은 2년으로 본다.

(3) 갱신되는 임대차는 전 임대차와 동일한 조건으로 다시 계약된 것으로 본다. 다만, 차임과 보증금은 5%를 초과하여 증액할 수 없다. 이 존속기간 동안 임차인은 언제든지 해지통보를 할 수 있고 그 효력은 3개월 후에 발생한다.

(4) 다만, 임차인의 갱신요구에 대해서 임대인은 2기의 차임 연체, 임대인(임대인의 직계존속·직계비속을 포함한다)이 목적 주택에 실제 거주하려는 경우 등의 경우에는 정당하게 거절할 수 있다.

(5) 임대인이 목적 주택에 실제 거주하려는 사유로 갱신을 거절하였음에도 불구하고 정당한 사유 없이 제3자에게 목적 주택을 임대한 경우 임대인은 갱신거절로 인하여 임차인이 입은 손해를 배상하여야 한다.

4 대항력

(1) 임차인이 주택의 인도와 주민등록 전입신고를 마치면 그 다음 날부터 임차주택이 다른 사람에게 양도되거나 경락되어도 계약기간 중 계속 거주할 수 있고 계약기간 만료시 임차주택의 양수인에게 보증금 반환청구를 할 수 있다.

(2) 임차인의 주민등록은 배우자나 가족의 주민등록을 포함한다.

(3) 다가구용 단독주택은 지번까지, 다세대주택은 지번과 동·호수까지 정확하게 전입신고 되어야 한다.

(4) 경매로 임차주택의 소유자가 변동되는 경우에는 임차인이 대항요건을 갖추었어도 선위로 저당권 등 담보물권이 있는 경우에는 경매절차의 매수인에게 대항할 수 없다.

5 우선변제권

(1) 임차인이 대항요건과 확정일자를 갖춘 경우에는 「민사집행법」에 의한 경매 또는 「국세징수법」에 의한 공매시 임차 주택(대지를 포함한다)의 환가 대금에서 후순위 권리자 기타 일반 채권자보다 우선하여 보증금을 변제받을 수 있다.

(2) 임대차계약서 원본에 대한 확정일자는 등기소, 동 주민센터, 공증사무소 등에서 받을 수 있다.

(3) 확정일자를 받은 임차인 경매 절차의 배당에서 보증금을 우선변제 받기 위해서는 배당요구의 종기까지 배당요구하여야 한다.

6 최우선변제권

경매등기 전까지 대항요건을 갖춘 소액임차인은 경매 또는 공매의 배당에서 보증금 중 일정액을 다른 담보물권자보다 우선하여 변제받을 수 있다.

지역 구분	소액임차인의 범위	최우선 변제액
서울특별시	1억 6,500만원 이하	5,500만원까지
과밀억제권역(서울특별시 제외), **세종특별자치시, 용인시, 화성시 및 김포시**	1억 4,500만원 이하	4,800만원까지
광역시(과밀억제권역과 군지역 제외), **안산시, 광주시, 파주시, 이천시 및 평택시**	8,500만원 이하	2,800만원까지
그 밖의 지역	7,500만원 이하	2,500만원까지

7 임차권등기명령신청

(1) 임대차가 종료한 경우에 보증금을 받지 못한 임차인은 임차 주택 소재지 관할 지방법원, 동지원, 시·군법원에 단독으로 임차권등기명령을 신청할 수 있다. 이때 임차인은 임차권등기명령 신청비용을 임대인에게 청구할 수 있다.

(2) 임차권등기명령의 집행에 의한 임차권등기가 경료되면 임차인은 대항력과 우선변제권을 취득한다. 이미 대항력 및 우선변제권을 취득하였다면 비록 대항요건을 상실하더라도 대항력과 우선변제권은 유지된다.

Thema

35 상가건물 임대차보호법

1 적용범위

(1) 「상가건물 임대차보호법」은 사업자등록대상이 되는 영업용 건물 임대차에 한하여 적용된다.

(2) 보증금의 규모가 법이 정한 일정보증금 규모 이하의 경우에는 「상가건물 임대차보호법」의 모든 조문이 적용된다. 보증금의 규모는 월세에 100을 곱하여 환산한 금액에 보증금을 합산한 금액으로 환산한다.

지역 구분	적용보증금
서울특별시	9억원 이하
과밀억제권역 및 부산광역시	6억 9천만원 이하
광역시(과밀억제권역과 군지역, 부산광역시 제외), 세종특별자치시, 파주시, 화성시, 안산시, 용인시, 김포시 및 광주시	5억 4천만원 이하
그 밖의 지역	3억 7천만원 이하

(3) 단, 법이 정한 일정보증금 규모를 초과하는 상가임대차의 경우에는 「상가건물 임대차보호법」의 일부 조문만 적용된다. 즉, 적용보증금을 초과하는 경우에도 3기 연체시 해지, 대항력, 권리금보장, 계약 갱신요구, 표준계약서 규정은 적용된다.

2 최단 존속기간

기간을 정하지 아니하거나 기간을 1년 미만으로 정한 임대차는 그 기간을 1년으로 본다. 다만, 임차인은 1년 미만으로 정한 기간이 유효함을 주장할 수 있다.

3 계약갱신요구권

(1) 임차인은 임대인에게 임대차기간이 만료되기 6개월 전부터 1개월 전까지 사이에 계약의 갱신을 요구할 수 있다. 이 경우에 임대인은 정당한 사유 없이 이를 거절하지 못한다. 최초의 임대차기간을 포함한 전체 임대차기간이 10년을 초과하지 아니하는 범위에서만 행사할 수 있다.

(2) 갱신되는 임대차는 전 임대차와 동일한 조건으로 다시 계약된 것으로 본다. 다만, 차임과 보증금은 100분의 5의 범위에서 증액할 수 있다.

(3) 임차인은 적용보증금을 초과하더라도 계약갱신요구를 할 수 있다.

(4) 다만, 임차인이 3기의 차임액에 해당하는 금액에 이르도록 차임을 연체한 사실이 있는 경우 등 법률이 정한 일정한 경우에는 임차인의 계약갱신요구를 거절할 수 있다.

4 대항력

임대차는 그 등기가 없는 경우에도 임차인이 건물의 인도와 사업자등록을 신청하면 그 다음 날부터 제3자에 대하여 효력이 생긴다.

5 우선변제권

대항요건을 갖추고 관할 세무서장으로부터 임대차계약서상의 확정일자를 받은 임차인은 「민사집행법」에 따른 경매 또는 「국세징수법」에 따른 공매시 임차건물의 환가대금에서 후순위 권리자 그 밖의 채권자보다 우선하여 보증금을 변제받을 권리가 있다(법 제5조 제2항).

6 권리금회수보장

(1) 임대인은 임대차기간이 끝나기 6개월 전부터 임대차 종료시까지 다음의 어느 하나에 해당하는 행위를 함으로써 권리금계약에 따라 임차인이 주선한 신규임차인이 되려는 자로부터 권리금을 지급받는 것을 방해하여서는 아니 된다.

① 임차인이 주선한 신규임차인이 되려는 자에게 권리금을 요구하거나 임차인이 주선한 신규임차인이 되려는 자로부터 권리금을 수수하는 행위

② 임차인이 주선한 신규임차인이 되려는 자로 하여금 임차인에게 권리금을 지급하지 못하게 하는 행위

③ 임차인이 주선한 신규임차인이 되려는 자에게 상가건물에 관한 조세, 공과금, 주변 상가건물의 차임 및 보증금, 그 밖의 부담에 따른 금액에 비추어 현저히 고액의 차임과 보증금을 요구하는 행위

④ 그 밖에 정당한 사유 없이 임대인이 임차인이 주선한 신규임차인이 되려는 자와 임대차계약의 체결을 거절하는 행위

(2) **손해배상책임**

임대인이 권리금을 지급 받는 것을 방해하여 임차인에게 손해를 발생하게 한 때에는 그 손해를 배상할 책임이 있다. 손해배상액은 신규임차인이 임차인에게 지급하기로 한 권리금과 임대차 종료 당시의 권리금 중 낮은 금액을 넘지 못한다.

7 상가임대차계약 해지

임차인의 차임연체액이 3기의 차임액에 달하는 때에는 임대인은 계약을 해지할 수 있다.

Thema 36 매수신청대리인

1 매수신청대리인 등록요건

(1) 개업공인중개사이거나 법인인 개업공인중개사일 것

공인중개사인 개업공인중개사이거나 법인인 개업공인중개사인 경우에 매수신청대리인으로 등록할 수 있지만 부칙 제6조 제2항의 개업공인중개사는 매수신청대리인으로 등록이 불가능하다.

(2) 경매실무교육을 받을 것

매수신청대리인으로 등록하기 위해서는 법원행정처장이 지정하는 교육기관에서 경매실무교육을 받아야 한다. 법인인 개업공인중개사의 경우에 대표자만 받으면 되고 교육시간은 32시간 이상 44시간 이하이다.

(3) 보증설정을 할 것

매수신청대리인이 되고자 하는 개업공인중개사는 손해배상책임을 보장하기 위하여 보증보험 또는 협회의 공제에 가입하거나 공탁하여야 한다. 법인인 개업공인중개사인 경우에는 4억원 이상 설정하여야 한다. 다만, 분사무소를 두는 경우에는 분사무소마다 2억원 이상을 추가로 설정하여야 한다. 개업공인중개사인 공인중개사는 2억원 이상을 설정하여야 한다.

2 등록절차

(1) 매수신청대리인으로 등록하고자 하는 자는 매수신청대리인 등록신청서에 정부수입인지를 첨부하여 중개사무소가 있는 곳을 관할하는 지방법원장에게 등록신청하여야 한다.

(2) 매수신청대리인 등록신청을 받은 지방법원장에게 14일 안에 등록을 하고 매수신청대리인 등록을 한 자에 대해서는 매수신청대리인 등록증을 교부하여야 한다.

3 대리행위

(1) 대리권의 범위

1. 「민사집행법」 제140조의 규정에 따른 공유자의 우선매수신고
2. 구 「임대주택법」 제22조의 규정에 따른 임차인의 임대주택 우선매수신고
3. 공유자 또는 임대주택 임차인의 우선매수신고에 따라 차순위매수신고인으로 보게 되는 경우 그 차순위매수신고인의 지위를 포기하는 행위
4. 「민사집행법」 제114조의 규정에 따른 차순위매수신고
5. 「민사집행법」 제115조 제3항, 제142조 제6항의 규정에 따라 매수신청의 보증을 돌려줄 것을 신청하는 행위
6. 「민사집행법」 제113조의 규정에 따른 매수신청 보증의 제공
7. 입찰표의 작성 및 제출

(2) 대리행위 방식

① 매수신청대리인은 매각장소 및 집행법원에 직접 출석하여야 한다. 매수신청대리인은 소속공인중개사로 하여금 대리출석하게 할 수 없다.

② 각 대리행위마다 대리권을 증명하는 문서를 제출하여야 한다. 다만, 같은 날 같은 장소에서 대리행위를 동시에 하는 경우에는 하나의 서면으로 갈음할 수 있다.

4 매수신청대리인의 보수

(1) 규제내용

① 매수신청대리인은 예규에서 정한 보수표 범위 안에서 소정의 보수를 받는다. 이때 보수 이외의 명목으로 돈 또는 물건을 받거나 예규에서 정한 보수 이상을 받아서는 안 된다.

② 매수신청대리인의 보수와 보수표에 대해서는 위임 전 위임인에게 설명하고 사건카드에 기재하여야 한다.

③ 보수지급시기는 매수신청인과 매수신청대리인의 약정에 따르며, 약정이 없을 때에는 매각대금의 지급기한일로 한다.

④ 보수를 받은 경우에 예규에서 정한 양식에 의한 영수증을 작성하여 서명·날인한 후 위임인에게 교부하여야 한다.

(2) 구체적 범위

① **상담 및 권리분석 보수**: 50만원의 범위 안에서 당사자의 협의에 의하여 결정한다.

② **대리 보수**

㉠ 최고가 매수신고인 또는 매수인이 된 경우: 감정가 1%와 최저매각가격의 1.5% 안에서 당사자의 협의에 의하여 결정한다.

㉡ 최고가 매수신고인 또는 매수인으로 되지 못한 경우: 50만원 안에서 당사자의 협의에 의하여 결정한다.

③ **실 비**

㉠ 30만원 범위 안에서 협의하여 결정한다.

㉡ 매수신청대리와 관련된 특별한 비용(원거리 교통비, 원거리 출장비 등)만 영수증을 첨부하여 청구할 수 있다. 통상비용(확인·설명을 위한 등기사항증명서 열람비용, 근거리교통비 등)은 보수에 포함된 것으로 보고 별도로 청구하지 않는다.

Thema 37

법원경매

1 경매신청

핵심 용어 Check

◆ **강제경매**
채무자가 채무를 이행하지 않은 경우에 채권자가 확정판결 등 집행권원에 의하여 채무자 소유의 일반재산을 압류환가한 금액으로 채권자의 금전채권의 만족을 얻기 위한 강제환가절차이다. 채권자가 강제경매를 신청하기 위해서는 집행권원이 있어야 한다.

◆ **임의경매**(담보권실행경매)
담보권실행경매는 저당권이나 질권, 전세권 등 담보권자가 채무자의 채무불이행의 경우에 담보권에 의하여 보장되는 우선변제권을 행사하기 위하여 담보의 목적물을 강제매각하는 절차이다.

2 배당요구의 종기결정 공고

배당요구하여야 배당을 받을 수 있는 채권자는 배당요구의 종기까지 배당요구하여야 한다. 과거에는 매각결정기일까지 배당요구하면 되었으나 경매절차의 안정을 도모하기 위해서 배당요구의 종기를 현행 「민사집행법」은 첫 매각기일 이전으로 법원이 정하여 공고한 날까지 배당요구하도록 하고 있다.

3 매각준비

① 현황조사

② 감정평가 및 최저매각가격결정

③ 매각물건명세서

4 매각기일 및 매각결정기일의 지정 · 공고 · 통지

법원은 매각의 준비가 끝난 다음 매각을 실시하는 방법을 정하여 매각기일과 매각결정기일을 지정하고 그 기일을 신문과 인터넷 법원경매 정보사이트에 공고하여야 한다. 이러한 공고는 매각을 실시하게 되는 매각기일 2주 전까지 공고하여야 한다.

5 매각실시(매각기일)

(1) 매각을 실시하는 방법은 기일입찰, 호가경매, 기간입찰의 3가지이다. 기일입찰은 매각기일에 입찰자들이 입찰표를 작성하여 매수신청하면 그중 최고가 매수인에게 매각하는 방법이고, 호가경매는 매각기일에 입찰자들이 매수하고자 하는 금액을 외쳐서 최고로 높은 금액을 부른 사람에게 매각하는 방법이며, 기간입찰은 일정기간 동안 매수신청하고자 하는 자들이 등기우편 등의 방법으로 입찰표를 제출하면 그중 최고가 매수인에게 매각하는 방법이다. 부동산의 매각방법은 집행법원이 3가지 방법 중에서 정하여 실시한다.

(2) 채무자, 제한능력자, 참여집행관 등 재매각절차의 전 매수인은 매수신청을 제한받지만 채권자, 채무자의 가족, 물상보증인은 입찰할 수 있다.

(3) 매수신청인은 입찰표를 작성하여 제출하면서 최저매각가격의 1/10에 해당하는 금액을 매수신청보증금으로 제공하여야 한다. 매수신청보증금은 매수신청금액의 10%가 아니라는 점에 유의하여야 한다. 그리고 매수신청보증금을 제공하는 방법에는 현금, 자기앞수표, 지급보증위탁계약체결문서(경매보증보험증권)의 3가지가 있다.

(4) 집행관은 입찰참가자 중에서 최고가매수신고인을 결정한다. 매수신청한 자 중에서 최고가매수신고인을 결정하고 경우에 따라서는 차순위 매수신고인을 결정한다.

(5) 허가할 매수신고인이 없으면 집행관은 새매각을 실시한다. 이 경우 새기일을 지정하여 새매각을 실시하는 경우에는 종전의 최저매각가격에서 상당히 저감하여 최저매각가격을 정한다.

6 매각허부결정(매각결정기일)

(1) 매각불허가결정 및 새매각절차

법원은 매각결정기일에 매각허부에 대한 이해관계인의 진술을 듣고 매각허가결정 또는 매각불허가결정을 선고한다. 매각불허가결정을 선고하면 경매의 목적을 달성하지 못하게 된 경우이므로 다시 경매절차로 넘어갈 수밖에 없다. 그때 다시 새매각기일을 정하고 매각절차를 진행하는 것을 새매각절차라고 한다. 이때는 최저매각가격을 낮추지는 않고 종전 최저매각가격으로 다시 매각절차가 진행된다.

(2) 이해관계인은 법원의 매각허가 또는 매각불허가결정에 대하여 7일 이내에 즉시 항고할 수 있다. 또한 항고하고자 하는 자는 매각대금의 10분의 1에 해당하는 금액을 항고보증금으로 공탁하여야 한다. 항고보증금을 공탁하는 방법에는 금전이나 법원이 인정하는 유가증권 2가지 방법이 인정된다. 그런데 채무자 또는 소유자가 항고한 경우에 그 항고가 기각된 때에는 항고인은 보증으로 제공한 금전이나 유가증권을 돌려줄 것을 요구하지 못한다.

7 대금납부

(1) 매각허가결정이 확정되면 법원은 매각대금의 지급기한을 정하고 이를 매수인에게 통지하여야 한다. 대금지급기한은 1개월 안의 날로 정하여야 한다.

(2) 이때 매수인이 매수신청보증금을 제외한 나머지 매각대금을 지급기한 내에 납부하면 즉시 소유권을 취득한다.

(3) 매수인이 대금지급기한까지 매각대금을 완납하지 아니한 경우에 차순위매수신고인이 없거나 차순위매수신고인이 있는 경우에도 그 자가 대금지급기한까지 매각대금을 납부하지 않으면 재매각기일을 정하여 재매각절차를 진행하게 된다. 재매각절차에서는 매수신청보증금의 저감 없이 종전 최저매각가격으로 다시 매각절차가 진행된다.

8 배 당

매수인이 납부한 매각대금은 배당으로 귀속되어 채권자들에게 법이 정한 순위에 따라 순차적으로 배당된다.

9 이전등기

매각대금을 납부한 매수인은 매각부동산의 소유권을 취득하게 된다. 이때 법원은 등기소에 이전등기를 촉탁하여 매수인 명의로 이전등기를 하게 된다.

10 인 도

매수인이 매각대금을 완납하였음에도 불구하고 점유하고 있는 자에게는 점유자가 임의로 인도하지 아니한 경우에는 대금을 완납한 후 6개월 이내에 집행법원에 인도명령신청을 하여 강제로 점유의 이전을 받을 수 있다.

MEMO

박문각 공인중개사

과목별 학습 방법

부동산공법은 방대한 양, 자주 개정되는 법률로 많은 수험생들이 까다롭게 생각하는 과목이다. 이러한 부동산공법을 무조건 암기식으로만 학습하려고 하면 더 어려워진다.
따라서 전체적인 체계를 공부한 후 개별적인 내용으로 접근하면서 공부하는 방법이 효율적이다. 최근 출제 유형을 감안하면 단순한 암기방법의 공부를 과감히 버리고 원리와 이해위주의 접근이 필요하다.
구체적으로 살펴보면 국토의 계획 및 이용에 관한 법률은 출제비중이 가장 높기 때문에 체계도를 중심으로 꼼꼼하게 중요내용을 검토해야 하며, 도시개발법과 도시 및 주거환경정비법은 절차법이므로 국토의 계획 및 이용에 관한 법률과 마찬가지로 체계도를 중심으로 절차를 학습해야 한다. 건축법은 기술적인 색채가 강한 법으로 내용 이해와 함께 암기가 필수이며, 주택법은 자주 개정되는 법률로 개정사항을 반드시 체크하며 공부해야 한다. 마지막으로 농지법은 출제비중이 낮으므로 심화학습보다는 간단하게 개념을 정리한다는 생각으로 공부하는 것이 효율적이다.

02

부동산공법

부동산공법의 기초이론

1. 부동산공법의 개념

(1) 부동산공법의 의의

부동산공법이란?

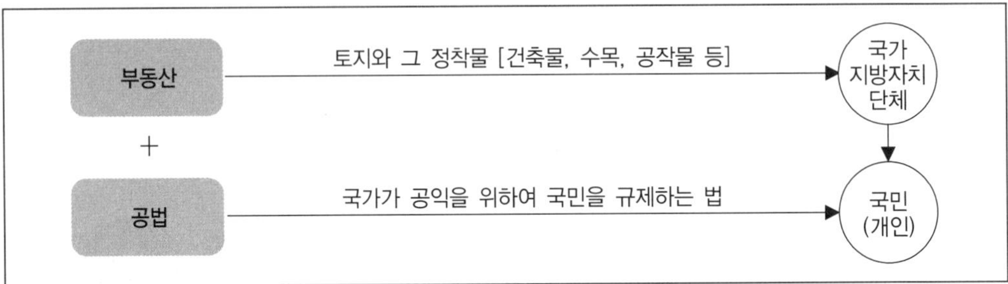

부동산공법이란 부동산과 공법의 합성어를 말하며, 부동산에 관한 공법적 규율의 총체를 의미한다. 부동산에 관한 공법적 규율이라는 점에서 개인이 부동산을 소유하고 사용・수익・처분하는 것을 규율하는 부동산사법과는 구별된다.

(2) 부동산

물건은 크게 부동산과 동산으로 나눈다. 부동산이란 토지와 그 정착물을 말하고, 토지 위의 정착물의 대표적인 것으로 건물이 있으며, 건물 이외에도 명인방법을 갖춘 수목의 집단, 명인방법을 갖춘 미분리 과실, 입목, 농작물 등이 있다. 그중에서 부동산공법의 연구대상인 부동산은 토지와 건축물이다.

(3) 공법적 규율

공법적 규율이란 토지소유자의 이익을 넘어서 국민 전체의 이익을 위하여 행정주체가 우월적 지위에서 명령・강제함으로써 사인의 재산권을 제한하고 사인간의 법률관계에 개입하는 상하 수직관계의 질서를 의미한다.

핵심 용어 Check

◆ **공법과 사법**

- **공법**: 행정주체와 개인의 법률관계를 수직적으로 규율한 법으로서 공익보호의 성격・단체적 성격・정치적 성격・윤리적 성격・상하 수직관계・불평등관계의 성격이 강하다.
- **사법**: 개인과 개인간의 법률관계를 수평적으로 규율한 법으로서 사익보호의 성격・개인적 성격・경제적 성격・수평・대등관계・평등관계의 성격이 강하다.

2. 부동산공법의 대상법률

부동산공법의 구성

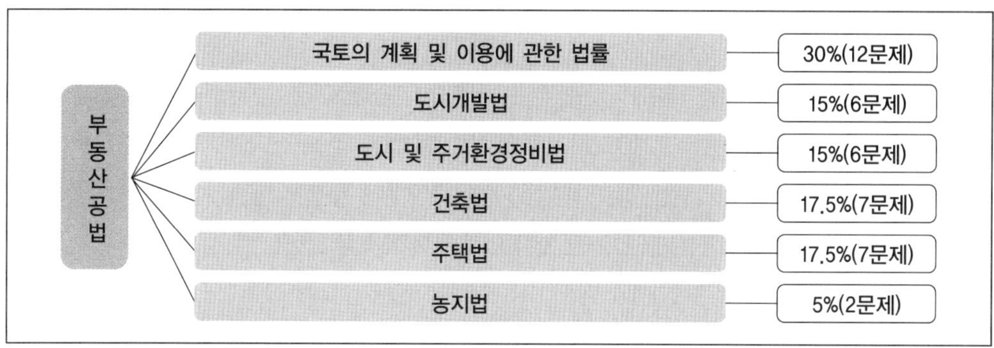

적용대상	시험 법률	목 적	출제문항
토지에 관한 법률	국토의 계획 및 이용에 관한 법률	국토의 계획 및 이용에 관한 법률은 국토의 이용·개발과 보전을 위한 계획의 수립 및 집행 등에 필요한 사항을 정하여 공공복리를 증진시키고 국민의 삶의 질을 향상시키는 것을 목적으로 한다.	30% 내외 (12문제)
	도시개발법	도시개발법은 도시개발에 필요한 사항을 규정하여 계획적이고 체계적인 도시개발을 도모하고 쾌적한 도시환경의 조성과 공공복리의 증진에 이바지함을 목적으로 한다.	15% 내외 (6문제)
	도시 및 주거환경정비법	도시 및 주거환경정비법은 도시기능의 회복이 필요하거나 주거환경이 불량한 지역을 계획적으로 정비하고 노후·불량건축물을 효율적으로 개량하기 위하여 필요한 사항을 규정함으로써 도시환경을 개선하고 주거생활의 질을 높이는 데 이바지함을 목적으로 한다.	15% 내외 (6문제)
	농지법	농지법은 농지의 소유·이용 및 보전 등에 관하여 필요한 사항을 정함으로써 농지를 효율적으로 이용하고 관리하여 농업인의 경영 안정과 농업 생산성 향상을 바탕으로 농업 경쟁력 강화와 국민경제의 균형있는 발전 및 국토 환경보전에 이바지하는 것을 목적으로 한다.	5% 내외 (2문제)
건축물에 관한 법률	건축법	건축법은 건축물의 대지·구조·설비 기준 및 용도 등을 정하여 건축물의 안전·기능·환경 및 미관을 향상시킴으로써 공공복리의 증진에 이바지하는 것을 목적으로 한다.	17.5% 내외 (7문제)
	주택법	주택법은 쾌적하고 살기 좋은 주거환경 조성에 필요한 주택의 건설·공급 및 주택시장의 관리 등에 관한 사항을 정함으로써 국민의 주거안정과 주거수준의 향상에 이바지함을 목적으로 한다.	17.5% 내외 (7문제)

3. 부동산공법의 법원(법의 존재형식)

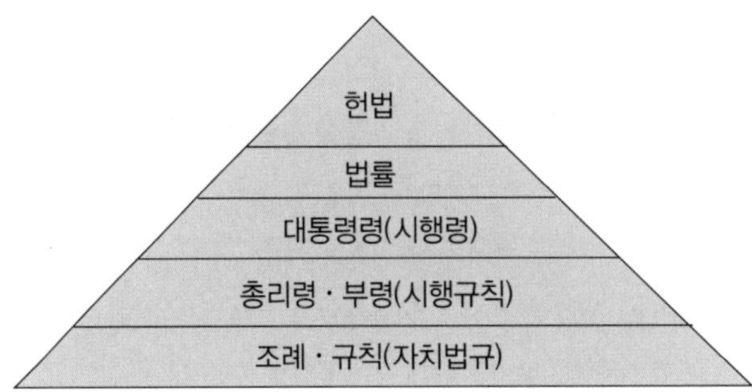

(1) 성문법원

① 헌 법

헌법은 국가 조직과 작용 및 국민의 기본권에 관한 기본법으로서의 성격을 가지므로, 성문법의 법원 중에서 최고법원으로서의 지위와 효력을 갖는다.

② 법 률

법률은 형식적 의미의 법률, 즉 국회에서 헌법상의 입법절차에 따라 제정되는 법률을 의미한다(○○법, ○○법률).

③ 명 령

명령은 국가행정권에 의하여 정립되는 일반적 · 추상적인 성문의 법규범 중 법규의 성질을 가진 법규명령을 말한다.

㉠ 대통령령: 대통령이 발하는 명령(○○법 시행령, ○○령)

㉡ 총리령 · 부령: 국무총리나 각부장관이 발하는 명령(○○법 시행규칙, ○○규칙)

법령(법률 + 명령): 법률과 시행령을 합한 개념

④ 자치법규

지방자치단체가 자치입법권에 의하여, 법령의 범위 안에서 제정하는 지방자치에 관한 법규범을 말한다.

㉠ 조례: 지방의회가 제정하는 조례(○○조례)

㉡ 규칙: 조례의 위임에 따라 지방자치단체의 장이 제정하는 규범이 규칙이다.

(2) 불문법원

① **관습법**

관습법이란 일정한 관습이 다년간에 걸쳐 동일한 관행이 반복되고, 이러한 관행이 일반 국민의 법적 확신을 얻어 법규범화된 것을 의미한다.

② **판 례**

판례는 법원이 특정 소송사건에 대하여 법을 해석 · 적용하여 내린 판단으로 형성된 법원을 말하며, 영미법계에서는 중요한 법원이나 우리나라는 다른 대륙법계 국가(독일, 프랑스)와 마찬가지로 판례의 법원성을 채택하고 있지 않다.

③ **조 리**

조리는 추상적이고 불확정적인 개념으로서 보통 "사물의 본질적 법칙" 또는 "일반사회의 정의감에 비추어 반드시 그러하여야 할 것이라고 인정되는 것"이라고 정의한다. 결국, 조리는 합리적 이성이라고 볼 수 있다. 조리의 법원성을 인정한다.

4. 행정체계

5. 지방행정조직의 계층구조

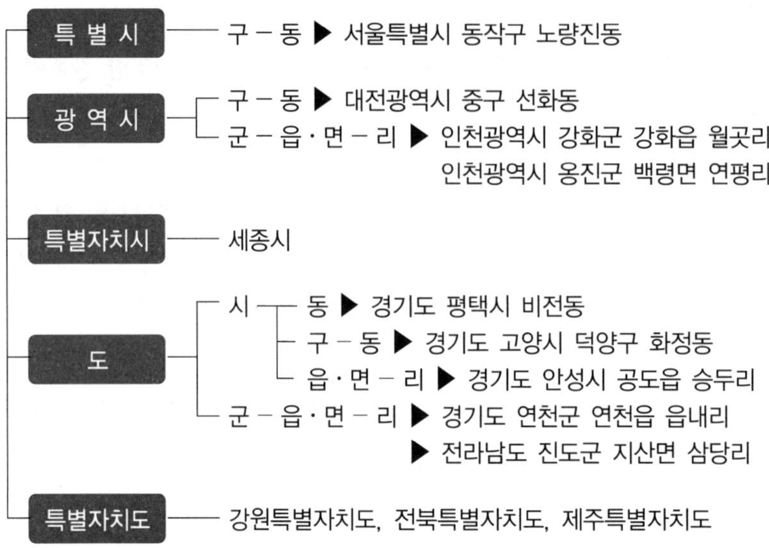

국토의 계획(선 계획part) 및 이용(후 개발part)에 관한 법률

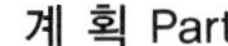

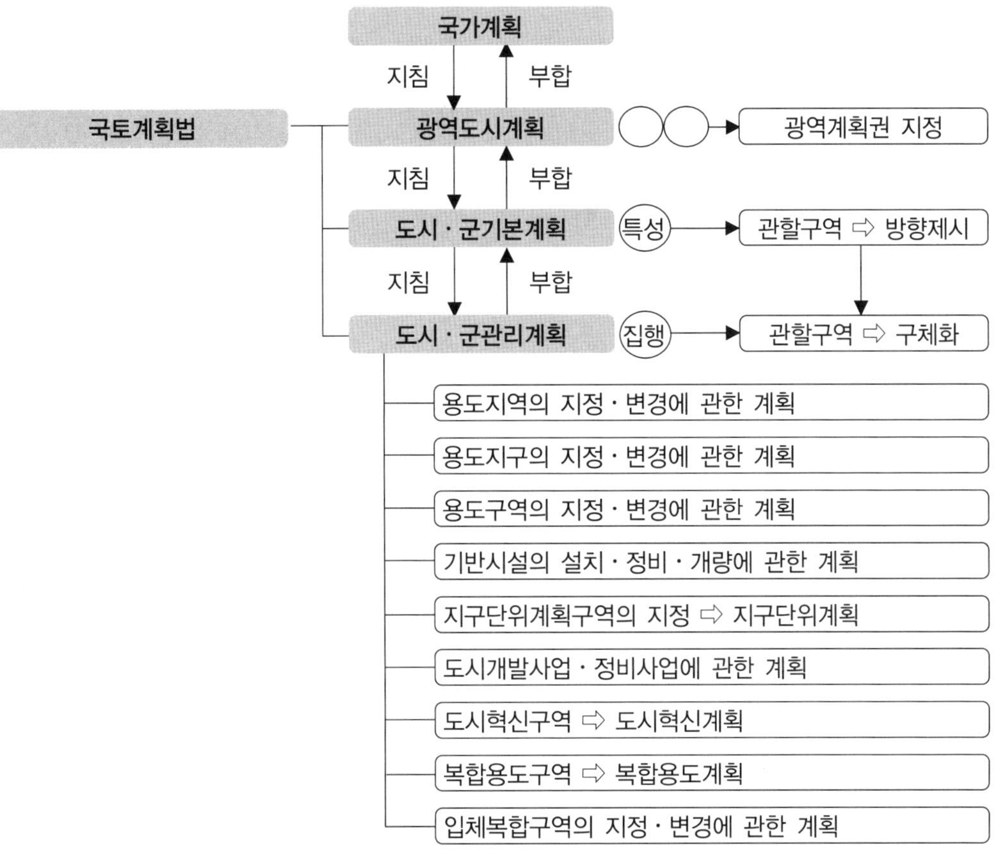

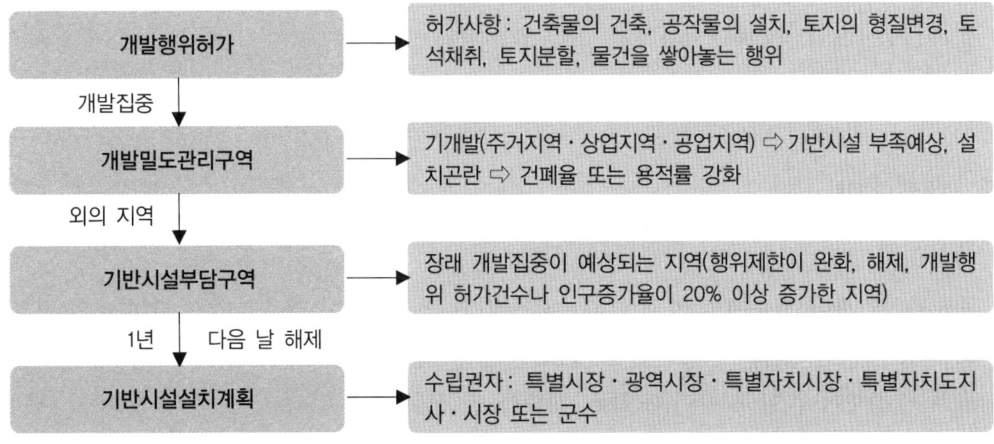

국토의 계획 및 이용에 관한 법률

단원열기

국토의 계획 및 이용에 관한 법률은 부동산공법 중 토지이용규제를 위한 행정계획의 수립과 토지이용행위를 규제하는 내용으로 구성된 법률로 12문제가 출제된다. 부동산공법 중 가장 중요한 법률로서 다른 법률을 이해하기 위해서는 선행적으로 학습이 이루어져야 하는 법률이기도 하다. 전체적인 법률의 체계를 잡은 후 개별적인 내용을 정리하면서 학습하는 것이 효율적인 법률이다. 주요 내용으로는 광역도시계획, 도시·군기본계획, 도시·군관리계획(용도지역, 용도지구, 용도구역, 도시·군계획시설사업, 지구단위계획구역), 개발행위허가 등(개발밀도관리구역, 기반시설부담구역)으로 구성되어 있다.

Thema 01 국토의 계획 및 이용에 관한 법률의 용어정의와 체계도

1 기초용어

⑴ 도시·군

특별시·광역시·특별자치시·특별자치도·시 또는 군(광역시의 관할 구역에 있는 군은 제외한다)을 말한다.

⑵ 광역(도시)

2 이상 특별시·광역시·특별자치시·특별자치도·시 또는 군(광역시의 관할 구역에 있는 군은 제외한다)을 말한다. ⇨ 2 이상 특별시·광역시·특별자치시·특별자치도·시 또는 군을 묶으면 광역계획권이라 한다.

⑶ 시·도

특별시·광역시·특별자치시·도 또는 특별자치도를 말한다.

2 계획 Part

⑴ 국가계획

중앙행정기관이 법률에 따라 수립하거나 국가의 정책적인 목적을 이루기 위하여 수립하는 계획 중 도시·군기본계획의 내용(제19조 제1항 제1호부터 제9호)이나 도시·군관리계획으로 결정하여야 할 사항이 포함된 계획을 말한다.

(2) 광역도시계획

광역계획권의 장기발전방향을 제시하는 계획을 말한다.

(3) 도시 · 군기본계획

특별시 · 광역시 · 특별자치시 · 특별자치도 · 시 또는 군의 관할구역 및 생활권에 대하여 기본적인 공간구조와 장기발전방향을 제시하는 종합계획으로서 도시 · 군관리계획 수립의 지침이 되는 계획을 말한다.

(4) 도시 · 군관리계획

특별시 · 광역시 · 특별자치시 · 특별자치도 · 시 또는 군의 개발 · 정비 및 보전을 위하여 수립하는 토지 이용, 교통, 환경, 경관, 안전, 산업, 정보통신, 보건, 복지, 안보, 문화 등에 관한 다음의 계획을 말한다.

1. 용도지역 · 용도지구의 지정 또는 변경에 관한 계획
2. 개발제한구역, 도시자연공원구역, 시가화조정구역, 수산자원보호구역의 지정 또는 변경에 관한 계획
3. 기반시설의 설치 · 정비 또는 개량에 관한 계획
4. 도시개발사업이나 정비사업에 관한 계획
5. 지구단위계획구역의 지정 또는 변경에 관한 계획과 지구단위계획
6. 도시혁신구역의 지정 또는 변경에 관한 계획과 도시혁신계획
7. 복합용도구역의 지정 또는 변경에 관한 계획과 복합용도계획
8. 도시 · 군계획시설입체복합구역의 지정 또는 변경에 관한 계획

(5) 도시 · 군계획

특별시 · 광역시 · 특별자치시 · 특별자치도 · 시 또는 군(광역시의 관할 구역에 있는 군은 제외)의 관할 구역에 대하여 수립하는 공간구조와 발전방향에 대한 계획으로서 도시 · 군기본계획과 도시 · 군관리계획으로 구분한다.

(6) 용도지역

토지의 이용 및 건축물의 용도 · 건폐율 · 용적률 · 높이 등을 제한함으로써 토지를 경제적 · 효율적으로 이용하고 공공복리의 증진을 도모하기 위하여 서로 중복되지 아니하게 도시 · 군관리계획으로 결정하는 지역을 말한다.

(7) 용도지구

토지의 이용 및 건축물의 용도 · 건폐율 · 용적률 · 높이 등에 대한 용도지역의 제한을 강화하거나 완화하여 적용함으로써 용도지역의 기능을 증진시키고 경관 · 안전 등을 도모하기 위하여 도시 · 군관리계획으로 결정하는 지역을 말한다.

(8) 용도구역

토지의 이용 및 건축물의 용도 · 건폐율 · 용적률 · 높이 등에 대한 용도지역 및 용도지구의 제한을 강화하거나 완화하여 따로 정함으로써 시가지의 무질서한 확산방지, 계획적이고 단계적인 토지이용의 도모, 혁신적이고 복합적인 토지활용의 촉진, 토지이용의 종합적 조정 · 관리 등을 위하여 도시 · 군관리계획으로 결정하는 지역을 말한다.

(9) 공간재구조화계획

토지의 이용 및 건축물이나 그 밖의 시설의 용도 · 건폐율 · 용적률 · 높이 등을 완화하는 용도구역의 효율적이고 계획적인 관리를 위하여 수립하는 계획을 말한다.

(10) 도시혁신계획

창의적이고 혁신적인 도시공간의 개발을 목적으로 도시혁신구역에서의 토지의 이용 및 건축물의 용도 · 건폐율 · 용적률 · 높이 등의 제한에 관한 사항을 따로 정하기 위하여 공간재구조화계획으로 결정하는 도시 · 군관리계획을 말한다.

(11) 복합용도계획

주거 · 상업 · 산업 · 교육 · 문화 · 의료 등 다양한 도시기능이 융복합된 공간의 조성을 목적으로 복합용도구역에서의 건축물의 용도별 구성비율 및 건폐율 · 용적률 · 높이 등의 제한에 관한 사항을 따로 정하기 위하여 공간재구조화계획으로 결정하는 도시 · 군관리계획을 말한다.

(12) 기반시설

다음의 시설로서 대통령령으로 정하는 시설을 말한다.

① 도로 · 철도 · 항만 · 공항 · 주차장 등 교통시설

② 광장 · 공원 · 녹지 등 공간시설

③ 유통업무설비 · 수도 · 전기 · 가스 · 열공급설비 · 방송 · 통신시설 · 공동구 등 유통 · 공급시설

④ 학교 · 공공청사 · 문화시설 및 공공필요성이 인정되는 체육시설 등 공공 · 문화체육시설
⑤ 하천 · 유수지 · 방화설비 등 방재시설
⑥ 장사시설 등 보건위생시설
⑦ 하수도, 폐기물처리 및 재활용시설, 빗물저장 및 이용시설 등 환경기초시설

(13) 광역시설

기반시설 중 광역적인 정비체계가 필요한 둘 이상의 특별시 · 광역시 · 특별자치시 · 특별자치도 · 시 또는 군의 관할 구역에 걸쳐 있는 시설, 공동으로 이용하는 시설로서 대통령령으로 정하는 시설을 말한다.

(14) 공동구

전기 · 가스 · 수도 등의 공급설비, 통신시설, 하수도시설 등 지하매설물을 공동 수용함으로써 미관의 개선, 도로구조의 보전 및 교통의 원활한 소통을 위하여 지하에 설치하는 시설물을 말한다.

(15) 도시 · 군계획시설

기반시설 중 도시 · 군관리계획으로 결정된 시설을 말한다.

(16) 도시 · 군계획시설사업

도시 · 군계획시설을 설치 · 정비 또는 개량하는 사업을 말한다.

(17) 도시 · 군계획사업

도시 · 군관리계획을 시행하기 위한 사업으로 도시 · 군계획시설사업, 도시개발법에 따른 도시개발사업, 도시 및 주거환경정비법에 따른 정비사업을 말한다.

(18) 도시 · 군계획사업시행자

이 법 또는 다른 법률에 따라 도시 · 군계획사업을 하는 자를 말한다.

(19) 지구단위계획

도시 · 군계획 수립 대상지역의 일부에 대하여 토지 이용을 합리화하고 그 기능을 증진시키며 미관을 개선하고 양호한 환경을 확보하며, 그 지역을 체계적 · 계획적으로 관리하기 위하여 수립하는 도시 · 군관리계획을 말한다.

3 이용 · 개발 Part

(1) 개발밀도관리구역

개발로 인하여 기반시설이 부족할 것으로 예상되나 기반시설을 설치하기 곤란한 지역을 대상으로 건폐율이나 용적률을 강화하여 적용하기 위하여 지정하는 구역을 말한다.

(2) 기반시설부담구역

개발밀도관리구역 외의 지역으로서 개발로 인하여 도로, 공원, 녹지 등 대통령령으로 정하는 기반시설의 설치가 필요한 지역을 대상으로 기반시설을 설치하거나 그에 필요한 용지를 확보하게 하기 위하여 지정 · 고시하는 구역을 말한다.

(3) 기반시설설치비용

단독주택 및 숙박시설 등 대통령령으로 정하는 시설의 신 · 증축 행위로 인하여 유발되는 기반시설을 설치하거나 그에 필요한 용지를 확보하기 위하여 부과 · 징수하는 금액을 말한다.

4 핵심 확인학습

① 도시 · 군계획은 특별시 · 광역시 · 특별자치시 · 특별자치도 · 시 또는 광역시 관할 구역의 군에 대하여 수립하는 도시 · 군기본계획과 광역도시계획을 말한다. (　　)

② 공간재구조화계획은 토지의 이용 및 건축물이나 그 밖의 시설의 용도 · 건폐율 · 용적률 · 높이 등을 강화하는 용도구역의 효율적이고 계획적인 관리를 위하여 수립하는 계획을 말한다. (　　)

③ 지구단위계획은 도시 · 군계획 수립대상지역 전부에 대하여 체계적 관리를 위해 수립하는 도시 · 군관리계획을 말한다. (　　)

④ 개발밀도관리구역은 개발로 인하여 기반시설이 부족할 것으로 예상되나 기반시설을 설치하기 곤란한 지역을 대상으로 건폐율이나 용적률을 완화하여 적용하기 위하여 지정하는 구역을 말한다. (　　)

Answer

1. × 광역시의 군이 아니라 군(광역시의 군을 제외한다)이다.
2. × 강화가 아니라 완화하는 용도구역이다.
3. × 전부가 아니라 일부에 대하여 수립하는 계획이다.
4. × 개발밀도관리구역은 건폐율이나 용적률을 강화하여 적용하기 위하여 지정하는 구역을 말한다.

Thema 02 광역도시계획

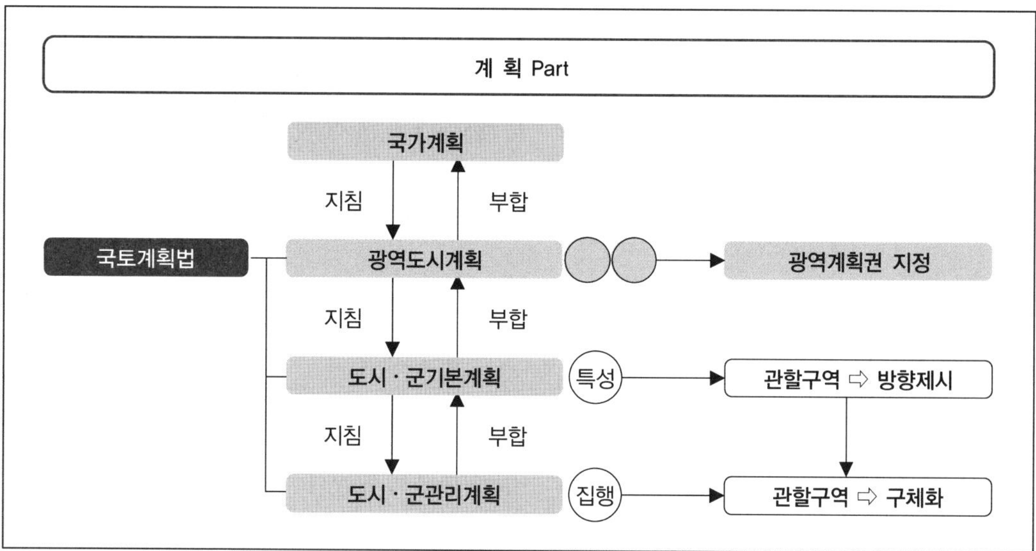

1 광역도시계획

(1) 의 의

광역계획권의 장기발전방향을 제시하는 계획을 말한다.

(2) 법적 성격

광역도시계획은 장기발전방향을 제시하는 계획이고, 일반국민에게는 직접적인 효력이 미치지 아니하는 비구속적 행정계획이므로 행정심판이나 행정소송 등의 행정쟁송을 제기할 수 없다.

2 광역계획권의 지정

(1) 지정권자

국토교통부장관 또는 도지사는 다음의 구분에 따라 인접한 둘 이상의 특별시 · 광역시 · 특별자치시 · 특별자치도 · 시 또는 군의 관할 구역 전부 또는 일부를 광역계획권으로 지정할 수 있다.

1. **광역계획권이 둘 이상의 특별시 · 광역시 · 특별자치시 · 도 또는 특별자치도**(이하 '시 · 도'라 한다)**의 관할 구역에 걸쳐 있는 경우**: 국토교통부장관
2. **광역계획권이 도의 관할 구역에 속하여 있는 경우**: 도지사

광 역

2 이상 특별시 · 광역시 · 특별자치시 · 특별자치도 · 시 또는 군(광역시의 관할 구역에 있는 군은 제외한다)을 말한다. ⇨ 2 이상 특별시 · 광역시 · 특별자치시 · 특별자치도 · 시 또는 군을 묶으면 광역계획권이라 한다.

(2) 지정목적

둘 이상의 특별시 · 광역시 · 특별자치시 · 특별자치도 · 시 또는 군의 공간구조 및 기능을 상호 연계시키고 환경을 보전하며 광역시설을 체계적으로 정비하기 위하여 필요한 경우에 지정할 수 있다.

3 광역도시계획의 수립

(1) 수립권자

국토교통부장관, 시 · 도지사, 시장 또는 군수는 다음의 구분에 따라 광역도시계획을 수립하여야 한다.

시장 · 군수 공동수립	광역계획권이 같은 도의 관할 구역에 속하여 있는 경우
시 · 도지사 공동수립	광역계획권이 둘 이상의 시 · 도의 관할 구역에 걸쳐 있는 경우
도지사 수립	광역계획권을 지정한 날부터 3년이 지날 때까지 관할 시장 또는 군수로부터 광역도시계획의 승인 신청이 없는 경우
국토교통부장관 수립	① 국가계획과 관련된 광역도시계획의 수립이 필요한 경우 ② 광역계획권을 지정한 날부터 3년이 지날 때까지 관할 시 · 도지사로부터 광역도시계획의 승인 신청이 없는 경우

(2) 광역도시계획의 내용

광역도시계획에는 다음의 사항 중 그 광역계획권의 지정목적을 이루는 데 필요한 사항에 대한 정책방향이 포함되어야 한다.

1. 광역계획권의 공간 구조와 기능 분담에 관한 사항
2. 광역계획권의 녹지관리체계와 환경 보전에 관한 사항
3. 광역시설의 배치 · 규모 · 설치에 관한 사항
4. 경관계획에 관한 사항

(3) 수립기준

광역도시계획의 수립기준은 대통령령으로 정하는 바에 따라 국토교통부장관이 정한다.

(4) 광역도시계획의 수립 및 승인절차

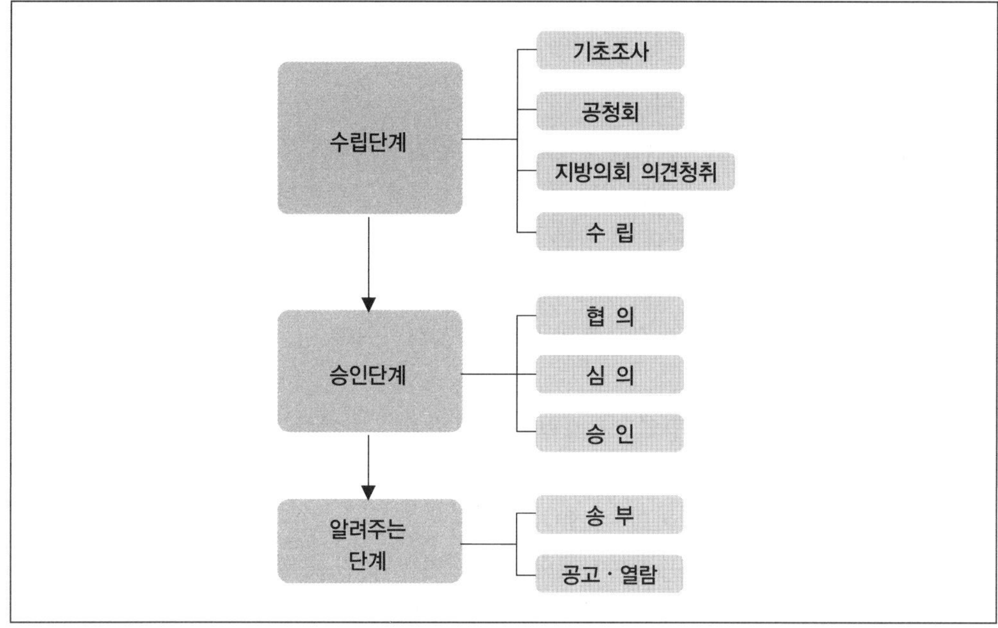

① **기초조사**

㉠ 국토교통부장관, 시 · 도지사, 시장 또는 군수는 광역도시계획을 수립하거나 변경하려면 미리 인구, 경제, 사회, 문화, 토지 이용, 환경, 교통, 주택, 그 밖에 대통령령으로 정하는 사항 중 그 광역도시계획의 수립 또는 변경에 필요한 사항을 대통령령으로 정하는 바에 따라 조사하거나 측량(이하 "기초조사"라 한다)하여야 한다.

㉡ 국토교통부장관, 시 · 도지사, 시장 또는 군수가 기초조사를 실시한 경우에는 해당 정보를 체계적으로 관리하고 효율적으로 활용하기 위하여 기초조사정보체계를 구축 · 운영하여야 한다.

㉢ 국토교통부장관, 시 · 도지사, 시장 또는 군수가 기초조사정보체계를 구축한 경우에는 등록된 정보의 현황을 5년마다 확인하고 변동사항을 반영하여야 한다.

② **공청회**

국토교통부장관, 시 · 도지사, 시장 또는 군수는 광역도시계획을 수립하거나 변경하려면 미리 공청회를 열어 주민과 관계 전문가 등으로부터 의견을 들어야 하며, 공청회에서 제시된 의견이 타당하다고 인정하면 광역도시계획에 반영하여야 한다.

③ **지방의회의 의견청취**

시 · 도지사, 시장 또는 군수는 광역도시계획을 수립하거나 변경하려면 미리 관계 시 · 도, 시 또는 군의 의회와 관계 시장 또는 군수의 의견을 들어야 한다.

④ **수 립**

국토교통부장관, 시·도지사, 시장 또는 군수는 광역도시계획을 수립하여야 한다.

⑤ **승 인**

㉠ 도지사의 협의·심의

도지사가 광역도시계획을 승인하거나 직접 광역도시계획을 수립 또는 변경(시장·군수와 공동으로 수립하거나 변경하는 경우를 포함한다)하려면 관계 행정기관(국토교통부장관을 포함한다)의 장과 협의한 후 지방도시계획위원회의 심의를 거쳐야 한다. 협의 요청을 받은 관계 행정기관의 장은 특별한 사유가 없는 한 그 요청을 받은 날부터 30일 이내에 도지사에게 의견을 제시하여야 한다.

㉡ 도지사의 승인

시장 또는 군수는 광역도시계획을 수립하거나 변경하려면 도지사의 승인을 받아야 한다.

㉢ 국토교통부장관의 협의·심의

국토교통부장관은 광역도시계획을 승인하거나 직접 광역도시계획을 수립 또는 변경(시·도지사와 공동으로 수립하거나 변경하는 경우를 포함)하려면 관계 중앙행정기관의 장과 협의한 후 중앙도시계획위원회의 심의를 거쳐야 한다. 협의 요청을 받은 관계 중앙행정기관의 장은 특별한 사유가 없는 한 그 요청을 받은 날부터 30일 이내에 국토교통부장관에게 의견을 제시하여야 한다.

㉣ 국토교통부장관의 승인

시·도지사는 광역도시계획을 수립하거나 변경하려면 국토교통부장관의 승인을 받아야 한다.

협의·심의

1. **협의**(동급인 행정기관 상호간)
   협의 주체가 시·도지사, 시장·군수 ⇨ 관계 행정기관의 장과 협의
   협의 주체가 국토교통부장관 ⇨ 관계 중앙행정기관의 장과 협의
2. **심의**(심사하고 토의하는 것 – 동급)
   심의 주체가 시·도지사, 시장·군수 ⇨ 지방도시계획위원회의 심의
   심의 주체가 국토교통부장관 ⇨ 중앙도시계획위원회 심의

⑥ **송 부**

㉠ 국토교통부장관은 직접 광역도시계획을 수립 또는 변경하거나 승인하였을 때에는 관계 중앙행정기관의 장과 시·도지사에게 관계 서류를 송부하여야 한다.

㉡ 도지사는 직접 광역도시계획을 수립 또는 변경하거나 승인하였을 때에는 관계 행정기관의 장과 시장·군수에게 관계 서류를 송부하여야 한다.

⑦ **공고 및 열람**

관계 서류를 받은 시·도지사는 그 내용을 해당 시·도의 공보에 게재하는 방법에 의하여 공고하고, 관계 서류를 받은 시장·군수는 그 내용을 해당 시·군의 공보에 게재하는 방법에 의하여 공고하고 일반인이 관계 서류를 30일 이상 열람할 수 있도록 하여야 한다.

4 핵심 확인학습

① 광역계획권이 둘 이상의 시·도의 관할 구역에 걸쳐 있는 경우에는 관할 시·도지사가 공동으로 광역계획권을 지정하여야 한다. ( )

② 광역도시계획은 광역시의 장기발전방향을 제시하는 계획이다. ( )

③ 광역도시계획이 수립되어 있는 지역에 대하여 수립하는 도시·군기본계획의 내용이 광역도시계획의 내용과 다를 때에는 도시·군기본계획의 내용이 우선한다. ( )

④ 국가계획과 관련된 광역도시계획의 수립이 필요한 경우 광역도시계획의 수립권자는 국토교통부장관이다. ( )

⑤ 광역계획권이 둘 이상의 시·도의 관할 구역에 걸쳐 있는 경우에는 국토교통부장관이 광역도시계획을 수립하여야 한다. ( )

Answer

1. × 광역계획권이 둘 이상의 시·도의 관할 구역에 걸쳐 있는 경우에는 국토교통부장관이 광역계획권을 지정할 수 있다. 그리고 광역계획권이 둘 이상의 시·도의 관할 구역에 걸쳐 있는 경우에는 관할 시·도지사가 공동으로 광역도시계획을 수립하여야 한다.
2. × 광역도시계획은 광역계획권의 장기발전방향을 제시하는 계획이다.
3. × 광역도시계획이 수립되어 있는 지역에 대하여 수립하는 도시·군기본계획의 내용이 광역도시계획의 내용과 다를 때에는 광역도시계획의 내용이 우선한다.
4. ○
5. × 광역계획권이 둘 이상의 시·도의 관할 구역에 걸쳐 있는 경우에는 관할 시·도지사가 공동으로 광역도시계획을 수립하여야 한다.

Thema 03 도시 · 군기본계획

1 도시 · 군기본계획의 의의

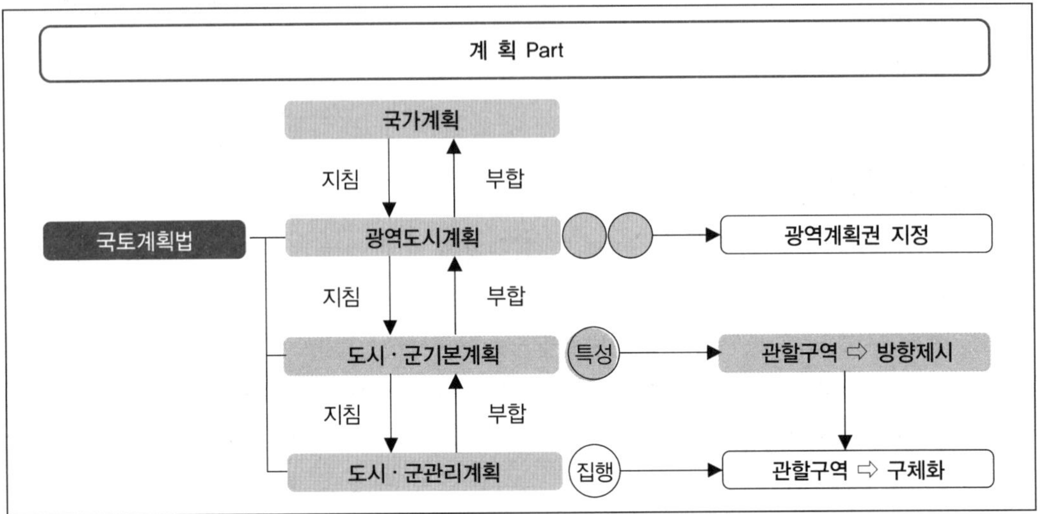

(1) 의 의

특별시 · 광역시 · 특별자치시 · 특별자치도 · 시 또는 군(광역시의 관할 구역에 있는 군은 제외)의 관할구역 및 생활권에 대하여 기본적인 공간구조와 장기발전방향을 제시하는 종합계획으로서 도시 · 군관리계획수립의 지침이 되는 계획을 말한다.

(2) 법적 성격

도시 · 군기본계획은 광역도시계획과 마찬가지로 장기발전방향을 제시하는 계획이고, 일반 국민에게는 직접적인 효력이 미치지 아니하는 비구속적 행정계획이므로 행정심판이나 행정소송 등의 행정쟁송을 제기할 수 없다.

2 도시 · 군기본계획의 수립

(1) 수립권자와 수립대상지역

특별시장 · 광역시장 · 특별자치시장 · 특별자치도지사 · 시장 또는 군수는 관할 구역에 대하여 도시 · 군기본계획을 수립하여야 한다. 다만, 시 또는 군의 위치, 인구의 규모, 인구감소율 등을 고려하여 대통령령으로 정하는 다음의 시 또는 군은 도시 · 군기본계획을 수립하지 아니할 수 있다.

1. 수도권정비계획법에 의한 수도권에 속하지 아니하고 광역시와 경계를 같이 하지 아니한 시 또는 군으로서 인구 10만명 이하인 시 또는 군
2. 관할 구역 전부에 대하여 광역도시계획이 수립되어 있는 시 또는 군으로서 당해 광역도시계획에 도시·군기본계획의 내용이 모두 포함되어 있는 시 또는 군

(2) 도시·군기본계획의 내용

① 도시·군기본계획의 내용

도시·군기본계획은 다음의 사항에 대한 정책방향이 포함되어야 한다.

1. 지역적 특성 및 계획의 방향·목표에 관한 사항
2. 공간구조, 생활권의 설정 및 인구의 배분에 관한 사항
3. 토지의 이용 및 개발에 관한 사항

② 도시·군기본계획의 수립기준

대통령령으로 정하는 바에 따라 국토교통부장관이 이를 정한다.

(3) 생활권계획 수립의 특례

① 특별시장·광역시장·특별자치시장·특별자치도지사·시장 또는 군수는 생활권역별 개발·정비 및 보전 등에 필요한 경우 대통령령으로 정하는 바에 따라 생활권계획을 따로 수립할 수 있다.

② 생활권계획을 수립할 때에는 도시·군기본계획의 수립절차를 준용한다.

③ 생활권계획이 수립 또는 승인된 때에는 해당 계획이 수립된 생활권에 대해서는 도시·군기본계획이 수립 또는 변경된 것으로 본다. 이 경우 생활권의 설정 및 인구의 배분에 관한 사항 등은 대통령령으로 정하는 범위에서 수립·변경하는 경우로 한정한다.

(4) 도시 · 군기본계획의 수립 · 확정(승인)절차

수립단계	기초조사
	공청회
	지방의회 의견청취
	수 립
↓	
승인단계	협 의
	심 의
	승 인
↓	
알려주는 단계	송 부
	공고 · 열람

① **기초조사 및 공청회**

㉠ 도시 · 군기본계획을 수립하거나 변경하는 경우에는 광역도시계획의 수립을 위한 기초조사 · 공청회에 관한 규정을 준용한다.

㉡ 시 · 도지사, 시장 또는 군수는 기초조사의 내용에 국토교통부장관이 정하는 바에 따라 실시하는 토지의 토양, 입지, 활용가능성 등 토지의 적성에 대한 평가(이하 "토지적성평가"라 한다)와 재해 취약성에 관한 분석(이하 "재해취약성분석"이라 한다)을 포함하여야 한다.

㉢ 도시 · 군기본계획 입안일부터 5년 이내에 토지적성평가를 실시한 경우 등 대통령령으로 정하는 경우에는 토지적성평가 또는 재해취약성분석을 하지 아니할 수 있다.

② **지방의회의 의견청취**

㉠ 특별시장 · 광역시장 · 특별자치시장 · 특별자치도지사 · 시장 또는 군수는 도시 · 군기본계획을 수립하거나 변경하려면 미리 그 특별시 · 광역시 · 특별자치시 · 특별자치도 · 시 또는 군 의회의 의견을 들어야 한다.

㉡ 특별시 · 광역시 · 특별자치시 · 특별자치도 · 시 또는 군의 의회는 특별한 사유가 없으면 30일 이내에 특별시장 · 광역시장 · 시장 또는 군수에게 의견을 제시하여야 한다.

③ **도시 · 군기본계획의 수립**

특별시장 · 광역시장 · 특별자치시장 · 특별자치도지사 · 시장 또는 군수는 관할 구역에 대하여 도시 · 군기본계획을 수립하여야 한다.

④ **도시 · 군기본계획의 확정과 승인**

㉠ 특별시 · 광역시 · 특별자치시 · 특별자치도의 도시 · 군기본계획의 확정

1. 특별시장 · 광역시장 · 특별자치시장 또는 특별자치도지사는 도시 · 군기본계획을 수립하거나 변경하려면 관계 행정기관의 장과 협의한 후 지방도시계획위원회의 심의를 거쳐야 한다.
2. 협의 요청을 받은 관계 행정기관의 장은 특별한 사유가 없으면 그 요청을 받은 날부터 30일 이내에 특별시장 또는 광역시장 · 특별자치시장 또는 특별자치도지사에게 의견을 제시하여야 한다.
3. 특별시장 · 광역시장 · 특별자치시장 또는 특별자치도지사는 도시 · 군기본계획을 수립하거나 변경하는 경우에는 관계 행정기관의 장에게 관계 서류를 송부하여야 하며, 대통령령으로 정하는 바에 따라 그 계획을 공고하고 일반인이 30일 이상 열람할 수 있도록 하여야 한다.

㉡ 시 · 군의 도시 · 군기본계획의 승인

1. 시장 또는 군수는 도시 · 군기본계획을 수립하거나 변경하려면 대통령령으로 정하는 바에 따라 도지사의 승인을 받아야 한다.
2. 도지사는 도시 · 군기본계획을 승인하려면 관계 행정기관의 장과 협의한 후 지방도시계획위원회의 심의를 거쳐야 한다.
3. 협의 요청을 받은 관계 행정기관의 장은 특별한 사유가 없으면 그 요청을 받은 날부터 30일 이내에 도지사에게 의견을 제시하여야 한다.
4. 도지사는 도시 · 군기본계획을 승인하면 관계 행정기관의 장과 시장 또는 군수에게 관계 서류를 송부하여야 하며, 관계 서류를 받은 시장 또는 군수는 대통령령으로 정하는 바에 따라 그 계획을 공고하고 일반인이 30일 이상 열람할 수 있도록 하여야 한다.

3 도시 · 군기본계획의 정비

특별시장 · 광역시장 · 특별자치시장 · 특별자치도지사 · 시장 또는 군수는 5년마다 관할 구역의 도시 · 군기본계획에 대하여 그 타당성 여부를 전반적으로 재검토하여 이를 정비하여야 한다.

4 핵심 확인학습

① 수도권정비계획법에 의한 수도권에 속하지 아니하고 광역시와 경계를 같이하지 아니한 인구 7만명의 군은 도시·군기본계획을 수립하지 아니할 수 있다. ( )

② 도시·군기본계획 입안일부터 3년 이내에 토지적성평가를 실시한 경우 등 대통령령으로 정하는 경우에는 토지적성평가 또는 재해취약성분석을 하지 아니할 수 있다. ( )

③ 도시·군기본계획을 변경하는 경우에는 공청회를 개최하지 아니할 수 있다. ( )

④ 특별시장·광역시장·특별자치시장·특별자치도지사가 수립한 도시·군기본계획의 승인은 국토교통부장관이 하고, 시장·군수가 수립한 도시·군기본계획의 승인은 도지사가 한다. ( )

⑤ 특별시장·광역시장·특별자치시장·특별자치도지사·시장 또는 군수는 10년마다 관할 구역의 도시·군기본계획에 대하여 그 타당성 여부를 전반적으로 재검토하여 정비하여야 한다. ( )

Answer

1. ○
2. × 도시·군기본계획 입안일부터 5년 이내에 토지적성평가를 실시한 경우 등 대통령령으로 정하는 경우에는 토지적성평가 또는 재해취약성분석을 하지 아니할 수 있다.
3. × 도시·군기본계획을 변경하는 경우에도 공청회를 개최하여야 한다.
4. × 특별시장·광역시장·특별자치시장·특별자치도지사는 국토교통부장관의 승인을 받지 않고 직접 확정한다.
5. × 도시·군기본계획에 대하여 5년마다 그 타당성 여부를 전반적으로 재검토하여 정비하여야 한다.

Thema 04 도시 · 군관리계획

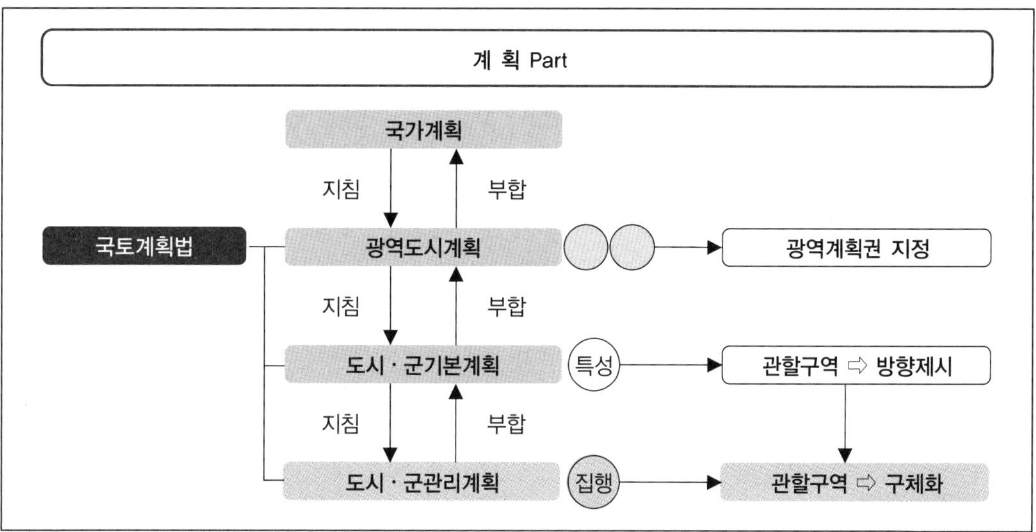

1 도시 · 군관리계획의 의의

(1) 의 의

특별시 · 광역시 · 특별자치시 · 특별자치도 · 시 또는 군의 개발 · 정비 및 보전을 위하여 수립하는 토지이용 · 교통 · 환경 · 경관 · 안전 · 산업 · 정보통신 · 보건 · 복지 · 안보 · 문화 등에 관한 다음의 계획을 말한다.

1. 용도지역 · 용도지구의 지정 또는 변경에 관한 계획
2. 개발제한구역 · 도시자연공원구역 · 시가화조정구역 · 수산자원보호구역의 지정 또는 변경에 관한 계획
3. 기반시설의 설치 · 정비 또는 개량에 관한 계획
4. 도시개발사업이나 정비사업에 관한 계획
5. 지구단위계획구역의 지정 또는 변경에 관한 계획과 지구단위계획
6. 도시혁신구역의 지정 또는 변경에 관한 계획과 도시혁신계획
7. 복합용도구역의 지정 또는 변경에 관한 계획과 복합용도계획
8. 도시 · 군계획시설입체복합구역의 지정 또는 변경에 관한 계획

(2) 법적 성격

도시 · 군관리계획이 결정 · 고시되면 지형도면을 고시한 날부터 국민에게 행위제한 등의 직접적인 효력이 발생한다. 행정청은 물론 일반 국민에게도 직접 효력이 미치는 구속적 행정계획이므로 행정심판이나 행정소송 등의 행정쟁송을 제기할 수 있다.

2 도시 · 군관리계획의 입안 및 결정

(1) 도시 · 군관리계획의 입안

① 도시 · 군관리계획의 입안권자

㉠ 원 칙

특별시장 · 광역시장 · 특별자치시장 · 특별자치도지사 · 시장 또는 군수는 관할 구역에 대하여 도시 · 군관리계획을 입안하여야 한다.

㉡ 예 외

ⓐ 국토교통부장관: 국토교통부장관(수산자원보호구역인 경우에는 해양수산부장관)은 국가계획과 관련된 경우에는 직접 또는 관계 중앙행정기관의 장의 요청에 의하여 도시 · 군관리계획을 입안할 수 있다.

ⓑ 도지사: 도지사는 직접 또는 시장이나 군수의 요청에 의하여 도시 · 군관리계획을 입안할 수 있다.

② 입안제안

㉠ 제안사항

주민(이해관계자를 포함)은 다음의 사항에 대하여 도시 · 군관리계획을 입안할 수 있는 자에게 도시 · 군관리계획의 입안을 제안할 수 있다. 이 경우 제안서에는 도시 · 군관리계획도서와 계획설명서를 첨부하여야 한다.

1. 용도지구 중 해당 용도지구에 따른 건축물이나 그 밖의 시설의 용도 · 종류 및 규모 등의 제한을 지구단위계획으로 대체하기 위한 용도지구(토지 면적의 3분의 2 이상 동의)
2. 산업 · 유통개발진흥지구의 지정 및 변경에 관한 사항(토지 면적의 3분의 2 이상 동의)
3. 기반시설의 설치 · 정비 또는 개량에 관한 사항(토지 면적의 5분의 4 이상 동의)
4. 지구단위계획구역의 지정 및 변경과 지구단위계획의 수립 및 변경에 관한 사항(토지 면적의 3분의 2 이상 동의)
5. 도시 · 군계획시설입체복합구역의 지정 및 변경과 도시 · 군계획시설입체복합구역의 건축제한 · 건폐율 · 용적률 · 높이 등에 관한 사항(토지 면적의 5분의 4 이상 동의)

㉡ 결과통보

도시 · 군관리계획입안의 제안을 받은 국토교통부장관(수산자원보호구역인 경우 해양수산부장관), 시 · 도지사, 시장 또는 군수는 제안일부터 45일 이내에 도시 · 군관리계획입안에의 반영 여부를 제안자에게 통보하여야 한다. 다만, 부득이한 사정이 있는 경우에는 1회에 한하여 30일을 연장할 수 있다.

㉢ 비용부담

도시 · 군관리계획의 입안을 제안받은 자는 제안자와 협의하여 제안된 도시 · 군관리계획의 입안 및 결정에 필요한 비용의 전부 또는 일부를 제안자에게 부담시킬 수 있다.

③ **입안절차**

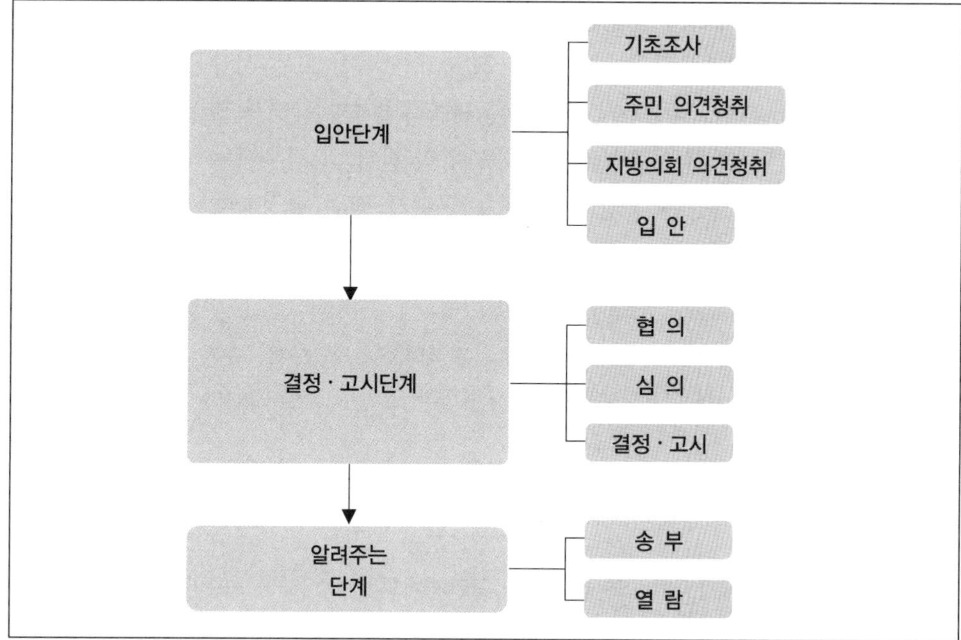

㉠ 기초조사

ⓐ 기초조사의 의무: 도시·군관리계획을 입안하는 경우에는 광역도시계획 수립을 위한 기초조사에 관한 규정을 준용한다. 다만, 대통령령으로 정하는 경미한 사항을 입안하는 경우에는 그러하지 아니하다.

ⓑ 환경성 검토 및 토지적성평가와 재해취약성 분석: 국토교통부장관(수산자원보호구역인 경우에는 해양수산부장관), 시·도지사, 시장 또는 군수는 기초조사의 내용에 도시·군관리계획이 환경에 미치는 영향 등에 대한 환경성 검토, 토지적성평가와 재해취약성분석을 포함하여야 한다.

㉡ 주민 및 지방의회의 의견청취

ⓐ 주민의 의견청취: 국토교통부장관(수산자원보호구역인 경우에는 해양수산부장관), 시·도지사, 시장 또는 군수는 도시·군관리계획을 입안하는 때에는 주민의 의견을 들어야 한다.

ⓑ 지방의회의 의견청취: 국토교통부장관, 시·도지사, 시장 또는 군수는 도시·군관리계획을 입안하고자 하는 때에는 대통령령이 정하는 사항에 대하여 해당 지방의회의 의견을 들어야 한다.

(2) 도시 · 군관리계획의 결정

① 도시 · 군관리계획의 결정권자

㉠ 원칙: 도시 · 군관리계획은 시 · 도지사가 직접 또는 시장 · 군수의 신청에 따라 결정한다. 다만, 지방자치법에 따른 서울특별시와 광역시 및 특별자치시를 제외한 인구 50만 이상의 대도시(이하 "대도시"라 한다)의 경우에는 해당 대도시 시장이 직접 결정하고, 다음은 해당 시장 또는 군수가 직접 결정한다.

1. 시장 또는 군수가 입안한 지구단위계획구역의 지정 · 변경과 지구단위계획의 수립 · 변경에 관한 도시 · 군관리계획
2. 지구단위계획으로 대체하는 용도지구 폐지에 관한 도시 · 군관리계획[해당 시장(대도시 시장은 제외한다) 또는 군수가 도지사와 미리 협의한 경우에 한정한다]

㉡ 예외: 다음의 도시 · 군관리계획은 국토교통부장관(다만, 4.의 경우에는 해양수산부장관)이 결정한다.

1. 국토교통부장관이 입안한 도시 · 군관리계획
2. 개발제한구역의 지정 및 변경에 관한 도시 · 군관리계획
3. 국가계획과 연계하여 지정할 필요가 있는 경우에 따른 시가화조정구역의 지정 및 변경에 관한 도시 · 군관리계획
4. 수산자원보호구역의 지정 및 변경에 관한 도시 · 군관리계획

② 결정절차

㉠ 행정기관의 장과 협의: 시 · 도지사는 도시 · 군관리계획을 결정하려면 관계 행정기관의 장과 미리 협의하여야 하며, 국토교통부장관(수산자원보호구역의 경우에는 해양수산부장관)이 도시 · 군관리계획을 결정하려면 관계 중앙행정기관의 장과 미리 협의하여야 한다.

㉡ 도시계획위원회의 심의: 국토교통부장관(수산자원보호구역의 경우에는 해양수산부장관)이 도시 · 군관리계획을 결정하려면 중앙도시계획위원회의 심의를 거쳐야 하며, 시 · 도지사가 도시 · 군관리계획을 결정하려면 시 · 도도시계획위원회의 심의를 거쳐야 한다.

㉢ 고시 · 열람: 국토교통부장관이나 시 · 도지사는 도시 · 군관리계획을 결정하면 대통령령으로 정하는 바에 따라 그 결정을 고시하고, 국토교통부장관이나 도지사는 관계 서류를 관계 특별시장 · 광역시장 · 특별자치시장 · 특별자치도지사 · 시장 또는 군수에게 송부하여 일반이 열람할 수 있도록 하여야 하며, 특별시장 · 광역시장 · 특별자치시장 · 특별자치도지사는 관계 서류를 일반이 열람할 수 있도록 하여야 한다.

(3) 도시 · 군관리계획 결정 · 고시의 효력

① **효력발생시기**

도시 · 군관리계획 결정의 효력은 지형도면을 고시한 날부터 발생한다.

② **도시 · 군관리계획의 재검토**

특별시장 · 광역시장 · 특별자치시장 · 특별자치도지사 · 시장 또는 군수는 5년마다 관할 구역의 도시 · 군관리계획에 대하여 그 타당성 여부를 전반적으로 재검토하여 정비하여야 한다.

3 공간재구조화계획

(1) 공간재구조화계획의 입안권자

① 특별시장 · 광역시장 · 특별자치시장 · 특별자치도지사 · 시장 또는 군수는 다음의 용도구역을 지정하고 해당 용도구역에 대한 계획을 수립하기 위하여 공간재구조화계획을 입안하여야 한다.

1. 도시혁신구역 및 도시혁신계획
2. 복합용도구역 및 복합용도계획
3. 도시 · 군계획시설입체복합구역(1. 또는 2.와 함께 구역을 지정하거나 계획을 입안하는 경우로 한정한다)

② 국토교통부장관은 도시의 경쟁력 향상, 특화발전 및 지역 균형발전 등을 위하여 필요한 때에는 관할 특별시장 · 광역시장 · 특별자치시장 · 특별자치도지사 · 시장 또는 군수의 요청에 따라 공간재구조화계획을 입안할 수 있다.

③ 공간재구조화계획을 입안하려는 국토교통부장관(수산자원보호구역의 경우 해양수산부장관을 말한다), 시 · 도지사, 시장 또는 군수는 공간재구조화계획도서(계획도와 계획조서를 말한다) 및 이를 보조하는 계획설명서(기초조사결과 · 재원조달방안 및 경관계획을 포함한다)를 작성하여야 한다.

(2) 공간재구조화계획의 입안제안

① 주민(이해관계자를 포함한다)은 다음의 용도구역 지정을 위하여 공간재구조화계획 입안권자에게 공간재구조화계획의 입안을 제안할 수 있다. 이 경우 제안서에는 공간재구조화계획도서와 계획설명서를 첨부하여야 한다. ⇨ 공간재구조화계획의 입안을 제안하려는 자는 다음의 구분에 따라 토지소유자의 동의를 받아야 한다. 이 경우 동의 대상 토지 면적에서 국 · 공유지는 제외한다.

> 1. **도시혁신구역 또는 복합용도구역의 지정을 제안하는 경우**: 대상 토지면적의 3분의 2 이상
> 2. **입체복합구역의 지정을 제안하는 경우**(법 제35조의2 제1항 제3호에 따라 도시혁신구역 또는 복합용도구역과 함께 입체복합구역을 지정하거나 도시혁신계획 또는 복합용도계획과 함께 입체복합구역 지정에 관한 공간재구조화계획을 입안하는 경우로 한정한다) : 대상 토지 면적의 5분의 4 이상 동의

② 공간재구조화계획의 입안을 제안받은 공간재구조화계획 입안권자는 국유재산・공유재산이 공간재구조화계획으로 지정된 용도구역 내에 포함된 경우 등 대통령령으로 정하는 경우(국유재산의 면적 및 공유재산의 면적의 합이 공간재구조화계획으로 지정된 용도구역 면적의 100분의 50을 초과하는 경우)에는 제안자 외의 제3자에 의한 제안이 가능하도록 제안 내용의 개요를 공고하여야 한다.

③ 공간재구조화계획 입안권자가 제안서 내용의 채택 여부 등을 결정한 경우에는 그 결과를 제안자와 제3자에게 알려야 한다(반영여부 통보 45일 +연장 30일).

④ 공간재구조화계획 입안권자는 제안자 또는 제3자와 협의하여 제안된 공간재구조화계획의 입안 및 결정에 필요한 비용의 전부 또는 일부를 제안자 또는 제3자에게 부담시킬 수 있다.

(3) 공간재구조화계획의 결정권자

① 국토교통부장관 또는 시・도지사(대도시 시장×)가 공간재구조화계획을 결정하려면 미리 관계 행정기관의 장(국토교통부장관을 포함한다)과 협의하고 중앙도시계획위원회 또는 지방도시계획위원회의 심의를 거쳐야 한다. 이 경우 협의 요청을 받은 기관의 장은 특별한 사유가 없으면 그 요청을 받은 날부터 30일(도시혁신구역 지정을 위한 공간재구조화계획 결정의 경우에는 근무일 기준으로 10일) 이내에 의견을 제시하여야 한다.

② 공간재구조화계획 결정의 효력은 지형도면을 고시한 날부터 발생한다. 다만, 지형도면이 필요 없는 경우에는 제35조의6 제3항에 따라 공간재구조화계획의 결정을 고시한 날부터 효력이 발생한다.

③ 공간재구조화계획의 내용은 도시・군계획으로 관리하여야 한다.

4 핵심 확인학습

① 주민이 도시·군관리계획의 입안을 제안하려는 경우 기반시설의 설치·정비 또는 개량에 관한 사항은 대상 토지 면적의 3분의 2 이상 토지소유자의 동의(단, 동의 대상 토지 면적에서 국·공유지는 제외함)를 받아야 한다. ( )

② 시장 또는 군수가 입안한 지구단위계획의 수립·변경에 관한 도시·군관리계획은 도지사가 직접 결정한다. ( )

③ 시가화조정구역 중 국가계획과 연계하여 지정 또는 변경이 필요한 경우에 시가화조정구역의 지정 및 변경에 관한 도시·군관리계획은 시·도지사가 결정한다. ( )

④ 국토교통부장관은 개발제한구역의 지정을 도시·군관리계획으로 결정할 수 있다. ( )

⑤ 도시·군관리계획의 입안을 위한 기초조사의 내용에는 환경영향평가, 토지적성평가와 재해취약성분석을 포함하여야 한다. ( )

⑥ 도시·군관리계획 결정은 지형도면 고시가 있은 날의 다음 날부터 그 효력이 발생한다. ( )

⑦ 공간재구조화계획 입안권자는 제안자 또는 제3자와 협의하여 제안된 공간재구조화계획의 입안 및 결정에 필요한 비용의 전부 또는 일부를 제안자에게 부담시킬 수 있으나 제3자에게 부담시킬 수는 없다. ( )

⑧ 공간재구조화계획 결정의 효력은 지형도면 고시가 있은 날의 다음 날부터 그 효력이 발생한다. ( )

Answer

1. × 기반시설의 설치·정비·개량에 관한 사항: 대상 토지 면적의 4/5 이상 토지소유자 동의
2. × 시장 또는 군수가 입안한 지구단위계획의 수립·변경에 관한 도시·군관리계획은 시장 또는 군수가 직접 결정한다.
3. × 시가화조정구역 중 국가계획과 연계하여 지정 또는 변경이 필요한 경우에 시가화조정구역의 지정 및 변경에 관한 도시·군관리계획은 국토교통부장관이 결정한다.
4. ○
5. × 환경영향평가가 아니라 환경성 검토이다.
6. × 지형도면 고시가 있은 날부터 그 효력이 발생한다.
7. × 제안자와 제3자에게 부담시킬 수 있다.
8. × 지형도면 고시가 있은 날부터 그 효력이 발생한다.

Thema 05 용도지역

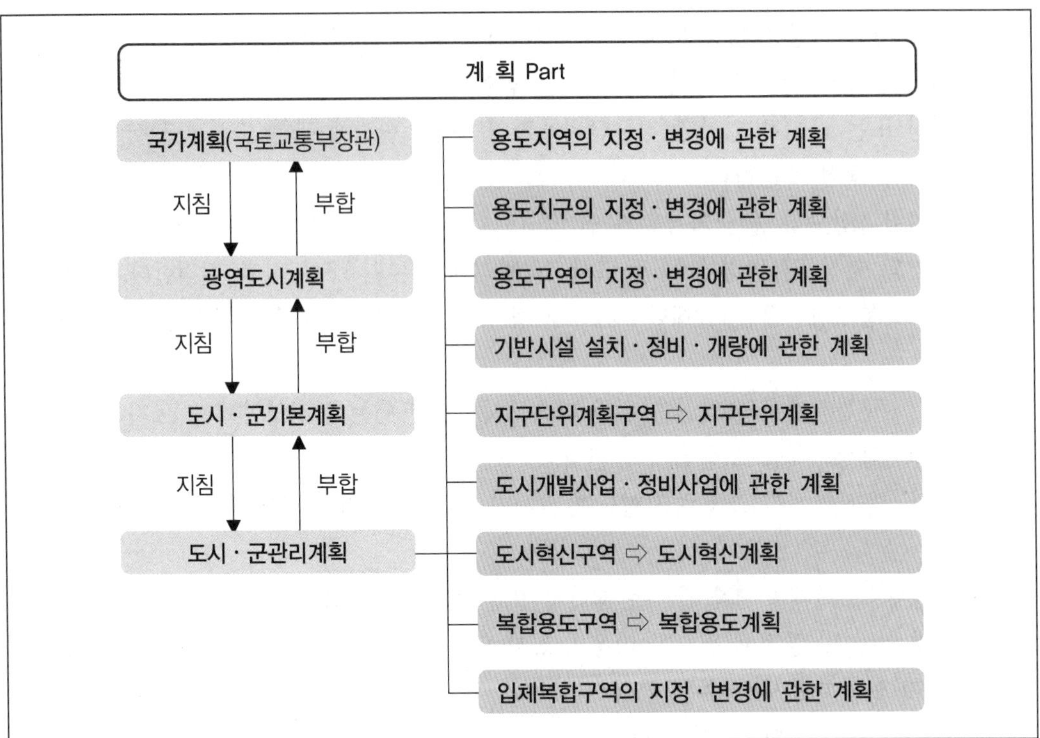

1 용도지역의 지정

(1) 용도지역 의의

토지의 이용 및 건축물의 용도, 건폐율, 용적률, 높이 등을 제한함으로써 토지를 경제적 · 효율적으로 이용하고 공공복리의 증진을 도모하기 위하여 서로 중복되지 아니하게 도시 · 군관리계획으로 결정하는 지역을 말한다.

(2) 지정권자

국토교통부장관, 시 · 도지사 또는 대도시 시장은 용도지역의 지정 또는 변경을 도시 · 군관리계획으로 결정한다.

2 용도지역의 종류

(1) 도시지역

인구와 산업이 밀집되어 있거나 밀집이 예상되어 그 지역에 대하여 체계적인 개발·정비·관리·보전 등이 필요한 지역

주거지역	거주의 안녕과 건전한 생활환경의 보호를 위하여 필요한 지역
상업지역	상업이나 그 밖의 업무의 편익을 증진하기 위하여 필요한 지역
공업지역	공업의 편익을 증진하기 위하여 필요한 지역
녹지지역	자연환경·농지 및 산림의 보호, 보건위생, 보안과 도시의 무질서한 확산을 방지하기 위하여 녹지의 보전이 필요한 지역

(2) 관리지역

도시지역의 인구와 산업을 수용하기 위하여 도시지역에 준하여 체계적으로 관리하거나 농림업의 진흥, 자연환경 또는 산림의 보전을 위하여 농림지역 또는 자연환경보전지역에 준하여 관리할 필요가 있는 지역

보전관리지역	자연환경 보호, 산림 보호, 수질오염 방지, 녹지공간 확보 및 생태계 보전 등을 위하여 보전이 필요하나, 주변 용도지역과의 관계 등을 고려할 때 자연환경보전지역으로 지정하여 관리하기가 곤란한 지역
생산관리지역	농업·임업·어업생산 등을 위하여 관리가 필요하나, 주변의 용도지역과의 관계 등을 고려할 때 농림지역으로 지정하여 관리하기가 곤란한 지역
계획관리지역	도시지역으로의 편입이 예상되는 지역이나 자연환경을 고려하여 제한적인 이용·개발을 하려는 지역으로서 계획적·체계적인 관리가 필요한 지역

(3) 농림지역

도시지역에 속하지 아니하는 농지법에 따른 농업진흥지역 또는 산지관리법에 따른 보전산지 등으로서 농림업을 진흥시키고 산림을 보전하기 위하여 필요한 지역

(4) 자연환경보전지역

자연환경·수자원·해안·생태계·상수원 및 국가유산기본법에 따른 국가유산의 보전과 수산자원의 보호·육성 등을 위하여 필요한 지역

3 용도지역 지정의 효과(행위제한)

(1) 용도지역에서의 건축제한

용도지역에서의 건축물이나 그 밖의 시설의 용도·종류 및 규모 등의 제한에 관한 사항은 대통령령으로 정한다.

(2) 용도지역에서의 건폐율·용적률

핵심 다지기

1. **건폐율의 의의**: 대지면적에 대한 건축면적(대지에 건축물이 둘 이상 있는 경우에는 이들 건축면적의 합계로 한다)의 비율을 말한다.

$$건폐율 = \frac{건축면적}{대지면적} \times 100$$

2. **용적률의 의의**: 대지면적에 대한 건축물의 연면적(대지에 건축물이 둘 이상 있는 경우에는 이들 연면적의 합계로 한다)의 비율을 말한다.

$$용적률 = \frac{연면적}{대지면적} \times 100$$

용도지역에서 건폐율 및 용적률의 최대한도는 관할 구역의 면적 및 인구규모, 용도지역의 특성 등을 감안하여 다음의 범위에서 대통령령으로 정하는 기준에 따라 특별시·광역시·특별자치시·특별자치도·시 또는 군의 조례로 정한다.

용도지역	세분된 용도지역	건폐율	용적률
도시지역	주거지역	70퍼센트 이하	500퍼센트 이하
	상업지역	90퍼센트 이하	1,500퍼센트 이하
	공업지역	70퍼센트 이하	400퍼센트 이하
	녹지지역	20퍼센트 이하	100퍼센트 이하
관리지역	보전관리지역	20퍼센트 이하	80퍼센트 이하
	생산관리지역	20퍼센트 이하	80퍼센트 이하
	계획관리지역	40퍼센트 이하	100퍼센트 이하
농림지역	–	20퍼센트 이하	80퍼센트 이하
자연환경보전지역	–	20퍼센트 이하	80퍼센트 이하

4 용도지역 미지정 또는 미세분 지역에서의 행위제한 등

(1) 용도지역이 미지정된 지역

도시지역 · 관리지역 · 농림지역 또는 자연환경보전지역으로 용도가 지정되지 아니한 지역에 대하여는 건축물의 건축제한, 건폐율, 용적률의 규정을 적용할 때에 자연환경보전지역에 관한 규정을 적용한다.

(2) 용도지역이 미세분된 지역

도시지역 또는 관리지역이 세부용도지역으로 지정되지 아니한 경우에는 건축물의 건축제한, 건폐율, 용적률의 규정을 적용할 때에 해당 용도지역이 도시지역인 경우에는 보전녹지지역에 관한 규정을 적용하고, 관리지역인 경우에는 보전관리지역에 관한 규정을 적용한다.

5 핵심 확인학습

① 용도지역과 용도지역은 서로 중복되게 지정할 수 있다. (　　)

② 용도지역의 지정 · 변경은 국토교통부장관, 시 · 도지사, 대도시 시장이 도시 · 군관리계획으로 결정 · 고시한다. (　　)

③ 도시지역 · 관리지역 · 농림지역 · 자연환경보전지역으로 용도가 지정되지 아니한 지역의 건축제한 등을 적용함에 있어서 도시지역에 관한 규정을 적용하여 건축한다. (　　)

④ 관리지역이 세부용도지역으로 지정되지 아니한 경우에는 용적률 등을 적용함에 있어서 계획관리지역의 규정을 적용한다. (　　)

Answer

1. × 용도지역과 용도지역은 서로 중복되게 지정할 수 없다.
2. ○
3. × 도시지역 · 관리지역 · 농림지역 · 자연환경보전지역으로 용도가 지정되지 아니한 지역의 건축제한 등을 적용함에 있어서 자연환경보전지역에 관한 규정을 적용하여 건축한다.
4. × 관리지역이 세부용도지역으로 지정되지 아니한 경우에는 용적률 등을 적용함에 있어서 보전관리지역의 규정을 적용한다.

Thema 06 용도지구

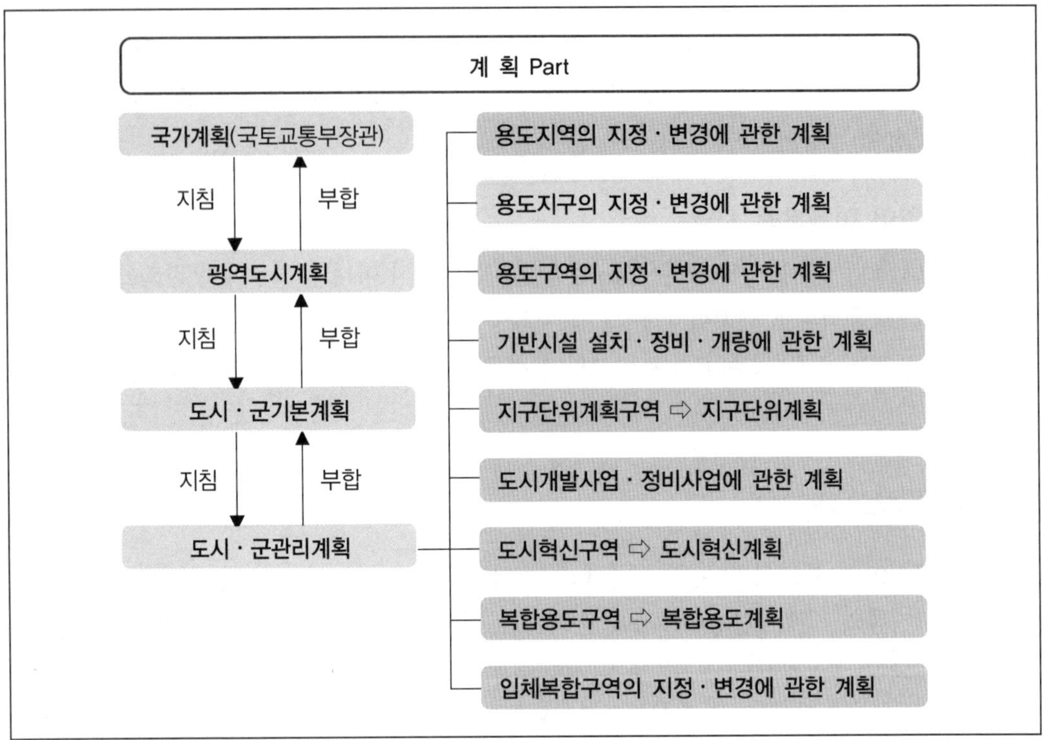

1 용도지구의 내용

(1) 용도지구의 의의

토지의 이용 및 건축물의 용도 · 건폐율 · 용적률 · 높이 등에 대한 용도지역의 제한을 강화하거나 완화하여 적용함으로써 용도지역의 기능을 증진시키고 경관 · 안전 등을 도모하기 위하여 도시 · 군관리계획으로 결정하는 지역을 말한다.

(2) 용도지구의 종류

국토교통부장관, 시 · 도지사 또는 대도시 시장은 다음의 용도지구의 지정 또는 변경을 도시 · 군관리계획으로 결정한다.

경관지구	경관의 보전 · 관리 및 형성을 위하여 필요한 지구
고도지구	쾌적한 환경 조성 및 토지의 효율적 이용을 위하여 건축물 높이의 최고한도를 규제할 필요가 있는 지구
방화지구	화재의 위험을 예방하기 위하여 필요한 지구

방재지구	풍수해, 산사태, 지반의 붕괴, 그 밖의 재해를 예방하기 위하여 필요한 지구
보호지구	국가유산기본법에 따른 국가유산, 중요 시설물[항만, 공항, 공용시설(공공업무시설, 공공필요성이 인정되는 문화시설 · 집회시설 · 운동시설 및 그 밖에 이와 유사한 시설로서 도시 · 군계획조례로 정하는 시설을 말한다), 교정 및 군사시설] 및 문화적 · 생태적으로 보존가치가 큰 지역의 보호와 보존을 위하여 필요한 지구
취락지구	녹지지역 · 관리지역 · 농림지역 · 자연환경보전지역 · 개발제한구역 또는 도시자연공원구역의 취락을 정비하기 위한 지구
개발진흥지구	주거기능 · 상업기능 · 공업기능 · 유통물류기능 · 관광기능 · 휴양기능 등을 집중적으로 개발 · 정비할 필요가 있는 지구
특정용도제한지구	주거 및 교육 환경 보호나 청소년 보호 등의 목적으로 오염물질 배출시설, 청소년 유해시설 등 특정시설의 입지를 제한할 필요가 있는 지구
복합용도지구	지역의 토지이용 상황, 개발 수요 및 주변 여건 등을 고려하여 효율적이고 복합적인 토지이용을 도모하기 위하여 특정시설의 입지를 완화할 필요가 있는 지구
그 밖에 대통령령으로 정하는 지구	

2 핵심 확인학습

① 고도지구는 쾌적한 환경 조성 및 토지의 효율적 이용을 위하여 건축물 높이의 최고한도 또는 최저한도를 규제할 필요가 있는 지구이다. ( )

② 특정용도제한지구는 주거 및 교육 환경 보호나 청소년 보호 등의 목적으로 오염물질 배출시설, 청소년 유해시설 등 특정시설의 입지를 완화할 필요가 있는 지구이다. ( )

③ 복합용도지구는 지역의 토지이용 상황, 개발 수요 및 주변 여건 등을 고려하여 효율적이고 복합적인 토지이용을 도모하기 위하여 특정시설의 입지를 제한할 필요가 있는 지구이다. ( )

Answer

1. × 고도지구는 쾌적한 환경 조성 및 토지의 효율적 이용을 위하여 건축물 높이의 최고한도를 규제할 필요가 있는 지구이다.
2. × 특정시설의 입지를 제한할 필요가 있는 지구이다.
3. × 특정시설의 입지를 완화할 필요가 있는 지구이다.

Thema 07 용도구역

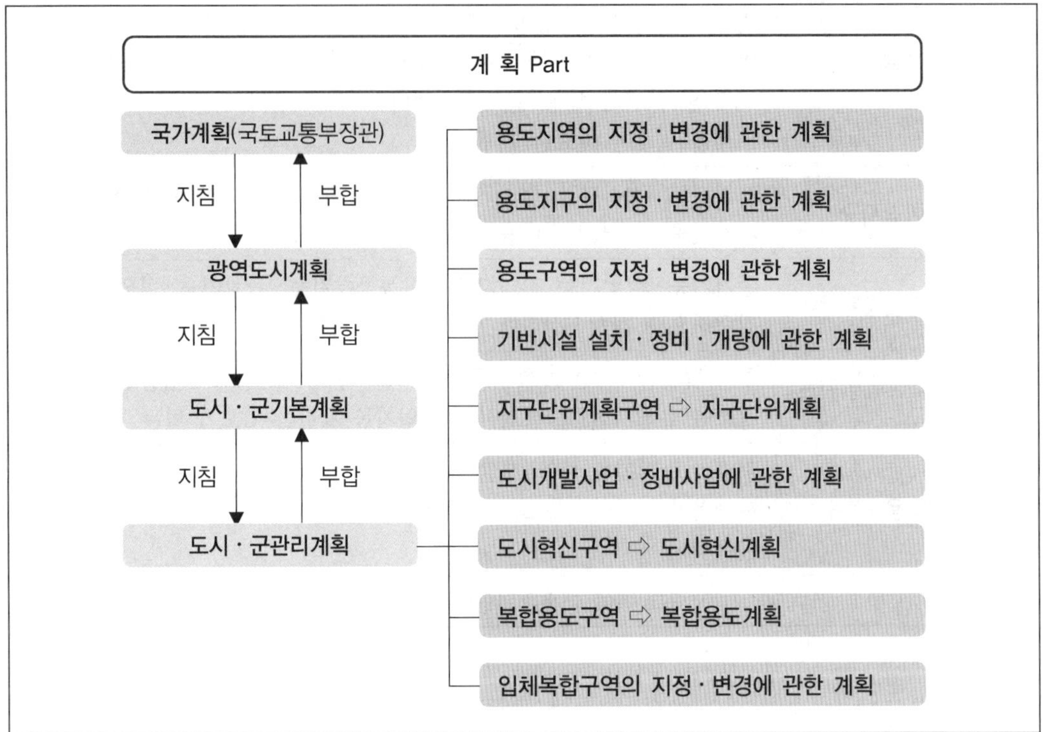

1 개발제한구역

국토교통부장관은 도시의 무질서한 확산을 방지하고 도시주변의 자연환경을 보전하여 도시민의 건전한 생활환경을 확보하기 위하여 도시의 개발을 제한할 필요가 있거나 국방부장관의 요청이 있어 보안상 도시의 개발을 제한할 필요가 있다고 인정되면 개발제한구역의 지정 또는 변경을 도시 · 군관리계획으로 결정할 수 있다.

2 도시자연공원구역

시 · 도지사 또는 대도시 시장은 도시의 자연환경 및 경관을 보호하고 도시민에게 건전한 여가 · 휴식공간을 제공하기 위하여 도시지역 안의 식생이 양호한 산지의 개발을 제한할 필요가 있다고 인정하면 도시자연공원구역의 지정 또는 변경을 도시 · 군관리계획으로 결정할 수 있다.

3 시가화조정구역

(1) 시가화조정구역의 의의

시·도지사는 직접 또는 관계 행정기관의 장의 요청을 받아 도시지역과 그 주변지역의 무질서한 시가화를 방지하고 계획적·단계적인 개발을 도모하기 위하여 대통령령으로 정하는 기간 동안 시가화를 유보할 필요가 있다고 인정되면 시가화조정구역의 지정 또는 변경을 도시·군관리계획으로 결정할 수 있다. 다만, 국가계획과 연계하여 시가화조정구역의 지정 또는 변경이 필요한 경우에는 국토교통부장관이 직접 시가화조정구역의 지정 또는 변경을 도시·군관리계획으로 결정할 수 있다.

(2) 시가화유보기간

① 국토교통부장관 또는 시·도지사는 시가화조정구역을 지정 또는 변경하고자 하는 때에는 해당 도시지역과 그 주변지역의 인구의 동태, 토지의 이용상황, 산업발전상황 등을 고려하여 5년 이상 20년 이내의 범위 안에서 도시·군관리계획으로 시가화유보기간을 정하여야 한다.

② 시가화조정구역의 지정에 관한 도시·군관리계획의 결정은 시가화유보기간이 끝난 날의 다음 날부터 그 효력을 잃는다. 이 경우 국토교통부장관 또는 시·도지사는 대통령령으로 정하는 바에 따라 그 사실을 고시하여야 한다.

4 수산자원보호구역

해양수산부장관은 직접 또는 관계 행정기관의 장의 요청을 받아 수산자원의 보호·육성을 위하여 필요한 공유수면이나 그에 인접한 토지에 대한 수산자원보호구역의 지정 또는 변경을 도시·군관리계획으로 결정할 수 있다.

5 도시혁신구역

공간재구조화계획 결정권자(국토교통부장관, 시·도지사)는 다음의 어느 하나에 해당하는 지역을 도시혁신구역으로 지정할 수 있다.

1. 도시·군기본계획에 따른 도심·부도심 또는 생활권의 중심지역
2. 주요 기반시설과 연계하여 지역의 거점 역할을 수행할 수 있는 지역
3. 그 밖에 도시공간의 창의적이고 혁신적인 개발이 필요하다고 인정되는 경우로서 대통령령으로 정하는 지역
   ① 유휴토지 또는 대규모 시설의 이전부지
   ② 그 밖에 도시공간의 창의적이고 혁신적인 개발이 필요하다고 인정되는 지역으로서 해당 시·도의 도시·군계획조례로 정하는 지역

6 복합용도구역

공간재구조화계획 결정권자(국토교통부장관, 시·도지사)는 다음의 어느 하나에 해당하는 지역을 복합용도구역으로 지정할 수 있다.

1. 산업구조 또는 경제활동의 변화로 복합적 토지이용이 필요한 지역
2. 노후 건축물 등이 밀집하여 단계적 정비가 필요한 지역
3. 그 밖에 복합된 공간이용을 촉진하고 다양한 도시공간을 조성하기 위하여 계획적 관리가 필요하다고 인정되는 경우로서 대통령령으로 정하는 지역
   ① 복합용도구역으로 지정하려는 지역이 둘 이상의 용도지역에 걸치는 경우로서 토지를 효율적으로 이용하기 위해 건축물의 용도, 종류 및 규모 등을 통합적으로 관리할 필요가 있는 지역
   ② 그 밖에 복합된 공간이용을 촉진하고 다양한 도시공간을 조성하기 위해 계획적 관리가 필요하다고 인정되는 지역으로서 해당 시·도의 도시·군계획조례로 정하는 지역

7 도시·군계획시설입체복합구역

도시·군관리계획의 결정권자(국토교통부장관, 시·도지사, 대도시 시장)는 도시·군계획시설의 입체복합적 활용을 위하여 다음의 어느 하나에 해당하는 경우에 도시·군계획시설이 결정된 토지의 전부 또는 일부를 도시·군계획시설입체복합구역(이하 "입체복합구역"이라 한다)으로 지정할 수 있다.

1. 도시·군계획시설 준공 후 10년이 경과한 경우로서 해당 시설의 개량 또는 정비가 필요한 경우
2. 주변지역 정비 또는 지역경제 활성화를 위하여 기반시설의 복합적 이용이 필요한 경우
3. 첨단기술을 적용한 새로운 형태의 기반시설 구축 등이 필요한 경우
4. 그 밖에 효율적이고 복합적인 도시·군계획시설의 조성을 위하여 필요한 경우로서 대통령령(해당 시·도 또는 대도시의 도시·군계획조례로 정하는 경우)으로 정하는 경우

8 핵심 확인학습

① 시가화조정구역의 지정 또는 변경은 국토교통부장관이 도시·군관리계획으로 결정할 수 있다. ( )

② 시가화조정구역의 시가화를 유보할 수 있는 기간은 5년 이상 10년 이내의 기간으로 도시·군관리계획으로 정하며, 도시·군관리계획 결정은 시가화유보기간이 끝난 날의 다음 날부터 그 효력을 잃는다. ( )

③ 국토교통부장관은 국방부장관의 요청이 있어 보안상 도시의 개발을 제한할 필요가 있다고 인정되는 경우에는 시가화조정구역의 지정을 도시·군관리계획으로 결정할 수 있다. ( )

④ 도시자연공원구역은 국토교통부장관이 도시·군관리계획으로 결정할 수 있다. ( )

⑤ 수산자원보호구역은 국토교통부장관이 도시·군관리계획으로 결정하며, 행위제한은 수산자원관리법에 따른다. ( )

⑥ 도시·군관리계획의 결정권자는 도시·군계획시설의 입체복합적 활용을 위하여 도시·군계획시설 준공 후 20년이 경과한 경우로서 해당 시설의 개량 또는 정비가 필요한 경우에는 도시·군계획시설이 결정된 토지의 전부 또는 일부를 입체복합구역으로 지정할 수 있다. ( )

Answer

1. × 시가화조정구역의 지정은 시·도지사가 한다. 다만, 국가계획과 연계하여 시가화조정구역의 지정 또는 변경이 필요한 경우에는 국토교통부장관이 도시·군관리계획으로 결정할 수 있다.
2. × 시가화를 유보할 수 있는 기간은 5년 이상 20년 이내의 기간으로 한다.
3. × 개발제한구역의 지정을 도시·군관리계획으로 결정할 수 있다.
4. × 시·도지사 또는 대도시 시장이 도시·군관리계획으로 결정할 수 있다.
5. × 해양수산부장관이 도시·군관리계획으로 결정할 수 있다.
6. × 20년이 아니라 10년 경과한 경우이다.

Thema 08 기반시설과 도시 · 군계획시설

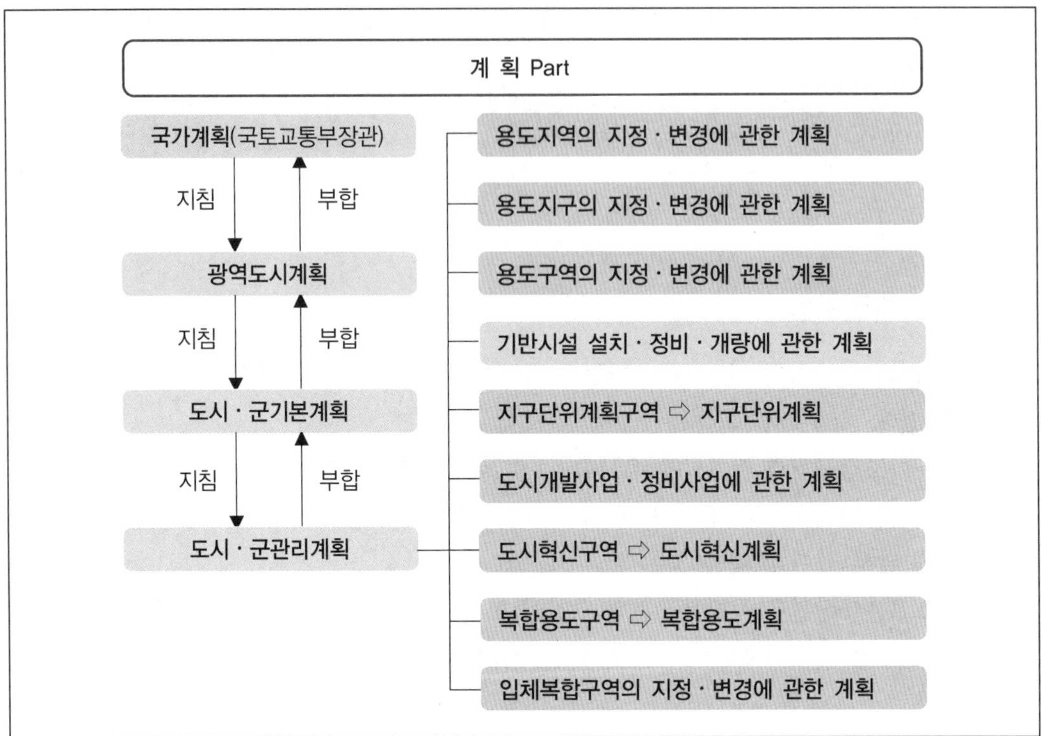

1 기반시설의 설치 · 관리

(1) 기반시설의 종류

기반시설이란 다음의 시설을 말한다.

교통시설	도로 · 철도 · 항만 · 공항 · 주차장 · 자동차정류장 · 궤도 · 차량 검사 및 면허시설
공간시설	광장 · 공원 · 녹지 · 유원지 · 공공공지
유통 · 공급시설	유통업무설비, 수도 · 전기 · 가스 · 열공급설비, 방송 · 통신시설, 공동구 · 시장, 유류저장 및 송유설비
공공 · 문화체육시설	학교 · 공공청사 · 문화시설 · 공공필요성이 인정되는 체육시설 · 연구시설 · 사회복지시설 · 공공직업훈련시설 · 청소년수련시설
방재시설	하천 · 유수지 · 저수지 · 방화설비 · 방풍설비 · 사방설비 · 방조설비
보건위생시설	장사시설 · 도축장 · 종합의료시설
환경기초시설	하수도 · 폐기물처리 및 재활용 시설 · 빗물저장 및 이용시설 · 수질오염방지시설 · 폐차장

(2) 도시 · 군계획시설

기반시설 중 도시 · 군관리계획으로 결정된 시설을 말한다.

2 공동구의 설치 · 관리

(1) 공동구의 의의

전기 · 가스 · 수도 등의 공급설비, 통신시설, 하수도시설 등 지하매설물을 공동 수용함으로써 미관의 개선, 도로구조의 보전 및 교통의 원활한 소통을 위하여 지하에 설치하는 시설물을 말한다.

(2) 공동구의 설치

① **공동구 설치의무자**: 다음에 해당하는 지역 · 지구 · 구역 등이 200만m^2를 초과하는 경우에는 해당 지역 등에서 개발사업을 시행하는 자(이하 '사업시행자'라 함)는 공동구를 설치하여야 한다.

1. 도시개발법에 따른 도시개발구역
2. 택지개발촉진법에 따른 택지개발지구
3. 경제자유구역의 지정 및 운영에 관한 특별법에 따른 경제자유구역
4. 도시 및 주거환경정비법에 따른 정비구역
5. 공공주택 특별법에 따른 공공주택지구
6. 도청이전을 위한 도시건설 및 지원에 관한 특별법에 따른 도청이전신도시

② **공동구 설치비용 부담**: 공동구의 설치(개량하는 경우를 포함)에 필요한 비용은 이 법 또는 다른 법률에 특별한 규정이 있는 경우를 제외하고는 공동구 점용예정자와 사업시행자가 부담한다.

3 도시 · 군계획시설사업의 시행

(1) 의 의

도시 · 군계획시설사업이란 도시 · 군계획시설을 설치 · 정비 또는 개량하는 사업을 말한다.

(2) 도시 · 군계획시설사업의 시행절차

① 도시 · 군계획시설사업의 시행자

㉠ 행정청인 시행자

ⓐ 원칙: 특별시장 · 광역시장 · 특별자치시장 · 특별자치도지사 · 시장 또는 군수는 이 법 또는 다른 법률에 특별한 규정이 있는 경우 외에는 관할 구역의 도시 · 군계획시설사업을 시행한다.

ⓑ 예외: 국토교통부장관은 국가계획과 관련되거나 그 밖에 특히 필요하다고 인정되는 경우에는 관계 특별시장 · 광역시장 · 특별자치시장 · 특별자치도지사 · 시장 또는 군수의 의견을 들어 직접 도시 · 군계획시설사업을 시행할 수 있으며, 도지사는 광역도시계획과 관련되거나 특히 필요하다고 인정되는 경우에는 관계 시장 또는 군수의 의견을 들어 직접 도시 · 군계획시설사업을 시행할 수 있다.

㉡ 행정청이 아닌 시행자

ⓐ 지정시행자: 국토교통부장관, 시 · 도지사, 시장 · 군수 외의 자는 시행자 지정을 받기 위한 신청서를 제출하여 국토교통부장관, 시 · 도지사, 시장 또는 군수로부터 시행자로 지정을 받아 도시 · 군계획시설사업을 시행할 수 있다.

ⓑ 지정요건: 다음에 해당하지 아니하는 자가 도시 · 군계획시설사업의 시행자로 지정을 받고자 하는 때에는 도시 · 군계획시설사업의 대상인 토지(국 · 공유지는 제외)면적의 2/3 이상에 해당하는 토지를 소유하고, 토지소유자 총수의 1/2 이상에 해당하는 자의 동의를 받아야 한다.

1. 국가 · 지방자치단체
2. 공공기관
3. 지방공기업법에 따른 지방공사 및 지방공단 등

② **실시계획**

㉠ 실시계획의 작성: 도시·군계획시설사업의 시행자는 해당 도시·군계획시설사업에 관한 실시계획을 작성하여야 한다. 실시계획에는 사업시행에 필요한 설계도서·자금계획 및 시행기간 그 밖에 대통령령으로 정하는 사항을 자세히 밝히거나 첨부하여야 한다.

㉡ 실시계획의 고시: 국토교통부장관, 시·도지사 또는 대도시 시장은 실시계획을 성 또는 변경 작성하거나 인가 또는 변경 인가한 경우에는 대통령령으로 정하는 바에 따라 그 내용을 고시하여야 한다.

③ **공사완료**

㉠ 공사완료보고서의 작성: 도시·군계획시설사업의 시행자(국토교통부장관, 시·도지사와 대도시 시장은 제외)는 도시·군계획시설사업의 공사를 완료한 때에는 공사완료보고서를 작성하여 시·도지사나 대도시 시장의 준공검사를 받아야 한다.

㉡ 준공검사: 시·도지사나 대도시 시장은 공사완료보고서를 받으면 지체 없이 준공검사를 하여야 한다.

㉢ 공사완료의 공고: 시·도지사나 대도시 시장은 준공검사를 한 결과 실시계획대로 완료되었다고 인정되는 경우에는 도시·군계획시설사업의 시행자에게 준공검사증명서를 발급하고 공사완료공고를 하여야 한다.

4 장기미집행 도시·군계획시설부지의 매수청구

(1) 매수청구권자

도시·군계획시설에 대한 도시·군관리계획의 결정의 고시일부터 10년 이내에 그 도시·군계획시설의 설치에 관한 도시·군계획시설사업이 시행되지 아니하는 경우 그 도시·군계획시설의 부지로 되어 있는 토지 중 지목이 대인 토지(그 토지에 있는 건축물 및 정착물 포함)의 소유자는 대통령령이 정하는 바에 따라 매수의무자에게 그 토지의 매수를 청구할 수 있다.

(2) 매수의무자

특별시장·광역시장·특별자치시장·특별자치도지사·시장 또는 군수에게 그 토지의 매수를 청구할 수 있다.

(3) 매수 여부의 결정 및 매수절차

① **매수 여부의 결정**: 매수의무자는 매수청구를 받은 날부터 6개월 이내에 매수 여부를 결정하여 토지소유자와 특별시장·광역시장·특별자치시장·특별자치도지사·시장 또는 군수에게 알려야 하며, 매수하기로 결정한 토지는 매수 결정을 알린 날부터 2년 이내에 매수하여야 한다.

② **매수절차**: 매수청구된 토지의 매수가격·매수절차 등에 관하여 이 법에 특별한 규정이 있는 경우를 제외하고는 공익사업을 위한 토지 등의 취득 및 보상에 관한 법률의 규정을 준용한다.

(4) 도시·군계획시설채권

① **매수대금**: 매수의무자는 매수청구를 받은 토지를 매수하는 때에는 현금으로 그 대금을 지급한다. 다만, 다음에 해당하는 경우로서 매수의무자가 지방자치단체인 경우에는 채권('도시·군계획시설채권')을 발행하여 지급할 수 있다.

> 1. 토지소유자가 원하는 경우
> 2. 대통령령으로 정하는 부재부동산 소유자의 토지 또는 비업무용 토지로서 매수대금이 3천만원을 초과하는 경우 그 초과하는 금액에 대하여 지급하는 경우

② **상환기간·이율**: 도시·군계획시설채권의 상환기간은 10년 이내로 하며, 그 이율은 채권발행 당시 은행법에 따른 인가를 받은 은행 중 전국을 영업으로 하는 은행이 적용하는 1년 만기 정기예금금리의 평균 이상이어야 하며, 구체적인 상환기간과 이율은 특별시·광역시·특별자치시·특별자치도·시 또는 군의 조례로 정한다.

(5) 매수거부·매수지연시 조치

매수청구를 한 토지의 소유자는 매수의무자가 매수하지 아니하기로 결정한 경우 또는 매수결정을 알린 날부터 2년이 지날 때까지 그 토지를 매수하지 아니하는 경우 허가를 받아 다음의 건축물 또는 공작물을 설치할 수 있다.

> 1. 단독주택으로서 3층 이하인 것
> 2. 제1종 근린생활시설로서 3층 이하인 것
> 3. 제2종 근린생활시설(단란주점, 안마시술소, 노래연습장 및 다중생활시설 제외)로서 3층 이하인 것
> 4. 공작물

5 도시 · 군계획시설 결정의 실효 등

도시 · 군계획시설 결정이 고시된 도시 · 군계획시설에 대하여 그 고시일부터 20년이 지날 때까지 그 시설의 설치에 관한 도시 · 군계획시설사업이 시행되지 아니하는 경우 그 도시 · 군계획시설 결정은 그 고시일부터 20년이 되는 날의 다음 날에 그 효력을 잃는다.

6 핵심 확인학습

① 기반시설 중 하수도 · 폐기물처리 및 재활용 시설 · 빗물저장 및 이용시설 · 수질오염방지시설 · 폐차장은 방재시설에 해당한다. ( )

② 공동구가 설치된 경우 하수도관, 가스관은 공동구협의회의 심의를 거쳐 공동구에 수용하여야 한다. ( )

③ 한국토지주택공사가 도시 · 군계획시설사업의 시행자로 지정을 받으려면 도시 · 군계획시설사업의 대상인 토지면적의 2/3 이상에 해당하는 토지를 소유하고, 토지소유자 총수의 1/2 이상에 해당하는 자의 동의를 받아야 한다. ( )

④ 도시 · 군계획시설사업의 시행자는 필요한 경우에는 도시 · 군계획시설에 인접한 토지 · 건축물을 수용할 수 있다. ( )

⑤ 매수의무자는 매수청구가 있는 날부터 2년 이내에 매수 여부를 결정하여야 하며, 매수하기로 결정한 토지는 매수결정을 통지한 날부터 6개월 이내에 매수하여야 한다. ( )

⑥ 도시 · 군계획시설 결정이 고시일부터 20년이 지날 때까지 그 사업이 시행되지 아니한 경우 그 고시일로부터 20년이 되는 날에 그 효력을 상실한다. ( )

Answer

1. × 환경기초시설에 해당한다.
2. × 공동구에 수용할 수 있다.
3. × 민간시행자의 경우 동의를 받아야 한다.
4. × 인접한 토지 · 건축물을 일시사용할 수 있다.
5. × 매수의무자는 매수청구가 있는 날부터 6개월 이내에 매수 여부를 결정하여야 하며, 매수하기로 결정한 토지는 매수결정을 통지한 날부터 2년 이내에 매수하여야 한다.
6. × 20년이 되는 날의 다음 날에 그 효력을 상실한다.

Thema 09 지구단위계획구역과 지구단위계획

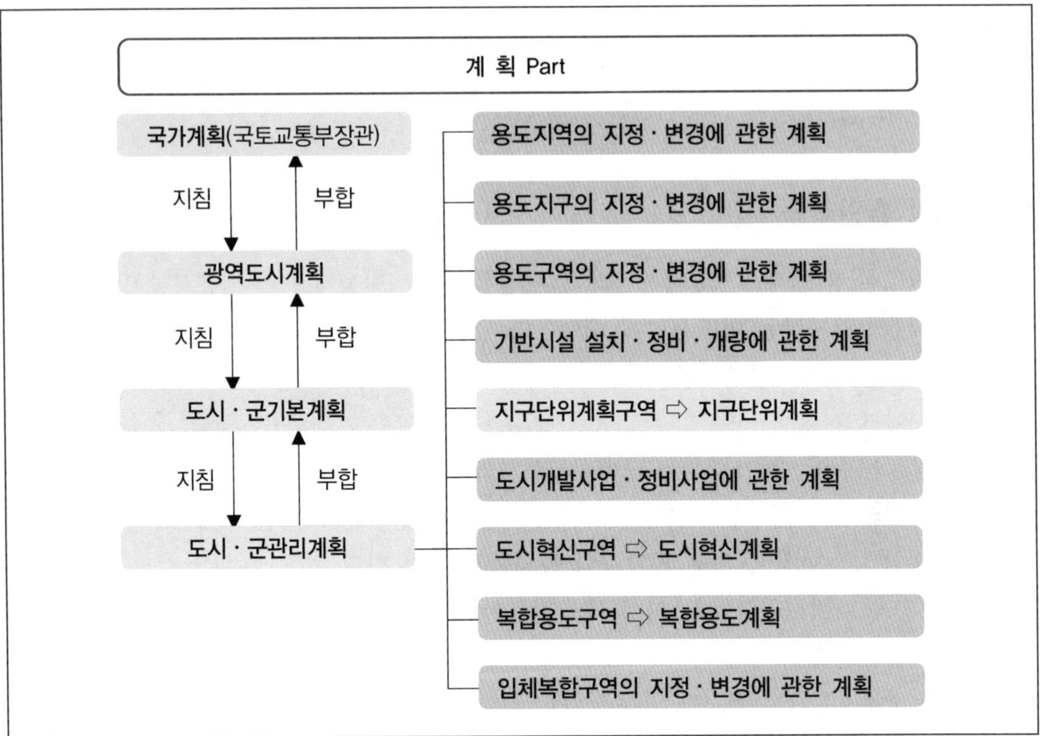

1 지구단위계획구역의 지정

(1) 도시지역

① **재량적 지정대상지역**: 국토교통부장관, 시·도지사, 시장·군수는 다음에 해당하는 지역의 전부 또는 일부에 대하여 지구단위계획구역을 지정할 수 있다.

1. 용도지구
2. 도시개발법에 따라 지정된 도시개발구역
3. 도시 및 주거환경정비법에 따라 지정된 정비구역
4. 택지개발촉진법에 따라 지정된 택지개발지구
5. 주택법에 따른 대지조성사업지구

6. 산업입지 및 개발에 관한 법률의 산업단지와 준산업단지
7. 관광진흥법에 따라 지정된 관광단지와 관광특구
8. 개발제한구역 · 도시자연공원구역 · 시가화조정구역 또는 공원에서 해제되는 구역, 녹지지역에서 주거 · 상업 · 공업지역으로 변경되는 구역
9. 도시지역의 체계적 · 계획적인 관리 또는 개발이 필요한 지역
10. 그 밖에 양호한 환경의 확보나 기능 및 미관의 증진 등을 위하여 필요한 지역으로서 대통령령으로 정하는 지역

② **의무적 지정대상지역**: 국토교통부장관, 시 · 도지사, 시장 · 군수는 다음에 해당하는 지역은 지구단위계획구역으로 지정하여야 한다.

1. 정비구역과 택지개발지구에서 시행되는 사업이 끝난 후 10년이 지난 지역
2. 다음의 지역으로서 그 면적이 30만m^2 이상인 지역
   ① 시가화조정구역 또는 공원에서 해제되는 지역
   ② 녹지지역에서 주거지역 · 상업지역 또는 공업지역으로 변경되는 지역
   ③ 그 밖에 특별시 · 광역시 · 특별자치시 · 특별자치도 · 시 또는 군의 도시 · 군계획조례로 정하는 지역

(2) 도시지역 외의 지역 중 대상지역

도시지역 외의 지역을 지구단위계획구역으로 지정하려는 경우 다음에 해당하여야 한다.

1. 지정하려는 구역 면적의 100분의 50 이상이 계획관리지역으로 대통령령으로 정하는 요건에 해당하는 지역
2. 개발진흥지구로서 대통령령으로 정하는 요건에 해당하는 지역
3. 용도지구를 폐지하고 그 용도지구에서의 행위제한 등을 지구단위계획으로 대체하려는 지역

2 지구단위계획의 수립

(1) 지구단위계획의 내용

지구단위계획구역의 지정목적을 이루기 위하여 지구단위계획에는 다음의 사항 중 2.와 4.의 사항을 포함한 둘 이상의 사항이 포함되어야 한다.

1. 용도지역이나 용도지구를 대통령령으로 정하는 범위에서 세분하거나 변경하는 사항

1의2. 기존의 용도지구를 폐지하고 그 용도지구에서의 건축물이나 그 밖의 시설의 용도·종류 및 규모 등의 제한을 대체하는 사항

2. 대통령령으로 정하는 기반시설의 배치와 규모
3. 도로로 둘러싸인 일단의 지역 또는 계획적인 개발·정비를 위하여 구획된 일단의 토지의 규모와 조성계획
4. 건축물의 용도제한, 건축물의 건폐율 또는 용적률, 건축물 높이의 최고한도 또는 최저한도
5. 건축물의 배치·형태·색채 또는 건축선에 관한 계획
6. 환경관리계획 또는 경관계획
7. 보행안전 등을 고려한 교통처리계획

(2) 지구단위계획구역에서 완화 적용

지구단위계획구역에서는 건폐율·용적률 등을 대통령령이 정하는 범위 안에서 지구단위계획이 정하는 바에 따라 완화하여 적용할 수 있다.

(3) 지구단위계획구역의 지정 및 지구단위계획의 실효

① **지구단위계획구역 지정의 실효**: 지구단위계획구역의 지정에 관한 도시·군관리계획결정의 고시일부터 3년 이내에 그 지구단위계획구역에 관한 지구단위계획이 결정·고시되지 아니하면 그 3년이 되는 날의 다음 날에 그 지구단위계획구역의 지정에 관한 도시·군관리계획결정은 효력을 잃는다.

② **지구단위계획의 실효**: 지구단위계획(주민이 입안을 제안한 것에 한정한다)에 관한 도시·군관리계획결정의 고시일부터 5년 이내에 이 법 또는 다른 법률에 따라 허가·인가·승인 등을 받아 사업이나 공사에 착수하지 아니하면 그 5년이 된 날의 다음 날에 그 지구단위계획에 관한 도시·군관리계획결정은 효력을 잃는다.

(4) 지구단위계획구역에서의 건축

지구단위계획구역에서 건축물(일정 기간 내 철거가 예상되는 경우 등 대통령령으로 정하는 가설건축물은 제외한다)을 건축하거나 건축물의 용도를 변경하려면 그 지구단위계획에 맞게 건축하거나 용도를 변경하여야 한다.

3 핵심 확인학습

① 지구단위계획구역은 국토교통부장관 또는 시・도지사, 시장・군수가 도시・군관리계획으로 결정한다. ( )

② 택지개발사업이 끝난 후 5년이 지난 지역은 지구단위계획구역으로 지정하여야 한다. ( )

③ 지구단위계획에 반드시 포함되어야 하는 사항은 건축물의 용도제한, 기반시설의 배치와 규모, 건축물의 건폐율 또는 용적률, 건축물의 높이의 최고한도 또는 최저한도이다. ( )

④ 주민이 입안을 제안한 지구단위계획에 관한 도시・군관리계획결정의 고시일부터 3년 이내에 이 법 또는 다른 법률에 따라 허가・인가・승인 등을 받아 사업이나 공사에 착수하지 아니하면 그 3년이 된 날의 다음 날에 지구단위계획에 관한 도시・군관리계획결정은 효력을 잃는다. ( )

⑤ 지구단위계획구역에서 일정 기간 내 철거가 예상되는 가설건축물을 건축하려면 그 지구단위계획에 맞게 건축하거나 용도를 변경하여야 한다. ( )

2 과목

Answer

1. ○
2. × 5년이 아니라 10년이다.
3. ○
4. × 3년이 아니라 5년이다.
5. × 지구단위계획에 맞게 건축하거나 용도를 변경하지 아니하여도 된다.

Thema 10 개발행위의 허가 등

1 개발행위허가

(1) 허가대상

다음에 해당하는 행위를 하려는 자는 특별시장・광역시장・특별자치시장・특별자치도지사・시장 또는 군수의 허가를 받아야 한다. 다만, 도시・군계획사업(다른 법률에 따라 도시・군계획사업을 의제한 사업을 포함)에 의하는 경우에는 그러하지 아니하다.

핵심 다지기

1. **건축물의 건축 또는 공작물의 설치**
   ① **건축물의 건축**: 건축법에 따른 건축물의 건축
   ② **공작물의 설치**: 인공을 가하여 제작한 시설물의 설치
2. **토지의 형질변경**: 절토(땅깍기)・성토(흙쌓기)・정지(땅고르기)・포장 등의 방법으로 토지의 형상을 변경하는 행위와 공유수면의 매립(경작을 위한 토지의 형질변경을 제외)
3. **토석채취**: 흙・모래・자갈・바위 등의 토석을 채취하는 행위. 다만, 토지의 형질변경을 목적으로 하는 것을 제외한다.
4. **토지분할**: 다음에 해당하는 토지의 분할(건축법에 따른 건축물이 있는 대지는 제외한다)
   ① 녹지지역・관리지역・농림지역 및 자연환경보전지역 안에서 관계 법령에 따른 허가・인가 등을 받지 아니하고 행하는 토지의 분할
   ② 건축법에 따른 분할제한면적 미만으로의 토지의 분할
   ③ 관계 법령에 의한 허가・인가 등을 받지 아니하고 행하는 너비 5m 이하로의 토지의 분할
5. **물건을 쌓아놓는 행위**: 녹지지역・관리지역 또는 자연환경보전지역 안에서 건축법에 따라 사용승인을 받은 건축물의 울타리 안(적법한 절차에 의하여 조성된 대지에 한한다)에 위치하지 아니한 토지에 물건을 1개월 이상 쌓아놓는 행위

(2) 허가불요대상

재해복구 또는 재난수습을 위한 응급조치(단, 1개월 이내에 특별시장・광역시장・특별자치시장・특별자치도지사・시장 또는 군수에게 이를 신고하여야 한다)는 개발행위허가를 받지 아니하고 이를 할 수 있다.

(3) 개발행위허가의 절차

① **허가신청서 제출**: 개발행위를 하려는 자는 그 개발행위에 따른 기반시설의 설치나 그에 필요한 용지의 확보・위해 방지・환경오염 방지・경관・조경 등에 관한 계획서를 첨부한 신청서를 개발행위허가권자에게 제출하여야 한다.

② **도시 · 군계획사업시행자의 의견청취**: 특별시장 · 광역시장 · 특별자치시장 · 특별자치도지사 · 시장 또는 군수는 개발행위허가 또는 변경허가를 하고자 하는 때에는 그 개발행위가 도시 · 군계획사업의 시행에 지장을 주는지의 여부에 관하여 해당 지역 안에서 시행되는 도시 · 군계획사업의 시행자의 의견을 들어야 한다.

③ **허가 또는 불허가처분**: 특별시장 · 광역시장 · 특별자치시장 · 특별자치도지사 · 시장 또는 군수는 개발행위허가의 신청에 대하여 특별한 사유가 없으면 15일(도시계획위원회의 심의를 거쳐야 하거나 관계 행정기관의 장과 협의를 하여야 하는 경우에는 심의 또는 협의기간 제외) 이내에 허가 또는 불허가의 처분을 하여야 한다.

④ **조건부 허가**: 특별시장 · 광역시장 · 특별자치시장 · 특별자치도지사 · 시장 또는 군수는 개발행위허가를 하는 경우에는 그 개발행위에 따른 기반시설의 설치 또는 그에 필요한 용지의 확보 · 위해 방지 · 환경오염 방지 · 경관 · 조경 등에 관한 조치를 할 것을 조건으로 개발행위허가를 할 수 있다.

(4) 개발행위허가의 이행보증 등

① 이행보증금 예치

특별시장 · 광역시장 · 특별자치시장 · 특별자치도지사 · 시장 또는 군수는 기반시설의 설치나 그에 필요한 용지의 확보, 위해 방지, 환경오염 방지, 경관, 조경 등을 위하여 필요하다고 인정되는 경우로서 대통령령으로 정하는 경우에는 이의 이행을 보증하기 위하여 개발행위허가를 받는 자로 하여금 이행보증금을 예치하게 할 수 있다. 다만, 다음에 해당하는 경우에는 그러하지 아니하다.

1. 국가 또는 지방자치단체가 시행하는 개발행위
2. 공공기관의 운영에 관한 법률에 따른 공공기관 중 대통령령으로 정하는 기관이 시행하는 개발행위
3. 그 밖에 해당 지방자치단체의 조례가 정하는 공공단체가 시행하는 개발행위

② 이행보증금의 예치방법 등

㉠ 이행보증금의 예치금액 등: 이행보증금의 예치금액은 기반시설의 설치, 위해 방지, 환경오염의 방지, 경관 및 조경에 필요한 비용의 범위 안에서 산정하되 총공사비의 20퍼센트 이내가 되도록 하고, 그 산정에 관한 구체적인 사항 및 예치방법은 특별시 · 광역시 · 특별자치시 · 특별자치도 · 시 또는 군의 도시 · 군계획조례로 정한다.

㉡ 이행보증금의 예치방법: 이행보증금은 현금으로 납입하되, 각종의 이행보증서 등으로 이를 갈음할 수 있다.

㉢ 이행보증금의 반환: 이행보증금은 준공검사를 받은 때에는 즉시 이를 반환하여야 한다.

③ **위반자에 대한 조치**

㉠ 원상회복명령: 특별시장 · 광역시장 · 특별자치시장 · 특별자치도지사 · 시장 또는 군수는 개발행위허가를 받지 아니하고 개발행위를 하거나 허가내용과 다르게 개발행위를 하는 자에 대하여는 그 토지의 원상회복을 명할 수 있다.

㉡ 행정대집행: 특별시장 · 광역시장 · 특별자치시장 · 특별자치도지사 · 시장 또는 군수는 원상회복의 명령을 받은 자가 원상회복을 하지 아니하는 때에는 행정대집행법에 따른 행정대집행에 따라 원상회복을 할 수 있다.

(5) 준공검사

다음의 개발행위허가를 받은 자는 그 개발행위를 완료한 때에는 국토교통부령으로 정하는 바에 따라 특별시장 · 광역시장 · 특별자치시장 · 특별자치도지사 · 시장 또는 군수의 준공검사를 받아야 한다.

1. 건축물의 건축 또는 공작물의 설치(건축법에 따른 건축물의 사용승인을 받은 경우에는 제외)
2. 토지의 형질변경
3. 토석의 채취

2 핵심 확인학습

① 도시 · 군계획사업에 의해 건축물을 건축하는 경우에는 허가를 받아야 한다. ( )

② 경작을 위한 경우라도 전 · 답 사이의 지목변경을 수반하는 토지의 형질변경은 허가를 받아야 한다. ( )

③ 행정청이 아닌 자가 재해복구 또는 재난수습을 위한 응급조치를 한 경우에는 1개월 이내에 허가권자에게 신고를 하여야 한다. ( )

④ 개발행위허가권자는 개발행위에 따른 기반시설의 설치 등을 할 것을 조건으로 개발행위를 허가할 수 없다. ( )

Answer

1. × 허가를 받지 아니한다.
2. × 허가를 받지 아니한다.
3. ○
4. × 조건부로 개발행위를 허가할 수 있다.

Thema 11 개발밀도관리구역 및 기반시설부담구역

1 개발밀도관리구역

(1) 지정권자

특별시장 · 광역시장 · 특별자치시장 · 특별자치도지사 · 시장 또는 군수는 주거 · 상업 또는 공업지역에서의 개발행위로 인하여 기반시설(도시 · 군계획시설 포함)의 처리 · 공급 또는 수용능력이 부족할 것으로 예상되는 지역 중 기반시설의 설치가 곤란한 지역을 개발밀도관리구역으로 지정할 수 있다.

(2) 지정기준

개발밀도관리구역의 지정기준, 개발밀도관리구역의 관리 등에 관하여 필요한 사항은 국토교통부장관이 정한다.

(3) 지정절차

특별시장 · 광역시장 · 특별자치시장 · 특별자치도지사 · 시장 또는 군수는 개발밀도관리구역을 지정하거나 변경하려면 해당 지방자치단체에 설치된 지방도시계획위원회의 심의를 거쳐야 하고, 이를 당해 지방자치단체의 공보에 게재하는 방법에 의하여 고시하여야 한다.

(4) 지정 · 고시의 효과

특별시장 · 광역시장 · 특별자치시장 · 특별자치도지사 · 시장 또는 군수는 개발밀도관리구역 안에서는 대통령령으로 정하는 범위 안에서 건폐율 또는 용적률을 강화하여 적용한다.

2 기반시설부담구역

(1) 기반시설부담구역의 지정

특별시장 · 광역시장 · 특별자치시장 · 특별자치도지사 · 시장 또는 군수는 다음에 해당하는 지역에 대하여는 기반시설부담구역으로 지정하여야 한다.

1. 이 법 또는 다른 법령의 제정 · 개정으로 인하여 행위제한이 완화되거나 해제되는 지역
2. 이 법 또는 다른 법령에 따라 지정된 용도지역 등이 변경되거나 해제되어 행위제한이 완화되는 지역
3. 해당 지역의 전년도 개발행위허가 건수가 전전년도 개발행위허가 건수보다 20% 이상 증가한 지역

4. 해당 지역의 전년도 인구증가율이 그 지역이 속하는 특별시 · 광역시 · 특별자치시 · 특별자치도 · 시 또는 군(광역시의 관할 구역에 있는 군은 제외한다)의 전년도 인구증가율보다 20% 이상 높은 지역

(2) 지정절차

특별시장 · 광역시장 · 특별자치시장 · 특별자치도지사 · 시장 또는 군수는 기반시설부담구역을 지정 또는 변경하려면 주민의 의견을 들어야 하며, 해당 지방자치단체에 설치된 지방도시계획위원회의 심의를 거쳐 기반시설부담구역의 명칭 · 위치 · 면적 및 지정일자와 관계 도서의 열람방법을 해당 지방자치단체의 공보와 인터넷 홈페이지에 고시하여야 한다.

(3) 기반시설설치계획 수립의무

특별시장 · 광역시장 · 특별자치시장 · 특별자치도지사 · 시장 또는 군수는 기반시설부담구역이 지정된 경우에는 기반시설설치계획을 수립하여야 하며, 이를 도시 · 군관리계획에 반영하여야 한다.

(4) 기반시설부담구역의 해제의제

기반시설부담구역의 지정고시일부터 1년이 되는 날까지 기반시설설치계획을 수립하지 아니하면 그 1년이 되는 날의 다음 날에 기반시설부담구역의 지정은 해제된 것으로 본다.

(5) 기반시설부담구역의 지정기준 등

기반시설부담구역의 지정기준 등에 관하여 필요한 사항은 국토교통부장관이 정한다.

3 기반시설설치비용

(1) 기반시설설치비용의 부과대상

기반시설부담구역에서 기반시설설치비용의 부과대상인 건축행위는 단독주택 및 숙박시설 등 대통령령으로 정하는 시설로서 200m²(기존 건축물의 연면적 포함)를 초과하는 건축물의 신축 · 증축 행위로 한다.

(2) 기반시설설치비용의 납부 및 체납처분

① **납부의무자**: 기반시설부담구역에서 기반시설설치비용의 부과대상인 건축행위를 하는 자는 기반시설설치비용을 내야 한다.

② **납부시기**: 특별시장·광역시장·특별자치시장·특별자치도지사·시장 또는 군수는 납부의무자가 국가 또는 지방자치단체로부터 건축허가를 받은 날부터 2개월 이내에 기반시설설치비용을 부과하여야 하고, 납부의무자는 사용승인신청시까지 이를 내야 한다.

③ **강제징수**: 특별시장·광역시장·특별자치시장·특별자치도지사·시장 또는 군수는 납부의무자가 기반시설설치비용을 내지 아니하는 경우에는 지방행정제재·부과금의 징수 등에 관한 법률에 따라 징수할 수 있다.

4 핵심 확인학습

① 특별시장·광역시장·특별자치도지사·특별자치시장·시장 또는 군수는 주거·상업 또는 공업지역에서의 개발행위로 인하여 기반시설의 처리·공급 또는 수용능력이 부족할 것으로 예상되는 지역 중 기반시설의 설치가 용이한 지역을 개발밀도관리구역으로 지정할 수 있다. ( )

② 개발밀도관리구역에서는 대통령령이 정하는 범위에서 해당 용도지역에 적용되는 건폐율 또는 용적률을 완화하여 적용한다. ( )

③ 기반시설부담구역은 개발밀도관리구역과 중첩하여 지정할 수 있다. ( )

④ 고등교육법에 따른 학교(=대학)는 기반시설부담구역에 설치가 필요한 기반시설에 해당한다. ( )

⑤ 기반시설설치비용은 현금, 신용카드 또는 직불카드로 납부를 원칙으로 하되, 부과대상 토지 및 이와 비슷한 토지로 하는 납부(물납)를 인정할 수 없다. ( )

⑥ 기반시설부담구역의 지정고시일부터 3년이 되는 날까지 기반시설설치계획을 수립하지 아니하면 그 3년이 되는 날의 다음 날에 구역의 지정은 해제된 것으로 본다. ( )

Answer

1. × 기반시설의 설치가 곤란한 지역을 개발밀도관리구역으로 지정할 수 있다.
2. × 건폐율 또는 용적률을 강화하여 적용한다.
3. × 중첩하여 지정할 수 없다.
4. × 고등교육법에 따른 학교(=대학)는 기반시설부담구역에 설치가 필요한 기반시설에 해당하지 아니한다.
5. × 납부(물납)를 인정할 수 있다.
6. × 3년이 아니라 1년이다.

도시개발법 체계도

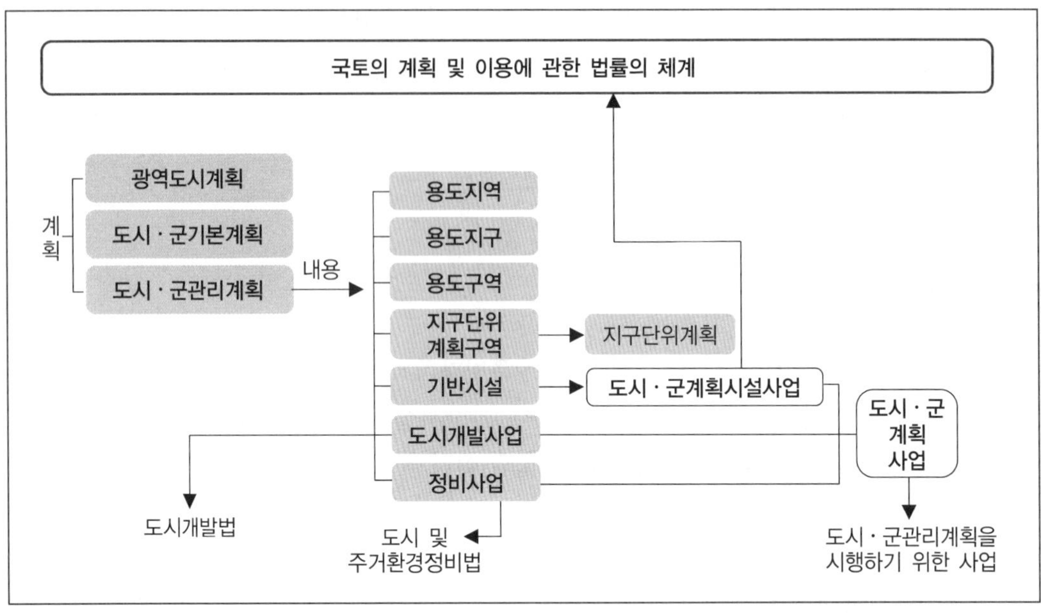

국토의 계획 및 이용에 관한 법률의 체계
계획
광역도시계획
도시 · 군기본계획
도시 · 군관리계획
내용
용도지역
용도지구
용도구역
지구단위 계획구역
지구단위계획
기반시설
도시 · 군계획시설사업
도시개발사업
정비사업
도시 · 군 계획 사업
도시개발법
도시 및 주거환경정비법
도시 · 군관리계획을 시행하기 위한 사업

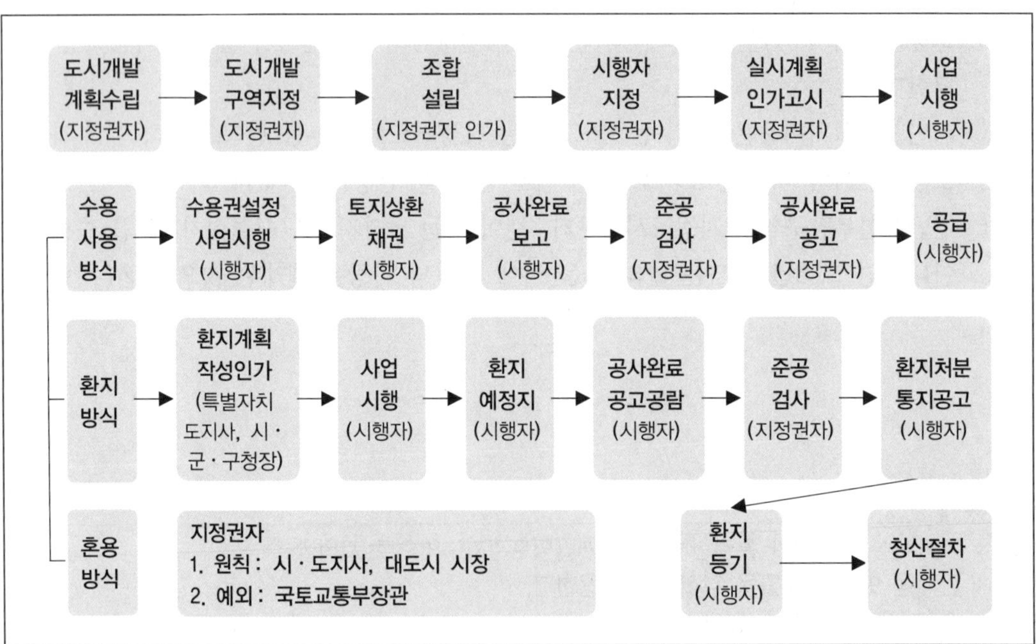

도시개발 계획수립 (지정권자)
도시개발 구역지정 (지정권자)
조합 설립 (지정권자 인가)
시행자 지정 (지정권자)
실시계획 인가고시 (지정권자)
사업 시행 (시행자)
수용 사용 방식
수용권설정 사업시행 (시행자)
토지상환 채권 (시행자)
공사완료 보고 (시행자)
준공 검사 (지정권자)
공사완료 공고 (지정권자)
공급 (시행자)
환지 방식
환지계획 작성인가 (특별자치 도지사, 시 · 군 · 구청장)
사업 시행 (시행자)
환지 예정지 (시행자)
공사완료 공고공람 (시행자)
준공 검사 (지정권자)
환지처분 통지공고 (시행자)
혼용 방식
지정권자
1. 원칙 : 시 · 도지사, 대도시 시장
2. 예외 : 국토교통부장관
환지 등기 (시행자)
청산절차 (시행자)

도시개발법

단원열기

도시개발법은 2000년 1월 제정된 법으로서 종전의 토지구획정리사업법과 도시계획법상의 도시계획사업이 흡수되어 제정되었다. 이 법은 도시개발사업의 시행절차를 중심으로 전체적인 체계를 세부적인 사항으로 정리하는 학습방법이 필요한 단원이다. 단순암기식보다는 이해와 응용을 필요로 하기 때문에 다소 어렵게 느낄 수도 있을 것이다. 도시개발법은 도시개발구역의 지정과 도시개발사업의 시행, 도시개발조합, 수용 또는 사용방식, 환지방식, 청산금을 중심으로 학습하는 것이 효율적이며, 6문제가 출제된다.

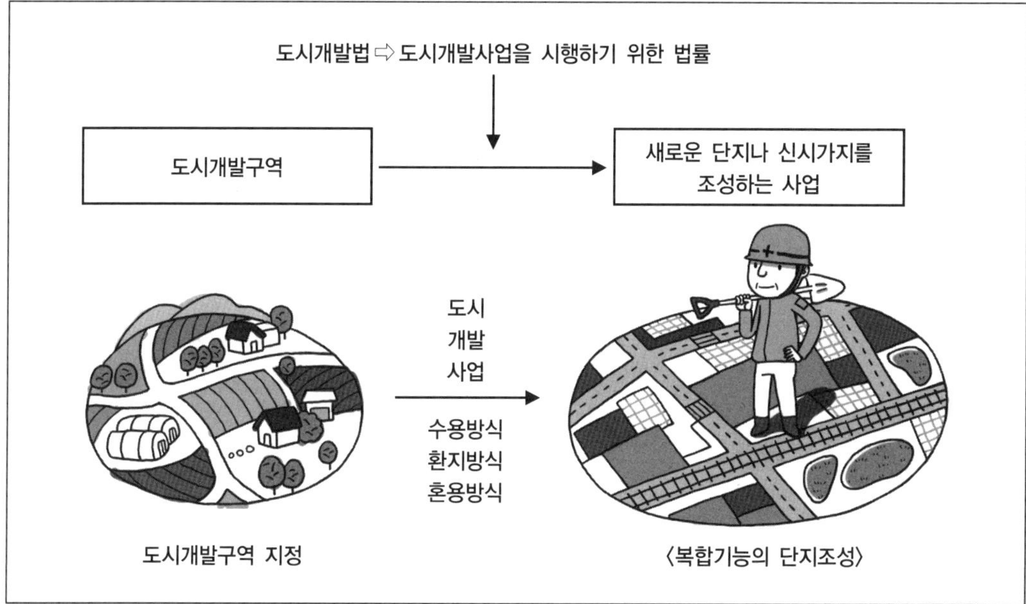

도시개발사업(都市開發事業)

도시개발구역에서 주거, 상업, 산업, 유통, 정보통신, 생태, 문화, 보건 및 복지 등의 기능이 있는 단지 또는 시가지를 조성하기 위하여 시행하는 사업을 말한다.

핵심 다지기

도시개발사업의 시행방식

수용 또는 사용방식	해당 도시의 주택건설에 필요한 택지 등의 집단적인 조성과 공급이 필요한 경우
환지방식	대지로서의 효용증진과 공공시설의 정비를 위하여 토지의 교환·분할·합병 그 밖의 구획변경, 지목 또는 형질의 변경이나 공공시설의 설치·변경이 필요한 경우 또는 도시개발사업을 시행하는 지역의 지가가 인근의 다른 지역에 비하여 현저히 높아 수용 또는 사용방식으로 시행하는 것이 어려운 경우
혼용방식	도시개발구역으로 지정하고자 하는 지역이 부분적으로 환지방식 및 수용 또는 사용방식의 요건에 해당하는 경우

Thema 12 개발계획의 수립

도시개발사업 절차도

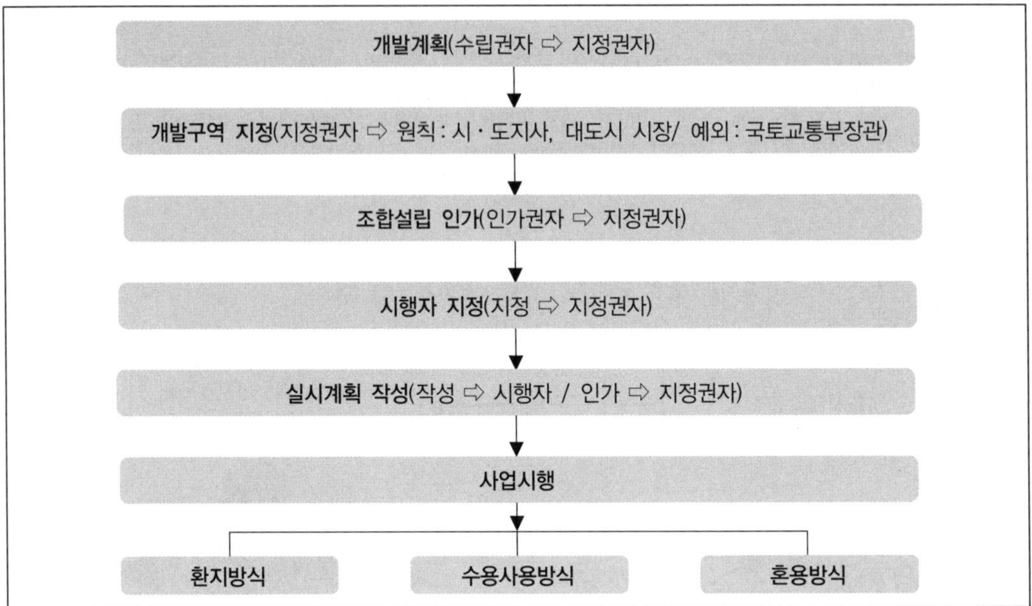

1 개발계획의 수립시기

① **원칙**: 지정권자는 도시개발구역을 지정하려면 해당 도시개발구역에 대한 도시개발사업의 계획(이하 '개발계획'이라 한다)을 수립하여야 한다.

② **예외**: 다음에 해당하는 지역에 도시개발구역을 지정할 때에는 도시개발구역을 지정한 후에 개발계획을 수립할 수 있다.

1. 자연녹지지역
2. 생산녹지지역(생산녹지지역이 도시개발구역 지정면적의 100분의 30 이하인 경우에 한함)
3. 도시지역 외의 지역
4. 국토교통부장관이 지역균형발전을 위하여 관계 중앙행정기관의 장과 협의하여 도시개발구역으로 지정하려는 지역(자연환경보전지역은 제외)
5. 해당 도시개발구역에 포함되는 주거지역·상업지역·공업지역의 면적의 합계가 전체 도시개발구역 지정면적의 100분의 30 이하인 지역
6. 개발계획 공모시

2 개발계획의 내용

개발계획에는 다음의 사항이 포함되어야 한다.

1. 도시개발구역의 명칭 · 위치 및 면적
2. 도시개발구역의 지정 목적과 도시개발사업의 시행기간
3. 도시개발사업의 시행자에 관한 사항
4. 도시개발사업의 시행방식 등

3 개발계획의 수립동의(환지방식)

① **원칙**: 지정권자는 환지방식의 도시개발사업에 대한 개발계획을 수립하려면 환지방식이 적용되는 지역의 토지면적의 3분의 2 이상에 해당하는 토지소유자와 그 지역의 토지소유자 총수의 2분의 1 이상의 동의를 받아야 한다.

② **예외**: 지정권자는 도시개발사업을 환지방식으로 시행하려고 개발계획을 수립하거나 변경할 때에 도시개발사업의 시행자가 '국가 또는 지방자치단체'인 경우에는 토지소유자의 동의를 받을 필요가 없다.

4 핵심 확인학습

① 도시개발사업은 도시개발구역에서 주거 · 상업 · 산업 · 유통 · 정보통신 · 생태 · 문화 · 보건 및 복지 등의 기능이 있는 단지 또는 시가지를 조성하기 위하여 시행하는 사업이다. ( )

② 자연녹지지역에 도시개발구역을 지정할 때에는 도시개발구역을 지정한 후에 개발계획을 수립할 수 없다. ( )

③ 해당 도시개발구역에 포함되는 상업지역의 면적 합계가 전체 도시개발구역 지정 면적의 40% 이하인 지역에 도시개발구역을 지정할 때에는 도시개발구역을 지정한 후에 개발계획을 수립할 수 있다. ( )

④ 지정권자는 도시개발사업을 환지방식으로 시행하려고 개발계획을 수립하거나 변경할 때에 도시개발사업의 시행자가 지방자치단체인 경우에는 토지소유자의 동의를 받아야 한다. ( )

Answer

1. ○
2. × 있다.
3. × 도시개발구역 지정 면적의 30% 이하인 지역에 도시개발구역을 지정할 때에는 도시개발구역을 지정한 후에 개발계획을 수립할 수 있다.
4. × 토지소유자의 동의를 받을 필요가 없다.

Thema 13 도시개발구역의 지정

1 지정권자

① **원칙**: 시·도지사 또는 대도시 시장

② **예외**: 국토교통부장관

국토교통부장관은 다음에 해당하면 도시개발구역을 지정할 수 있다.

1. 국가가 도시개발사업을 실시할 필요가 있는 경우
2. 관계 중앙행정기관의 장이 요청하는 경우
3. 공공기관의 장 또는 정부출연기관의 장이 30만 제곱미터 이상으로서 국가계획과 밀접한 관련이 있는 도시개발구역의 지정을 제안하는 경우
4. 둘 이상의 시·도 또는 대도시의 행정구역에 걸치는 경우에는 관계 시·도지사 또는 대도시 시장의 협의가 성립되지 아니하는 경우
5. 천재지변, 그 밖의 사유로 인하여 도시개발사업을 긴급하게 할 필요가 있는 경우

2 도시개발구역의 규모

도시개발구역으로 지정할 수 있는 규모는 다음과 같다.

① **도시지역**

1. **주거지역 및 상업지역**: 1만 제곱미터 이상
2. **공업지역**: 3만 제곱미터 이상
3. **자연녹지지역**: 1만 제곱미터 이상
4. **생산녹지지역**: 1만 제곱미터 이상

② **도시지역 외의 지역**: 30만 제곱미터 이상

공동주택 중 아파트 또는 연립주택의 건설계획이 포함되는 경우로서 다음 요건을 모두 갖춘 경우에는 10만 제곱미터 이상으로 한다.

1. 도시개발구역에 초등학교용지를 확보하여 관할 교육청과 협의한 경우
2. 도시개발구역에서 도로법상 일반국도, 특별시도·광역시도, 지방도 또는 국토교통부령으로 정하는 도로와 연결되거나 4차로 이상의 도로를 설치하는 경우

3 도시개발구역의 지정의 효과

① **도시지역 등의 결정·고시 의제**: 도시개발구역이 지정·고시된 경우 해당 도시개발구역은 국토의 계획 및 이용에 관한 법률에 따른 도시지역과 대통령령으로 정하는 지구단위계획구역으로 결정되어 고시된 것으로 본다. 다만, 국토의 계획 및 이용에 관한 법률에 따라 도시지역 외의 지역에 지정된 지구단위계획구역 및 취락지구로 지정된 지역인 경우에는 그러하지 아니하다.

② **개발행위 허가**: 도시개발구역 지정에 관한 주민 등의 의견청취를 위한 공고가 있는 지역 및 도시개발구역에서 다음의 행위를 하려는 자는 특별시장·광역시장·특별자치도지사·시장 또는 군수의 허가를 받아야 한다.

1. **건축물의 건축**: 건축법에 따른 건축물(가설건축물 포함)의 건축, 대수선 또는 용도변경
2. **공작물의 설치**: 인공을 가하여 제작한 시설물(건축법에 따른 건축물 제외)의 설치
3. **토지의 형질변경**: 절토(땅깎기)·성토(흙쌓기)·정지(땅고르기)·포장 등의 방법으로 토지의 형상을 변경하는 행위, 토지의 굴착 또는 공유수면의 매립
4. **토석의 채취**: 흙·모래·자갈·바위 등의 토석을 채취하는 행위
5. 토지분할
6. **물건을 쌓아놓는 행위**: 옮기기 쉽지 아니한 물건을 1개월 이상 쌓아놓는 행위
7. 죽목의 벌채 및 식재

4 핵심 확인학습

① 시장 또는 군수가 도시개발구역을 지정할 수 있다. (　)

② 지방공사의 장이 30만m^2 이상으로 국가계획과 밀접한 관련이 있는 개발구역의 지정을 제안하는 경우에는 국토교통부장관이 도시개발구역을 지정할 수 있다. (　)

③ 도시개발구역이 2 이상의 시·도 또는 대도시에 걸치는 경우에는 국토교통부장관이 도시개발구역을 지정할 수 있다. (　)

④ 취락지구로 지정된 지역에 도시개발구역이 지정·고시된 경우 개발구역은 도시지역과 지구단위계획구역으로 결정·고시된 것으로 본다. (　)

⑤ 자연녹지지역에 도시개발구역으로 지정할 수 있는 규모는 3만m^2 이상이어야 한다. (　)

Answer

1. × 국토교통부장관, 시·도지사 또는 대도시 시장이 도시개발구역을 지정할 수 있다.
2. × 공공기관의 장이 또는 정부출연기관의 장이 30만m^2 이상으로 국가계획과 밀접한 관련이 있는 개발 구역의 지정을 제안하는 경우에는 국토교통부장관이 도시개발구역을 지정할 수 있다.
3. × 시·도지사와 대도시 시장의 협의가 성립되지 아니하는 경우에는 국토교통부장관이 도시개발구역을 지정할 수 있다.
4. × 도시지역과 지구단위계획구역으로 결정·고시된 것으로 보지 아니한다.
5. × 자연녹지지역에 도시개발구역으로 지정할 수 있는 규모는 1만m^2 이상이어야 한다.

Thema 14 도시개발조합

1 시행자 지정 등

(1) 지정권자의 지정

도시개발사업의 시행자는 다음의 자 중에서 지정권자가 이를 지정한다. 다만, 도시개발구역의 전부를 환지방식으로 시행하는 경우에는 토지소유자 또는 조합을 시행자로 지정한다.

성 격	시행자가 될 수 있는 자
공공사업 시행자	1. 국가나 지방자치단체
	2. 대통령령으로 정하는 공공기관
	3. 대통령령으로 정하는 정부출연기관 ① 국가철도공단(역세권개발사업을 시행하는 경우에만 해당한다) ② 제주국제자유도시개발센터
	4. 지방공기업법에 따라 설립된 지방공사
민간사업 시행자	5. 도시개발구역의 토지소유자
	6. 도시개발구역의 토지소유자가 도시개발을 위하여 설립한 조합 (도시개발사업의 전부를 환지방식으로 시행하는 경우에만 해당함)
	7. 수도권정비계획법에 따른 과밀억제권역에서 수도권 외의 지역으로 이전하는 대통령령으로 정하는 법인
	8. 주택법에 따라 등록한 등록사업자 중 도시개발사업을 시행할 능력이 있다고 인정되는 자
	9. 건설산업기본법에 따른 토목공사업 또는 토목건축공사업의 면허를 받는 등 개발계획에 맞게 도시개발사업을 시행할 능력이 있다고 인정되는 자
	9의2. 부동산개발업의 관리 및 육성에 관한 법률에 따라 등록한 부동산개발업자로서 대통령령으로 정하는 요건에 해당하는 자
	10. 부동산투자회사법에 따라 설립된 자기관리부동산투자회사 또는 위탁관리부동산투자회사

(2) 전부 환지방식의 시행자

도시개발구역의 전부를 환지방식으로 시행하는 경우에는 도시개발구역의 토지소유자 또는 조합을 시행자로 지정한다.

2 도시개발조합

(1) 조합설립의 인가

① **조합설립의 인가**: 조합을 설립하려면 도시개발구역의 토지소유자 7명 이상이 대통령령으로 정하는 사항을 포함한 정관을 작성하여 지정권자에게 조합설립의 인가를 받아야 한다.

② **조합설립의 동의**: 조합설립의 인가를 신청하려면 해당 도시개발구역의 토지면적의 3분의 2 이상에 해당하는 토지소유자와 그 구역의 토지소유자 총수의 2분의 1 이상의 동의를 받아야 한다.

③ **조합설립 등기**: 조합의 설립인가를 받은 조합의 대표자는 설립인가를 받은 날부터 30일 이내에 주된 사무소의 소재지에서 설립등기를 하여야 한다.

(2) 조합원 등

① **조합원의 자격**: 조합의 조합원은 도시개발구역의 토지소유자로 한다.

② **조합원의 권리와 의무**: 조합원의 권리 및 의무는 다음과 같다.

> 1. **권리**: 보유토지의 면적과 관계없는 평등한 의결권. 이 경우 공유토지는 공유자의 동의를 받은 대표 공유자 1명만 의결권이 있으며, 집합건물의 소유 및 관리에 관한 법률에 따른 구분소유자는 구분소유자별로 의결권이 있다.
> 2. **의무**: 정관에서 정한 조합의 운영 및 도시개발사업의 시행에 필요한 경비의 부담

(3) 조합의 임원

① **임원의 구성**

㉠ 조합에는 조합장 1명, 이사, 감사의 임원을 둔다.

㉡ 조합의 임원은 의결권을 가진 조합원이어야 하고, 정관으로 정한 바에 따라 총회에서 선임한다.

② **임원의 결격사유**: 다음에 해당하는 자는 조합의 임원이 될 수 없다.

> 1. 미성년자 · 피성년후견인 또는 피한정후견인
> 2. 파산선고를 받은 자로서 복권되지 아니한 자
> 3. 금고 이상의 형을 선고받고 그 집행이 끝나거나 집행을 받지 아니하기로 확정된 후 2년이 지나지 아니한 자
> 4. 금고 이상의 형을 선고받고 그 형의 집행유예 기간 중에 있는 자

③ **임원의 자격상실**: 조합의 임원으로 선임된 자가 임원의 결격사유에 해당하게 된 경우에는 그 다음 날부터 임원의 자격을 상실한다.

④ **조합임원의 직무 등**

㉠ 조합장은 조합을 대표하고 그 사무를 총괄하며, 총회·대의원회 또는 이사회의 의장이 된다.

㉡ 이사는 정관에서 정하는 바에 따라 조합장을 보좌하며, 조합의 사무를 분장한다.

㉢ 감사는 조합의 사무 및 재산상태와 회계에 관한 사항을 감사한다.

㉣ 조합장 또는 이사의 자기를 위한 조합과의 계약이나 소송에 관하여는 감사가 조합을 대표한다.

㉤ 조합의 임원은 같은 목적의 사업을 하는 다른 조합의 임원 또는 직원을 겸할 수 없다.

(4) 조합의 법적 성격

① **조합의 법적 성격**: 조합은 법인으로 한다.

② **조합의 성립 시기**: 조합은 그 주된 사무소의 소재지에서 등기를 하면 성립한다.

③ **법 규정의 준용**: 조합에 관하여 이 법으로 규정한 것 외에는 민법 중 사단법인에 관한 규정을 준용한다.

(5) 조합의 조직

① **총회**: 정관의 변경 등은 총회의 의결을 거쳐야 한다.

② **대의원회**

㉠ 임의적 기관: 의결권을 가진 조합원의 수가 50인 이상인 조합은 총회의 권한을 대행하게 하기 위하여 대의원회를 둘 수 있다.

㉡ 대의원회의 권한: 대의원회는 총회의 의결사항 중 다음의 사항을 제외한 총회의 권한을 대행할 수 있다.

1. 정관의 변경
2. 개발계획의 수립 및 변경
3. 조합임원(조합장, 이사, 감사)의 선임
4. 조합의 합병 또는 해산에 관한 사항
5. 환지계획의 작성

3 핵심 확인학습

① 조합설립시 토지면적의 2/3 이상의 토지소유자의 동의 또는 토지소유자 총수의 1/2 이상에 해당하는 자의 동의가 필요하다. ( )

② 조합장의 자기를 위한 조합과의 계약이나 소송에 관하여는 이사가 조합을 대표한다. ( )

③ 조합임원은 다른 조합의 임원·직원의 겸직을 금지하며, 조합의 이사나 감사는 도시개발구역의 토지소유자이어야 한다. ( )

④ 의결권을 가진 조합원의 수가 50인 이상인 조합은 총회의 권한을 대행하도록 대의원회를 두어야 한다. ( )

⑤ 대의원회는 환지예정지의 지정에 관한 총회의 권한을 대행할 수 없다. ( )

Answer

1. × 조합설립시 토지면적의 2/3 이상의 토지소유자의 동의와 토지소유자 총수의 1/2 이상에 해당하는 자의 동의가 필요하다.
2. × 감사가 조합을 대표한다.
3. ○
4. × 의결권을 가진 조합원의 수가 50인 이상인 조합은 총회의 권한을 대행하도록 대의원회를 둘 수 있다.
5. × 대의원회는 환지계획의 작성(환지계획의 경미한 변경은 제외)에 관한 총회의 권한을 대행할 수 없다.

Thema 15 수용 또는 사용방식에 의한 사업시행

1 토지 등의 수용 또는 사용

(1) 수용의 주체

시행자는 도시개발사업에 필요한 토지 등을 수용하거나 사용할 수 있다.

(2) 수용요건

다음에 해당하는 시행자는 사업대상 토지면적의 3분의 2 이상에 해당하는 토지를 소유하고 토지소유자 총수의 2분의 1 이상에 해당하는 자의 동의를 받아야 한다.

1. 토지소유자
2. 수도권 이외의 지역으로 이전하는 법인
3. 등록사업자
4. 토목공사업의 면허를 받는 등 개발계획에 적합하게 사업을 시행할 능력이 있다고 인정하는 자
5. 자기관리부동산투자회사 또는 위탁관리부동산투자회사
6. 공동출자법인(국가 · 지방자치단체, 정부투자기관, 정부출연기관, 지방공사가 100분의 50 비율을 초과하여 출자한 경우 제외)

(3) 사업인정 · 고시 의제

공익사업을 위한 토지 등의 취득 및 보상에 관한 법률을 준용할 때 '수용 또는 사용의 대상이 되는 토지의 세부목록을 고시'한 경우에는 공익사업을 위한 토지 등의 취득 및 보상에 관한 법률에 따른 사업인정 및 그 고시가 있었던 것으로 본다.

2 토지상환채권

(1) 발행의 주체

시행자는 토지소유자가 원하면 토지 등의 매수대금의 일부를 지급하기 위하여 대통령령으로 정하는 바에 따라 사업시행으로 조성된 토지 · 건축물로 상환하는 채권('토지상환채권')을 발행할 수 있다.

(2) 지급보증

민간시행자와 공동출자법인인 시행자(법 제11조 제1항 제5호부터 제11호에 해당하는 자)는 대통령령으로 정하는 금융기관 등으로부터 지급보증을 받은 경우에만 이를 발행할 수 있다.

(3) 발행규모

토지상환채권의 발행규모는 그 토지상환채권으로 상환할 토지 · 건축물이 해당 도시개발사업으로 조성되는 분양토지 또는 분양건축물 면적의 2분의 1을 초과하지 아니하도록 하여야 한다.

(4) 이 율

토지상환채권의 이율은 발행당시의 은행의 예금금리 및 부동산 수급상황을 고려하여 발행자가 정한다.

(5) 발행방법

토지상환채권은 기명식 증권으로 한다.

(6) 발행계획의 승인

시행자(지정권자가 시행자인 경우 제외)는 토지상환채권을 발행하려면 토지상환채권의 발행계획을 작성하며 미리 지정권자의 승인을 받아야 한다.

3 조성토지 등의 공급

(1) 공급계획

시행자는 조성토지등을 공급하려고 할 때에는 조성토지등의 공급 계획을 작성하여야 하며, 지정권자가 아닌 시행자는 작성한 조성토지등의 공급 계획에 대하여 지정권자의 승인을 받아야 한다. 조성토지등의 공급 계획을 변경하려는 경우에도 또한 같다.

(2) 공급가격

① **원칙적 공급가격**: 조성토지 등의 가격평가는 감정가격으로 한다.

② **예외적 공급가격**: 시행자는 학교, 폐기물처리시설, 공공청사, 사회복지시설(무료), 공장, 임대주택, 200실 이상의 객실을 갖춘 호텔업 시설 등을 설치하기 위한 조성토지 등과 이주단지의 조성을 위한 토지를 공급하는 경우에는 해당 토지의 가격을 감정평가법인등이 감정평가한 가격 이하로 정할 수 있다. 다만, 공공시행자에게 임대주택 건설용지를 공급하는 경우에는 해당 토지의 가격을 감정평가한 가격 이하로 정하여야 한다.

(3) 공급방법

① **공급의 기준**: 시행자는 조성토지 등을 실시계획에서 정한 용도에 따라 공급하여야 한다.

② **경쟁입찰방법**: 토지의 공급은 경쟁입찰방법에 따른다.

4 핵심 확인학습

① 수용 또는 사용방식은 토지소유자인 경우 토지면적의 2/3 이상을 소유하고, 토지소유자 총수의 1/2 이상의 동의를 받아야 한다. ( )

② 개발계획 내용 중 수용·사용할 토지 등의 실시계획을 고시한 때에는 사업인정 및 그 고시가 있은 것으로 본다. ( )

③ 토지상환채권은 기명식 증권으로 발행하며, 양도가 불가능하다. ( )

④ 토지상환채권의 이율은 발행 당시의 금융기관의 예금금리 및 부동산 수급상황을 고려하여 지정권자가 정한다. ( )

⑤ 토지상환채권의 발행규모는 그 토지상환채권으로 상환할 토지 및 건축물이 해당 도시개발사업으로 조성되는 분양토지 또는 분양건축물 면적의 1/3을 넘지 않아야 한다. ( )

⑥ 수용·사용방식의 경우에 조성토지 등의 가격평가는 개별공시지가로 한다. ( )

⑦ 지정권자가 아닌 시행자는 작성한 조성토지등의 공급 계획에 대하여 지정권자에게 제출하여야 한다. ( )

Answer

1. ○
2. × 세부목록을 고시한 때에는 사업인정 및 그 고시가 있은 것으로 본다.
3. × 가능하다.
4. × 발행자가 정한다.
5. × 면적의 1/2을 넘지 않아야 한다.
6. × 감정가격으로 한다.
7. × 제출이 아니라 지정권자의 승인을 받아야 한다.

Thema 16 환지방식에 의한 사업시행

환지방식

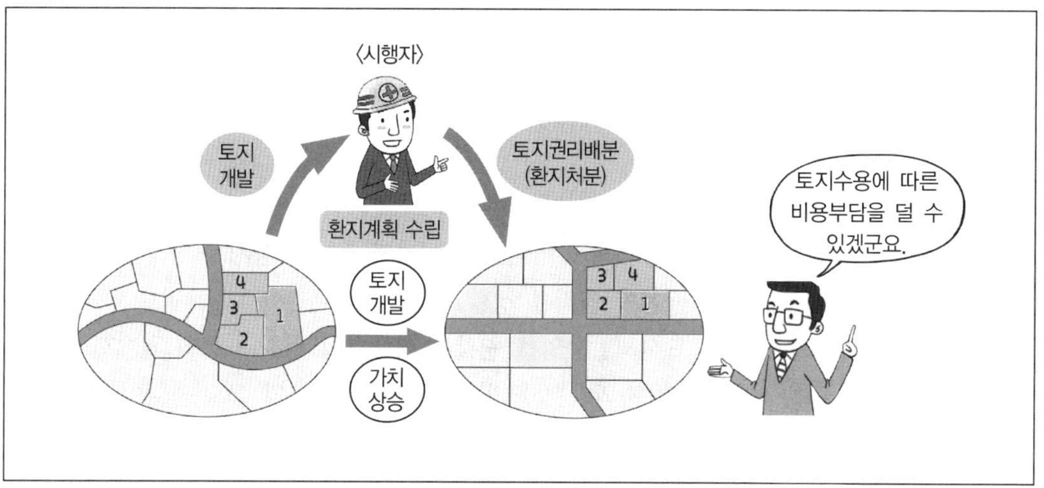

2 과목

1 환지계획의 작성

(1) 환지계획의 내용

시행자는 도시개발사업의 전부 또는 일부를 환지방식으로 시행하려면 다음의 사항이 포함된 환지계획을 작성하여야 한다.

1. 환지 설계
2. 필지별로 된 환지 명세
3. 필지별과 권리별로 된 청산 대상 토지 명세
4. 체비지(替費地) 또는 보류지(保留地)의 명세
5. 입체환지를 계획하는 경우에는 입체환지용 건축물의 명세와 입체환지에 따른 주택 공급방법·규모에 관한 사항

(2) 환지계획의 작성기준

① **원칙**: 환지계획은 종전의 토지와 환지의 위치·지목·면적·토질·수리·이용 상황·환경, 그 밖의 사항을 종합적으로 고려하여 합리적으로 정하여야 한다.

② **예 외**

㉠ 신청 또는 동의에 의한 환지부지정: 토지소유자가 신청하거나 동의하면 해당 토지의 전부 또는 일부에 대하여 환지를 정하지 아니할 수 있다. 다만, 해당 토지에 관하여 임차권자 등이 있는 때에는 그 동의를 받아야 한다.

㉡ 과소토지에 대한 직권 환지부지정: 시행자는 토지면적의 규모를 조정할 특별한 필요가 있으면 면적이 작은 토지는 과소토지가 되지 아니하도록 환지대상에서 제외할 수 있다.

㉢ 증환지 · 감환지: 시행자는 토지면적의 규모를 조정할 특별한 필요가 있으면 면적이 작은 토지는 과소토지가 되지 아니하도록 면적을 늘려 환지를 정하거나, 면적이 넓은 토지는 면적을 줄여서 환지를 정할 수 있다.

㉣ 입체환지: 시행자는 도시개발사업을 원활히 시행하기 위하여 특히 필요한 경우에는 토지 또는 건축물 소유자의 신청을 받아 건축물의 일부와 그 건축물이 있는 토지의 공유지분을 부여할 수 있다.

㉤ 공공시설의 용지: 공익사업을 위한 토지 등의 취득 및 보상에 관한 법률에 해당하는 공공시설의 용지에 대하여는 환지계획을 정할 때 그 위치 · 면적 등에 관하여 환지계획 작성기준을 적용하지 아니할 수 있다.

③ **체비지 · 보류지**: 시행자는 도시개발사업에 필요한 경비에 충당하거나 규약 · 정관 · 시행규정 또는 실시계획으로 정하는 목적을 일정한 토지를 환지로 정하지 아니하고 보류지로 정할 수 있으며, 그중 일부를 체비지로 정하여 도시개발사업에 필요한 경비에 충당할 수 있다.

(3) 조성토지 등의 가격평가

시행자는 환지방식이 적용되는 개발구역에 있는 조성 토지가격을 평가하고자 할 때에는 토지평가협의회의 심의를 거쳐 결정하되, 그에 앞서 감정평가법인 등으로 하여금 평가하게 하여야 한다.

(4) 환지계획의 인가

행정청이 아닌 시행자가 환지계획을 작성한 경우에는 특별자치도지사 · 시장 · 군수 또는 구청장의 인가를 받아야 한다.

2 환지처분

(1) 의 의

환지처분이란 사업이 종료된 후 종전 토지에 갈음하여 새로운 토지를 교부하고 그 과부족분에 대하여는 금전으로 청산하는 행정처분을 말한다.

(2) 환지처분의 효과

① 원 칙

㉠ 권리의 이전: 환지계획에서 정하여진 환지는 그 환지처분이 공고된 날의 다음 날부터 종전의 토지로 보며, 환지계획에서 환지를 정하지 아니한 종전의 토지에 있던 권리는 그 환지처분이 공고된 날이 끝나는 때에 소멸한다.

㉡ 입체환지처분의 효과: 입체환지처분을 받은 자는 환지처분이 공고된 날의 다음 날에 환지계획으로 정하는 바에 따라 건축물의 일부와 해당 건축물이 있는 토지의 공유지분을 취득한다. 이 경우 종전의 토지에 대한 저당권은 환지처분이 공고된 날의 다음 날부터 해당 건축물의 일부와 해당 건축물이 있는 토지의 공유지분에 존재하는 것으로 본다.

㉢ 체비지·보류지의 소유권: 체비지는 시행자가 보류지는 환지계획에서 정한 자가 각각 환지처분이 공고된 날의 다음 날에 해당 소유권을 취득한다. 다만, 환지예정지가 체비지의 용도로 지정된 때에는 이미 처분된 체비지는 그 체비지를 매입한 자가 소유권이전등기를 마친 때에 소유권을 취득한다.

② 예 외

㉠ 지역권: 도시개발구역의 토지에 대한 지역권은 종전의 토지에 존속한다. 다만, 도시개발사업의 시행으로 행사할 이익이 없어진 지역권은 환지처분이 공고된 날이 끝나는 때에 소멸한다.

㉡ 행정상·재판상 종전토지에 전속하는 처분: 행정상 처분이나 재판상의 처분으로서 종전의 토지에 전속하는 것에 관하여는 영향을 미치지 아니한다.

③ 청산금

㉠ 청산금 산정기준: 환지를 정하거나 그 대상에서 제외한 경우 그 과부족분(過不足分)은 종전의 토지 및 환지의 위치·지목·면적·토질·수리·이용 상황·환경 그 밖의 사항을 종합적으로 고려하여 금전으로 청산하여야 한다.

㉡ 청산금 결정시기: 청산금은 환지처분을 하는 때에 결정하여야 한다.

㉢ 청산금의 확정: 환지처분이 공고된 날의 다음 날에 확정된다.

㉣ 청산금의 징수 · 교부

ⓐ 징수 · 교부시기: 시행자는 환지처분이 공고된 후에 확정된 청산금을 징수하거나 교부하여야 한다.

ⓑ 분할징수 · 교부: 청산금은 대통령령으로 정하는 바에 따라 이자를 붙여 분할징수하거나 분할교부할 수 있다.

㉤ 청산금의 소멸시효: 청산금을 받을 권리나 징수할 권리를 5년간 행사하지 아니하면 시효로 소멸한다.

④ **환지등기**

시행자는 환지처분이 공고되면 공고 후 14일 이내에 관할 등기소에 이를 알리고 토지와 건축물에 관한 등기를 촉탁하거나 신청하여야 한다.

3 핵심 확인학습

① 행정청이 아닌 시행자가 환지계획을 작성한 경우에는 지정권자의 인가를 받아야 한다. ( )

② 토지소유자의 신청 또는 동의가 있는 때에는 토지의 전부 또는 일부에 대하여 환지를 정하지 아니할 수 있다. 다만, 해당 토지에 관하여 임차권자 등의 동의는 필요없다. ( )

③ 시행자는 환지방식이 적용되는 개발구역에 있는 조성토지 가격을 평가하고자 할 때에는 토지평가협의회의 심의를 거쳐 결정하되, 그에 앞서 감정평가법인 등으로 하여금 평가하게 하여야 한다. ( )

④ 체비지와 보류지는 시행자가 환지처분의 공고가 있은 날의 다음 날에 해당 소유권을 취득하며, 이미 처분된 체비지는 해당 체비지를 매입한 자가 소유권이전등기를 마친 때에 이를 취득한다. ( )

⑤ 청산금은 이자를 붙여 분할징수하거나 분할교부할 수 없다. ( )

Answer

1. × 특별자치도지사 · 시장 · 군수 또는 구청장의 인가를 받아야 한다.
2 × 임차권자 등의 동의는 필요하다.
3. ○
4. × 체비지는 시행자가, 보류지는 환지계획에서 정한 자가 각각 환지처분의 공고가 있은 날의 다음 날에 해당 소유권을 취득한다.
5. × 청산금은 원칙적으로 일괄징수, 일괄교부이나, 이자를 붙여 분할징수하거나 분할교부할 수 있다.

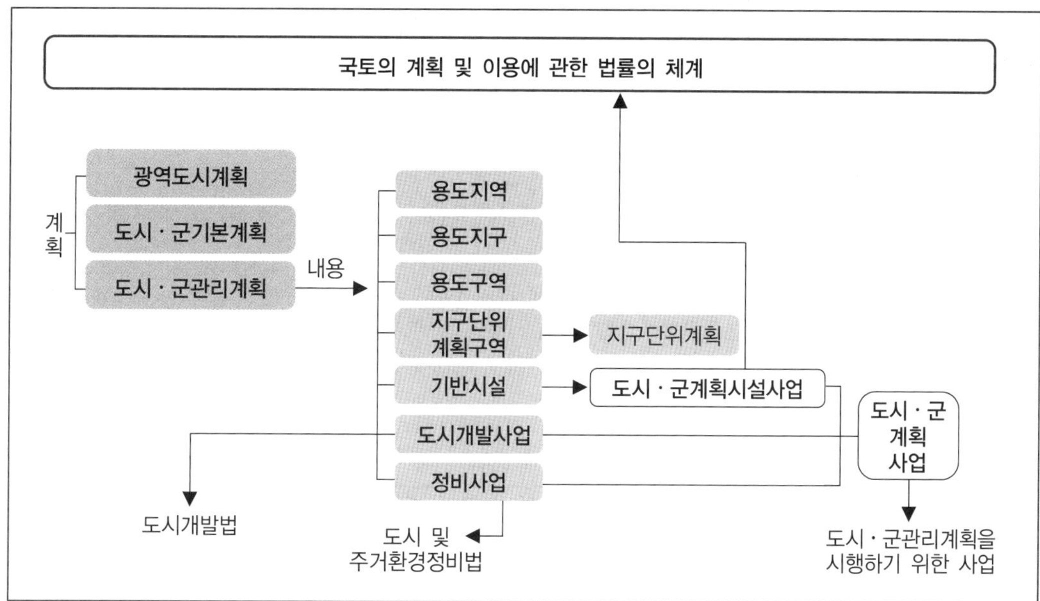

도시 및 주거환경정비법 체계도

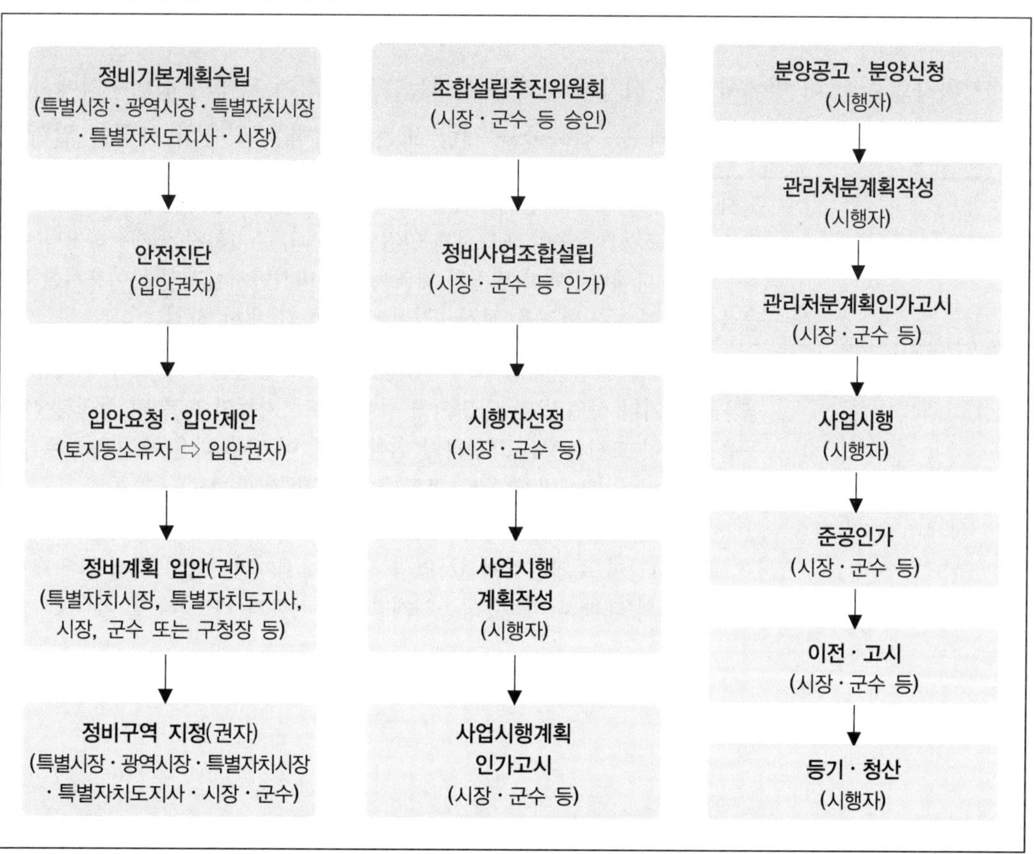

PART 03 도시 및 주거환경정비법

단원열기

도시 및 주거환경정비법은 기존의 도시재개발법과 도시저소득층주민의 주거환경개선을 위한 임시조치법 그리고 주택건설촉진법 중 주택재건축에 관한 내용이 통합되어 새로이 제정된 법이다. 이 법은 주거환경개선사업, 재개발사업, 재건축사업이라는 3가지 분야를 하나의 법에서 다루고 있다. 정비사업의 개념과 전체적인 정비사업의 체계를 먼저 정리한 후 정비사업의 시행방법, 조합, 정비사업 시행을 위한 조치, 관리처분계획, 공사완료에 따른 조치를 중심으로 정리하는 것이 효율적인 학습방법이다. 도시 및 주거환경정비법에서는 6문제가 출제된다.

Thema 17 도시 및 주거환경정비법 관련 용어

1 용어의 정의

(1) '정비구역'이란 정비사업을 계획적으로 시행하기 위하여 지정·고시된 구역을 말한다.

(2) '정비사업'이란 이 법에서 정한 절차에 따라 도시기능을 회복하기 위하여 정비구역에서 정비기반시설을 정비하거나 주택 등 건축물을 개량 또는 건설하는 다음의 사업을 말한다.

주거환경개선사업	도시저소득 주민이 집단거주하는 지역으로서 정비기반시설이 극히 열악하고 노후·불량건축물이 과도하게 밀집한 지역의 주거환경을 개선하거나 단독주택 및 다세대주택이 밀집한 지역에서 정비기반시설과 공동이용시설 확충을 통하여 주거환경을 보전·정비·개량하기 위한 사업
재개발사업	정비기반시설이 열악하고 노후·불량건축물이 밀집한 지역에서 주거환경을 개선하거나 상업지역·공업지역 등에서 도시기능의 회복 및 상권활성화 등을 위하여 도시환경을 개선하기 위한 사업. 이 경우 다음 요건을 모두 갖추어 시행하는 재개발사업을 "공공재개발사업"이라 한다. ① 시장·군수 등 또는 토지주택공사 등(조합과 공동으로 시행하는 경우를 포함한다)이 주거환경개선사업의 시행자, 재개발사업의 시행자나 재개발사업의 대행자(이하 "공공재개발사업 시행자"라 한다)일 것

	② 건설·공급되는 주택의 전체 세대수 또는 전체 연면적 중 토지등소유자 대상 분양분(제80조에 따른 지분형주택은 제외한다)을 제외한 나머지 주택의 세대수 또는 연면적의 100분의 20 이상 100분의 50 이하의 범위에서 대통령령으로 정하는 기준에 따라 특별시·광역시·특별자치시·도·특별자치도 또는 「지방자치법」 제198조에 따른 서울특별시·광역시 및 특별자치시를 제외한 인구 50만 이상 대도시(이하 "대도시"라 한다)의 조례(이하 "시·도조례"라 한다)로 정하는 비율이상을 제80조에 따른 지분형주택, 「공공주택 특별법」에 따른 공공임대주택(이하 "공공임대주택"이라 한다) 또는 「민간임대주택에 관한 특별법」 제2조 제4호에 따른 공공지원민간임대주택(이하 "공공지원민간임대주택"이라 한다)으로 건설·공급할 것. 이 경우 주택 수 산정방법 및 주택 유형별 건설비율은 대통령령으로 정한다.
재건축사업	정비기반시설은 양호하나 노후·불량건축물에 해당하는 공동주택이 밀집한 지역에서 주거환경을 개선하기 위한 사업. 이 경우 다음 요건을 모두 갖추어 시행하는 재건축사업을 "공공재건축사업"이라 한다. ① 시장·군수 등 또는 토지주택공사 등(조합과 공동으로 시행하는 경우를 포함한다)이 재건축사업의 시행자나 재건축사업의 대행자(이하 "공공재건축사업 시행자"라 한다)일 것 ② 종전의 용적률, 토지면적, 기반시설 현황 등을 고려하여 대통령령으로 정하는 세대수 이상(공공재건축사업을 추진하는 단지의 종전 세대수의 100분의 160에 해당하는 세대를 말한다)을 건설·공급할 것. 다만, 정비구역의 지정권자가 국토의 계획 및 이용에 관한 법률에 따른 도시·군기본계획, 토지이용 현황 등 대통령령으로 정하는 불가피한 사유로 해당하는 세대수를 충족할 수 없다고 인정하는 경우에는 그러하지 아니하다.

(3) 노후·불량건축물

'노후·불량건축물'이란 다음에 해당하는 건축물을 말한다.

① 건축물이 훼손되거나 일부가 멸실되어 붕괴, 그 밖의 안전사고의 우려가 있는 건축물

② 내진성능이 확보되지 아니한 건축물 중 중대한 기능적 결함 또는 부실 설계·시공으로 구조적 결함 등이 있는 건축물로서 대통령령으로 정하는 건축물

③ 도시미관을 저해하거나 노후화된 건축물로서 대통령령으로 정하는 바에 따라 시·도 조례로 정하는 건축물

(4) '정비기반시설'이란 도로·상하수도·구거(도랑)·공원·공용주차장·공동구(국토의 계획 및 이용에 관한 법률의 규정에 따른 공동구를 말한다) 그 밖에 주민의 생활에 필요한 열·가스 등의 공급시설로서 대통령령으로 정하는 시설을 말한다.

2과목

(5) '공동이용시설'이란 주민이 공동으로 사용하는 놀이터 · 마을회관 · 공동작업장 · 구판장 · 세탁장 · 탁아소 · 어린이집 · 경로당 등 노유자시설, 화장실 및 수도를 말한다.

(6) '대지'란 정비사업으로 조성된 토지를 말한다.

(7) '토지주택공사등'이란 한국토지주택공사법에 따라 설립된 한국토지주택공사 또는 지방공기업법에 따라 주택사업을 수행하기 위하여 설립된 지방공사를 말한다.

(8) '토지등소유자'란 다음에 해당하는 자를 말한다. 다만, 자본시장과 금융투자업에 관한 법률에 따른 신탁업자(이하 "신탁업자"라 한다)가 사업시행자로 지정된 경우 토지등소유자가 정비사업을 목적으로 신탁업자에게 신탁한 토지 또는 건축물에 대하여는 위탁자를 토지등소유자로 본다.

1. 주거환경개선사업 · 재개발사업의 경우에는 정비구역에 위치한 토지 또는 건축물의 소유자 또는 그 지상권자
2. 재건축사업의 경우에는 정비구역에 위치한 건축물 및 그 부속토지의 소유자

2 핵심 확인학습

① 재개발사업은 정비기반시설은 양호하나 노후 · 불량건축물에 해당하는 공동주택이 밀집한 지역에서 주거환경을 개선하기 위한 사업을 말한다. ( )

② 공동이용시설은 도로, 상하수도, 공원, 광장, 공용주차장을 말한다. ( )

③ 정비기반시설은 주민이 공동으로 사용하는 놀이터 · 마을회관 · 공동작업장, 탁아소 · 어린이집 · 경로당 등 노유자시설, 공동으로 사용하는 구판장 · 세탁장 · 화장실 및 수도를 말한다. ( )

④ 재건축사업의 경우 토지등소유자에는 지상권자가 포함된다. ( )

Answer

1. × 재건축사업
2. × 정비기반시설
3. × 공동이용시설
4. × 재건축사업의 경우 토지등소유자라 함은 정비구역에 위치한 건축물 및 그 부속토지의 소유자를 말한다.

Thema 18 기본계획의 수립 및 정비구역의 지정

1 도시 · 주거환경정비기본계획

(1) 수립권자

① **의무적 수립**: 특별시장 · 광역시장 · 특별자치시장 · 특별자치도지사 또는 시장은 관할 구역에 대하여 도시 · 주거환경정비기본계획(이하 "기본계획"이라 한다)을 10년 단위로 수립하여야 한다.

② **임의적 수립**: 도지사가 대도시가 아닌 시로서 기본계획을 수립할 필요가 없다고 인정하는 시에 대하여는 기본계획을 수립하지 아니할 수 있다.

(2) 수립내용

1. 정비사업의 기본방향 · 정비사업의 계획기간
2. 인구 · 건축물 · 토지이용 · 정비기반시설 · 지형 및 환경 등의 현황 · 주거지 관리계획
3. 토지이용계획 · 정비기반시설계획 · 공동이용시설설치계획 및 교통계획
4. 정비구역으로 지정할 예정인 구역(이하 "정비예정구역"이라 한다)의 개략적 범위
5. 단계별 정비사업 추진계획(정비예정구역별 정비계획의 수립시기가 포함되어야 한다)

(3) 타당성 검토

특별시장 · 광역시장 · 특별자치시장 · 특별자치도지사 또는 시장(이하 "기본계획의 수립권자"라 한다)은 기본계획에 대하여 5년마다 타당성을 검토하여 그 결과를 기본계획에 반영하여야 한다.

(4) 수립절차

① **기본계획 수립을 위한 주민의견청취 등**

㉠ 주민의견청취: 기본계획의 수립권자는 기본계획을 수립하거나 변경하려는 경우에는 14일 이상 주민에게 공람하여 의견을 들어야 하며, 제시된 의견이 타당하다고 인정되면 이를 기본계획에 반영하여야 한다.

㉡ 지방의회의 의견청취: 기본계획의 수립권자는 공람과 함께 지방의회의 의견을 들어야 한다. 이 경우 지방의회는 기본계획의 수립권자가 기본계획을 통지한 날부터 60일 이내에 의견을 제시하여야 하며, 의견제시 없이 60일이 지난 경우 이의가 없는 것으로 본다.

② **협의 및 심의**: 기본계획의 수립권자(대도시의 시장이 아닌 시장은 제외한다)는 기본계획을 수립하거나 변경하려면 관계 행정기관의 장과 협의한 후 지방도시계획위원회의 심의를 거쳐야 한다.

③ **도지사의 승인**: 대도시의 시장이 아닌 시장은 기본계획을 수립하거나 변경하려면 도지사의 승인을 받아야 하며, 도지사가 이를 승인하려면 관계 행정기관의 장과 협의한 후 지방도시계획위원회의 심의를 거쳐야 한다.

④ **고시**: 기본계획의 수립권자는 기본계획을 수립하거나 변경한 때에는 지체 없이 이를 해당 지방자치단체의 공보에 고시하고 일반인이 열람할 수 있도록 하여야 한다.

⑤ **보고**: 기본계획의 수립권자는 기본계획을 고시한 때에는 국토교통부령으로 정하는 방법 및 절차에 따라 국토교통부장관에게 보고하여야 한다.

⑥ **기본계획의 작성기준**: 기본계획의 작성기준 및 작성방법은 국토교통부장관이 정하여 고시한다.

2 정비계획의 수립 및 정비구역의 지정

(1) 정비계획 수립

① 정비계획의 내용 등

㉠ 정비계획에는 다음의 사항이 포함되어야 한다.

1. 정비사업의 명칭
2. 정비구역 및 그 면적

2의2. 토지등소유자별 분담금 추산액 및 산출근거

3. 도시·군계획시설의 설치에 관한 계획
4. 공동이용시설 설치계획
5. 건축물의 주용도·건폐율·용적률·높이에 관한 계획

㉡ 정비계획의 작성기준 및 작성방법은 국토교통부장관이 정하여 고시한다.

② 정비계획 입안을 위한 주민의견청취 등

㉠ 주민설명회 등: 정비계획의 입안권자는 정비계획을 입안하거나 변경하려면 주민에게 서면으로 통보한 후 주민설명회 및 30일 이상 주민에게 공람하여 의견을 들어야 하며, 제시된 의견이 타당하다고 인정되면 이를 정비계획에 반영하여야 한다.

㉡ 지방의회 의견청취: 정비계획의 입안권자는 주민공람과 함께 지방의회의 의견을 들어야 한다. 이 경우 지방의회는 정비계획의 입안권자가 정비계획을 통지한 날부터 60일 이내에 의견을 제시하여야 하며, 의견제시 없이 60일이 지난 경우 이의가 없는 것으로 본다.

(2) 정비구역의 지정권자

특별시장 · 광역시장 · 특별자치시장 · 특별자치도지사 · 시장 또는 군수(광역시의 군수는 제외하며, 이하 "정비구역의 지정권자"라 한다)는 기본계획에 적합한 범위에서 노후 · 불량건축물이 밀집하는 등 대통령령으로 정하는 요건에 해당하는 구역에 대하여 정비계획을 결정하여 정비구역(변경지정 포함)을 지정할 수 있다.

3 정비구역에서의 행위제한

정비구역에서 다음에 해당하는 행위를 하려는 자는 시장 · 군수 등의 허가를 받아야 한다. 허가받은 사항을 변경하려는 때에도 또한 같다.

1. **건축물의 건축 등**: 건축법에 따른 건축물(가설건축물 포함)의 건축 또는 용도변경
2. **공작물의 설치**: 인공을 가하여 제작한 시설물(건축법에 따른 건축물 제외)의 설치
3. **토지의 형질변경**: 절토(땅깎기) · 성토(흙쌓기) · 정지(땅고르기) · 포장 등의 방법으로 토지의 형상을 변경하는 행위
4. **토석의 채취**: 흙 · 모래 · 자갈 · 바위 등의 토석을 채취하는 행위
5. 토지분할
6. **물건을 쌓아놓는 행위**: 이동이 용이하지 아니한 물건을 1개월 이상 쌓아놓는 행위
7. 죽목의 벌채 및 식재

4 핵심 확인학습

① 도지사가 기본계획을 수립할 필요가 없다고 인정하는 시(대도시가 아닌 지역을 말한다)는 기본계획을 수립하지 아니할 수 있다. (　)

② 건폐율 · 용적률 등에 관한 건축물의 밀도계획은 정비기본방침의 내용이다. (　)

③ 시장은 기본계획을 수립 또는 변경할 때에는 지체 없이 지방자치단체의 공보에 고시하고 도지사에게 보고하여야 한다. (　)

④ 특별시장 · 광역시장 · 특별자치시장 · 특별자치도지사 또는 시장은 기본계획에 대하여 3년마다 타당성을 검토하여 그 결과를 기본계획에 반영하여야 한다. (　)

⑤ 개발행위 허가를 받은 사항을 변경하는 경우에는 시장 · 군수 등에게 신고를 하여야 한다. (　)

Answer

1. ○
2. × 밀도계획은 기본계획의 내용이다.
3. × 국토교통부장관에게 보고하여야 한다.
4. × 5년마다 타당성을 검토
5. × 시장 · 군수 등에게 허가를 받아야 한다.

Thema 19 정비사업의 시행방법 및 시행자

1 정비사업의 시행방법

주거환경개선사업	주거환경개선사업은 다음의 방법 또는 이를 혼용하는 방법으로 한다. ① 사업시행자가 정비구역에서 정비기반시설 및 공동이용시설을 새로 설치하거나 확대하고 토지등소유자가 스스로 주택을 보전·정비하거나 개량하는 방법 ② 사업시행자가 정비구역의 전부 또는 일부를 수용하여 주택을 건설한 후 토지등소유자에게 우선 공급하거나 대지를 토지등소유자 또는 토지등소유자 외의 자에게 공급하는 방법 ③ 사업시행자가 환지로 공급하는 방법 ④ 사업시행자가 정비구역에서 인가받은 관리처분계획에 따라 주택 및 부대시설·복리시설을 건설하여 공급하는 방법
재개발사업	재개발사업은 정비구역에서 인가받은 관리처분계획에 따라 건축물을 건설하여 공급하거나 환지로 공급하는 방법으로 한다.
재건축사업	① 재건축사업은 정비구역에서 인가받은 관리처분계획에 따라 주택, 부대시설·복리시설 및 오피스텔(건축법에 따른 오피스텔을 말한다)을 건설하여 공급하는 방법으로 한다. 다만, 주택단지에 있지 아니하는 건축물의 경우에는 지형여건·주변의 환경으로 보아 사업 시행상 불가피한 경우로서 정비구역으로 보는 사업에 한정한다. ② 재건축사업의 오피스텔을 건설: 재건축사업에 따라 오피스텔을 건설하여 공급하는 경우에는 국토의 계획 및 이용에 관한 법률에 따른 준주거지역 및 상업지역에서만 건설할 수 있다. 이 경우 오피스텔의 연면적은 전체 건축물 연면적의 100분의 30 이하이어야 한다.

2 정비사업 시행자

(1) **주거환경개선사업의 시행자**: 시장·군수 등, 토지주택공사 등 또는 법인

① **스스로 주택을 보전·정비하거나 개량하는 방법**: 제23조 제1항 제1호(스스로 주택을 보전·정비하거나 개량)에 따른 방법으로 시행하는 주거환경개선사업은 시장·군수 등이 직접 시행하되, 토지주택공사 등을 사업시행자로 지정하여 시행하게 하려는 경우에는 정비계획에 따른 공람공고일 현재 토지등소유자의 과반수의 동의를 받아야 한다.

② **수용방법, 환지방법, 관리처분계획에 따라 공급하는 방법**: 제23조 제1항 제2호부터 제4호(수용방법, 환지방법, 관리처분계획에 따라 공급하는 방법)까지의 규정에 따른 방법으로 시행하는 주거환경개선사업은 시장·군수 등이 직접 시행하거나 다음에서 정한 자에게 시행하게 할 수 있다.

㉠ 시장·군수 등이 다음에 해당하는 자를 사업시행자로 지정하는 경우

1. 토지주택공사 등
2. 주거환경개선사업을 시행하기 위하여 국가, 지방자치단체, 토지주택공사 등 또는 공공기관의 운영에 관한 법률 제4조에 따른 공공기관이 총지분의 100분의 50을 초과하는 출자로 설립한 법인

㉡ 시장·군수 등이 ㉠에 해당하는 자와 다음에 해당하는 자를 공동시행자로 지정하는 경우

1. 건설산업기본법에 따른 건설업자
2. 주택법에 따라 건설업자로 보는 등록사업자

③ **동의요건**: 수용방법, 환지방법, 관리처분계획에 따라 공급하는 방법에 따라 시행하려는 경우에는 정비계획에 따른 공람공고일 현재 해당 정비예정구역의 토지 또는 건축물의 소유자 또는 지상권자의 3분의 2 이상의 동의와 세입자 세대수의 과반수의 동의를 각각 받아야 한다. 다만, 세입자의 세대수가 토지등소유자의 2분의 1 이하인 경우 등 대통령령으로 정하는 사유가 있는 경우에는 세입자의 동의절차를 거치지 아니할 수 있다.

④ **동의 생략**: 시장·군수 등은 천재지변, 그 밖의 불가피한 사유로 건축물이 붕괴할 우려가 있어 긴급히 정비사업을 시행할 필요가 있다고 인정하는 경우에는 토지등소유자 및 세입자의 동의 없이 자신이 직접 시행하거나 토지주택공사 등을 사업시행자로 지정하여 시행하게 할 수 있다. 이 경우 시장·군수 등은 지체 없이 토지등소유자에게 긴급한 정비사업의 시행 사유·방법 및 시기 등을 통보하여야 한다.

(2) 재개발사업·재건축사업의 시행자

① **재개발사업**: 다음에 해당하는 방법으로 시행할 수 있다.

1. 조합이 시행하거나 조합이 조합원의 과반수의 동의를 받아 시장·군수 등, 토지주택공사 등, 건설업자, 등록사업자 또는 대통령령으로 정하는 요건을 갖춘 자(신탁업자와 한국부동산원)와 공동으로 시행할 수 있다.

> **2.** 토지등소유자가 20인 미만인 경우에는 토지등소유자가 시행하거나 토지등소유자가 토지등소유자의 과반수의 동의를 받아 시장 · 군수 등, 토지주택공사 등, 건설업자, 등록사업자 또는 대통령령으로 정하는 요건을 갖춘 자(신탁업자와 한국부동산원)와 공동으로 시행할 수 있다.

② **재건축사업**: 조합이 시행하거나 조합이 조합원의 과반수의 동의를 받아 시장 · 군수 등, 토지주택공사 등, 건설업자 또는 등록사업자와 공동으로 시행하는 방법으로 시행할 수 있다.

3 핵심 확인학습

① 주거환경개선사업은 사업시행자가 정비구역에서 인가받은 관리처분계획에 따라 주택 및 부대시설 · 복리시설 · 오피스텔을 건설하여 공급하는 방법과 환지로 공급하는 방법을 혼용하는 방법으로 할 수 있다. ( )

② 재건축사업은 인가받은 관리처분계획에 따라 주택, 부대 · 복리시설 및 오피스텔을 건설하여 공급하는 방법과 환지로 공급하는 방법으로 할 수 있다. ( )

③ 재개발사업은 정비구역에서 인가받은 관리처분계획에 따라 건축물을 건설하여 공급하거나 환지로 공급하는 방법을 혼용하는 방법으로 할 수 있다. ( )

④ 환지로 공급하는 방법으로 시행하는 주거환경개선사업은 정비계획에 따른 공람공고일 현재 해당 정비예정구역의 토지 또는 건축물의 소유자 또는 지상권자의 2/3 이상의 동의와 세입자 세대수 과반수의 동의를 각각 받아 시장 · 군수 등이 직접 시행하거나 토지주택공사 등을 사업시행자로 지정하여 이를 시행하게 할 수 있다. ( )

⑤ 재건축사업은 토지등소유자가 20인 미만인 경우에는 토지등소유자가 시행할 수 있다. ( )

Answer

1. × 관리처분계획에 따라 주택 및 부대시설 · 복리시설(오피스텔×)을 건설하여 공급하는 방법과 환지로 공급하는 방법을 혼용하는 방법으로 할 수 있다.
2. × 재건축사업은 인가받은 관리처분계획에 따라 주택, 부대 · 복리시설 및 오피스텔을 건설하여 공급하는 방법에 따른다(재건축사업은 환지로 공급하는 방법으로 할 수 없다).
3. × 혼용하는 방법으로 시행할 수 없다.
4. ○
5. × 재개발사업은 토지등소유자가 20인 미만인 경우에는 토지등소유자가 시행할 수 있다.

Thema 20 조합설립추진위원회 및 정비사업조합

1 조합설립추진위원회 구성 및 조합의 설립

(1) 조합설립추진위원회의 구성

조합을 설립하려는 경우에는 정비구역 지정·고시 후 다음의 사항에 대하여 토지등소유자 과반수의 동의를 받아 조합설립을 위한 추진위원회를 구성하여 국토교통부령으로 정하는 방법과 절차에 따라 시장·군수 등의 승인을 받아야 한다.

1. 추진위원회 위원장(이하 "추진위원장"이라 한다)을 포함한 5명 이상의 추진위원회 위원(이하 "추진위원"이라 한다)
2. 추진위원회의 운영규정

(2) 공공지원시의 특례

정비사업에 대하여 공공지원을 하려는 경우에는 추진위원회를 구성하지 아니할 수 있다. 이 경우 조합설립 방법 및 절차 등에 필요한 사항은 대통령령으로 정한다.

(3) 정비사업전문관리업자의 선정

추진위원회가 정비사업전문관리업자를 선정하려는 경우에는 시장·군수 등의 추진위원회 승인을 받은 후 경쟁입찰 또는 수의계약(2회 이상 경쟁입찰이 유찰된 경우로 한정한다)의 방법으로 선정하여야 한다.

2 추진위원회의 조직 및 운영

(1) 조 직

추진위원회는 추진위원회를 대표하는 추진위원장 1명과 감사를 두어야 한다.

(2) 업무의 보고와 승계

추진위원회는 수행한 업무를 총회에 보고하여야 하며, 그 업무와 관련된 권리·의무는 조합이 포괄승계한다.

(3) 회계장부 및 관련서류의 인계

추진위원회는 사용경비를 기재한 회계장부 및 관계 서류를 조합설립인가일부터 30일 이내에 조합에 인계하여야 한다.

3 조합의 설립인가

(1) 조합설립의 의무

시장 · 군수 등, 토지주택공사 등 또는 지정개발자가 아닌 자가 정비사업을 시행하려는 경우에는 토지등소유자로 구성된 조합을 설립하여야 한다. 다만, 토지등소유자가 재개발사업을 시행하려는 경우에는 그러하지 아니하다.

(2) 재개발사업의 조합설립인가

재개발사업의 추진위원회(추진위원회를 구성하지 아니하는 경우에는 토지등소유자를 말한다)가 조합을 설립하려면 토지등소유자의 4분의 3 이상 및 토지면적의 2분의 1 이상의 토지소유자의 동의를 받아 정관 등을 첨부하여 시장 · 군수 등의 인가를 받아야 한다. 이 경우 설립된 조합이 인가받은 사항을 변경하고자 하는 때에는 총회에서 조합원의 3분의 2 이상의 찬성으로 의결하고, 정관 등의 사항을 첨부하여 시장 · 군수 등의 인가를 받아야 한다.

(3) 재건축사업의 조합설립인가

① 재건축사업의 추진위원회(추진위원회를 구성하지 아니하는 경우에는 토지등소유자를 말한다)가 조합을 설립하려는 때에는 주택단지의 공동주택의 각 동(복리시설의 경우에는 주택단지의 복리시설 전체를 하나의 동으로 본다)별 구분소유자의 과반수 동의(공동주택의 각 동별 구분소유자가 5 이하인 경우는 제외한다)와 주택단지의 전체 구분소유자의 4분의 3 이상 및 토지면적의 4분의 3 이상의 토지소유자의 동의를 받아 정관 등의 사항을 첨부하여 시장 · 군수 등의 인가를 받아야 한다. 이 경우 설립된 조합이 인가받은 사항을 변경하고자 하는 때에는 총회에서 조합원의 3분의 2 이상의 찬성으로 의결하고, 정관 등의 사항을 첨부하여 시장 · 군수 등의 인가를 받아야 한다.

② 주택단지가 아닌 지역이 정비구역에 포함된 때에는 주택단지가 아닌 지역의 토지 또는 건축물 소유자의 4분의 3 이상 및 토지면적의 3분의 2 이상의 토지소유자의 동의를 받아야 한다.

4 조합의 법인격

(1) 조합의 법적 성격

조합은 법인으로 한다.

(2) **성립시기**

조합은 조합설립인가를 받은 날부터 30일 이내에 주된 사무소의 소재지에서 대통령령으로 정하는 사항을 등기하는 때에 성립한다.

(3) **민법의 준용**

조합에 관하여는 이 법에 규정된 사항을 제외하고는 민법 중 사단법인에 관한 규정을 준용한다.

5 조합원의 자격

(1) **조합원의 자격**

정비사업의 조합원(사업시행자가 신탁업자인 경우에는 위탁자를 말한다)은 토지등소유자(재건축사업의 경우에는 재건축사업에 동의한 자만 해당한다)로 한다.

(2) **조합원의 지위 양도 등**

① **원칙**: 조합설립인가 후 양도·증여·판결 등으로 인하여 조합원의 권리가 이전된 때에는 조합원의 권리를 취득한 자를 조합원으로 본다.

② **예외**: 주택법에 따른 투기과열지구로 지정된 지역에서 재건축사업을 시행하는 경우에는 조합설립인가 후, 재개발사업을 시행하는 경우에는 관리처분계획의 인가 후 해당 정비사업의 건축물 또는 토지를 양수(매매·증여, 그 밖의 권리의 변동을 수반하는 일체의 행위를 포함하되, 상속·이혼으로 인한 양도·양수의 경우는 제외한다)한 자는 조합원이 될 수 없다.

6 조합의 임원

(1) 조합은 조합원으로서 정비구역에 위치한 건축물 또는 토지(재건축사업의 경우에는 건축물과 그 부속토지를 말한다)를 소유한 자[하나의 건축물 또는 토지의 소유권을 다른 사람과 공유한 경우에는 가장 많은 지분을 소유(2인 이상의 공유자가 가장 많은 지분을 소유한 경우를 포함한다)한 경우로 한정한다] 중 다음의 어느 하나의 요건을 갖춘 조합장 1명과 이사, 감사를 임원으로 둔다. 이 경우 조합장은 선임일부터 관리처분계획인가를 받을 때까지는 해당 정비구역에서 거주(영업을 하는 자의 경우 영업을 말한다)하여야 한다.

1. 정비구역에 위치한 건축물 또는 토지를 5년 이상 소유할 것
2. 정비구역에서 거주하고 있는 자로서 선임일 직전 3년 동안 정비구역에서 1년 이상 거주할 것

(2) 조합임원의 직무

① 조합장은 조합을 대표하고, 그 사무를 총괄하며, 총회 또는 대의원회의 의장이 된다.

② 조합장 또는 이사가 자기를 위하여 조합과 계약이나 소송을 할 때에는 감사가 조합을 대표한다.

③ 조합임원은 같은 목적의 정비사업을 하는 다른 조합의 임원 또는 직원을 겸할 수 없다.

(3) 조합임원의 결격사유 및 해임

① **조합임원의 결격사유**

다음에 해당하는 자는 조합임원 또는 전문조합관리인이 될 수 없다.

1. 미성년자 · 피성년후견인 또는 피한정후견인
2. 파산선고를 받고 복권되지 아니한 자
3. 금고 이상의 실형을 선고받고 그 집행이 종료(종료된 것으로 보는 경우를 포함한다)되거나 집행이 면제된 날부터 2년이 지나지 아니한 자
4. 금고 이상의 형의 집행유예를 받고 그 유예기간 중에 있는 자
5. 이 법을 위반하여 벌금 100만원 이상의 형을 선고받고 10년이 지나지 아니한 자
6. 조합설립 인가권자에 해당하는 지방자치단체의 장, 지방의회의원 또는 그 배우자 · 직계존속 · 직계비속

② **임원의 퇴임**

㉠ 조합임원이 다음에 해당하는 경우에는 당연 퇴임한다.

1. 조합임원이 결격사유에 해당하게 되거나 선임 당시 그에 해당하는 자이었음이 밝혀진 경우
2. 조합임원이 자격요건을 갖추지 못한 경우

㉡ 퇴임된 임원이 퇴임 전에 관여한 행위는 그 효력을 잃지 아니한다.

7 총회 등

(1) 총 회

조합에 조합원으로 구성되는 총회를 둔다.

(2) 대의원회

① **대의원회 설치 의무**: 조합원의 수가 100명 이상인 조합은 대의원회를 두어야 한다.

② 조합장이 아닌 조합임원은 대의원이 될 수 없다.

8 핵심 확인학습

① 조합을 설립하려는 경우에는 정비구역지정 고시 후 추진위원장을 포함한 5명 이상의 추진위원 및 추진위원회의 운영규정에 대한 토지등소유자 과반수의 동의를 받아 조합설립을 위한 추진위원회를 구성하여 시장·군수 등의 승인을 받아야 한다. ( )

② 추진위원회는 사용경비를 기재한 회계장부 및 관련서류를 조합 설립의 인가일부터 20일 이내에 조합에 인계하여야 한다. ( )

③ 정비사업조합은 조합설립의 인가를 받으면 성립한다. ( )

④ 정비사업조합의 조합장의 자기를 위한 조합과의 계약이나 소송에 관하여는 이사가 조합을 대표한다. ( )

⑤ 조합원의 수가 100인 이상인 조합은 대의원회를 둘 수 있다. ( )

⑥ 재개발사업의 추진위원회가 조합을 설립하고자 하는 때에는 주택단지 안의 공동주택의 각 동별 구분소유자의 과반수 동의와 주택단지 안의 전체 구분소유자의 3/4 이상 및 토지면적의 3/4 이상의 토지소유자의 동의를 받아 시장·군수 등의 인가를 받아야 한다. ( )

2 과목

Answer

1. ○
2. × 30일 이내에 조합에 인계하여야 한다.
3. × 조합설립의 인가를 받은 날부터 30일 이내에 주된 사무소의 소재지에서 등기함으로써 성립한다.
4. × 감사가 조합을 대표한다.
5. × 조합원의 수가 100인 이상인 조합은 대의원회를 두어야 한다.
6. × 재건축사업이다.

Thema 21 사업시행계획 및 관리처분계획

1 사업시행계획

(1) 사업시행계획서의 내용

사업시행자는 정비계획에 따라 다음의 사항을 포함하는 사업시행계획서를 작성하여야 한다.

1. 토지이용계획(건축물배치계획을 포함한다)
2. 정비기반시설 및 공동이용시설의 설치계획
3. 임시거주시설을 포함한 주민이주대책
4. 임대주택의 건설계획(재건축사업의 경우는 제외한다)
5. 사업시행기간 동안 정비구역 내 가로등 설치, 폐쇄회로 텔레비전 설치 등 범죄예방대책
6. 국민주택규모 주택의 건설계획(주거환경개선사업의 경우는 제외한다)

(2) 사업시행계획인가

시장·군수 등은 특별한 사유가 없으면 사업시행계획서의 제출이 있은 날부터 60일 이내에 인가 여부를 결정하여 사업시행자에게 통보하여야 한다.

2 관리처분계획

(1) 분양신청

① 분양신청의 통지 및 공고

사업시행자는 사업시행계획인가의 고시가 있은 날(사업시행계획인가 이후 시공자를 선정한 경우에는 시공자와 계약을 체결한 날)부터 120일 이내에 다음의 사항을 토지등소유자에게 통지하고, 분양의 대상이 되는 대지 또는 건축물의 내역 등 대통령령으로 정하는 사항을 해당 지역에서 발간되는 일간신문에 공고하여야 한다. 다만, 토지등소유자 1인이 시행하는 재개발사업의 경우에는 그러하지 아니하다.

1. 분양대상자별 종전의 토지 또는 건축물의 명세 및 사업시행계획인가의 고시가 있은 날을 기준으로 한 가격
2. 분양대상자별 분담금의 추산액
3. 분양신청기간

② 분양신청기간

분양신청기간은 통지한 날부터 30일 이상 60일 이내로 하여야 한다. 다만, 사업시행자는 관리처분계획의 수립에 지장이 없다고 판단하는 경우에는 분양신청기간을 20일의 범위에서 한 차례만 연장할 수 있다.

(2) 관리처분계획

① 관리처분계획의 내용

사업시행자는 분양신청기간이 종료된 때에는 분양신청의 현황을 기초로 분양설계, 분양대상자의 주소 및 성명, 분양대상자별 분양예정인 대지 또는 건축물의 추산액 등의 사항이 포함된 관리처분계획을 수립하여 시장·군수 등의 인가를 받아야 하며, 관리처분계획을 변경·중지 또는 폐지하려는 경우에도 또한 같다.

② 관리처분계획의 수립기준

1. **작성기준**: 종전의 토지 또는 건축물의 면적·이용 상황·환경, 그 밖의 사항을 종합적으로 고려하여 대지 또는 건축물이 균형 있게 분양신청자에게 배분되고 합리적으로 이용되도록 한다.
2. **증·감환권**: 지나치게 좁거나 넓은 토지 또는 건축물은 넓히거나 좁혀 대지 또는 건축물이 적정 규모가 되도록 한다.
3. **현금청산**: 너무 좁은 토지 또는 건축물을 취득한 자나 정비구역 지정 후 분할된 토지 또는 집합건물의 구분소유권을 취득한 자에 대하여는 현금으로 청산할 수 있다.
4. **위해방지를 위한 조치**: 재해 또는 위생상의 위해를 방지하기 위하여 토지의 규모를 조정할 특별한 필요가 있는 때에는 너무 좁은 토지를 넓혀 토지를 갈음하여 보상을 하거나 건축물의 일부와 그 건축물이 있는 대지의 공유지분을 교부할 수 있다.
5. **분양설계**: 분양설계에 관한 계획은 분양신청기간이 만료하는 날을 기준으로 수립한다.
6. **1주택 공급원칙**: 1세대 또는 1명이 하나 이상의 주택 또는 토지를 소유한 경우 1주택을 공급하고, 같은 세대에 속하지 아니하는 2명 이상이 1주택 또는 1토지를 공유한 경우에는 1주택만 공급한다. 다만, 다음의 경우에는 다음의 방법에 따라 주택을 공급할 수 있다.
   ① 조례로 정하는 바에 따른 주택의 공급: 2명 이상이 1토지를 공유한 경우로서 시·도조례로 주택공급을 따로 정하고 있는 경우에는 시·도조례로 정하는 바에 따라 주택을 공급할 수 있다.
   ② 2주택 공급: 분양대상자별 종전의 토지 또는 건축물 명세 및 사업시행계획인가 고시가 있은 날을 기준으로 한 가격의 범위 또는 종전 주택의 주거전용면적의 범위에서 2주택을 공급할 수 있고, 이 중 1주택은 주거전용면적을 60㎡ 이하로 한다. 다만, 60㎡ 이하로 공급받은 1주택은 이전고시일 다음 날부터 3년이 지나기 전에는 주택을 전매하거나 전매를 알선할 수 없다.
   ③ 3주택까지 공급: 과밀억제권역에 위치한 재건축사업의 경우에는 토지등소유자가 소유한 주택수의 범위에서 3주택까지 공급할 수 있다. 다만, 투기과열지구 또는 주택법에 따라 지정된 조정대상지역에서 사업시행계획인가(최초 사업시행계획인가를 말한다)를 신청하는 재건축사업의 경우에는 그러하지 아니하다.
   ④ 소유한 주택 수만큼 공급: 다음에 해당하는 토지등소유자에게는 소유한 주택 수만큼 공급할 수 있다.

> ㉠ 과밀억제권역에 위치하지 아니한 재건축사업의 토지등소유자. 다만, 투기과열지구 또는 주택법에 따라 지정된 조정대상지역에서 사업시행계획인가(최초 사업시행계획인가를 말한다)를 신청하는 재건축사업의 토지등소유자는 제외한다. 단, 과밀억제권역 외의 조정대상지역 또는 투기과열지구에서 조정대상지역 또는 투기과열지구로 지정되기 전에 1명의 토지등소유자로부터 토지 또는 건축물의 소유권을 양수하여 여러 명이 소유하게 된 경우에는 양도인과 양수인에게 각각 1주택을 공급할 수 있다.
> ㉡ 근로자 숙소, 기숙사 용도로 주택을 소유하고 있는 토지등소유자
> ㉢ 국가, 지방자치단체 및 토지주택공사 등
> ㉣ 지방자치분권 및 지역균형발전에 관한 특별법에 따른 공공기관지방이전 및 혁신도시 활성화를 위한 시책 등에 따라 이전하는 공공기관이 소유한 주택을 양수한 자

(3) 관리처분계획의 인가

시장 · 군수 등은 사업시행자의 관리처분계획인가의 신청이 있은 날부터 30일 이내에 인가 여부를 결정하여 사업시행자에게 통보하여야 한다.

(4) 건축물의 철거

사업시행자는 관리처분계획인가를 받은 후 기존의 건축물을 철거하여야 한다.

3 공사완료에 따른 조치 등

(1) 정비사업의 준공인가

① 시장 · 군수 등이 아닌 사업시행자가 정비사업 공사를 완료한 때에는 대통령령으로 정하는 방법 및 절차에 따라 시장 · 군수 등의 준공인가를 받아야 한다.

② **준공인가 등에 따른 정비구역의 해제**

정비구역의 지정은 준공인가의 고시가 있은 날(관리처분계획을 수립하는 경우에는 이전고시가 있은 때를 말한다)의 다음 날에 해제된 것으로 본다. 정비구역의 해제는 조합의 존속에 영향을 주지 아니한다.

(2) 소유권 이전고시 및 취득

사업시행자는 대지 및 건축물의 소유권을 이전하려는 때에는 그 내용을 해당 지방자치단체의 공보에 고시한 후 시장 · 군수 등에게 보고하여야 한다. 이 경우 대지 또는 건축물을 분양받을 자는 고시가 있은 날의 다음 날에 그 대지 또는 건축물의 소유권을 취득한다.

(3) 이전등기

사업시행자는 이전고시가 있은 때에는 지체 없이 대지 및 건축물에 관한 등기를 지방법원 지원 또는 등기소에 촉탁 또는 신청하여야 한다.

(4) 청산금

① 의 의

대지 또는 건축물을 분양받은 자가 종전에 소유하고 있던 토지 또는 건축물의 가격과 분양받은 대지 또는 건축물의 가격 사이에 차이가 있는 경우 사업시행자는 이전고시가 있은 후에 그 차액에 상당하는 금액(이하 "청산금"이라 한다)을 분양받은 자로부터 징수하거나 분양받은 자에게 지급하여야 한다.

② 산정기준

사업시행자는 종전에 소유하고 있던 토지 또는 건축물의 가격과 분양받은 대지 또는 건축물의 가격을 평가하는 경우 그 토지 또는 건축물의 규모·위치·용도·이용 상황·정비사업비 등을 참작하여 평가하여야 한다.

③ 징수 및 지급방법

사업시행자는 정관 등에서 분할징수 및 분할지급을 정하고 있거나 총회의 의결을 거쳐 따로 정한 경우에는 관리처분계획인가 후부터 이전고시가 있은 날까지 일정 기간별로 분할징수하거나 분할지급할 수 있다.

④ 청산금의 소멸시효

청산금을 지급(분할지급을 포함한다)받을 권리 또는 이를 징수할 권리는 이전고시일의 다음 날부터 5년간 행사하지 아니하면 소멸한다.

4 핵심 확인학습

① 사업시행자는 사업시행계획인가의 고시가 있은 날부터 60일 이내에 분양대상자별 분담금의 추산액 및 분양신청기간 등을 토지등소유자에게 통지하고 일간신문에 공고하여야 한다. ( )

② 준공인가에 따른 정비구역이 해제되면 조합이 해산된 것으로 본다. ( )

③ 관리처분계획에 따라 소유권을 이전하는 경우 건축물을 분양받을 자는 이전고시가 있은 날에 그 건축물의 소유권을 취득한다. ( )

④ 분양설계에 관한 계획은 분양신청기간이 만료되는 날을 기준으로 하여 수립한다. ( )

⑤ 과밀억제권역에 위치하지 아니하는 재건축사업의 경우에는 1세대가 수개의 주택을 소유한 경우에는 3주택까지 공급할 수 있다. 다만, 주택법에 따라 지정된 투기과열지구 또는 조정대상지역에서 사업시행계획인가를 신청하는 재건축사업의 토지등소유자는 제외한다. ( )

Answer

1. × 사업시행계획인가의 고시가 있은 날부터 120일 이내
2. × 준공인가에 따른 정비구역의 해제는 조합의 존속에 영향을 주지 아니한다.
3. × 이전고시가 있은 날의 다음 날에 그 건축물의 소유권을 취득한다.
4. ○
5. × 1세대가 수개의 주택을 소유한 경우에는 소유한 주택의 수만큼 공급할 수 있다.

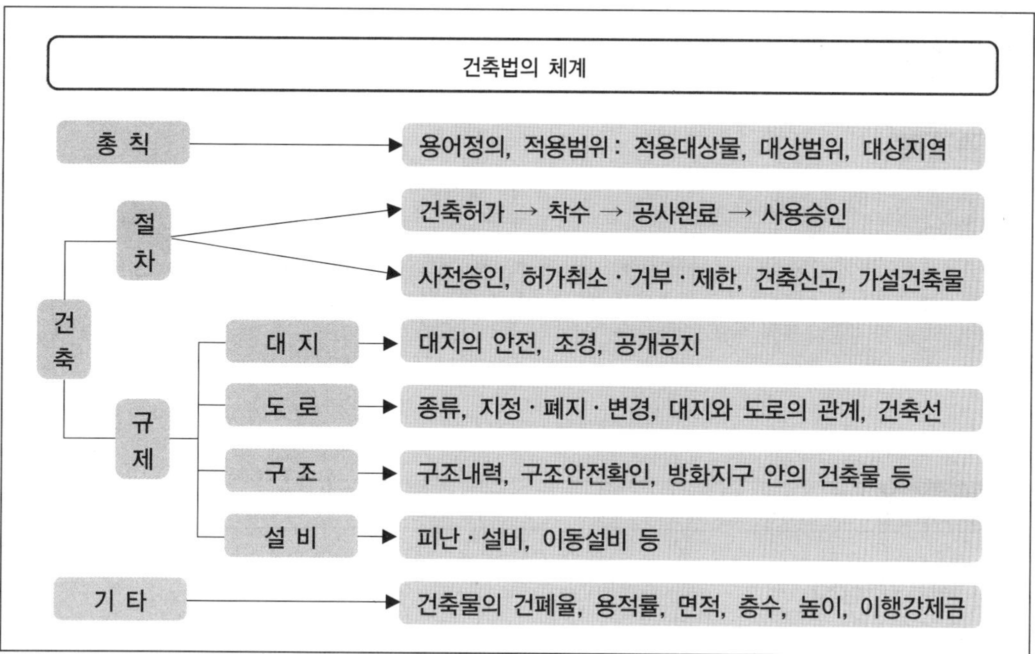
건축법의 체계
총 칙
용어정의, 적용범위 : 적용대상물, 대상범위, 대상지역
건축
절차
건축허가 → 착수 → 공사완료 → 사용승인
사전승인, 허가취소 · 거부 · 제한, 건축신고, 가설건축물
규제
대 지
대지의 안전, 조경, 공개공지
도 로
종류, 지정 · 폐지 · 변경, 대지와 도로의 관계, 건축선
구 조
구조내력, 구조안전확인, 방화지구 안의 건축물 등
설 비
피난 · 설비, 이동설비 등
기 타
건축물의 건폐율, 용적률, 면적, 층수, 높이, 이행강제금

건축법 체계도

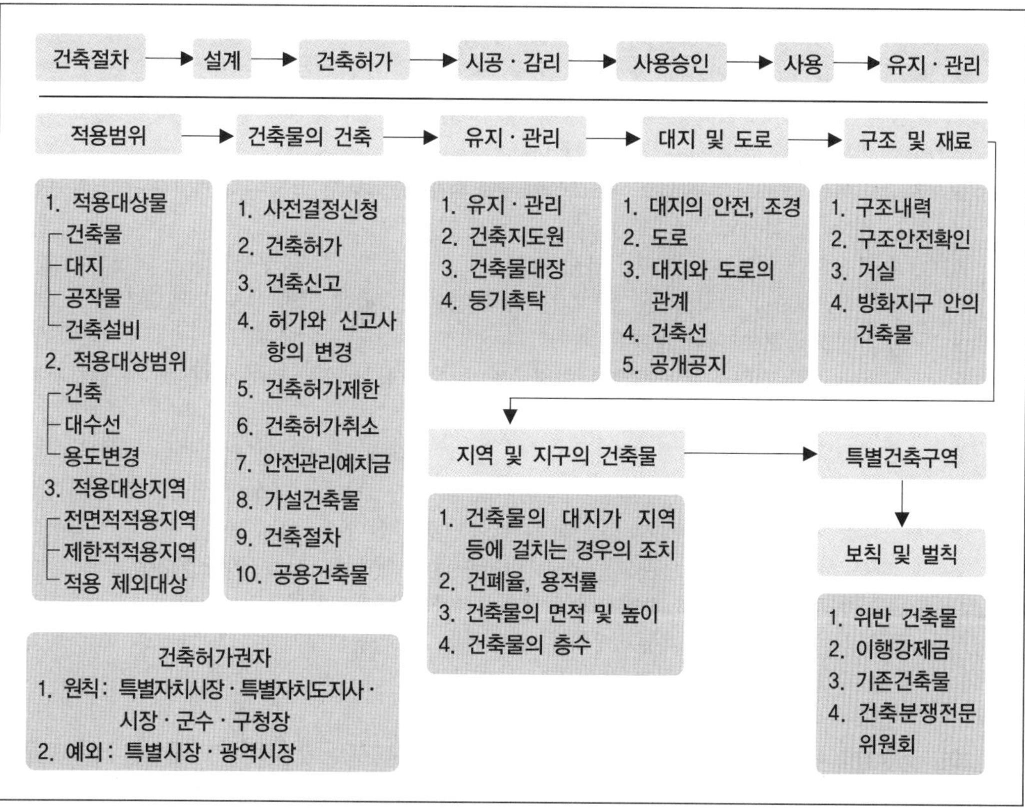
건축절차 → 설계 → 건축허가 → 시공 · 감리 → 사용승인 → 사용 → 유지 · 관리
적용범위 → 건축물의 건축 → 유지 · 관리 → 대지 및 도로 → 구조 및 재료
1. 적용대상물
건축물
대지
공작물
건축설비
2. 적용대상범위
건축
대수선
용도변경
3. 적용대상지역
전면적적용지역
제한적적용지역
적용 제외대상
1. 사전결정신청
2. 건축허가
3. 건축신고
4. 허가와 신고사항의 변경
5. 건축허가제한
6. 건축허가취소
7. 안전관리예치금
8. 가설건축물
9. 건축절차
10. 공용건축물
1. 유지 · 관리
2. 건축지도원
3. 건축물대장
4. 등기촉탁
1. 대지의 안전, 조경
2. 도로
3. 대지와 도로의 관계
4. 건축선
5. 공개공지
1. 구조내력
2. 구조안전확인
3. 거실
4. 방화지구 안의 건축물
지역 및 지구의 건축물 → 특별건축구역 → 보칙 및 벌칙
1. 건축물의 대지가 지역 등에 걸치는 경우의 조치
2. 건폐율, 용적률
3. 건축물의 면적 및 높이
4. 건축물의 층수
1. 위반 건축물
2. 이행강제금
3. 기존건축물
4. 건축분쟁전문위원회
건축허가권자
1. 원칙 : 특별자치시장 · 특별자치도지사 · 시장 · 군수 · 구청장
2. 예외 : 특별시장 · 광역시장

건축법

단 원 열 기

건축법은 국토의 계획 및 이용에 관한 법률과 함께 다른 법률을 이해하기 위한 기초적인 내용이 많이 포함되어 있어 기본적인 개념을 중심으로 학습해야 하는 법률이다. 세부적인 암기사항이 많은 편이나 정리만 잘하면 그렇게 난해하거나 복잡하지 않다. 전체적인 체계를 잡아서 반복적인 학습이 이루어진다면 고득점이 가능한 법률이라고 할 수 있다. 건축물의 건축, 건축허가권자, 건축허가제한, 건축신고, 건축물의 대지 및 도로, 용도변경, 사용승인, 건축물의 높이제한, 공개공지 등을 중심으로 정리하는 것이 효율적인 학습방법이다. 건축법에서는 7문제가 출제된다.

Thema 22 용어의 정의

1 용어의 정의

1. '대지(垈地)'란 공간정보의 구축 및 관리 등에 관한 법률에 따라 각 필지(筆地)로 나눈 토지를 말한다. 다만, 대통령령으로 정하는 토지는 둘 이상의 필지를 하나의 대지로 하거나 하나 이상의 필지의 일부를 하나의 대지로 할 수 있다.
2. '건축물'이란 토지에 정착(定着)하는 공작물 중 지붕과 기둥 또는 벽이 있는 것과 이에 딸린 시설물, 지하나 고가(高架)의 공작물에 설치하는 사무소 · 공연장 · 점포 · 차고 · 창고, 그 밖에 대통령령으로 정하는 것을 말한다.
3. '지하층'이란 건축물의 바닥이 지표면 아래에 있는 층으로서 바닥에서 지표면까지 평균높이가 해당 층 높이의 2분의 1 이상인 것을 말한다.
4. '주요구조부'란 내력벽(耐力壁), 기둥, 바닥, 보, 지붕틀 및 주계단(主階段)을 말한다. 다만, 사이 기둥, 최하층 바닥, 작은 보, 차양, 옥외 계단, 그 밖에 이와 유사한 것으로 건축물의 구조상 중요하지 아니한 부분은 제외한다.
5. '리모델링'이란 건축물의 노후화를 억제하거나 기능 향상 등을 위하여 대수선하거나 건축물의 일부를 증축 또는 개축하는 행위를 말한다.
6. '고층건축물'이란 층수가 30층 이상이거나 높이가 120미터 이상인 건축물을 말한다.
7. '초고층 건축물'이란 층수가 50층 이상이거나 높이가 200미터 이상인 건축물을 말한다.
8. '다중이용 건축물'이란 다음에 해당하는 건축물을 말한다.
   ① 다음 하나에 해당하는 용도로 쓰는 바닥면적의 합계가 5천m^2 이상인 건축물
      ㉠ 종교시설, 문화 및 집회시설(동물원 · 식물원은 제외한다)
      ㉡ 운수시설 중 여객자동차터미널, 숙박시설 중 관광숙박시설
      ㉢ 판매시설, 의료시설 중 종합병원
   ② 16층 이상인 건축물
9. '결합건축'이란 용적률을 개별 대지마다 적용하지 아니하고, 2개 이상의 대지를 대상으로 통합적용하여 건축물을 건축하는 것을 말한다.

2 건축 · 대수선

(1) 건 축

건축이란 건축물을 신축 · 증축 · 개축 · 재축하거나 건축물을 이전하는 것을 말한다.

신 축	건축물이 없는 대지에 새로 건축물을 축조하는 것(부속건축물만 있는 대지에 새로 주된 건축물을 축조하는 것도 포함하되 개축 또는 재축하는 것은 제외)을 말한다.
증 축	기존 건축물이 있는 대지에서 건축물의 건축면적 · 연면적 · 층수 또는 높이를 늘리는 것을 말한다.
개 축	기존 건축물의 전부 또는 일부(내력벽 · 기둥 · 보 · 지붕틀 중 셋 이상이 포함되는 경우를 말함)를 해체하고 그 대지에 종전과 같은 규모의 범위에서 건축물을 다시 축조하는 것을 말한다.
재 축	건축물이 천재지변이나 그 밖의 재해(災害)로 멸실된 경우 그 대지에 다음의 요건을 모두 갖추어 다시 축조하는 것을 말한다. 1. 연면적 합계는 종전 규모 이하로 할 것 2. 동(棟)수, 층수 및 높이는 다음의 어느 하나에 해당할 것 ① 동수, 층수 및 높이가 모두 종전 규모 이하일 것 ② 동수, 층수 또는 높이의 어느 하나가 종전 규모를 초과하는 경우에는 해당 동수, 층수 및 높이가 건축법, 이 영 또는 건축조례에 모두 적합할 것
이 전	건축물의 주요구조부를 해체하지 아니하고 같은 대지의 다른 위치로 옮기는 것을 말한다.

(2) 대수선

'대수선'이란 건축물의 기둥, 보, 내력벽, 주계단 등의 구조나 외부형태를 수선 · 변경하거나 증설하는 다음에 해당하는 것으로서 증축 · 개축 또는 재축에 해당하지 아니하는 것을 말한다.

1. 내력벽을 증설 또는 해체하거나 그 벽면적을 30제곱미터 이상 수선 또는 변경하는 것
2. 기둥을 증설 또는 해체하거나 세 개 이상 수선 또는 변경하는 것
3. 보를 증설 또는 해체하거나 세 개 이상 수선 또는 변경하는 것
4. 지붕틀(한옥의 경우에는 지붕틀의 범위에서 서까래는 제외)을 증설 또는 해체하거나 세 개 이상 수선 또는 변경하는 것
5. 방화벽 또는 방화구획을 위한 바닥 또는 벽을 증설 또는 해체하거나 수선 또는 변경하는 것
6. 주계단 · 피난계단 또는 특별피난계단을 증설 또는 해체하거나 수선 또는 변경하는 것
7. 다가구주택의 가구 간 경계벽 또는 다세대주택의 세대 간 경계벽을 증설 또는 해체하거나 수선 또는 변경하는 것
8. 건축물의 외벽에 사용하는 마감재료를 증설 또는 해체하거나 벽면적을 30제곱미터 이상 수선 또는 변경하는 것

3 건축법을 적용하지 아니하는 건축물

다음에 해당하는 건축물에는 건축법을 적용하지 아니한다.

1. 문화유산의 보존 및 활용에 관한 법률에 따른 지정문화유산이나 임시지정문화유산 또는 자연유산의 보존 및 활용에 관한 법률에 따라 지정된 천연기념물등이나 임시지정천연기념물, 임시지정명승, 임시지정시・도자연유산, 임시자연유산자료
2. 철도나 궤도의 선로 부지에 있는 다음의 시설
   ① 운전보안시설
   ② 철도 선로의 위나 아래를 가로지르는 보행시설
   ③ 플랫폼
   ④ 해당 철도 또는 궤도사업용 급수・급탄 및 급유시설
3. 고속도로 통행료 징수시설
4. 컨테이너를 이용한 간이창고(산업집적활성화 및 공장설립에 관한 법률에 따른 공장의 용도로만 사용되는 건축물의 대지 안에 설치하는 것으로서 이동이 쉬운 것에 한함)
5. 하천법에 따른 하천구역 내의 수문조작실

4 핵심 확인학습

① 지하층은 건축물의 바닥이 지표면 아래에 있는 층으로서 그 바닥으로부터 지표면까지 평균 높이가 해당 층 높이의 1/3 이상인 것을 말한다. ( )

② 주요구조부는 내력벽・사이 기둥・바닥・작은 보・지붕틀・주계단이다. ( )

③ 초고층건축물은 층수가 30층 이상이거나 높이가 120m 이상인 건축물을 말한다. ( )

④ 부속건축물이 있는 대지에 새로이 주된 건축물을 축조하는 행위는 증축에 해당한다. ( )

⑤ 지붕틀 3개를 증설하여 연면적을 넓히는 것은 대수선이다. ( )

⑥ 주계단・피난계단・특별피난계단을 증설하는 것은 증축이다. ( )

⑦ 고속도로 통행료 징수시설을 건축하는 경우에는 건축법을 적용한다. ( )

Answer

1. × 해당 층 높이의 1/2 이상인 것을 말한다.
2. × 내력벽(耐力壁), 기둥, 바닥, 보, 지붕틀 및 주계단(主階段)을 말한다.
3. × 초고층건축물은 층수가 50층 이상이거나 높이가 200m 이상인 건축물을 말한다.
4. × 신축이다.
5. × 증축이다.
6. × 대수선이다.
7. × 건축법을 적용하지 아니한다.

Thema 23 건축물의 건축

1 건축허가

(1) 건축허가의 의의

건축물의 건축 · 대수선 또는 용도변경에 관한 일반적 · 상대적 금지를 일정한 요건 아래 해제하여 본래의 자연적 권리를 회복시켜 주는 행정처분을 말한다.

(2) 허가권자 등

① **원칙**: 건축물을 건축하거나 대수선하려는 자는 특별자치시장 · 특별자치도지사 또는 시장 · 군수 · 구청장의 허가를 받아야 한다.

② **예외**: 다음의 건축물을 특별시나 광역시에 건축하려면 특별시장이나 광역시장의 허가를 받아야 한다.

1. 층수가 21층 이상이거나 연면적의 합계가 10만m^2 이상인 건축물의 건축
2. 연면적의 10분의 3 이상을 증축하여 층수가 21층 이상으로 되거나 연면적의 합계가 10만m^2 이상으로 되는 경우
3. 단, 공장, 창고, 지방건축위원회의 심의를 거친 건축물(특별시 또는 광역시의 건축조례로 정하는 바에 따라 해당 지방건축위원회의 심의사항으로 할 수 있는 건축물에 한정하며, 초고층 건축물은 제외한다)은 제외한다.

(3) 건축허가의 필수적 취소

허가권자는 허가를 받은 자가 다음에 해당하면 그 허가를 취소하여야 한다. 다만, 1.에 해당하는 경우로서 허가권자는 정당한 사유가 있다고 인정하는 경우에는 1년의 범위에서 공사의 착수기간을 연장할 수 있다.

1. 허가를 받은 날로부터 2년(산업집적활성화 및 공장 설립에 관한 법률에 따라 공장의 신설 · 증설 · 업종변경의 승인을 받은 공장은 3년) 이내에 공사에 착수하지 아니한 경우
2. 허가를 받은 날부터 2년 이내에 공사에 착수하였으나 공사의 완료가 불가능하다고 인정되는 경우
3. 착공신고 전에 경매 또는 공매 등으로 건축주가 대지의 소유권을 상실한 때부터 6개월이 지난 이후 공사의 착수가 불가능하다고 판단되는 경우

(4) 건축허가나 착공의 제한

① 제한권자

㉠ 국토교통부장관의 제한: 국토교통부장관은 국토관리를 위하여 특히 필요하다고 인정하거나 주무부장관이 국방, 국가유산기본에 따른 국가유산의 보존, 환경보존 또는 국민경제를 위하여 특히 필요하다고 인정하여 요청하면 허가권자의 건축허가나 허가를 받은 건축물의 착공을 제한할 수 있다.

㉡ 특별시장 · 광역시장 · 도지사의 제한: 특별시장 · 광역시장 · 도지사는 지역계획이나 도시 · 군계획에 특히 필요하다고 인정하면 시장 · 군수 · 구청장의 건축허가나 허가를 받은 건축물의 착공을 제한할 수 있다. 특별시장 · 광역시장 · 도지사는 시장 · 군수 · 구청장의 건축허가나 건축물의 착공을 제한한 경우 즉시 국토교통부장관에게 보고하여야 하며, 보고를 받은 국토교통부장관은 제한 내용이 지나치다고 인정하면 해제를 명할 수 있다.

② 제한기간

건축허가나 건축물의 착공을 제한하는 경우 제한기간은 2년 이내로 한다. 다만, 1회에 한하여 1년 이내의 범위에서 제한기간을 연장할 수 있다.

(5) 신고사항

허가대상 건축물이라 하더라도 다음에 해당하는 경우에는 미리 특별자치시장 · 특별자치도지사 또는 시장 · 군수 · 구청장에게 국토교통부령으로 정하는 바에 따라 신고를 하면 건축허가를 받은 것으로 본다.

건축신고사항

1. 바닥면적의 합계가 85제곱미터 이내의 증축 · 개축 또는 재축. 다만, 3층 이상 건축물인 경우에는 증축 · 개축 또는 재축하려는 부분의 바닥면적의 합계가 건축물 연면적의 10분의 1 이내인 경우로 한정한다.
2. 국토의 계획 및 이용에 관한 법률에 따른 관리지역, 농림지역 또는 자연환경보전지역에서 연면적 200제곱미터 미만이고 3층 미만인 건축물의 건축. 다만, 지구단위계획구역, 방재지구 등 재해취약지역으로서 대통령령으로 정하는 구역에서의 건축은 제외한다.
3. 연면적이 200제곱미터 미만이고 3층 미만인 건축물의 대수선
4. 주요구조부의 해체가 없는 등 대통령령으로 정하는 대수선
5. 그 밖에 소규모 건축물로서 대통령령으로 정하는 건축물의 건축

2 건축물의 사용승인

(1) 사용승인의 신청대상

건축주는 허가대상 건축물, 신고대상 건축물, 허가대상 가설건축물의 건축공사를 완료한 후 그 건축물을 사용하려면 공사감리자가 작성한 감리완료보고서와 국토교통부령으로 정하는 공사완료도서를 첨부하여 허가권자에게 사용승인을 신청하여야 한다.

(2) 사용승인서의 교부

허가권자는 사용승인신청을 받은 경우 신청서를 받은 날부터 7일 이내에 검사를 실시하고, 현장검사에 합격된 건축물에 대하여는 사용승인서를 내주어야 한다.

3 핵심 확인학습

① 서울특별시 A구에서 연면적의 합계가 20만m²인 공장이나 창고를 건축하고자 하는 경우에는 서울특별시장이 허가권자이다. (　)

② 허가권자는 건축허가를 받은 날부터 1년 이내에 공사를 착수하지 아니하는 경우에는 허가를 취소하여야 한다. (　)

③ 국토교통부장관은 국방부장관이 국방상 특히 필요하다고 인정하여 요청한 경우 건축허가를 받은 건축물의 착공을 제한할 수 있다. (　)

④ 건축허가나 착공을 제한하는 기간은 2년 이내로 하며, 1회에 한하여 2년 이내의 범위에서 제한기간을 연장할 수 있다. (　)

⑤ 신고를 한 자가 신고일부터 2년 이내에 공사에 착수하지 아니한 경우에는 신고의 효력이 없어진다. (　)

⑥ 기존 건축물의 높이를 5m 이하의 범위에서 증축하는 건축물이 신고대상이다. (　)

Answer

1. × A구청장이 허가권자이다.
2. × 2년 이내에 공사를 착수하지 아니하는 경우에는 허가를 취소하여야 한다.
3. ○
4. × 1회에 한하여 1년 이내의 범위에서 제한기간을 연장할 수 있다.
5. × 신고일부터 1년 이내에 공사에 착수하지 아니한 경우에는 신고의 효력이 없어진다.
6. × 높이를 3m 이하의 범위에서 증축하는 건축물이 신고대상이다.

Thema 24 건축물의 대지와 도로

1 대 지

(1) 대지의 안전 및 조경

① **대지와 도로**: 대지는 인접한 도로면보다 낮아서는 아니 된다. 다만, 대지의 배수에 지장이 없거나 건축물의 용도상 방습의 필요가 없는 경우에는 인접한 도로면보다 낮아도 된다.

② **대지의 조경**: 면적이 200제곱미터 이상인 대지에 건축을 하는 건축주는 용도지역 및 건축물의 규모에 따라 해당 지방자치단체의 조례로 정하는 기준에 따라 대지에 조경이나 그 밖에 필요한 조치를 하여야 한다.

(2) 공개공지 등의 확보

① **의의**: 다음에 해당하는 지역의 환경을 쾌적하게 조성하기 위하여 대통령령으로 정하는 용도와 규모의 건축물은 일반이 사용할 수 있도록 대통령령으로 정하는 기준에 따라 소규모 휴식시설 등의 공개공지 또는 공개공간(공개공지 등)을 설치하여야 한다.

1. 일반주거지역
2. 준주거지역
3. 상업지역
4. 준공업지역

② **대상건축물**: 바닥면적의 합계가 5,000제곱미터 이상인 문화 및 집회시설, 종교시설, 판매시설(농수산물유통시설 제외), 운수시설(여객용 시설만 해당), 업무시설 및 숙박시설에 해당하는 건축물의 대지에는 공개공지 등을 확보하여야 한다.

③ **확보면적**: 공개공지 등의 면적은 대지면적의 100분의 10 이하의 범위에서 건축조례로 정한다.

④ **법률 규정의 완화**: 공개공지 등의 확보 대상건축물에 공개공지 등을 설치하는 경우에는 건축물의 건폐율, 건축물의 용적률과 건축물의 높이제한을 다음에 따라 완화하여 적용할 수 있다.

1. 용적률은 해당 지역에 적용되는 용적률의 1.2배 이하
2. 건축물의 높이제한은 해당 건축물에 적용되는 높이기준의 1.2배 이하

2 도 로

(1) 도로의 개념

도로란 보행과 자동차통행이 가능한 너비 4m 이상의 도로로서 다음에 해당하는 도로나 그 예정도로를 말한다.

1. 국토의 계획 및 이용에 관한 법률 · 도로법 · 사도법 그 밖의 관계 법령에 따라 신설 또는 변경에 관한 고시가 된 도로
2. 건축허가 또는 신고시에 특별시장 · 광역시장 · 특별자치시장 · 도지사 · 특별자치도지사(이하 '시 · 도지사') 또는 시장 · 군수 · 구청장(자치구의 구청장을 말함)이 위치를 지정 · 공고한 도로

(2) 대지와 도로와의 관계

건축물의 대지는 2미터 이상이 도로(자동차만의 통행에 사용되는 도로는 제외)에 접하여야 한다. 다만, 다음에 해당하면 그러하지 아니하다.

1. 해당 건축물의 출입에 지장이 없다고 인정되는 경우
2. 건축물의 주변에 광장 · 공원 · 유원지 그 밖에 관계 법령에 따라 건축이 금지되고 공중의 통행에 지장이 없는 것으로서 허가권자가 인정한 공지가 있는 경우
3. 농지법에 따른 농막을 건축하는 경우

3 핵심 확인학습

① 공개공지 등의 면적은 건축면적의 100분의 10 이하의 범위에서 건축조례로 정한다. (　　)

② 공개공지 등을 설치하는 경우 건축물의 건폐율은 완화하여 적용할 수 있으나 건축물의 높이제한은 완화하여 적용할 수 없다. (　　)

③ 공개공지 또는 공개공간의 설치대상지역은 일반공업지역, 준주거지역, 상업지역, 준공업지역이다. (　　)

④ 건축물의 대지는 4m 이상이 보행과 자동차의 통행이 가능한 도로에 접하여야 한다. (　　)

Answer

1. × 대지면적의 100분의 10 이하의 범위에서 건축조례로 정한다.
2. × 공개공지 등을 설치하는 경우 건축물의 건폐율, 용적률과 건축물의 높이제한을 완화하여 적용할 수 있다.
3. × 일반주거지역, 준주거지역, 상업지역, 준공업지역이다.
4. × 건축물의 대지는 2m 이상이 보행과 자동차의 통행이 가능한 도로에 접하여야 한다.

Thema 25 면적 · 높이 · 층수의 산정

1 건축물의 면적 · 높이 · 층수의 산정

(1) 대지면적

대지의 수평투영면적으로 한다.

(2) 건축면적

건축면적이란 건축물의 외벽의 중심선(외벽이 없는 경우에는 외곽부분 기둥의 중심선)으로 둘러싸인 부분의 수평투영면적으로 한다.

(3) 바닥면적

건축물의 각층 또는 그 일부로서 벽 · 기둥 그 밖에 이와 비슷한 구획의 중심선으로 둘러싸인 부분의 수평투영면적으로 한다.

(4) 연면적

하나의 건축물 각 층의 바닥면적의 합계로 하되, 용적률을 산정할 때에는 다음에 해당하는 면적은 제외한다.

1. 지하층의 면적
2. 지상층의 주차용(해당 건축물의 부속용도인 경우만 해당)으로 사용되는 면적
3. 초고층 건축물과 준초고층 건축물에 설치하는 피난안전구역의 면적
4. 건축물의 경사지붕 아래에 설치하는 대피공간의 면적

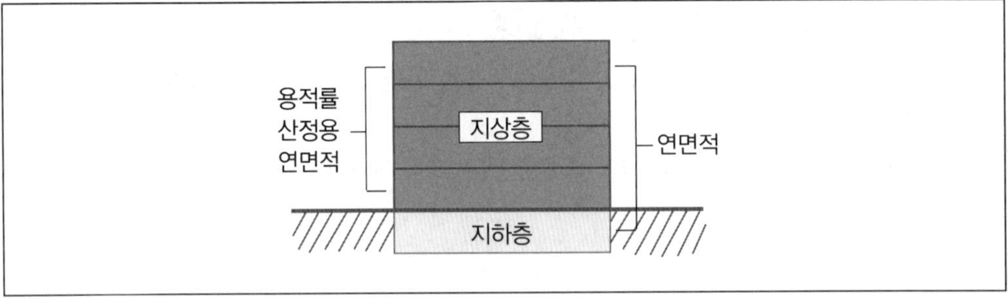

(5) 건축물의 높이

건축물의 높이는 지표면으로부터 그 건축물의 상단까지의 높이로 한다.

(6) 층 수

① 지하층은 건축물의 층수에 산입하지 아니한다.

② 층의 구분이 명확하지 않은 건축물은 그 건축물의 높이를 4미터마다 하나의 층으로 산정한다.

③ 건축물이 부분에 따라 그 층수가 다른 경우에는 그중 가장 많은 층수를 그 건축물의 층수로 본다.

2 대지분할제한

건축물이 있는 대지는 다음에 해당하는 규모 이상의 범위에서 해당 지방자치단체의 조례로 정하는 면적에 못 미치게 분할할 수 없다. 다만, 건축협정이 인가된 경우 그 건축협정의 대상이 되는 대지는 분할할 수 있다.

1. **주거지역**: 60제곱미터
2. **상업지역**: 150제곱미터
3. **공업지역**: 150제곱미터
4. **녹지지역**: 200제곱미터
5. **기타지역**: 60제곱미터

3 이행강제금

이행강제금이란 건축주가 위반사항에 대한 시정명령을 받은 후 시정기간 내에 이행하지 않을 경우 반복하여 부과·징수함으로써 1회만 부과·징수할 수 있는 행정벌이 지닌 결함을 보완할 수 있도록 마련된 제도를 말한다.

(1) 이행강제금의 대상 및 범위

① **건폐율 또는 용적률을 초과하여 건축된 경우 또는 허가를 받지 아니하거나 신고를 하지 아니하고 건축된 경우**: 지방세법에 따라 해당 건축물에 적용되는 1m^{2}당 시가표준액의 50/100에 상당하는 금액에 위반면적을 곱한 금액 이하의 범위에서 위반 내용에 따라 대통령령으로 정하는 비율을 곱한 금액

② **기타의 위반건축물**: 건축물이 위의 ① 외의 위반건축물에 해당하는 경우에는 지방세법에 따라 해당 건축물에 적용되는 시가표준액에 상당하는 금액의 10/100 범위에서 그 위반내용에 따라 대통령령이 정하는 금액

③ **특례**: 연면적 60m^2 이하의 주거용 건축물인 경우에는 부과금액의 1/2의 범위 안에서 해당 지방자치단체의 조례가 정하는 금액을 부과한다.

(2) 반복징수

허가권자는 최초의 시정명령이 있은 날을 기준으로 하여 1년에 2회 이내의 범위에서 해당 시정명령이 이행될 때까지 반복하여 이행강제금을 부과·징수할 수 있다.

4 핵심 확인학습

① 바닥면적은 건축물의 외벽 또는 외곽기둥의 중심선으로 둘러싸인 부분의 수평투영면적으로 한다. (　)

② 건축면적은 건축물의 각층 또는 그 일부로서 벽·기둥의 중심선으로 둘러싸인 부분의 수평투영면적으로 한다. (　)

③ 용적률을 산정할 때에는 초고층 건축물과 준초고층 건축물에 설치하는 피난안전구역의 면적은 연면적에 포함한다. (　)

④ 건축물이 부분에 따라 그 층수가 다른 경우에는 가중 평균 층수를 그 건축물의 층수로 본다. (　)

Answer

1. × 건축면적이다.
2. × 바닥면적이다.
3. × 연면적에 포함시키지 아니한다.
4. × 그중 가장 많은 층수를 그 건축물의 층수로 본다.

주택법 체계도

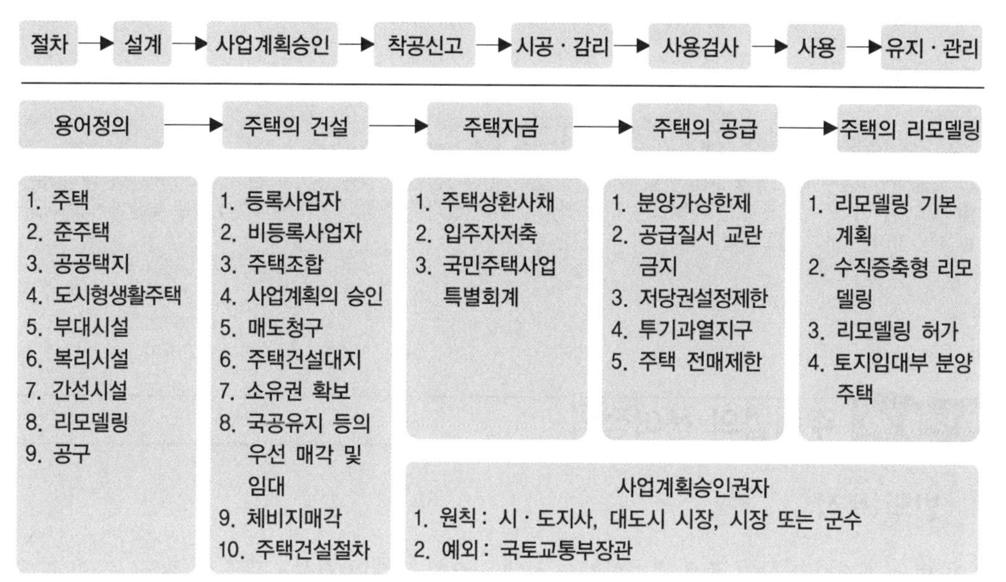

건축법	주택법
건축주	사업주체
공장 ○	공장 ×
상가 ○	상가 ×
주택 ○ • 한번에 29개 이하	주택 ○ • 한번에 30개 이상
건축허가 1. 원칙 : 특별자치시장 · 특별자치도지사 · 시장 · 군수 · 구청장 2. 예외 : 특별시장 · 광역시장	사업계획승인 1. 원칙 : 시 · 도지사, 대도시 시장, 시장 또는 군수 2. 예외 : 국토교통부장관
착공신고	착공신고
시공 · 감리	시공 · 감리
사용승인	사용검사
보증 ×	보증 ○
전매제한 ×	전매제한 ○

주택법

단원열기

주택법은 7문제가 출제되는 법률로 내용이 방대하므로 간략하게 연계되는 부분을 함께 정리하면서 학습하는 것이 효율적이다. 주택의 개념, 사업주체, 주택건설자금, 분양가상한제 적용주택 및 전매행위의 제한에 대하여는 철저한 학습이 요구된다. 또한 주택법은 다른 법률에 비하여 자주 개정되기 때문에 개정되는 부분에 대해서도 관심을 가지는 것이 필요하다.

Thema 26 주택법의 용어정의

1 법의 목적

이 법은 쾌적하고 살기 좋은 주거환경 조성에 필요한 주택의 건설·공급 및 주택시장의 관리 등에 관한 사항을 정함으로써 국민의 주거안정과 주거수준의 향상에 이바지함을 목적으로 한다.

2 주 택

(1) 주택의 정의

'주택'이란 세대(世帶)의 구성원이 장기간 독립된 주거생활을 할 수 있는 구조로 된 건축물의 전부 또는 일부 및 그 부속토지를 말하며, 이를 단독주택과 공동주택으로 구분한다.

(2) 건설자금에 따른 분류

1. **국민주택**: 다음에 해당하는 주택으로서 국민주택규모 이하인 주택을 말한다.
   ① 국가·지방자치단체, 한국토지주택공사법에 따른 한국토지주택공사(이하 "한국토지주택공사"라 한다) 또는 지방공사가 건설하는 주택
   ② 국가·지방자치단체의 재정 또는 주택도시기금법에 따른 주택도시기금으로부터 자금을 지원받아 건설되거나 개량되는 주택
2. **국민주택규모**: 주거의 용도로만 쓰이는 면적(이하 "주거전용면적"이라 한다)이 1호(戶) 또는 1세대당 85제곱미터 이하인 주택(수도권정비계획법에 따른 수도권을 제외한 도시지역이 아닌 읍 또는 면 지역은 1호 또는 1세대당 주거전용면적이 100제곱미터 이하인 주택을 말한다)을 말한다. 이 경우 주거전용면적의 산정방법은 국토교통부령으로 정한다.
3. **민영주택**: 국민주택을 제외한 주택을 말한다.

(3) 도시형 생활주택

300세대 미만의 국민주택 규모에 해당하는 주택으로서 도시지역에서 건설하는 다음의 주택을 말한다.

소형 주택	아파트, 연립주택, 다세대주택 중 어느 하나에 해당하는 주택으로서 다음의 요건을 모두 갖춘 주택 1. 세대별 주거전용면적은 60m² 이하일 것 2. 세대별로 독립된 주거가 가능하도록 욕실 및 부엌을 설치할 것 3. 지하층에는 세대를 설치하지 아니할 것
단지형 연립주택	소형 주택이 아닌 연립주택. 다만, 건축위원회의 심의를 받은 경우에는 주택으로 쓰는 층수를 5개층까지 건축할 수 있다.
단지형 다세대주택	소형 주택이 아닌 다세대주택. 다만, 건축위원회의 심의를 받은 경우에는 주택으로 쓰는 층수를 5개층까지 건축할 수 있다.

(4) 준주택

'준주택'이란 주택 외의 건축물과 그 부속토지로서 주거시설을 이용가능한 다음의 시설 등을 말한다.

1. 오피스텔
2. 노인복지주택
3. 다중생활시설
4. 기숙사(교육기본법에 따른 학생복지주택을 포함)

(5) 공 구

'공구'란 하나의 주택단지에서 대통령령으로 정하는 기준에 따라 둘 이상으로 구분되는 일단의 구역으로, 착공신고 및 사용검사를 별도로 수행할 수 있는 구역을 말한다.

다음의 기준을 모두 충족하는 것을 말한다.

1. 주택단지 안의 도로, 주택단지 안의 옹벽 또는 축대, 부설주차장, 식재, 조경이 된 녹지, 어린이놀이터 등에 해당하는 시설을 설치하거나 공간을 조성하여 6m 이상의 폭으로 공구 간 경계를 설정할 것
2. 공구별 세대수는 300세대 이상으로 할 것
3. 전체 세대수는 600세대 이상으로 할 것

(6) 리모델링

'리모델링'이란 건축물의 노후화 억제 또는 기능 향상 등을 위한 다음의 행위를 말한다.

1. 대수선(大修繕)
2. 사용검사일 또는 건축법에 따른 사용승인일부터 15년이 지난 공동주택을 각 세대의 주거전용면적의 30퍼센트 이내(세대의 주거전용면적이 85제곱미터 미만인 경우에는 40퍼센트 이내)에서 증축하는 행위
3. 2.에 따른 각 세대의 증축 가능 면적을 합산한 면적의 범위에서 기존 세대수의 15퍼센트 이내에서 세대수를 증가하는 증축 행위(이하 "세대수 증가형 리모델링"이라 한다). 다만, 수직으로 증축하는 행위(이하 "수직증축형 리모델링"이라 한다)는 다음 요건을 모두 충족하는 경우로 한정한다.
   ① **수직으로 증축하는 행위**(이하 "수직증축형 리모델링"이라 한다)**의 대상이 되는 기존 건축물의 층수가 15층 이상인 경우 :** 3개층(14층 이하인 경우 : 2개층)
   ② 수직증축형 리모델링의 대상이 되는 기존 건축물의 신축 당시 구조도를 보유하고 있을 것

3 핵심 확인학습

① 수도권에 소재한 읍 또는 면 지역의 경우 국민주택규모의 주택이란 1호(戶) 또는 1세대당 주거전용면적이 100m² 이하인 주택을 말한다. (　　)

② 숙박시설로서 제2종 근린생활시설에 해당하지 않는 다중생활시설은 준주택에 해당하지 아니한다. (　　)

③ 도시형 생활주택이란 500세대 미만의 국민주택규모에 해당하는 주택을 말한다. (　　)

④ 기존 14층 이하인 건축물에 수직증축형 리모델링이 허용되는 경우 3개 층까지 증축할 수 있다. (　　)

⑤ 주택건설사업을 시행하려는 자가 공구별로 분할하여 주택을 건설・공급하려면 주택단지의 전체 세대수는 300세대 이상이어야 한다. (　　)

Answer

1. × 수도권을 제외한 도시지역이 아닌 읍 또는 면 지역의 경우 국민주택규모의 주택이란 1호(戶) 또는 1세대당 주거전용면적이 100m² 이하인 주택을 말한다.
2. × 준주택에 해당한다.
3. × 300세대 미만의 국민주택규모에 해당하는 주택으로서 대통령령으로 정하는 주택을 말한다.
4. × 기존 14층 이하인 건축물에 수직증축형 리모델링이 허용되는 경우 2개 층까지 증축할 수 있다.
5. × 주택단지의 전체 세대수는 600세대 이상이어야 한다.

Thema 27 주택조합

1 주택조합

(1) 주택조합의 개념 및 종류

'주택조합'이란 많은 수의 구성원이 주택을 마련하거나 리모델링하기 위하여 결성하는 다음의 조합을 말한다.

구분	내용
지역주택조합	다음 구분에 따른 지역에 거주하는 주민이 주택을 마련하기 위하여 설립한 조합 ① 서울특별시 · 인천광역시 및 경기도 ② 대전광역시 · 충청남도 및 세종특별자치시 ③ 충청북도 ④ 광주광역시 및 전라남도 ⑤ 전북특별자치도 ⑥ 대구광역시 및 경상북도 ⑦ 부산광역시 · 울산광역시 및 경상남도 ⑧ 강원특별자치도 ⑨ 제주특별자치도
직장주택조합	같은 직장의 근로자가 주택을 마련하기 위하여 설립한 조합
리모델링주택조합	공동주택의 소유자가 그 주택을 리모델링하기 위하여 설립한 조합

(2) 조합원 모집 신고 및 공개모집

① **조합원 모집방법**: 지역주택조합 또는 직장주택조합의 설립인가를 받기 위하여 조합원을 모집하려는 자는 해당 주택건설대지의 50% 이상에 해당하는 토지의 사용권원을 확보하여 관할 시장 · 군수 · 구청장에게 신고하고, 공개모집의 방법으로 조합원을 모집하여야 한다. 조합 설립인가를 받기 전에 신고한 내용을 변경하는 경우에도 또한 같다.

② **충원 · 재모집**: 공개모집 이후 조합원의 사망 · 자격상실 · 탈퇴 등으로 인한 결원을 충원하거나 미달된 조합원을 재모집하는 경우에는 신고하지 아니하고 선착순의 방법으로 조합원을 모집할 수 있다.

(3) 주택조합의 설립

① **조합설립의 인가**

많은 수의 구성원이 주택(사업계획의 승인을 받아 건설하는 주택을 말한다)을 마련하기 위하여 주택조합을 설립하려는 경우(신고대상 직장주택조합의 경우는 제외한다)에는 관할 시장 · 군수 · 구청장의 인가를 받아야 한다.

② **조합설립의 신고**

국민주택을 공급받기 위하여 직장주택조합을 설립하려는 자는 관할 시장 · 군수 · 구청장에게 신고하여야 한다.

③ **지역 · 직장주택조합의 인가요건**

지역 · 직장주택조합설립인가를 받으려는 자는 해당 주택건설대지의 80퍼센트 이상에 해당하는 토지의 사용권원을 확보하고, 해당 주택건설대지의 15퍼센트 이상에 해당하는 토지의 소유권을 확보하여야 한다.

④ **리모델링주택조합의 인가요건**

주택을 리모델링하기 위하여 주택조합을 설립하려는 경우에는 다음의 구분에 따른 구분소유자와 의결권의 결의를 증명하는 서류를 첨부하여 관할 시장 · 군수 · 구청장의 인가를 받아야 한다.

1. 주택단지 전체를 리모델링하고자 하는 경우에는 주택단지 전체의 구분소유자와 의결권의 각 3분의 2 이상의 결의 및 각 동의 구분소유자와 의결권의 각 과반수의 결의
2. 동을 리모델링하고자 하는 경우에는 그 동의 구분소유자 및 의결권의 각 3분의 2 이상의 결의

⑤ **매도청구**

리모델링의 허가를 신청하기 위한 동의율을 확보한 경우 리모델링 결의를 한 리모델링 주택조합은 리모델링 결의에 찬성하지 아니하는 자의 주택 및 토지에 대하여는 매도청구를 할 수 있다.

(4) 주택조합의 조합원

① **조합원의 수**

주택조합(리모델링주택조합은 제외한다)은 주택조합 설립인가를 받는 날부터 사용검사를 받는 날까지 계속하여 다음의 요건을 모두 충족해야 한다.

1. 주택건설 예정 세대수(설립인가 당시의 사업계획서상 주택건설 예정 세대수를 말하되, 임대주택으로 건설 · 공급하는 세대수는 제외한다)의 50퍼센트 이상의 조합원으로 구성할 것. 다만, 사업계획승인 등의 과정에서 세대수가 변경된 경우에는 변경된 세대수를 기준으로 한다.
2. 조합원은 20명 이상일 것

② **조합원의 자격**

㉠ 지역주택조합

1. 조합설립인가 신청일부터 해당 조합주택의 입주가능일까지 주택을 소유하지 아니하거나 주거전용면적 85제곱미터 이하의 주택 1채를 소유한 세대주인 자(세대주를 포함한 세대원)일 것
2. 조합설립인가신청일 현재 지역주택조합의 지역에 6개월 이상 거주하여 온 사람일 것
3. **지역주택조합이나 직장주택조합에 중복하여 가입금지**: 본인 또는 본인과 같은 세대별 주민등록표에 등재되어 있지 않은 배우자가 같은 또는 다른 지역주택조합의 조합원이거나 직장주택조합의 조합원이 아닐 것

㉡ 직장주택조합

1. 조합설립인가신청일부터 그 조합주택의 입주가능일까지 주택을 소유하지 아니하거나 주거전용면적 85제곱미터 이하의 주택 1채를 소유한 세대주인 자
   ⇨ 다만, 국민주택을 공급받기 위한 직장조합의 설립신고의 경우에는 무주택자에 한한다.
2. 조합설립인가신청일 현재 동일한 특별시・광역시・특별자치시・특별자치도・시 또는 군(광역시의 관할구역에 있는 군을 제외한다) 안에 소재하는 동일한 국가기관・지방자치단체・법인에 근무하는 사람일 것
3. **직장주택조합이나 지역주택조합에 중복하여 가입금지**: 본인 또는 본인과 같은 세대별 주민등록표에 등재되어 있지 않은 배우자가 같은 또는 다른 직장주택조합의 조합원이거나 지역주택조합의 조합원이 아닐 것

㉢ 리모델링주택조합

1. 사업계획승인을 받아 건설한 공동주택의 소유자
2. 복리시설을 함께 리모델링하는 경우에는 해당 복리시설의 소유자
3. 건축법에 따른 건축허가를 받아 분양을 목적으로 건설한 공동주택의 소유자와 그 건축물 중 공동주택 외의 시설의 소유자

(5) 사업계획 승인신청

주택조합은 설립인가를 받은 날부터 2년 이내에 사업계획승인(30세대 이상 세대수가 증가하지 아니하는 리모델링의 경우에는 허가를 말한다)을 신청하여야 한다.

2 설명의무

(1) 설명의무

모집주체는 주택조합 가입계약서 내용을 주택조합 가입신청자가 이해할 수 있도록 설명하여야 한다.

(2) 설명내용을 서면확인

모집주체는 설명한 내용을 주택조합 가입 신청자가 이해하였음을 국토교통부령으로 정하는 바에 따라 서면으로 확인을 받아 주택조합 가입 신청자에게 교부하여야 하며, 그 사본을 5년간 보관하여야 한다.

3 조합 가입 철회 및 가입비 등의 반환

① **예치기관**: 모집주체는 주택조합의 가입을 신청한 자가 주택조합 가입을 신청하는 때에 납부하여야 하는 일체의 금전(이하 "가입비등"이라 한다)을 대통령령으로 정하는 기관(이하 "예치기관"이라 한다)에 예치하도록 하여야 한다.

1. 은행법 제2조 제1항 제2호에 따른 은행
2. 우체국예금·보험에 관한 법률에 따른 체신관서
3. 보험업법 제2조 제6호에 따른 보험회사
4. 자본시장과 금융투자업에 관한 법률 제8조 제7항에 따른 신탁업자

② **주택조합 가입에 관한 청약의 철회**: 주택조합의 가입을 신청한 자는 가입비 등을 예치한 날부터 30일 이내에 주택조합 가입에 관한 청약을 철회할 수 있으며, 주택조합 가입 신청자는 주택조합 가입에 관한 청약을 철회하는 경우 국토교통부령으로 정하는 청약 철회 요청서를 모집주체에게 제출해야 하며, 모집주체는 요청서를 제출받은 경우 이를 즉시 접수하고 접수일자가 적힌 접수증을 해당 주택조합 가입 신청자에게 발급해야 한다.

③ **철회의 효력발생**: 청약 철회를 서면으로 하는 경우에는 청약 철회의 의사를 표시한 서면을 발송한 날에 그 효력이 발생한다.

④ **가입비 등의 지급 및 반환**: 모집주체는 주택조합의 가입을 신청한 자가 청약 철회를 한 경우 청약 철회 의사가 도달한 날부터 7일 이내에 예치기관의 장에게 가입비 등의 반환을 요청하여야 한다.

⑤ 예치기관의 장은 가입비 등의 반환 요청을 받은 경우 요청일부터 10일 이내에 그 가입비등을 예치한 자에게 반환하여야 한다.

⑥ 모집주체는 주택조합의 가입을 신청한 자에게 청약 철회를 이유로 위약금 또는 손해배상을 청구할 수 없다.

⑦ 청약을 철회할 수 있는 기간 이내에는 조합의 탈퇴 및 탈퇴한 조합원의 비용 환급청구를 적용하지 않는다.

4 핵심 확인학습

① 국민주택을 공급받기 위하여 직장주택조합을 설립하려는 자는 관할 시장・군수・구청장에게 인가를 받아야 한다. ( )

② 리모델링주택조합은 주택건설예정세대수의 50% 이상의 조합원으로 구성하되, 조합원은 20명 이상이어야 한다. ( )

③ 조합원의 공개모집 이후 조합원의 사망・자격상실・탈퇴 등으로 인한 결원을 충원하거나 미달된 조합원을 재모집하는 경우에는 신고하고 선착순의 방법으로 조합원을 모집할 수 있다. ( )

④ 주택을 마련하기 위하여 주택조합설립인가를 받으려는 자는 해당 주택건설대지의 80% 이상에 해당하는 토지의 사용권원을 확보하고, 해당 주택건설대지의 50% 이상에 해당하는 토지의 소유권을 확보할 것의 요건을 모두 갖추어야 한다. ( )

⑤ 리모델링의 허가를 신청하기 위한 동의율을 확보한 경우 리모델링 결의를 한 리모델링주택조합은 리모델링 결의에 찬성하지 아니하는 자의 주택 및 토지에 대하여는 매도청구를 할 수 없다. ( )

Answer

1. × 관할 시장・군수・구청장에게 신고하여야 한다.
2. × 리모델링주택조합이 아닌 주택조합은 주택건설예정세대수의 50% 이상의 조합원으로 구성하되, 조합원은 20명 이상이어야 한다.
3. × 신고하지 아니하고 선착순의 방법으로 조합원을 모집할 수 있다.
4. × 주택을 마련하기 위하여 주택조합설립인가를 받으려는 자는 해당 주택건설대지의 80% 이상에 해당하는 토지의 사용권원을 확보하고, 해당 주택건설대지의 15% 이상에 해당하는 토지의 소유권을 확보할 것의 요건을 모두 갖추어야 한다.
5. × 매도청구를 할 수 있다.

Thema 28 주택건설자금 등

1 주택상환사채

① 주택상환사채의 발행

한국토지주택공사와 등록사업자는 대통령령으로 정하는 바에 따라 주택으로 상환하는 사채를 발행할 수 있다. 이 경우 등록사업자는 자본금 · 자산평가액 및 기술인력 등이 대통령령으로 정하는 기준에 맞고 금융기관 또는 주택도시보증공사의 보증을 받은 경우에만 주택상환사채를 발행할 수 있다.

② 발행계획의 승인

주택상환사채를 발행하려는 자는 대통령령으로 정하는 바에 따라 주택상환사채 발행계획을 수립하여 국토교통부장관의 승인을 받아야 한다.

③ 주택상환사채의 발행방법

주택상환사채는 기명증권으로 하며, 액면 또는 할인의 방법으로 발행한다.

④ 주택상환사채의 상환기간

주택상환사채의 상환기간은 3년을 초과할 수 없다.

⑤ 주택상환사채의 양도

주택상환사채는 양도하거나 중도해약을 할 수 없다. 다만, 국토교통부령이 정하는 부득이한 사유가 있는 경우에는 그러하지 아니하다.

⑥ 주택상환사채의 효력

등록사업자의 등록이 말소된 경우에도 등록사업자가 발행한 주택상환사채의 효력에는 영향을 미치지 아니한다.

⑦ 적용법률

주택상환사채의 발행에 관하여 이 법에 규정한 것 외에는 상법 중 사채발행에 관한 규정을 적용한다.

2 주택건설사업의 시행

(1) 주택건설절차

① 사업계획의 승인

㉠ 사업계획승인 대상

다음의 주택건설사업을 시행하려는 자 또는 다음의 면적 이상의 대지조성사업을 시행하려는 자는 사업계획승인을 받아야 한다.

1. 단독주택의 경우에는 30호, 공동주택의 경우에는 30세대 이상
2. 대지조성의 경우에는 1만제곱미터 이상

㉡ 사업계획의 승인: 사업계획승인권자는 사업계획의 승인신청을 받은 때에는 정당한 사유가 없으면 신청받은 날부터 60일 이내에 그 승인 여부를 사업주체에게 승인 여부를 통보하여야 한다.

② 공사착공

사업계획승인을 받은 사업주체는 승인받은 사업계획대로 사업을 시행하여야 하고, 다음의 구분에 따라 공사를 시작하여야 한다. 다만, 사업계획승인권자는 대통령령으로 정하는 정당한 사유가 있다고 인정하는 경우에는 사업주체의 신청을 받아 그 사유가 없어진 날부터 1년의 범위에서 공사의 착수기간을 연장할 수 있다.

1. **사업계획승인을 받은 경우**: 승인받은 날부터 5년 이내
2. **공구별로 분할하여 시행하는 경우**
   ① **최초로 공사를 진행하는 공구**: 승인받은 날부터 5년 이내
   ② **최초로 공사를 진행하는 공구 외의 공구**: 해당 주택단지에 대한 최초 착공신고일부터 2년 이내

(2) 사용검사

① 사용검사권자

사업주체는 사업계획승인을 받아 시행하는 주택건설사업 또는 대지조성사업을 완료한 경우에는 주택 또는 대지에 대하여 국토교통부령으로 정하는 바에 따라 시장・군수・구청장(국가・한국토지주택공사가 사업주체인 경우에는 국토교통부장관을 말함)의 사용검사를 받아야 한다.

② 사용검사의 기간

사용검사권자는 사용검사의 대상인 주택 또는 대지가 사업계획의 내용에 적합한지 여부를 확인하여야 하며, 사용검사는 그 신청일부터 15일 이내에 하여야 한다.

③ **사용검사의 효과**

㉠ 건축물의 사용시기: 사업주체 또는 입주예정자는 사용검사를 받은 후가 아니면 주택 또는 대지를 사용하거나 이를 사용할 수 없다.

㉡ 임시사용승인

ⓐ 주택건설사업의 경우에는 건축물의 동별로 공사가 완료된 때, 대지조성사업의 경우에는 구획별로 공사가 완료된 때 그 부분에 대하여 임시사용승인을 받아 사용할 수 있다.

ⓑ 임시사용승인의 대상이 공동주택인 경우에는 세대별로 임시사용승인을 할 수 있다.

3 핵심 확인학습

① 한국토지주택공사는 금융기관 또는 주택도시보증공사의 보증을 받은 때에 한하여 주택상환사채을 발행할 수 있다. ( )

② 주택상환사채는 무기명증권으로 발행하며 상환기간은 3년을 초과할 수 없다. ( )

③ 한국토지주택공사인 사업주체는 국토교통부장관으로부터 사업계획승인을 받아야 한다. ( )

④ 최초로 공사를 진행하는 공구 외의 공구에서 해당 주택단지에 대한 최초 착공신고일부터 2년이 지났음에도 사업주체가 공사를 시작하지 아니한 경우에도 사업계획승인을 취소할 수 있다. ( )

Answer

1. × 한국토지주택공사는 보증없이 발행할 수있다. 등록사업자는 금융기관 또는 주택도시보증공사의 보증을 받은 때에 한하여 주택상환사채을 발행할 수 있다.
2. × 주택상환사채는 기명증권으로 발행하며 상환기간은 3년을 초과할 수 없다.
3. ○
4. × 취소할 수 없다.

Thema 29 분양가상한제 적용주택

1 분양가상한제 적용주택

(1) 적용주택

사업주체가 일반인에게 공급하는 공동주택 중 다음에 해당하는 지역에서 공급하는 주택의 경우에는 이 조에서 정하는 기준에 따라 산정되는 분양가격 이하로 공급(이에 따라 공급되는 주택을 "분양가상한제 적용주택"이라 한다)하여야 한다.

1. 공공택지
2. 공공택지 외의 택지에서 주택가격 상승 우려가 있어 국토교통부장관이 주거기본법에 따른 주거정책심의위원회(이하 "주거정책심의위원회"라 한다)의 심의를 거쳐 지정하는 지역

(2) 적용제외

다음의 어느 하나에 해당하는 경우에는 분양가상한제를 적용하지 아니한다.

1. 도시형 생활주택
2. 경제자유구역에서 건설·공급하는 공동주택으로서 경제자유구역위원회에서 외자유치 촉진과 관련이 있다고 인정하여 분양가격 제한을 적용하지 아니하기로 심의·의결한 경우
3. 관광특구에서 건설·공급하는 공동주택으로서 해당 건축물의 층수가 50층 이상이거나 높이가 150m 이상인 경우
4. 한국토지주택공사 또는 지방공사가 다음의 정비사업의 시행자로 참여하는 등 대통령령으로 정하는 공공성 요건을 충족하는 경우로서 해당 사업에서 건설·공급하는 주택
   ① 도시 및 주거환경정비법에 따른 정비사업으로서 정비구역 면적이 2만m^2 미만이고, 전체 세대수가 200세대 미만인 사업
   ② 빈집 및 소규모주택 정비에 관한 특례법에 따른 소규모주택정비사업
5. 도시 및 주거환경정비법에 따른 주거환경개선사업 및 공공재개발사업에서 건설·공급하는 주택
6. 도시재생 활성화 및 지원에 관한 특별법에 따른 주거재생혁신지구에서 시행하는 혁신지구재생사업에서 건설·공급하는 주택
7. 공공주택 특별법에 따른 도심 공공주택 복합사업에서 건설·공급하는 주택

(3) 분양가 공개의무

① **공공택지**: 사업주체는 분양가상한제 적용주택으로서 공공택지에서 공급하는 주택에 대하여 입주자모집승인을 받았을 때에는 입주자모집공고에 분양가격을 공시하여야 한다.

② **공공택지 외의 택지**: 시장·군수·구청장이 공공택지 외의 택지에서 공급되는 분양가상한제 적용주택에 대하여 입주자모집승인을 하는 경우에는 분양가격을 공시하여야 한다.

2 분양가상한제 적용 지역의 지정 및 해제 지정요건

국토교통부장관은 주택가격상승률이 물가상승률보다 현저히 높은 지역으로서 그 지역의 주택가격·주택거래 등과 지역 주택시장 여건 등을 고려하였을 때 주택가격이 급등하거나 급등할 우려가 있는 지역 중 대통령령으로 정하는 기준을 충족하는 지역에 대하여는 주거정책심의위원회 심의를 거쳐 분양가상한제 적용 지역으로 지정할 수 있다.

▶ 투기과열지구 중 다음에 해당하는 지역을 말한다.

1. 분양가상한제 적용 지역으로 지정하는 날이 속하는 달의 바로 전달(이하 이 항에서 “분양가상한제 적용직전월”이라 한다)부터 소급하여 12개월간의 아파트 분양가격상승률이 물가상승률(해당 지역이 포함된 시·도 소비자물가상승률을 말한다)의 2배를 초과한 지역. 이 경우 해당 지역의 아파트 분양가격상승률을 산정할 수 없는 경우에는 해당 지역이 포함된 특별시·광역시·특별자치시·특별자치도 또는 시·군의 아파트 분양가격상승률을 적용한다.
2. 분양가상한제적용직전월부터 소급하여 3개월간의 주택매매거래량이 전년 동기 대비 20퍼센트 이상 증가한 지역
3. 분양가상한제적용직전월부터 소급하여 주택공급이 있었던 2개월 동안 해당 지역에서 공급되는 주택의 월평균 청약경쟁률이 모두 5대 1을 초과하였거나 해당 지역에서 공급되는 국민주택규모 주택의 월평균 청약경쟁률이 모두 10대 1을 초과한 지역

3 핵심 확인학습

① 관광특구에서 건설·공급하는 공동주택으로서 해당 건축물의 층수가 50층 이상이거나 높이가 150m 이상인 공동주택은 분양가상한제를 적용한다. ( )

② 도시 및 주거환경정비법에 따른 주거환경개선사업·공공재개발사업 및 공공재건축사업에서 건설·공급하는 주택은 분양가상한제를 적용하지 아니한다. ( )

③ 분양가상한제가 적용되는 지역에서 공급하는 도시형 생활주택은 분양가상한제를 적용한다. ( )

④ 국토교통부장관은 투기과열지구 중 분양가상한제적용직전월부터 소급하여 3개월간의 주택매매거래량이 전년 동기 대비 30퍼센트 이상 증가한 지역에 주거정책심의위원회 심의를 거쳐 분양가상한제 적용 지역으로 지정할 수 있다. ( )

Answer

1. × 분양가상한제를 적용하지 아니한다.
2. × 공공재건축사업은 분양가상한제를 적용한다.
3. × 분양가상한제를 적용하지 아니한다.
4. × 20퍼센트 이상 증가한 지역이다.

Thema 30 투기과열지구

1 투기과열지구 내용

① **지정권자**: 국토교통부장관 또는 시·도지사는 주택가격의 안정을 위하여 필요한 경우에는 주거정책심의위원회의 심의를 거쳐 일정한 지역을 투기과열지구로 지정하거나 이를 해제할 수 있다.

② **지정대상**: 투기과열지구는 해당 지역의 주택가격상승률이 물가상승률보다 현저히 높은 지역으로서 그 지역의 청약경쟁률·주택가격·주택보급률 및 주택공급계획 등과 지역주택시장여건 등을 고려하였을 때 주택에 대한 투기가 성행하고 있거나 성행할 우려가 있는 지역 중 대통령령으로 정하는 기준을 충족하는 곳이어야 한다.

> 1. 투기과열지구로 지정하는 날이 속하는 달의 바로 전달(이하 이 항에서 "투기과열지구지정직전월"이라 한다)부터 소급하여 주택공급이 있었던 2개월 동안 해당 지역에서 공급되는 주택의 월별 평균 청약경쟁률이 모두 5대 1을 초과하였거나 국민주택규모 주택의 월별 평균 청약경쟁률이 모두 10대 1을 초과한 곳
> 2. 다음의 어느 하나에 해당하여 주택공급이 위축될 우려가 있는 곳
>   ① 투기과열지구지정직전월의 주택분양실적이 전달보다 30퍼센트 이상 감소한 곳
>   ② 사업계획승인 건수나 건축법에 따른 건축허가 건수(투기과열지구지정직전월부터 소급하여 6개월간의 건수를 말한다)가 직전 연도보다 급격하게 감소한 곳
> 3. 신도시 개발이나 주택의 전매행위 성행 등으로 투기 및 주거불안의 우려가 있는 곳으로서 다음의 어느 하나에 해당하는 곳
>   ① 해당 지역이 속하는 시·도별 주택보급률이 전국 평균 이하인 경우
>   ② 해당 지역이 속하는 시·도별 자가주택비율이 전국 평균 이하인 경우
>   ③ 해당 지역의 분양주택(투기과열지구로 지정하는 날이 속하는 연도의 직전 연도에 분양된 주택을 말한다)의 수가 입주자저축에 가입한 사람으로서 국토교통부령으로 정하는 사람의 수보다 현저히 적은 곳

③ **지정절차**

㉠ 의견청취 또는 협의: 국토교통부장관이 투기과열지구를 지정하거나 해제할 경우에는 미리 시·도지사의 의견을 듣고 그 의견에 대한 검토의견을 회신하여야 하며, 시·도지사가 투기과열지구를 지정하거나 해제할 경우에는 국토교통부장관과 협의하여야 한다.

㉡ 심의: 국토교통부장관 또는 시·도지사는 투기과열지구를 지정하거나 해제할 경우에는 주거정책심의위원회(시·도지사의 경우에는 시·도 주거정책심의위원회를 말한다)의 심의를 거쳐야 한다.

㉢ 공고·통보: 국토교통부장관 또는 시·도지사는 투기과열지구를 지정하였을 때에는 지체 없이 이를 공고하고, 그 투기과열지구를 관할하는 시장·군수·구청장에게 공고 내용을 통보하여야 한다.

④ **재검토 및 해제**

㉠ 재검토: 국토교통부장관은 반기마다 주거정책심의위원회의 회의를 소집하여 투기과열지구로 지정된 지역별로 해당 지역의 주택가격 안정여건의 변화 등을 고려하여 투기과열지구 지정의 유지 여부를 재검토하여야 한다.

㉡ 해제요청: 투기과열지구로 지정된 지역의 시·도지사, 시장, 군수 또는 구청장은 투기과열지구 지정 후 해당 지역의 주택가격이 안정되는 등 지정 사유가 없어졌다고 인정되는 경우에는 국토교통부장관 또는 시·도지사에게 투기과열지구 지정의 해제를 요청할 수 있다.

㉢ 심의결과 통보: 투기과열지구 지정의 해제를 요청받은 국토교통부장관 또는 시·도지사는 요청받은 날부터 40일 이내에 주거정책심의위원회의 심의를 거쳐 투기과열지구 지정의 해제 여부를 결정하여 그 투기과열지구를 관할하는 지방자치단체의 장에게 심의결과를 통보하여야 한다.

2 핵심 확인학습

① 주택공급이 있었던 직전 2개월간 해당 지역에서 공급되는 주택의 청약경쟁률이 5대 1을 초과하였거나 국민주택규모 이하 주택의 청약경쟁률이 10대 1을 초과한 곳은 투기과열지구의 지정기준이다. (　　)

② 국토교통부장관은 시·도별 주택보급률 또는 자가주택비율이 전국 평균을 초과하는 지역을 투기과열지구로 지정할 수 있다. (　　)

③ 주택분양실적이 전달보다 30% 이상 증가한 지역을 투기과열지구로 지정할 수 있다. (　　)

④ 국토교통부장관은 5년마다 주거정책심의위원회의 회의를 소집하여 투기과열지구로 지정된 지역별로 투기과열지구 지정의 유지 여부를 재검토하여야 한다. (　　)

⑤ 시·도지사가 투기과열지구를 지정할 경우에는 국토교통부장관의 의견을 들어야 한다. (　　)

Answer

1. ○
2. × 국토교통부장관은 시·도별 주택보급률 또는 자가주택비율이 전국 평균 이하인 지역을 투기과열지구로 지정할 수 있다.
3. × 주택의 분양계획이 직전월보다 30% 이상 감소한 지역을 투기과열지구로 지정할 수 있다.
4. × 반기마다 재검토하여야 한다.
5. × 시·도지사가 투기과열지구를 지정할 경우에는 국토교통부장관과 협의하여야 한다.

Thema 31 주택공급질서 교란행위 금지 및 전매행위 제한 등

1 주택공급질서 교란행위 금지

누구든지 이 법에 따라 건설 · 공급되는 주택을 공급받거나 공급받게 하기 위하여 다음에 해당하는 증서 또는 지위를 양도 · 양수(매매 · 증여나 그 밖에 권리 변동을 수반하는 모든 행위를 포함하되, 상속 · 저당의 경우는 제외) 또는 이를 알선하거나 양도 · 양수 또는 이를 알선할 목적으로 하는 광고(각종 간행물 · 유인물 · 전화 · 인터넷, 그 밖의 매체를 통한 행위를 포함)를 하여서는 아니되며, 누구든지 거짓이나 그 밖의 부정한 방법으로 이 법에 따라 건설 · 공급되는 증서나 지위 또는 주택을 공급받거나 공급받게 하여서는 아니 된다.

1. 주택을 공급받을 수 있는 조합원의 지위
2. 주택상환사채
3. 입주자저축증서
4. 시장 · 군수 · 구청장이 발행한 무허가건물확인서 · 건물철거예정증명서 또는 건물철거확인서
5. 공공사업의 시행으로 인한 이주대책에 의하여 주택을 공급받을 수 있는 지위 또는 이주대책대상자확인서

2 주택의 전매행위 제한 등

(1) 전매제한 대상

사업주체가 건설 · 공급하는 주택[해당 주택의 입주자로 선정된 지위(입주자로 선정되어 그 주택에 입주할 수 있는 권리 · 자격 · 지위 등을 말한다)를 포함한다]으로서 다음에 해당하는 경우에는 10년 이내의 범위에서 대통령령으로 정하는 기간이 지나기 전에는 그 주택을 전매(매매 · 증여나 그 밖에 권리의 변동을 수반하는 모든 행위를 포함하되, 상속의 경우는 제외한다)하거나 이의 전매를 알선할 수 없다. 이 경우 전매제한기간은 주택의 수급 상황 및 투기 우려 등을 고려하여 대통령령으로 지역별로 달리 정할 수 있다.

1. 투기과열지구에서 건설 · 공급되는 주택
2. 조정대상지역에서 건설 · 공급되는 주택
3. 분양가상한제 적용주택
4. 공공택지 외의 택지에서 건설 · 공급되는 주택
5. 도시 및 주거환경정비법에 따른 공공재개발사업에서 건설 · 공급하는 주택
6. 토지임대부 분양주택

(2) 전매제한의 특례 및 우선매입

주택을 공급받은 자의 생업상의 사정 등으로 전매가 불가피하다고 인정되는 경우로서 다음에 해당하여 한국토지주택공사의 동의를 받은 경우에는 전매제한을 적용하지 아니한다. 다만, 분양가상한제 적용주택을 공급받은 자가 전매하는 경우에는 한국토지주택공사가 그 주택을 우선 매입할 수 있다.

1. 세대원(세대주가 포함된 세대의 구성원을 말한다)이 근무 또는 생업상의 사정이나 질병치료 · 취학 · 결혼으로 인하여 세대원 전원이 다른 광역시, 특별자치시, 특별자치도, 시 또는 군(광역시의 관할 구역에 있는 군은 제외한다)으로 이전하는 경우. 다만, 수도권 안에서 이전하는 경우는 제외한다.
2. 상속에 따라 취득한 주택으로 세대원 전원이 이전하는 경우
3. 세대원 전원이 해외로 이주하거나 2년 이상의 기간 동안 해외에 체류하려는 경우
4. 이혼으로 인하여 입주자로 선정된 지위 또는 주택을 배우자에게 이전하는 경우
5. 공익사업을 위한 토지 등의 취득 및 보상에 관한 법률에 따라 공익사업의 시행으로 주거용 건축물을 제공한 자가 사업시행자로부터 이주대책용 주택을 공급받은 경우(사업시행자의 알선으로 공급받은 경우를 포함한다)로서 시장 · 군수 · 구청장이 확인하는 경우
6. 분양가상한제 적용주택 및 공공택지 외의 택지에서 건설 · 공급하는 주택의 소유자가 국가 · 지방자치단체 및 금융기관에 대한 채무를 이행하지 못하여 경매 또는 공매가 시행되는 경우
7. 입주자로 선정된 지위 또는 주택의 일부를 배우자에게 증여하는 경우
8. 실직 · 파산 또는 신용불량으로 경제적 어려움이 발생한 경우

(3) 위반시 조치

① 사업주체의 환매

전매제한을 위반하여 주택(토지임대부 분양주택은 제외한다)의 입주자로 선정된 지위의 전매가 이루어진 경우, 사업주체가 매입비용(전매대금×)을 그 매수인에게 지급한 경우에는 그 지급한 날에 사업주체가 해당 입주자로 선정된 지위를 취득한 것으로 본다.

② 행정형벌

전매제한규정을 위반하여 주택을 전매하거나 이의 전매를 알선한 자는 3년 이하의 징역 또는 3,000만원 이하의 벌금에 처한다. 다만, 그 위반행위로 얻은 이익의 3배에 해당하는 금액이 3천만원을 초과하는 자는 3년 이하의 징역 또는 그 이익의 3배에 해당하는 금액 이하의 벌금에 처한다.

③ 입주자자격 제한

국토교통부장관은 전매제한을 위반한 자에 대하여 10년의 범위에서 국토교통부령으로 정하는 바에 따라 주택의 입주자자격을 제한할 수 있다.

④ 한국토지주택공사가 주택을 재공급하는 경우에는 전매제한을 적용하지 아니한다.

3 핵심 확인학습

① 주택상환사채의 저당이나 상속은 주택의 공급질서 교란행위이다. ( )

② 도시개발채권의 양도는 주택의 공급질서 교란행위이다. ( )

③ 입주자저축 증서의 양도·양수·매매·증여 또는 이를 알선하거나 양도·양수 또는 이를 알선할 목적으로 하는 광고를 하여서는 아니 된다. ( )

④ 세대원이 근무 또는 생업상의 사정이나 질병치료·결혼으로 인하여 세대원 전원이 서울특별시로 이전하는 경우에는 사업주체의 동의를 받아 전매할 수 있다. ( )

⑤ 세대원 전원이 해외로 이주하거나 1년 이상 해외에 체류하려는 경우 사업주체의 동의를 받아 전매할 수 있다. ( )

⑥ 입주자로 선정된 지위 또는 주택의 전부를 배우자에게 증여하는 경우에는 사업주체의 동의를 받아 전매할 수 있다. ( )

Answer

1. × 주택상환사채의 저당이나 상속은 주택의 공급질서 교란행위가 아니다.
2. × 도시개발채권의 양도는 주택의 공급질서 교란행위가 아니다.
3. ○
4. × 서울특별시로 이전하는 경우에는 전매할 수 없다.
5. × 2년 이상 해외에 체류하려는 경우에는 전매할 수 있다.
6. × 전부가 아니라 일부를 배우자에게 증여하는 경우에 전매할 수 있다.

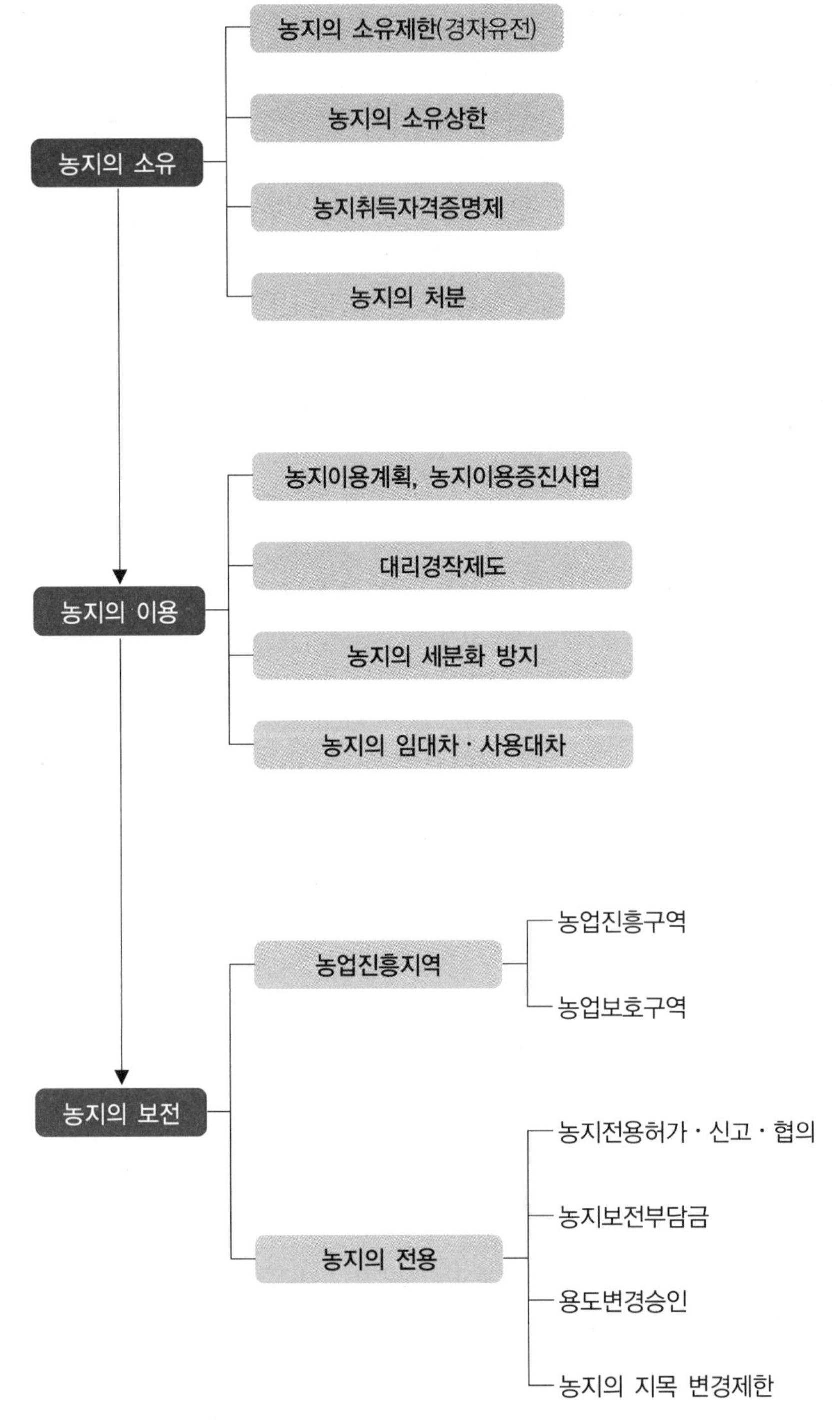

농지의 소유
농지의 소유제한(경자유전)
농지의 소유상한
농지취득자격증명제
농지의 처분
농지의 이용
농지이용계획, 농지이용증진사업
대리경작제도
농지의 세분화 방지
농지의 임대차 · 사용대차
농지의 보전
농업진흥지역
농업진흥구역
농업보호구역
농지의 전용
농지전용허가 · 신고 · 협의
농지보전부담금
용도변경승인
농지의 지목 변경제한

농지법

단원열기

농지법은 다른 법률에 비하여 출제빈도가 낮은 법률로서 2문제가 출제되는 단원이다. 농지법은 농지의 소유·농지의 이용과 농지의 보전을 주된 내용으로 구성되어 있다. 농지의 소유에서는 농지의 소유제한과 소유상한제도, 농지취득자격증명을 중심으로, 농지의 이용에서는 대리경작제도를 중심으로, 농지의 보전에서는 농업진흥지역과 농지의 전용을 중심으로 정리하는 것이 효율적인 학습방법이다.

Thema 32 농지소유상한 등

1 용어의 정의

(1) 농 지

① **농지의 개념**

농지란 전·답, 과수원, 그 밖에 법적 지목(地目)을 불문하고 다음에 해당하는 토지를 말한다.

1. **실제로 농작물 경작지로 이용되고 있는 토지**: 농작물 경작지
2. **다음에 해당하는 다년생식물 재배지로 이용되는 토지**: 목초·종묘·인삼·약초·잔디 및 조림용 묘목, 과수·뽕나무·유실수 그 밖의 생육기간이 2년 이상인 식용 또는 약용으로 이용되는 식물
3. **농작물의 경작 또는 다년생식물 재배지로 이용하고 있는 토지의 개량시설로서 다음에 해당하는 시설의 부지**: 유지(溜地: 웅덩이), 양·배수시설, 수로, 농로, 제방
4. **농작물의 경작지 또는 다년생식물 재배지에 설치한 다음의 농축산물생산시설 부지**: 고정식온실·버섯재배사 및 비닐하우스와 농림축산식품부령으로 정하는 그 부속시설

② **농지의 제외**: 다음의 각 토지는 농지에서 제외된다.

1. 공간정보의 구축 및 관리 등에 관한 법률에 따른 지목이 전·답, 과수원이 아닌 토지(지목이 임야인 토지는 제외한다)로서 농작물 경작지 또는 다년생식물 재배지로 계속하여 이용되는 기간이 3년 미만인 토지
2. 공간정보의 구축 및 관리 등에 관한 법률에 따른 지목이 임야인 토지로서 산지관리법에 따른 산지전용허가(다른 법률에 따라 산지전용허가가 의제되는 인가·허가·승인 등을 포함한다)를 거치지 아니하고 농작물의 경작 또는 다년생식물의 재배에 이용되는 토지
3. 초지법에 따라 조성된 초지

(2) 농업인

'농업인'이란 농업에 종사하는 개인으로서 다음에 해당하는 자를 말한다.

1. 1천 제곱미터 이상의 농지에서 농작물 또는 다년생식물을 경작 또는 재배하거나 1년 중 90일 이상 농업에 종사하는 자
2. 농지에 330제곱미터 이상의 고정식온실 · 버섯재배사 · 비닐하우스 그 밖의 농림축산식품부령으로 정하는 농업생산에 필요한 시설을 설치하는 농작물 또는 다년생식물을 경작 또는 재배하는 자
3. 대가축 2두, 중가축 10두, 소가축 100두, 가금(집에서 기르는 날짐승) 1천수 또는 꿀벌 10군 이상을 사육하거나 1년 중 120일 이상 축산업에 종사하는 자
4. 농업경영을 통한 농산물의 연간 판매액이 120만원 이상인 자

(3) 농업법인

'농업법인'이란 농어업경영체 육성 및 지원에 관한 법률에 따라 설립된 영농 조합법인과 같은 법에 따라 설립되고 업무집행권을 가진 자 중 3분의 1 이상이 농업인인 농업회사법인을 말한다.

(4) 농업경영

'농업경영'이란 농업인이나 농업법인이 자기의 계산과 책임으로 농업을 영위하는 것을 말한다.

(5) 농지의 전용

'농지의 전용'이란 농지를 농작물의 경작이나 다년생식물의 재배 등 농업생산 또는 대통령령으로 정하는 농지개량 외의 용도로 사용하는 것을 말한다. 다만, 농지개량시설의 부지와 농축산물생산시설의 부지의 용도로 사용하는 경우에는 전용(轉用)으로 보지 아니한다.

(6) 주말 · 체험영농

'주말 · 체험영농'이란 농업인이 아닌 개인이 주말 등을 이용하여 취미생활이나 여가활동으로 농작물을 경작하거나 다년생식물을 재배하는 것을 말한다.

(7) 농업진흥지역의 지정

① 지정권자

시 · 도지사는 농지를 효율적으로 이용하고 보전하기 위하여 농업진흥지역을 지정한다.

② 농업진흥지역의 구분

㉠ 농업진흥구역: 농업진흥을 도모하여야 하는 지역으로서 농림축산식품부장관이 정하는 규모로 농지가 집단화되어 농업목적으로 이용하는 것이 필요한 지역

㉡ 농업보호구역: 농업진흥구역의 용수원 확보, 수질보전 등 농업환경을 보호하기 위하여 필요한 지역

(8) 농지의 개량

'농지개량'이란 농지의 생산성을 높이기 위하여 농지의 형질을 변경하는 다음의 어느 하나에 해당하는 행위를 말한다.

1. 농지의 이용가치를 높이기 위하여 농지의 구획을 정리하거나 개량시설을 설치하는 행위
2. 농지의 토양개량이나 관개, 배수, 농업기계 이용의 개선을 위하여 해당 농지에서 객토·성토 또는 절토하거나 암석을 채굴하는 행위

2 농지의 소유상한

(1) 상속으로 농지를 취득한 사람으로서 농업경영을 하지 아니하는 사람은 그 상속 농지 중에서 총 1만 제곱미터까지만 소유할 수 있다.

(2) 8년 이상 농업경영을 한 후 이농한 사람은 이농 당시 소유농지 중에서 총 1만 제곱미터까지만 소유할 수 있다.

(3) 주말·체험영농을 하려는 사람은 총 1천 제곱미터 미만의 농지를 소유할 수 있다. 이 경우 면적계산은 그 세대원 전부가 소유하는 총 면적으로 한다.

(4) 농지를 임대하거나 무상사용하게 하는 경우에는 농지의 소유상한에도 불구하고 임대하거나 무상사용하게 하는 기간 동안 소유상한을 초과하는 농지를 계속 소유할 수 있다.

3 농지취득자격증명

(1) 발급대상

농지를 취득하려는 자는 농지 소재지를 관할하는 시장, 구청장, 읍장 또는 면장('시·구·읍·면의 장')에게서 농지취득자격증명을 발급받아야 한다.

다음에 해당하면 농지취득자격증명을 발급받지 아니하고 농지를 취득할 수 있다.

1. 국가나 지방자치단체가 농지를 소유하는 경우
2. 상속(상속인에게 한 유증 포함)으로 농지를 취득하여 소유하는 경우
3. 담보농지를 취득하여 소유하는 경우
4. 농지전용협의를 마친 농지를 소유하는 경우

(2) 발급절차

① **발급신청**: 농지취득자격증명을 발급받으려는 자는 농업경영계획서 또는 주말·체험영농계획서를 작성하고 농림축산식품부령으로 정하는 서류를 첨부하여 농지 소재지를 관할하는 시·구·읍·면의 장에게 발급신청을 하여야 한다.

② **농업경영계획서 등의 보존기간**

1. 시·구·읍·면의 장은 농업경영계획서 또는 주말·체험영농계획서를 10년간 보존하여야 한다.
2. 농업경영계획서 또는 주말·체험영농계획서 외의 농지취득자격증명 신청서류의 보존기간은 10년으로 한다.

③ **농업경영계획서의 작성의 면제**: 다음에 따라 농지를 취득하는 자는 농업경영계획서 또는 주말·체험영농계획서를 작성하지 아니하고 그 발급을 신청할 수 있다.

1. 시험·연구·실습지 또는 종묘생산지로 농지를 취득하여 소유하는 경우
2. 농지전용허가를 받거나 농지전용신고를 한 자가 그 농지를 소유하는 경우

(3) 발급기준

시·구·읍·면의 장은 농지취득자격증명의 발급신청을 받은 때에는 그 신청을 받은 날부터 7일(농업경영계획서 또는 주말·체험영농계획서를 작성하지 아니하고 농지취득자격증명의 발급신청을 할 수 있는 경우에는 4일, 농지위원회의 심의 대상의 경우에는 14일) 이내에 요건에 적합한지의 여부를 확인하여 이에 적합한 경우에는 신청인에게 농지취득자격증명을 발급하여야 한다.

4 핵심 확인학습

① 상속에 따라 농지를 취득한 사람으로서 농업경영을 하지 아니하는 사람은 그 상속농지 중에서 50,000m²까지만 소유할 수 있다. ( )

② 8년 이상 농업경영을 한 후 이농한 사람은 당시의 소유농지 중에서 10,000m²까지만 소유할 수 있다. ( )

③ 주말・체험영농을 하려는 사람은 10,000m² 미만의 농지에 한하여 이를 소유할 수 있다. 이 경우 면적의 계산은 그 세대원 전부가 소유하는 총면적으로 한다. ( )

④ 농지를 증여로 취득하려는 자는 농지의 소재지를 관할하는 시장・군수・구청장으로부터 농지취득자격증명을 발급받아야 한다. ( )

⑤ 주말・체험영농을 하고자 농지를 소유하는 경우에는 주말・체험영농계획서를 작성하지 아니하고 농지취득자격증명을 받지 아니한다. ( )

⑥ 농지전용허가를 받거나 농지전용신고를 한 자가 해당 농지를 소유하는 경우에는 농지취득자격증명을 받지 아니한다. ( )

Answer

1. × 10,000m²까지만 소유할 수 있다.
2. ○
3. × 주말・체험영농을 하려는 사람은 1,000m² 미만의 농지에 한하여 이를 소유할 수 있다.
4. × 시장・구청장・읍장・면장으로부터 농지취득자격증명을 발급받아야 한다.
5. × 주말・체험영농계획서를 작성하여 농지취득자격증명을 받아야 한다.
6. × 농지취득자격증명을 받아야 한다.

박문각 공인중개사

과목별 학습 방법

부동산공시법령은 '공간정보의 구축 및 관리 등에 관한 법령(지적법)'과 '부동산등기법'으로 나누어져 있으며, 시험에서는 각각 12문제씩 총 24문항이 출제된다. 지적법의 출제범위는 조문 위주로 출제되고 있으며, 비교적 공부할 분량도 적고, 문제 난이도도 높지 않은 반면, 부동산등기법은 조문과 판례뿐만 아니라 등기예규와 등기선례로까지 출제범위가 확대되고 있어 공부할 분량도 양적으로 방대하고, 문제 난이도도 비교적 높다. 따라서 절대적으로 지적법에서 점수를 확보하는 것이 좋은 수험전략이 될 수 있을 것이다.

다음으로 지적법과 부동산등기법의 폭넓은 이해를 위해 전반적인 체계를 세우는 것을 우선하여 공부하여야 한다. 지적법의 경우 최근의 출제경향이 지적공부에 기재된 내용을 해석하는 유형이 자주 출제되고 있으므로 각 지적공부에 토지의 어떤 표시사항이 등록되는지 해당 지적공부를 보면서 이해하는 것이 전반적인 체계를 세우는 데에 도움이 될 것이다. 특히 지적법은 비교적 학습량은 적어도 생소한 용어들이 많아 정확한 용어 숙지가 선행되어야 하며, 중요 조문의 내용과 암기사항을 반복하여 익힌다면 좋은 결과를 얻을 수 있을 것이다. 나아가 부동산등기법은 등기의 절차를 규정해 놓은 법이므로 절차의 흐름을 이해하는 것이 매우 중요하며, 문제도 등기절차 전체를 물어보는 문제가 다수 포함되어 출제되고 있다. 특히 각종 권리별 등기절차(소유권보존등기부터 가압류·가처분등기절차) 부분에서 대부분 출제되고 있어 해당 파트의 숙지가 중요하다.

03

부동산 공시법령

– 부동산공시법령 개관 –

1. 지적법(공간정보의 구축 및 관리 등에 관한 법률 중 지적에 관한 법률)의 이해

우리가 땅(토지)을 사고, 팔려면 다음과 같은 토지에 대한 정보가 필요하다.

(1) 토지의 소재지가 어디인지(예 서울 강남 땅인지, 시골 땅인지)

(2) 몇 번지 토지이고(지번)

(3) 지목은 뭐고(예 곡물을 심을 수 있는 '전'인지, 집을 지을 수 있는 '대'인지)

(4) 인접토지 사이의 경계 분쟁시 내 땅은 어디까지인지(경계 또는 좌표)

(5) 몇 m^2의 토지인지(면적)

위와 같은 정보가 중요한데, 이 정보가 궁금할 때 지적소관청에 있는 지적공부를 보면 알 수 있다. 따라서 지적법은 이렇게 지적공부에 등록되어 있는 토지의 소재, 지번, 지목, 경계(또는 좌표), 면적을 지적소관청에서 결정할 때 어떻게 결정하여 어디에 등록하는지, 그리고 어떻게 관리하는지 그 절차를 배우는 법이다.

2. 등기법(부동산등기법)의 이해

(1) 「민법」 제186조는 법률행위(계약)로 인한 부동산(토지 또는 건물)의 물권(소유권, 저당권 등)변동은 등기해야 효력이 발생한다고 규정하고 있다.
예컨대, 甲(매도인)이 자신의 명의로 소유권보존등기된 건물에 대하여 乙(매수인)과 매매계약을 체결한 경우 乙이 건물의 소유권을 취득하기 위해서는 매매계약에 따른 잔금지급만으로는 부족하고 자기 앞으로 등기해야 효력이 발생한다는 것이다.

(2) 즉, 원칙적으로 등기는 甲과 乙이 공동 또는 단독으로 등기소에 출석하여(예외적으로 전자신청) 등기신청정보와 첨부정보를 제공하면 등기관이 제공된 정보(서면)를 통하여 적법여부를 갖추었는지 서류 심사하여 적법요건을 갖추지 못하였으면 등기신청을 각하(거부)하고 이를 갖추었으면 등기부(표제부, 갑구, 을구)에 기록한 다음, 등기권리증으로 등기권리자에게 등기필정보를 작성·교부함으로써 등기의 일련의 절차를 마친다.

(3) 따라서 등기법은 누가(신청인), 어떤 등기를 신청할 때, 어떤 서류를 제출해야(신청에 필요한 정보), 등기관이 심사하여 등기부(표제부, 갑구, 을구)에 등기하는지 그 절차를 배우는 법이다.

지적법상 '용어의 정의'

1 지적소관청

"지적소관청"이란 지적공부를 관리하는 특별자치시장 · 시장 · 군수 또는 구청장(자치구가 아닌 구의 구청장을 포함한다)을 말한다.

2 지적공부

비유하자면, 일종의 토지에 대한 가족관계등록부라고 할 수 있다.

"지적공부"란 ① 토지대장, ② 임야대장, ③ 공유지연명부, ④ 대지권등록부, ⑤ 경계점좌표등록부 및 ⑥ 지적도, ⑦ 임야도 등 지적측량 등을 통하여 조사된 토지의 표시와 해당 토지의 소유자 등을 기록한 대장 및 도면(정보처리시스템을 통하여 기록 · 저장된 것을 포함한다)을 말한다.

3 토지의 표시

"토지의 표시"란 지적공부에 토지의 ① 소재, ② 지번(地番), ③ 지목(地目), ④ 경계 또는 ⑤ 좌표, ⑥ 면적을 등록한 것을 말한다.

(1) **지번**: 필지에 부여하여 지적공부에 등록한 번호를 말한다.

(2) **지번부여지역**: 지번을 부여하는 단위지역으로서 동 · 리 또는 이에 준하는 지역을 말한다.

(3) **지목**: 토지의 주된 용도에 따라 토지의 종류를 구분하여 지적공부에 등록한 것을 말한다.

(4) **경계**: 필지별로 경계점들을 직선으로 연결하여 지적공부에 등록한 선을 말한다.

(5) **면적**: 지적측량에 의하여 지적공부에 등록한 필지의 수평면상의 넓이를 말한다.

4 토지의 이동

토지의 표시(소재, 지번, 지목, 경계 또는 좌표, 면적)를 새로 정하거나 변경 또는 말소하는 것으로 대표적으로 다음과 같은 종류가 있다.

(1) **신규등록**: 새로 조성된 토지와 지적공부에 등록이 누락된 토지를 최초로 지적공부에 등록하는 것을 말한다.

예 바닷가를 매립한 토지를 토지대장에 처음 등록시키는 경우

(2) **등록전환**: 임야대장 및 임야도에 등록된 토지를 토지대장 및 지적도에 옮겨 등록하는 것을 말한다.

예 임야에 각종 허가를 받아서 전원주택을 신축했을 때 임야도에 있던 토지가 지적도로 옮겨 가는 경우

(3) **분할**: 지적공부에 등록된 1필지를 2필지 이상으로 나누어 등록하는 것을 말한다.

(4) **합병**: 지적공부에 등록된 2필지 이상을 1필지로 합하여 등록하는 것을 말한다.

(5) **지목변경**: 지적공부에 등록된 지목을 다른 지목으로 바꾸어 등록하는 것을 말한다.

예 관계법령에 따라 전(田)에 건물을 신축했을 때 지목이 '전'에서 '대'로 변경되어 등록되는 경우

5 지적측량

"지적측량"이란 토지를 지적공부에 등록하거나 지적공부에 등록된 경계점을 지상에 복원하기 위하여 필지의 경계 또는 좌표와 면적을 정하는 측량을 말한다. 지적측량의 종류에는 여러 가지가 있다.

예 이웃 간에 건물 신축 등으로 토지의 경계분쟁 발생시 측량해보자고 하는 경우가 있는데, 이때 하는 측량을 말한다.

핵심 용어 Check

◆ **지적확정측량**
도시개발사업 등의 시행지역에서 토지의 표시를 새로 정하기 위하여 실시하는 지적측량을 말한다.

토지의 등록단위(필지)

1 의 의

토지를 지적공부에 등록하기 위해서는 개별단위로 등록하는데, 이처럼 토지대장 등에 등록하기 위해 대통령령으로 정하는 바에 따라 구획되는 토지의 등록단위를 필지라 말한다.

3 과목

2 1필지의 성립요건

토지가 1필지로 등록되기 위해서는 다음의 요건을 모두 갖추어야 1필지로 인정해준다. 하나라도 다르면 별개의 필지로 해야 한다.

(1) 지번부여지역이 동일해야 한다.

지번의 부여는 동ㆍ리 단위로 부여하므로, 예를 들어 신림동과 봉천동의 토지는 1필지가 될 수 없다.

(2) 소유자가 동일해야 한다.

1필지의 소유권은 하나이므로 甲소유의 토지와 乙소유의 토지는 1필지가 될 수 없다.

(3) 지목(용도)이 동일해야 한다.

1필지에는 지목이 1개만 정해지므로 지목이 다른 토지(예 '전'과 '대')는 1필지가 될 수 없다.

(4) 축척이 동일해야 한다.

축척이 다른 토지(예 1/500과 1/2400)는 1필지가 될 수 없다.

(5) 지반이 물리적으로 연속해야 한다.

1필지는 소유권이 미치는 범위를 나타내므로, 예를 들어 도로, 하천 등으로 지반이 단절된 토지는 1필지가 될 수 없다.

(6) 등기여부가 동일해야 한다.

등기부 등을 보고 거래하므로 등기된 토지와 미등기된 토지간에는 1필지가 성립될 수 없다.

Thema

03 지 번

1 의의 및 구성

(1) **의의**: 사람에게 성명이 있듯이 토지에는 1필지 등록단위로 지번이 있는데, 지번은 지적소관청이 지번부여지역(동 · 리)별로 차례대로 부여한다.

(2) **표기**: 지번은 아라비아 숫자로 표기하되, 임야대장 및 임야도에 등록하는 토지의 지번은 숫자 앞에 '산'자를 붙여 토지대장 등록지의 토지와 구별하도록 하고 있다.

(3) **구성**(본번과 부번): 지번은 본번(예 7, 8, 9 등)과 부번(예 −1, −2, −3 등)으로 구성하되, 본번과 부번은 '−'표시로 연결하고 '−'는 '의'라고 읽는다.

2 토지이동시 지번부여 방법

(1) 신규등록 및 등록전환 토지의 지번부여 방법

원 칙	그 지번부여지역의 인접토지의 본번에 부번을 붙여서 부여한다.
예 외	다음의 경우에는 그 지번부여지역의 최종 본번의 다음 순번부터 본번으로 하여 순차적으로 지번을 부여할 수 있다. ① 대상 토지가 여러 필지인 경우 ② 대상 토지가 그 지번부여지역의 최종 지번의 토지에 인접하여 있는 경우 ③ 대상 토지가 이미 등록된 토지와 멀리 떨어져 있어 등록된 토지의 본번에 부번을 부여하는 것이 불합리한 경우

(2) 분할하는 토지의 지번부여 방법

원 칙	① 분할 후의 필지 중 1필지는 분할 전 지번으로 하고, ② 나머지 필지는 본번의 최종 부번 다음 순번으로 부번을 부여한다.
예 외	이 경우 주거·사무실 등의 건축물이 있는 필지에 대하여는 분할 전의 지번을 우선하여 부여하여야 한다.

(3) 합병하는 토지의 지번부여 방법

원 칙	합병 대상 지번 중 선순위 지번으로 하되, 본번으로 된 지번이 있을 때에는 본번 중 선순위 지번을 합병 후의 지번으로 한다.
예 외	이 경우 토지소유자가 합병 전의 필지에 주거·사무실 등의 건축물이 있어서 그 건축물이 위치한 지번을 합병 후의 지번으로 신청할 때에는 그 지번을 합병 후의 지번으로 부여하여야 한다.

(4) 도시개발사업 시행지역(지적확정측량 실시지역)의 지번부여 방법

원 칙	원칙적으로 종전 지번 중 본번으로 부여한다.
예 외	다만, 부여할 수 있는 종전 지번의 수가 새로 부여할 지번의 수보다 적은 때에는 ① 블록 단위로 하나의 본번을 부여한 후 필지별로 부번을 부여하거나, ② 그 지번부여지역의 최종 본번의 다음 순번부터 본번으로 하여 지번을 부여할 수 있다.
준 용	다음의 경우에는 지적확정측량 실시지역의 지번부여방법을 준용한다. ① 지번부여지역 안의 지번을 변경할 때 ② 행정구역 개편에 따라 새로 지번을 부여할 때 ③ 축척변경 시행지역의 필지에 지번을 부여할 때

(5) **지번의 변경**: 지적소관청은 지적공부에 등록된 지번을 변경할 필요가 있다고 인정하면(예 분할, 합병 등 빈번한 토지이동으로 지번이 무질서하게 부여된 경우 등) 시·도지사나 대도시 시장의 승인을 받아 지번부여지역의 전부 또는 일부에 대하여 지번을 새로 부여할 수 있다.

Thema 04

지 목

1 의 의

지목이라 함은 토지의 주된 용도에 따라 토지의 종류를 구분하여 지적공부에 등록한 것을 말한다.

2 지목설정의 원칙

(1) **1필1목의 원칙**(단식지목의 원칙) : 하나의 필지마다 하나의 지목을 설정한다.

(2) **주지목추종의 원칙** : 1필지가 둘 이상의 용도로 활용되는 경우에는 주된 용도에 따라 지목을 설정한다.

(3) **영속성의 원칙**(일시변경불변의 원칙) : 토지가 일시적 또는 임시적인 용도로 사용될 때에는 지목을 변경하지 아니한다.

예 계속 논으로 사용하고 있는 토지에 일시적으로 뽕나무, 닥나무를 심는 경우에도 그 지목을 계속 답(畓)으로 하는 것을 말한다.

3 종류(28가지)

지목은 전 · 답 · 과수원 · 목장용지 · 임야 · 광천지 · 염전 · 대(垈) · 공장용지 · 학교용지 · 주차장 · 주유소용지 · 창고용지 · 도로 · 철도용지 · 제방(堤防) · 하천 · 구거(溝渠) · 유지(溜池) · 양어장 · 수도용지 · 공원 · 체육용지 · 유원지 · 종교용지 · 사적지 · 묘지 · 잡종지로 구분하여 정한다. 입문과정에서는 주요지목만을 보기로 한다.

4 지목의 구분(영 제58조)

1	전 (전)	물을 상시적으로 이용하지 않고 곡물·원예작물(과수류는 제외한다)·약초·뽕나무·닥나무·묘목·관상수 등의 식물을 주로 재배하는 토지와 식용으로 죽순을 재배하는 토지
2	답 (답)	물을 상시적으로 직접 이용하여 벼·연·미나리·왕골 등의 식물을 주로 재배하는 토지
3	과수원 (과)	사과·배·밤·호두·귤나무 등 과수류를 집단적으로 재배하는 토지와 이에 접속된 저장고 등 부속시설물의 부지. 다만, 주거용 건축물의 부지는 "대"로 한다.
4	목장용지 (목)	㉠ 축산업 및 낙농업을 하기 위하여 초지를 조성한 토지 ㉡ 「축산법」 제2조 제1호의 규정에 따른 가축을 사육하는 축사 등의 부지 ㉢ ㉠ 및 ㉡의 토지와 접속된 부속시설물의 부지 다만, 주거용 건축물의 부지는 "대"로 한다.
5	임 야 (임)	산림 및 원야(原野)를 이루고 있는 수림지·죽림지·암석지·자갈땅·모래땅·습지·황무지 등의 토지
6	광천지 (광)	지하에서 온수·약수·석유류 등이 용출되는 용출구와 그 유지(維持)에 사용되는 부지. 다만, 온수·약수·석유류 등을 일정한 장소로 운송하는 송수관·송유관 및 저장시설의 부지는 제외한다.
7	염 전 (염)	바닷물을 끌어들여 소금을 채취하기 위하여 조성된 토지와 이에 접속된 제염장 등 부속시설물의 부지. 다만, 천일제염 방식으로 하지 아니하고 동력으로 바닷물을 끌어들여 소금을 제조하는 공장시설물의 부지는 제외한다.
8	대 (대)	㉠ 영구적 건축물 중 주거·사무실·점포와 박물관·극장·미술관 등 문화시설과 이에 접속된 정원 및 부속시설물의 부지 ㉡ 「국토의 계획 및 이용에 관한 법률」 등 관계 법령에 따른 택지조성공사가 준공된 토지
9	공장용지 (장)	㉠ 제조업을 하고 있는 공장시설물의 부지 ㉡ 「산업집적활성화 및 공장설립에 관한 법률」 등 관계 법령에 따른 공장부지 조성공사가 준공된 토지 ㉢ ㉠ 및 ㉡의 토지와 같은 구역에 있는 의료시설 등 부속시설물의 부지
10	학교용지 (학)	학교의 교사(校舍)와 이에 접속된 체육장 등 부속시설물의 부지

11	주차장 (차)	자동차 등의 주차에 필요한 독립적인 시설을 갖춘 부지와 주차전용 건축물 및 이에 접속된 부속시설물의 부지. 다만, 다음에 해당하는 시설의 부지는 제외한다. ㉠ 「주차장법」 제2조 제1호 가목 및 다목에 따른 노상주차장 및 부설주차장(「주차장법」 제19조 제4항에 따라 시설물의 부지 인근에 설치된 부설주차장은 제외한다) ㉡ 자동차 등의 판매 목적으로 설치된 물류장 및 야외전시장
12	주유소 용지 (주)	㉠ 석유·석유제품, 액화석유가스, 전기 또는 수소 등의 판매를 위하여 일정한 설비를 갖춘 시설물의 부지 ㉡ 저유소 및 원유저장소의 부지와 이에 접속된 부속시설물의 부지 다만, 자동차·선박·기차 등의 제작 또는 정비공장 안에 설치된 급유·송유시설 등의 부지는 제외한다.
13	창고용지 (창)	물건 등을 보관하거나 저장하기 위하여 독립적으로 설치된 보관시설물의 부지와 이에 접속된 부속시설물의 부지
14	도 로 (도)	㉠ 일반 공중의 교통 운수를 위하여 보행이나 차량운행에 필요한 일정한 설비 또는 형태를 갖추어 이용되는 토지 ㉡ 「도로법」 등 관계 법령에 따라 도로로 개설된 토지 ㉢ 고속도로의 휴게소 부지 ㉣ 2필지 이상에 진입하는 통로로 이용되는 토지 다만, 아파트·공장 등 단일 용도의 일정한 단지 안에 설치된 통로 등은 제외한다.
15	철도용지 (철)	교통 운수를 위하여 일정한 궤도 등의 설비와 형태를 갖추어 이용되는 토지와 이에 접속된 역사·차고·발전시설 및 공작창 등 부속시설물의 부지
16	제 방 (제)	조수·자연유수·모래·바람 등을 막기 위하여 설치된 방조제·방수제·방사제·방파제 등의 부지
17	하 천 (천)	자연의 유수가 있거나 있을 것으로 예상되는 토지
18	구 거 (구)	용수 또는 배수를 위하여 일정한 형태를 갖춘 인공적인 수로·둑 및 그 부속시설물의 부지와 자연의 유수가 있거나 있을 것으로 예상되는 소규모 수로부지
19	유 지 (유)	물이 고이거나 상시적으로 물을 저장하고 있는 댐·저수지·소류지(沼溜地)·호수·연못 등의 토지와 연·왕골 등이 자생하는 배수가 잘 되지 아니하는 토지
20	양어장 (양)	육상에 인공으로 조성된 수산생물의 번식 또는 양식을 위한 시설을 갖춘 부지와 이에 접속된 부속시설물의 부지

21	수도용지 (수)	물을 정수하여 공급하기 위한 취수·저수·도수·정수·송수 및 배수시설의 부지 및 이에 접속된 부속시설물의 부지
22	공 원 (공)	일반 공중의 보건·휴양 및 정서생활에 이용하기 위한 시설을 갖춘 토지로서 「국토의 계획 및 이용에 관한 법률」에 따라 공원 또는 녹지로 결정·고시된 토지
23	체육용지 (체)	국민의 건강증진 등을 위한 체육활동에 적합한 시설과 형태를 갖춘 종합운동장·실내체육관·야구장·골프장·스키장·승마장·경륜장 등 체육시설의 토지와 이에 접속된 부속시설물의 부지 다만, 체육시설로서의 영속성과 독립성이 미흡한 정구장·골프연습장·실내수영장 및 체육도장과 유수를 이용한 요트장 및 카누장 등의 토지는 제외한다.
24	유원지 (원)	일반 공중의 위락·휴양 등에 적합한 시설물을 종합적으로 갖춘 수영장·유선장·낚시터·어린이놀이터·동물원·식물원·민속촌·경마장·야영장 등의 토지와 이에 접속된 부속시설물의 부지. 다만, 이들 시설과의 거리 등으로 보아 독립적인 것으로 인정되는 숙식시설 및 유기장의 부지와 하천·구거 또는 유지(공유인 것으로 한정한다)로 분류되는 것은 제외한다.
25	종교용지 (종)	일반 공중의 종교의식을 위하여 예배·법요·설교·제사 등을 하기 위한 교회·사찰·향교 등 건축물의 부지와 이에 접속된 부속시설물의 부지
26	사적지 (사)	국가유산으로 지정된 역사적인 유적·고적·기념물 등을 보존하기 위하여 구획된 토지 다만, 학교용지·공원·종교용지 등 다른 지목으로 된 토지에 있는 유적·고적·기념물 등을 보호하기 위하여 구획된 토지는 제외한다.
27	묘 지 (묘)	사람의 시체나 유골이 매장된 토지, 「도시공원 및 녹지 등에 관한 법률」에 따른 묘지공원으로 결정·고시된 토지 및 「장사 등에 관한 법률」 제2조 제9호에 따른 봉안시설과 이에 접속된 부속시설물의 부지 다만, 묘지의 관리를 위한 건축물의 부지는 "대"로 한다.
28	잡종지 (잡)	㉠ 갈대밭, 실외에 물건을 쌓아두는 곳, 돌을 캐내는 곳, 흙을 파내는 곳, 야외시장 및 공동우물 ㉡ 변전소, 송신소, 수신소 및 송유시설 등의 부지 ㉢ 여객자동차터미널, 자동차운전학원 및 폐차장 등 자동차와 관련된 독립적인 시설물을 갖춘 부지 ㉣ 공항시설 및 항만시설 부지 ㉤ 도축장, 쓰레기처리장 및 오물처리장 등의 부지 ㉥ 그 밖에 다른 지목에 속하지 않는 토지 다만, 원상회복을 조건으로 돌을 캐내는 곳 또는 흙을 파내는 곳으로 허가된 토지는 제외한다.

5 지목의 표시방법

(1) **토지(임야)대장에 등록할 때는 지목명칭 전체를 사용하여 등록한다.**

예 목장용지 ⇨ 목장용지, 잡종지 ⇨ 잡종지

(2) **지적도와 임야도(도면)에는 '부호'로 표기하여 등록한다.**

① **원칙**: 첫 글자를 등록하는 것이 원칙이다.

예 목장용지 ⇨ 목, 잡종지 ⇨ 잡

② **예외**: 중복을 피하기 위하여 두 번째 문자[차문자(次文字)]로 표기하는 4가지의 지목이 있다.

- 주차장 ⇨ 차
- 공장용지 ⇨ 장
- 하천 ⇨ 천
- 유원지 ⇨ 원

경 계

1 의 의

경계라 함은 지적측량에 의하여 필지별로 경계점들을 직선으로 연결하여 지적공부 중 도면(지적도+임야도)에 등록한 선을 말한다.

3과목

2 지상경계의 결정기준

토지를 구획할 지형, 지물 또는 지상구조물이 존재하는 경우 다음의 기준에 따라 경계를 설정한다.

(1) 연접되는 토지 사이에 높낮이 차이가 없는 경우에는 그 구조물 등의 중앙

(2) 연접되는 토지 사이에 높낮이 차이가 있는 경우에는 그 구조물 등의 하단부

(3) 도로·구거 등의 토지에 절토된 부분이 있는 경우에는 그 경사면의 상단부

(4) 토지가 해면 또는 수면에 접하는 경우에는 최대만조위 또는 최대만수위가 되는 선

(5) 공유수면매립지의 토지 중 제방 등을 토지에 편입하여 등록하는 경우에는 바깥쪽 어깨부분

지상경계의 결정기준

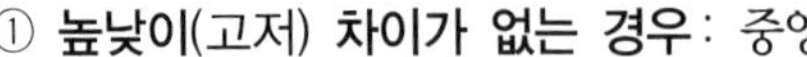
① **높낮이(고저) 차이가 없는 경우**: 중앙

② **높낮이(고저) 차이가 있는 경우**: 하단부

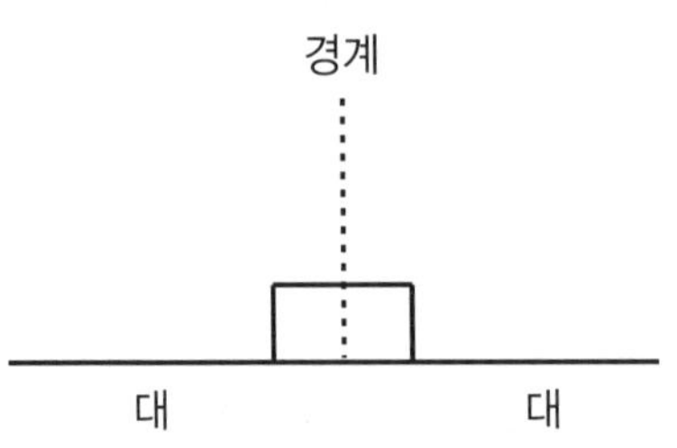

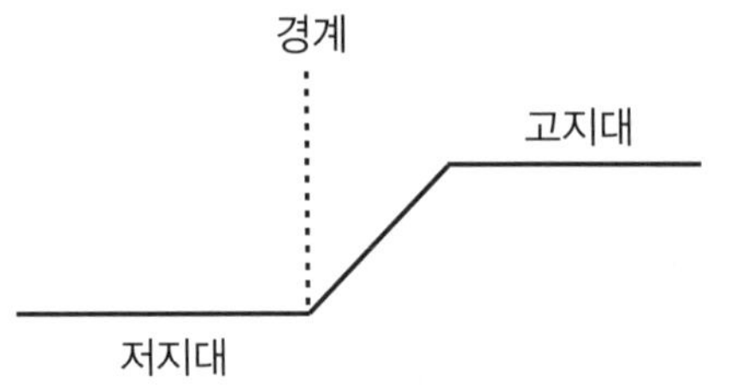

③ **도로 등에 절토된 경우**: 상단부

④ **해면 또는 수면에 접한 경우**: 최대만조위 또는 최대만수위

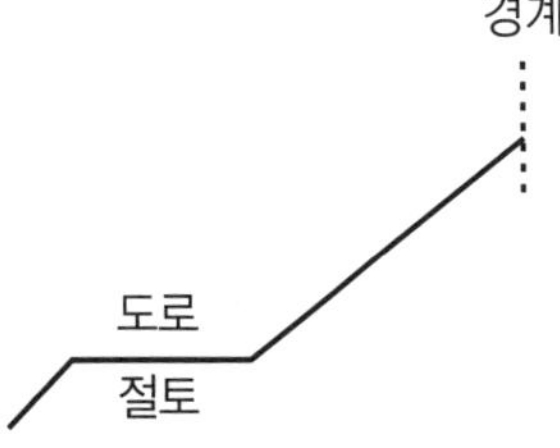

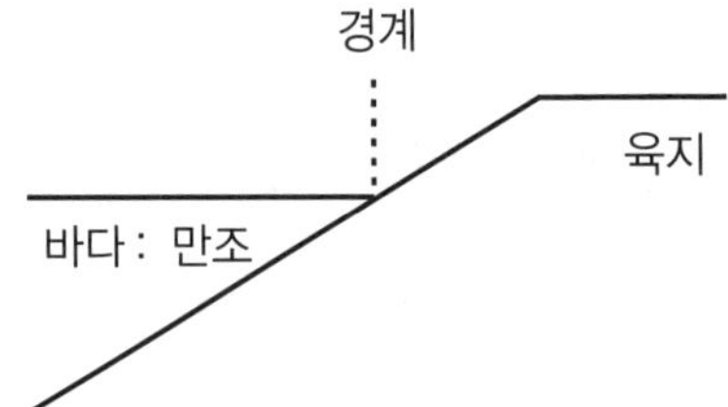

⑤ **공유수면매립지의 제방 등을 편입한 경우**: 바깥쪽 어깨부분

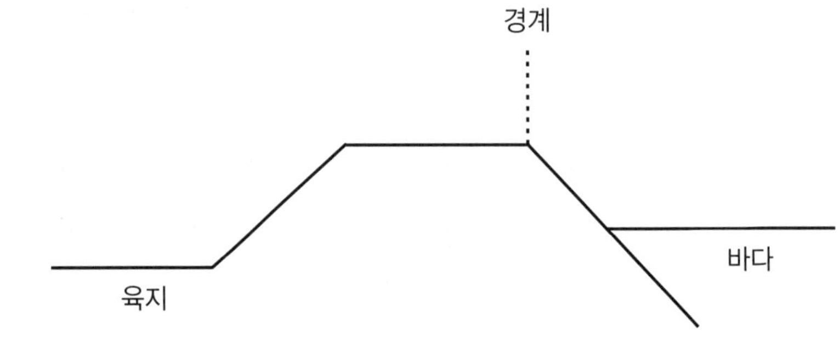

3 분할에 따른 지상경계

(1) **원칙**: 매매나 소유권이전을 위한 토지 분할에 따른 지상경계는 지상건축물을 걸리게 결정하여서는 아니 된다.

(2) **예외**: 다음의 경우에는 건축물이 걸리게 분할할 수 있다.

① 공공 사업으로 인하여 수도용지 · 학교용지 · 도로 · 철도용지 · 제방 · 하천 · 구거 · 유지 등의 지목으로 되는 토지를 분할하는 경우

② 도시개발사업 등의 사업시행자가 사업지구의 경계를 결정하기 위하여 분할하고자 하는 경우

③ 「국토의 계획 및 이용에 관한 법률」의 규정에 의한 도시계획결정고시와 지형도면고시가 된 지역의 도시 · 군관리계획선에 따라 토지를 분할하는 경우

④ 법원의 확정판결이 있는 경우

4 지상경계의 위치표시(지상경계점등록부)

① 토지의 지상경계는 둑, 담장 그 밖에 구획의 목표가 될 만한 구조물 및 경계점표시 등으로 표시한다.

② **지상경계점등록부**

지적소관청은 토지의 이동에 따라 지상경계를 새로 정한 경우에는 지상경계점등록부를 작성, 관리하여야 한다.

③ **지상경계점등록부의 등록사항**

㉠ 토지의 소재
㉡ 지번
㉢ 공부상 지목과 실제 토지이용 지목
㉣ 경계점표지의 종류(철못 1호, 2호) 및 경계점 위치
㉤ 경계점의 좌표(경계점좌표등록부 시행지역에 한한다)
㉥ 경계점의 사진파일
㉦ 경계점의 위치설명도

Thema

06 면 적

1 의 의

면적이라 함은 지적측량에 의하여 지적공부 중 토지대장과 임야대장에 결정(측정)·등록된 1필지의 수평면상의 넓이를 말한다.

2 면적의 등록단위

면적의 등록단위는 제곱미터('평'이 아님)로 한다.

평(또는 보)×400/121(=3.3058)=m^2

3 면적의 측정대상

신규등록, 등록전환, 분할 토지 등은 새로 측량하여 면적을 측정하지만 합병, 지목변경 토지는 면적측정의 대상이 아니다.

4 면적의 결정 및 끝수처리

도면의 선이나 좌표 등으로 면적을 측정하여 토지(임야)대장에 등록할 때 측정된 면적 그대로 등록하는 것이 아니라 끝수처리 절차를 거쳐 결정된 면적을 등록하게 되는데, 그 기준은 다음과 같다.

(1) 축척이 1/1000, 1/1200, 1/2400, 1/3000, 1/6000인 지역

- **표기**: 이 지역의 토지 면적은 $1m^2$(정수 단위)까지 구한다. 다만, 1필지의 면적이 $1m^2$ 미만인 때에는 $1m^2$로 한다.

(2) 지적도의 축척이 1/600인 지역과 경계점좌표등록부 시행지역(1/500)인 경우

- **표기**: 이 지역의 토지 면적은 m^2 이하 한자리 단위로 한다. 다만, 1필지의 면적이 $0.1m^2$ 미만인 때에는 $0.1m^2$로 한다.

면적의 등록단위와 끝수처리

구 분	축 척	등록단위	끝수처리
지적도	1/500(경계점좌표등록부 시행지역) or 1/600	$0.1m^2$	$0.05m^2$ 초과 ⇨ 올림
			$0.05m^2$ 미만 ⇨ 버림
			$0.05m^2$인 때 구하려는 끝자리의 숫자가 • 0 또는 짝수 ⇨ 버림 • 홀수 ⇨ 올림
	1/1000, 1/1200, 1/2400, 1/3000, 1/6000	$1m^2$	$0.5m^2$ 초과 ⇨ 올림
			$0.5m^2$ 미만 ⇨ 버림
임야도	1/3000, 1/6000		$0.5m^2$인 때 구하려는 끝자리의 숫자가 • 0 또는 짝수 ⇨ 버림 • 홀수 ⇨ 올림

축척(1/1000, 1/1200, 1/2400, 1/3000, 1/6000)		경계점좌표등록부 시행지역(1/500), 1/600	
측량면적 (m^2)	등록면적 (m^2)	측량면적 (m^2)	등록면적 (m^2)
123.4	123	123.32	123.3
123.6	124	123.37	123.4
123.5	124	123.55	123.6
120.5	120	123.05	123.0
124.5	124	123.65	123.6
124.52	125	123.653	123.7
0.7($1m^2$ 미만)	1	0.06($0.1m^2$ 미만)	0.1

대장의 등록사항

1 토지대장 및 임야대장

(1) **의의**: 토지대장은 임야대장에서 제외된 1필지 토지의 소재지번, 지목, 면적, 소유자 등 여러가지 사항을 적어 지적소관청에 비치해두는 장부를 말하고, 임야대장이란 토지대장에서 제외된 임야나 산간벽지, 도서 등을 대상으로 하여 1필지 토지의 소재지번, 지목, 면적, 소유자 등 여러가지 사항을 적어 지적소관청에 비치해두는 장부를 말한다.

(2) **토지(임야)대장의 등록사항**

① 고유번호	1061101570-1 0071-0001			토지대장	⑫ 도면번호	19	발급번호	20030522-0184-
② 토지소재	전라남도 목포시 하안동				⑬ 장번호	1	처리시각	15시 11분 47초
③ 지 번	71-1	⑥축 척	1:1200		비 고		발급자	홍길동

토 지 표 시			⑧ 소 유 자		
④ 지 목	⑤ 면적(m^2)	⑦ 토지이동 사유	⑨ 변동일자	주 소	
			변동원인	성명 또는 명칭	등록번호
(10) 학교용지 (정식명칭)	70m^2	(02)2002년 7월 10일 신규등록 (매립준공)	2002년 7월 4일	서울시 강남구 ○○동 372-4	701211- *******
			(13)소유자등록	강철의	
			(02)소유권보존	강철의	
		~분할	2002년 12월 27일	서울시 강남구 반포동 ○○번지	651012- *******
			(03)소유권이전	김재호외 2인	

등급수정 연 월 일	년 월 일 수정	년 월 일 수정				
⑩ 토지등급 (기준수확량등급)						
개별공시지가 기준일	년 월 일	년 월 일				용도지역 등
⑪ 개별공시지가(원/m^2)						

2 공유지연명부

(1) **의의**: 토지대장이나 임야대장에 등록된 토지소유자가 2인 이상인 경우에 소유자와 소유권지분을 체계적이며 효율적으로 등록·관리하기 위하여 토지대장·임야대장 이외에 별도로 작성하는 장부를 말한다.

(2) **등록사항**

<table>
<tr><td colspan="2">① 고유번호</td><td colspan="2">1171010200-10007-0000</td><td colspan="2">공유지연명부</td><td>⑦ 장번호</td><td colspan="2">1</td></tr>
<tr><td colspan="2">② 토지소재</td><td colspan="2">서울특별시 송파구 신천동</td><td>③ 지 번</td><td>7</td><td>비 고</td><td colspan="2"></td></tr>
<tr><td rowspan="3">순 번</td><td rowspan="2">⑤ 변동일자</td><td rowspan="3">⑥ 소유권 지분</td><td colspan="2">④ 소유자</td><td rowspan="2">변동일자</td><td rowspan="3">소유권 지분</td><td colspan="2">소유자</td></tr>
<tr><td rowspan="2">주 소</td><td>등록번호</td><td rowspan="2">주 소</td><td>등록번호</td></tr>
<tr><td>변동원인</td><td>성명 또는 명칭</td><td>변동원인</td><td>성명 또는 명칭</td></tr>
<tr><td></td><td>2005년 1월 8일</td><td rowspan="2">1/3</td><td rowspan="2">장미아파트 4동 101호</td><td>750530-*******</td><td>년 월 일</td><td rowspan="2">—</td><td rowspan="2"></td><td></td></tr>
<tr><td></td><td>(3) 소유권이전</td><td>김재호</td><td></td><td></td></tr>
<tr><td></td><td>2005년 1월 8일</td><td rowspan="2">1/3</td><td rowspan="2">장미아파트 5동 501</td><td>770830-*******</td><td>년 월 일</td><td rowspan="2">—</td><td rowspan="2"></td><td></td></tr>
<tr><td></td><td>(3) 소유권이전</td><td>박예찬</td><td></td><td></td></tr>
<tr><td></td><td>2005년 1월 8일</td><td rowspan="2">1/3</td><td rowspan="2">장미아파트 5동 503호</td><td>550213-*******</td><td>년 월 일</td><td rowspan="2">—</td><td rowspan="2"></td><td></td></tr>
<tr><td></td><td>(3) 소유권이전</td><td>홍민호</td><td></td><td></td></tr>
</table>

3 과목

3 대지권등록부(아파트 땅)

(1) **의의**: 토지대장이나 임야대장에 등록된 토지가 「집합건물의 소유 및 관리에 관한 법률」에 따라 대지권등기가 되어 있는 경우에는 대지권비율 등 지적공부의 정리의 효율화를 위하여 작성하는 장부를 대지권등록부라고 한다.

(2) 등록사항

① 고유번호	1171010700-10140-0000		**대지권등록부**		⑨ 전유부분의 건물표시	101동 5층 501호	⑧ 건물명칭	가락 아파트
② 토지소재	서울특별시 송파구 가락동		③ 지 번	140	⑩ 대지권 비율	21.07/5564	⑦ 장번호	1
지 번								
대지권 비율	———	———	———	———	———	———	———	———

⑤ 변동일자 / 변동원인	⑥ 소유권 지분	④ 소유자: 주 소	④ 소유자: 등록번호 / 성명 또는 명칭	변동일자 / 변동원인	소유권 지분	소유자: 주 소	소유자: 등록번호 / 성명 또는 명칭
2001년 5월 7일	———	가락 아파트 203-8	660515-*******	년 월 일	———		
			전예찬				

Thema 08 도면과 경계점좌표등록부의 등록사항

1 지적도(임야도)

(1) 의 의

① 지적도란 토지대장에 등록된 실제 토지가 어떤 모양인지를 축소해서 그림으로 그려놓은 지적공부를 말한다.

② 임야도란 임야대장에 등록된 실제 토지가 어떤 모양인지를 축소해서 그림으로 그려놓은 지적공부를 말한다.

3 과목

(2) 등록사항

① **토지의 소재**

② **지번**: 각 필지의 경계선 안에 아라비아 숫자로 표시하고 임야대장 등록지는 지번 앞에 '산'자를 붙인다.

③ **지 목**

㉠ 지번 오른쪽 옆에 부호로 표시한다(예 430전, 산35임 등).

㉡ 원칙적으로 두문자(頭文字) 원칙에 따라 부호로 표시한다. 다만, 공장용지(장), 하천(천), 유원지(원), 주차장(차)은 차문자(次文字) 원칙에 따라 두 번째 글자로 표시한다.

④ **경계**: 각각의 경계점을 잇는 0.1mm 폭의 선으로 표시한다.

⑤ **도면의 색인도**: 인접도면의 연결 순서를 표시하기 위하여 기재한 도표와 번호를 말한다.

⑥ **도곽선 및 그 수치**: 도곽선이란 도면 1매의 범위를 구획하기 위한 선으로 모든 지적도와 임야도에 등록하여야 한다.

⑦ **좌표에 의하여 계산된 경계점 간의 거리**(경계점좌표등록부를 갖춰 두는 지역으로 한정한다): 경계점좌표등록부 시행지역의 지적도에는 각 필지별 경계점 간의 거리를 cm 단위까지 등록한다.

⑧ **삼각점 및 지적기준점의 위치**

⑨ **건축물 및 구조물 등의 위치**

⑩ **도면의 제명**(지적도, 임야도) **및 축척**

(3) 지적도와 임야도의 축척

핵심 용어 Check

◆**축 척**
지도나 지적도를 그릴 때 지상의 실제 거리를 축소하여 도면에 그리는데, 이때 축소한 거리비율을 말한다.

① 도면의 축척은 분수로 표시하며 분모의 숫자가 큰 것(예 1/3000)을 소축척이라 하고, 분모의 숫자가 작은 것(예 1/500)을 대축척이라 한다.

② **지적도**(7종) : 1/500, 1/600, 1/1000, 1/1200, 1/2400, 1/3000, 1/6000

③ **임야도**(2종) : 1/3000, 1/6000

지적도(일반지역)

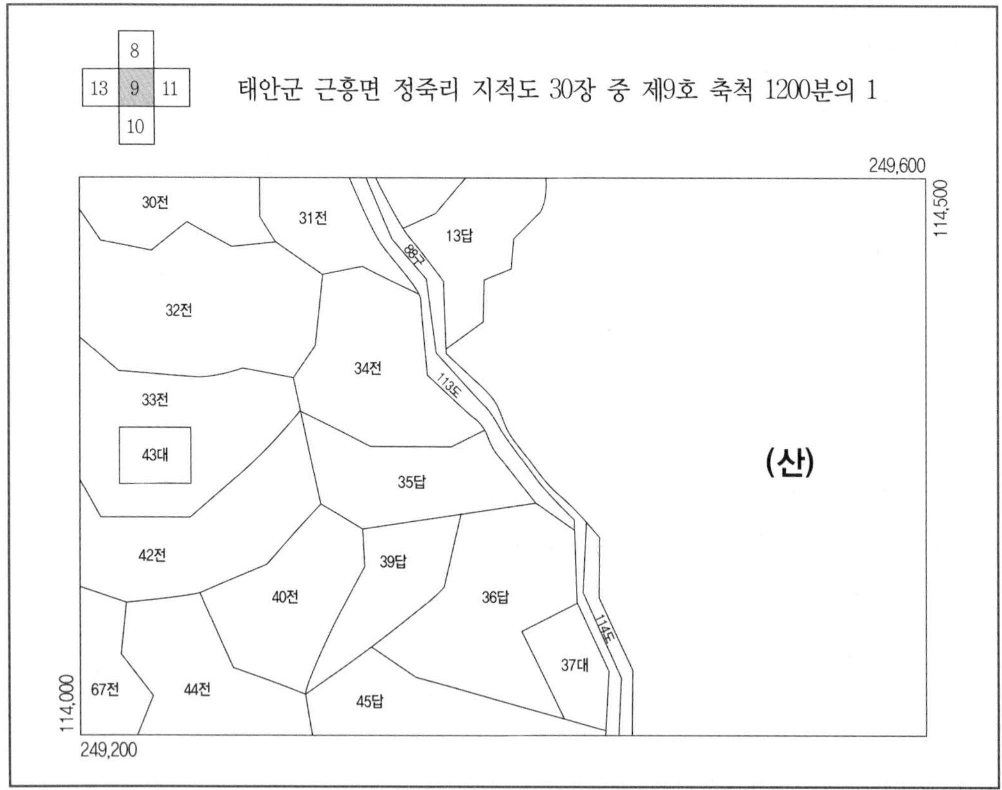

임야도

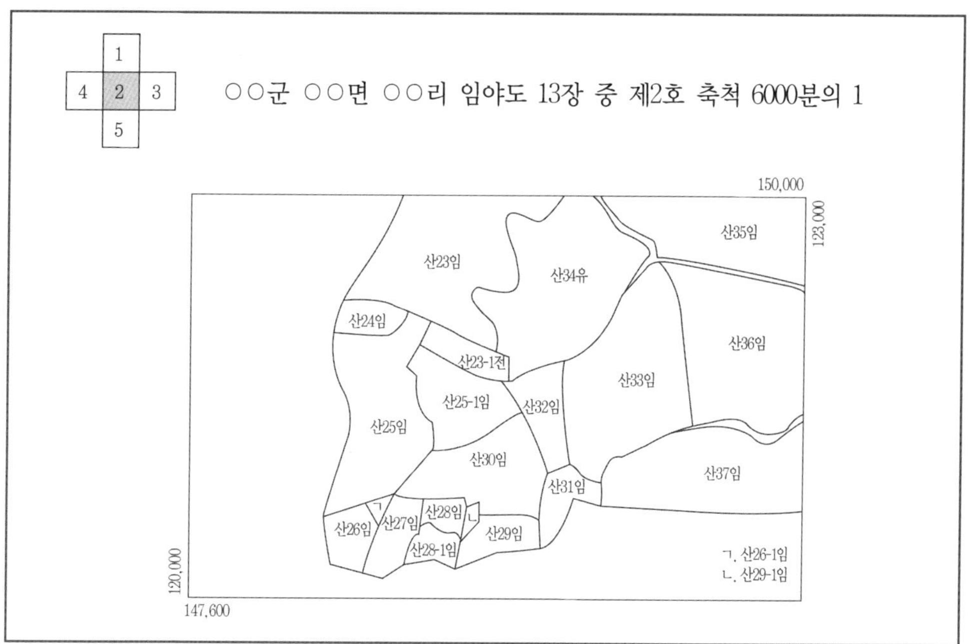

지적도(경계점좌표등록부 시행지역)

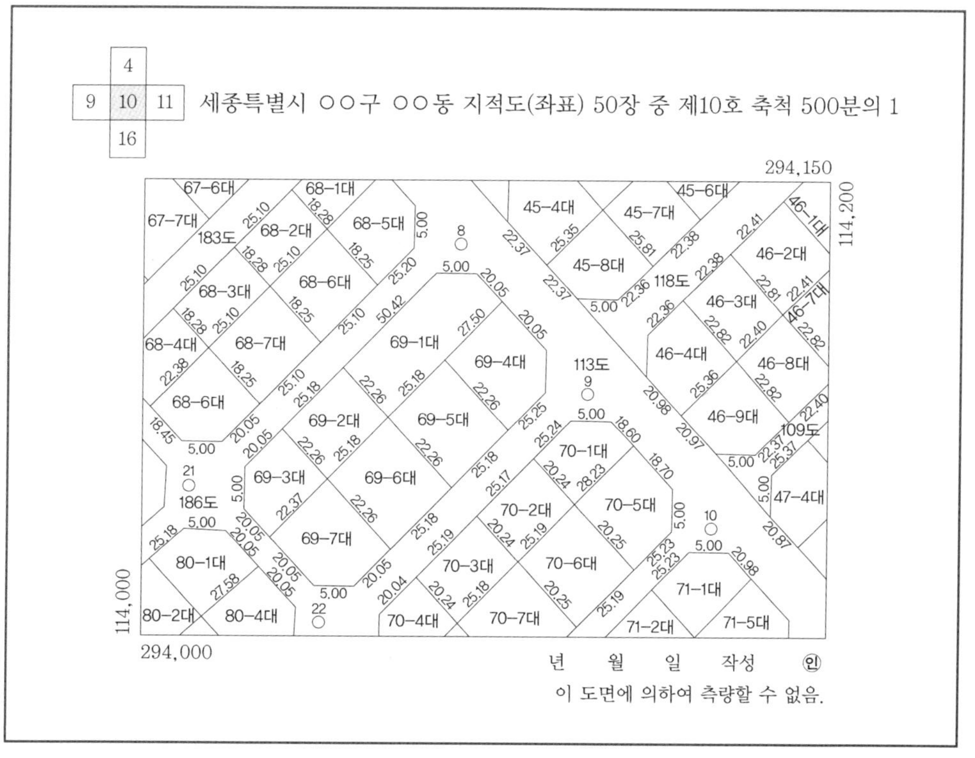

3
과목

2 경계점좌표등록부

(1) **의의**: 경계점좌표등록부란 각 필지 단위로 경계점의 위치를 평면직각종횡선수치인 좌표(X, Y)로 등록・공시하는 지적공부를 말한다.

(2) **비치지역**: 경계점좌표등록부는 전국적으로 작성・비치되는 것이 아니라 지적소관청이 도시개발사업 등에 따라 새로이 지적공부에 등록하는 토지에 대하여 경계점좌표등록부를 작성하고 갖춰 두어야 하는데(법 제73조), 구체적으로 ㉠ 축척변경측량과 ㉡ 지적확정측량을 실시하여 경계점을 좌표로 등록한 지역의 토지로 한다.

(3) **등록사항**

<table>
<tr><td>① 고유번호</td><td></td><td colspan="2">경계점좌표등록부</td><td>⑦ 도면번호와 장번호</td></tr>
<tr><td>② 토지소재</td><td>경기도 용인시 수지읍 수지리</td><td rowspan="2">③ 지 번</td><td rowspan="2" colspan="2">254−2</td></tr>
<tr><td>출력축척</td><td></td></tr>
<tr><td colspan="2" rowspan="2">④ 부호도</td><td rowspan="2">⑤ 부 호</td><td colspan="2">⑥ 좌 표</td></tr>
<tr><td>X</td><td>Y</td></tr>
<tr><td colspan="2" rowspan="7">1 2
254−2
5 3
4</td><td>1</td><td>2123,79</td><td>1630,19</td></tr>
<tr><td>2</td><td>2124,92</td><td>1651,61</td></tr>
<tr><td>3</td><td>2109,67</td><td>1653,51</td></tr>
<tr><td>4</td><td>2107,12</td><td>1635,42</td></tr>
<tr><td>5</td><td>2115,91</td><td>1629,64</td></tr>
<tr><td></td><td></td><td></td></tr>
<tr><td></td><td></td><td></td></tr>
</table>

지적공부의 복구 및 부동산종합공부

1 지적공부의 복구

(1) **의의**: 지적소관청(정보처리시스템을 통하여 기록, 저장한 지적공부의 경우에는 시·도지사, 시장, 군수 또는 구청장)이 지적공부의 일부 또는 전부가 멸실되거나 훼손된 때에 지적공부와 가장 부합된다고 인정되는 관계 자료에 따라 토지의 표시사항과 소유자 관계 등을 지체없이 복구·등록하는 것을 말한다.

3 과목

(2) **복구자료**

① **토지의 표시에 관한 사항**: 멸실·훼손 당시의 지적공부와 가장 부합된다고 인정되는 관계 자료. 즉 토지이동정리결의서, 등기사항증명서 등에 따라 토지의 표시사항을 복구하여야 한다.

② **소유자에 관한 사항**: ㉠ 부동산등기부나 ㉡ 법원의 확정판결서에 따라 복구한다.

(3) **복구절차**

복구자료 조사 ⇨ 복구자료 조사서, 복구자료도 작성 ⇨ 복구측량 ⇨
복구사항 게시 ⇨ 이의신청 ⇨ 지적공부 복구

2 부동산종합공부

(1) **관리 및 운영**: 지적소관청은 부동산의 효율적 이용과 부동산과 관련된 정보의 종합적 관리·운영을 위하여 부동산종합공부를 관리·운영한다.

(2) **등록사항**

① **토지의 표시와 소유자에 관한 사항**: 「공간정보의 구축 및 관리 등에 관한 법률」에 따른 지적공부의 내용

② **건축물의 표시와 소유자에 관한 사항**(토지에 건축물이 있는 경우만 해당한다): 「건축법」에 따른 건축물대장의 내용

③ **토지의 이용 및 규제에 관한 사항**: 「토지이용규제 기본법」에 따른 토지이용계획확인서의 내용

④ **부동산의 가격에 관한 사항**: 「부동산 가격공시에 관한 법률」에 따른 개별공시지가, 개별주택가격 및 공동주택가격 공시내용

⑤ 그 밖에 부동산의 효율적 이용과 부동산과 관련된 정보의 종합적 관리·운영을 위하여 필요한 사항으로서 「부동산등기법」에 따른 부동산의 권리에 관한 사항

부동산종합증명서

고유번호		**부동산종합증명서**	건축물 명칭		장번호	5-1
소재지		(토지, 건축물)	건축물 동명칭		대장유형	일반

토지 표시(관련 필지가 다수일 경우 별도 발급)							건축물 표시 (*표시 항목이 총괄일 경우 합계를 표시)			
구분	법정동	지번	지목	면적(m^2)	개별공시지가(원/m^2)		* 대지면적(m^2)		* 주용도	
					기준일자	공시지가	* 건축면적(m^2)	70	주구조	
대표	명지동		대	63	2015.01.01	956,800	* 연면적(m^2)	70	지붕	
		-이하	여백-				* 건폐율(%)		높이	
							* 용적률(%)		층수(지상/지하)	
							* 건물수		* 부속건물(동/m^2)	
							* 허가일자		* 가구/세대/호	
							* 착공일자		* 주차 대수	
							* 사용승인일자	1951	* 승강기	0

토지, 건축물 소유자 현황 (집합건물일 경우 건축물 소유자는 기재하지 않음, 토지는 건축물의 대표지번을 기준으로 작성됨)					
구분	변동일자	변동원인	성명 또는 명칭	등록번호	주소
토지	2012.08.21	소유권이전			
건축물	2012.08.21	소유권이전			

등기 특정 권리사항 (등기기록의 권리정보 중 일부 특정권리의 유무만 기재한 것임. 기준시점: 0000년/00월/00일 00시:00분)				
구분	소유권	용익권(지상권, 지역권, 전세권, 임차권)	담보권(저당권, 근저당권, 질권, 근질권)	기타(압류, 가압류, 가처분, 경매개시결정, 강제관리, 가등기, 환매특약)
유/무(토지)	유	무	유	무
유/무(건축물)	유	무	유	무

토지 이용 계획	「국토의 계획 및 이용에 관한 법률」에 따른 지역·지구 등	다른 법령 등에 따른 지역·지구 등	「토지이용규제 기본법 시행령」 제9조제4항 각호에 해당되는 사항
	도시지역, 제2종일반주거지역, 지구단위계획구역, 도로(접합)	문화재보존영향 검토대상구역 (부산광역시지정문화재보호조례)	해당없음

이 부동산종합증명서는 부동산종합공부의 기록사항과 틀림없음을 증명합니다.

2016년 04월 04일

부산광역시 강서구청장 직인

신규등록 및 등록전환

1 신규등록

(1) **의의**: 신규등록이라 함은 새로 조성된 토지(공유수면매립지)와 등록이 누락되어 있는 토지를 지적공부에 최초로 등록하는 것을 말한다.

(2) **신청의무**: 토지소유자는 그 사유가 발생한 날로부터 60일 이내에 지적소관청에 신규등록을 신청하여야 한다(위반시 과태료 제재는 없다).

3 과목

(3) **첨부서류**

소유권을 증명하는 서류로 다음과 같은 서류를 첨부하여야 한다.

> 1. 「공유수면 관리 및 매립에 관한 법률」에 따른 준공검사확인증 사본
> 2. 법원의 확정판결서 정본 또는 사본
> 3. 도시계획구역의 토지를 그 지방자치단체의 명의로 등록하는 때에는 기획재정부장관과 협의한 문서의 사본
> 4. 그 밖에 소유권을 증명할 수 있는 서류의 사본

(4) **지적공부에의 등록 및 정리방법**

① **등기촉탁**: 신규등록의 경우에는 아직 미등기 상태이므로 다른 토지이동과는 달리 등기촉탁 사유가 아니다.

② **소유자**: 신규등록하는 토지의 소유자는 지적소관청이 직접 조사하여 등록한다.

③ **경계와 면적**: 신규등록을 하기 위해서는 경계와 면적은 반드시 지적측량에 의하여 결정한다.

2 등록전환

(1) **의의**: 등록전환이라 함은 임야대장 및 임야도에 등록된 토지를 토지대장 및 지적도에 옮겨 등록하는 것을 말한다(법 제2조 제30호). 이는 축척이 작은 임야대장 및 임야도에 등록된 토지를 축척이 큰 토지대장 및 지적도로 옮겨 등록함으로써 도면의 정밀도를 높이고, 도면을 통일시키는 데 그 목적이 있다.

예 임야에 형질변경한 후 전원주택을 신축했을 때 임야도에 있는 토지를 지적도로 옮겨 등록하는 것을 말한다.

(2) **등록전환 대상토지**

① 「산지관리법」에 따른 산지전용허가·신고, 산지일시사용허가·신고, 「건축법」에 따른 건축허가·신고 또는 그 밖의 관계 법령에 따른 개발행위 허가 등을 받은 경우

② 대부분의 토지가 등록전환되어 나머지 토지를 임야도에 계속 존치하는 것이 불합리한 경우

③ 임야도에 등록된 토지가 사실상 형질변경되었으나 지목변경을 할 수 없는 경우

④ 도시·군관리계획선에 따라 토지를 분할하는 경우

(3) **신청의무**: 토지소유자는 등록전환 사유발생일로부터 60일 이내에 지적소관청에 신청하여야 한다.

(4) **첨부서류**: 관계 법령에 따른 개발행위 허가 등을 증명하는 서류의 사본을 첨부하여 지적소관청에 제출하여야 한다.

(5) **지적공부에의 등록 및 정리방법**

① 등록전환을 하기 위하여는 반드시 지적측량을 하여 경계와 면적을 결정한다.

② 등록전환으로 인한 지적공부를 정리한 후 지적소관청은 관할 등기관서에 토지의 표시변경등기를 촉탁한다.

Thema 11

분할과 합병

1 분 할

(1) **의의**: 분할이라 함은 지적공부에 등록된 1필지의 토지를 2필지 이상으로 나누어 등록하는 것을 말한다.

(2) **분할 대상토지**

대상 토지	① 소유권 이전의 경우 ② 토지이용상 불합리한 지상경계를 시정하기 위한 경우 ③ 매매 등을 위하여 필요한 경우 ④ 1필지의 일부가 형질변경 등으로 용도가 변경된 경우
신청 의무	① 원칙: 소유권 이전, 토지이용상 불합리한 지상경계를 시정하기 위한 경우, 매매 등을 위하여 필요한 경우에는 분할 신청의무가 없다. ② 예외(신청의무): 1필지의 일부가 형질변경 등으로 용도가 변경된 때에는 그 용도가 변경된 날부터 60일 이내에 지적소관청에 분할을 신청하여야 한다.

(3) **분할시 지적공부에의 등록 및 정리방법**

① 분할을 위한 측량을 실시하여 종전의 경계나 면적을 버리고 새로이 경계와 면적을 결정한다.

② 분할에 따라 지적공부를 정리한 후 지적소관청은 관할 등기관서에 토지의 표시변경등기를 촉탁한다.

2 합 병

(1) **의의**: 합병이란 지적공부에 등록된 2필지 이상의 토지를 1필지로 합하여 등록하는 것을 말한다.

3 과목

⑵ **합병 제한요건**: 다음의 어느 하나에 해당하는 경우에는 합병 신청을 할 수 없다.

제한요건	① 합병하려는 토지의 지번부여지역, 소유자, 지목이 서로 다른 경우 ② 합병하려는 토지에 다음의 등기 외의 등기가 있는 경우 ㉠ 소유권 · 지상권 · 전세권 또는 임차권의 등기 ㉡ 승역지(承役地)에 대한 지역권의 등기 요역지가 아님을 주의 ㉢ 합병하려는 토지 전부에 대한 등기원인(登記原因) 및 그 연월일과 접수번호가 같은 저당권의 등기 ㉣ 합병하려는 토지 전부에 대한 등기사항이 동일한 신탁등기 ③ 합병하려는 토지의 지적도 및 임야도의 축척이 서로 다른 경우 ④ 합병하려는 각 필지가 서로 연접하지 않은 경우 ⑤ 합병하려는 토지가 등기된 토지와 등기되지 아니한 토지인 경우 ⑥ 합병하려는 각 필지의 지목은 같으나 일부 토지의 용도가 다르게 되어 분할대상 토지인 경우 ⑦ 합병하려는 토지의 소유자별 공유지분이 다른 경우 ⑧ 소유자의 주소가 서로 다른 경우(다만, 지적소관청이 주민등록표초본 등에 의하여 소유자가 동일인임이 확인된 경우에는 합병할 수 있다) ⑨ 합병하려는 토지가 구획정리, 경지정리 또는 축척변경을 시행하고 있는 지역의 토지와 그 지역 밖의 토지인 경우에는 합병할 수 없다.
신청의무	① 원칙: 합병은 원칙적으로 토지소유자의 임의신청에 의한다. ② 예외(60일 이내에 신청하여야 할 경우) ㉠ 「주택법」에 따른 공동주택의 부지 ㉡ 수도용지, 학교용지, 도로, 철도용지, 제방, 하천, 구거, 유지, 공장용지, 공원, 체육용지 등의 지목으로 연접하여 있으나, 2필지 이상으로 등록된 토지를 합병할 때는 그 사유발생일로부터 60일 이내에 토지소유자가 지적소관청에 신청하여야 한다.

⑶ **합병의 특징**

① **경계와 면적**: 합병의 경우에 합병 전의 각 필지의 경계는 필요없게 되므로 말소하여 경계를 결정하고, 면적은 합병 전 각 필지의 면적을 합산하여 결정한다.

② **측량 X**: 합병은 지적측량의 대상이 아니며, 토지이동조사의 대상이다.

지적공부 등록사항의 오류정정

1 의 의

토지대장, 도면 등 지적공부에 등록된 토지의 표시사항(지목, 면적)이나 소유자의 성명, 주소 등이 잘못 등록되어 있으면 이를 고쳐야 한다. 이를 정정하는 절차를 지적공부 등록사항의 오류정정이라 한다.

2 토지표시사항의 오류정정

(1) **지적소관청의 직권에 의한 정정**: 지적소관청은 지적공부의 등록사항에 잘못이 있음을 발견하면 대통령령으로 정하는 바에 따라 직권으로 조사·측량하여 정정할 수 있다.

직권정정사유

1. 토지이동정리결의서의 내용과 다르게 정리된 경우
2. 지적도·임야도에 등록된 필지가 면적의 증감 없이 경계의 위치만 잘못된 경우
3. 지적측량성과와 다르게 정리된 경우
4. 지적공부의 작성 또는 재작성 당시 잘못정리된 경우
5. 지적위원회 지적측량적부심사의결서에 의하여 지적공부의 등록사항을 정정하여야 하는 경우
6. 지적공부등록사항이 잘못 입력된 경우
7. 면적환산을 잘못한 경우

(2) **토지소유자의 신청에 의한 정정**

① 토지소유자는 지적공부의 등록사항에 잘못이 있음을 발견한 때에는 지적소관청에 그 정정을 신청할 수 있다.

② **토지의 경계변경**: 토지소유자의 신청에 의한 정정으로 인접 토지의 경계가 변경되는 경우에는 다음의 어느 하나에 해당하는 서류를 지적소관청에 제출하여야 한다.

> 1. 인접 토지소유자의 승낙서
> 2. 인접 토지소유자가 승낙하지 아니하는 경우에는 이에 대항할 수 있는 확정판결서 정본

3 토지소유자에 관한 사항의 오류정정(법 제84조 제4항)

(1) **등기된 토지의 소유자 정정**: 지적소관청의 직권에 의한 정정이든 토지소유자의 신청에 의한 정정이든 그 정정사항이 토지소유자에 관한 사항인 경우에는 등기필증, 등기완료통지서, 등기사항증명서 또는 등기관서에서 제공한 등기전산정보자료에 따라야 한다.

(2) **미등기된 토지의 소유자 정정**: 미등기 토지에 대한 토지소유자의 신청에 의한 정정의 경우에 신청한 정정사항이 토지소유자의 성명 또는 명칭, 주민등록번호, 주소 등에 관한 사항으로서 명백히 잘못 기재된 경우에는 가족관계기록사항에 관한 증명서에 따라 정정해야 한다.

지적공부의 정리

1 지적공부의 정리

(1) **의의**: 지적공부의 정리란 토지이동으로서 토지의 소재, 지번, 지목, 면적, 경계 및 좌표 등의 변동사항과 소유자에 관한 사항, 그 밖에 지적관리상 발생하는 모든 사항을 새로이 지적공부에 정리하는 것을 말한다.

3 과목

(2) **정리방법**: 지적소관청은 토지의 이동이 있는 경우에는 토지이동정리 결의서를 작성하여야 하고, 토지소유자의 변동 등에 따라 지적공부를 정리하려는 경우에는 소유자정리 결의서를 작성하여야 한다.

2 토지표시변경 등기촉탁

(1) **의 의**

① 예를 들어, 토지이동(예 지목변경, 분할 등)에 따라 지적소관청이 지적공부상 토지의 표시사항(예 지목, 면적 등)을 변경한 경우, 등기소에 그 토지의 표제부에 등록된 지목, 면적 등 표시사항을 바꾸어 달라고(변경등기해 달라고) 부탁하는 행위를 말한다.

② 지적소관청의 등기촉탁은 국가가 국가를 위하여 하는 등기로 본다.

핵심 용어 Check

◆ **등기촉탁**
관공서(지적소관청이나 법원 등)가 관할 등기관서에 등기를 부탁하는 것을 등기촉탁이라 한다.

(2) 등기촉탁의 대상

① 등록전환을 한 경우

② 지목변경을 한 경우

③ 분할, 합병

④ 축척변경을 한 경우

⑤ 지번 변경을 한 경우 등

등기촉탁할 필요가 없는 경우

1. 지적공부상의 소유자를 정리
   등기촉탁은 토지의 표시사항(지목, 면적 등)을 바꾸어 달라고 촉탁하는 것이고, 소유자는 이미 등기부에 먼저 등기되어 있으므로 등기촉탁할 필요가 없다.
2. 신규등록(아직 등기부가 없는 토지이므로)의 경우는 등기촉탁사유가 아니다.

3 토지소유자의 정리

(1) **신규등록지의 소유자 등록**: 지적소관청이 직접 조사하여 등록한다.

(2) **기(旣)등록지의 소유자 변경**: 지적공부에 등록된 토지소유자의 변경사항은 등기관서에서 등기한 것을 증명하는 ① 등기필증, ② 등기완료통지서, ③ 등기사항증명서 또는 등기관서에서 제공한 ④ 등기전산정보자료에 따라 정리한다.

(3) **무주부동산의 소유자 정리**: 「국유재산법」에 따른 총괄청이나 중앙관서의 장이 같은 법에 따라 소유자 없는 부동산에 대한 소유자 등록을 신청하는 경우 지적소관청은 지적공부에 해당 토지의 소유자가 등록되지 아니한 경우에만 등록할 수 있다.

지적측량

1 의 의

"지적측량"이란 토지를 지적공부에 등록하거나 지적공부에 등록된 경계점을 지상에 복원하기 위하여 필지의 경계 또는 좌표와 면적을 정하는 측량을 말하며, 지적확정측량 및 지적재조사측량을 포함한다.

3 과목

2 지적측량의 종류

구분	내용
① **기초측량**	지적측량 기준점표지를 설치하는 경우
② **신규등록측량**	신규등록시 측량을 필요로 하는 경우
③ **등록전환측량**	등록전환시 측량을 필요로 하는 경우
④ **분할측량**	토지의 분할시 측량을 필요로 하는 경우
⑤ **검사측량**	지적소관청, 대도시 시장 또는 시·도지사가 지적측량수행자가 시행한 측량성과를 검사하는 경우
⑥ **지적확정측량**	도시개발사업 등으로 인하여 토지를 구획하고 환지를 완료한 토지의 지번, 지목, 면적 및 경계 또는 좌표 등 토지의 표시를 지적공부에 새로이 등록하기 위하여 측량을 필요로 하는 경우
⑦ **경계복원측량**	도면의 경계점을 지상에 복원함에 있어 측량을 필요로 하는 경우
⑧ **지적현황측량**	지상건축물 등의 현황(지상구조물 또는 지형, 지물이 점유하는 위치현황 등)을 지적도와 임야도에 등록된 경계와 대비하여 표시하기 위하여 필요로 하는 경우

Thema 15 지적측량의 절차

1 지적측량의 절차

(1) **지적측량의 의뢰인**(신청인): 토지소유자 등 이해관계인은 지적측량을 할 필요가 있는 경우에는 지적재조사측량과 검사측량을 제외하고 지적측량수행자(지적측량업자와 한국국토정보공사)에게 지적측량을 의뢰하여야 한다.

(2) **의뢰절차**

① **측량의뢰서 제출**: 지적측량을 의뢰하려는 자는 지적측량 의뢰서(전자문서로 된 의뢰서를 포함한다)에 의뢰 사유를 증명하는 서류(전자문서를 포함한다)를 첨부하여 '지적측량수행자'에게 제출하여야 한다.

② **지적측량수행계획서의 제출**: 지적측량수행자는 지적측량 의뢰를 받은 때에는 '측량기간, 측량일자 및 지적측량수수료' 등을 기록한 지적측량수행계획서를 그 다음 날까지 지적소관청에 제출하여야 한다.

(3) **지적측량기간 및 측량검사기간**

① **합의가 없는 경우**

㉠ 원칙(지적기준점을 설치하지 않는 경우): 지적측량의 측량기간은 5일로 하며, 측량검사기간은 4일로 한다.

㉡ 가산(지적기준점 설치의 경우): 지적기준점을 설치하여 측량 또는 측량검사를 하는 경우 지적기준점이 15점 이하인 경우에는 4일을, 15점을 초과하는 경우에는 4일에 15점을 초과하는 4점마다 1일을 가산한다.

② **합의한 경우**: 지적측량 의뢰인과 지적측량수행자가 서로 합의하여 따로 기간을 정하는 경우에는 그 기간에 따르되, 전체 기간의 4분의 3은 측량기간으로, 전체 기간의 4분의 1은 측량검사기간으로 본다.

(4) 측량성과의 결정 및 검사

① **결정**: 지적측량수행자는 지적측량 의뢰가 있는 때에는 지적측량을 실시하여 그 측량성과를 결정하여야 한다.

② **측량성과의 검사**: 지적측량수행자는 지적측량을 한 때에는 측량부 · 측량결과도 · 면적측정부 등 측량성과에 관한 자료를 시 · 도지사, 대도시 시장 또는 지적소관청에 제출하여 그 성과의 정확성에 관한 검사를 받아야 한다(법 제25조 제1항 본문, 지적측량 시행규칙 제28조 제2항).

다만, 지적공부를 정리하지 아니하는 다음의 세부측량은 시 · 도지사, 대도시 시장 또는 지적소관청에게 측량성과에 대한 검사를 받지 않는다.

1. 경계복원측량
2. 지적현황측량

③ 지적삼각점측량성과 및 경위의측량방법으로 실시한 국토교통부장관이 정하여 고시하는 면적 규모 이상의 지적확정측량성과인 경우에는 시 · 도지사 또는 대도시 시장에게 제출하여 검사를 받아야 하고, 국토교통부장관이 정하여 고시하는 면적 규모 미만의 지적확정측량성과인 경우에는 지적소관청의 검사를 받아야 한다. 시 · 도지사 또는 대도시 시장은 검사결과를 지적소관청에 통지하여야 한다.

④ 지적소관청은 「건축법」 등 관계 법령에 따른 분할제한 저촉 여부 등을 판단하여 측량성과가 정확하다고 인정하면 지적측량성과도를 지적측량수행자에게 발급하여야 하며, 지적측량수행자는 측량의뢰인에게 그 지적측량성과도를 포함한 지적측량 결과부를 지체 없이 발급하여야 한다. 이 경우 검사를 받지 아니한 지적측량성과도는 측량의뢰인에게 발급할 수 없다.

지적측량 적부심사 및 지적위원회

지적측량 적부심사 청구절차

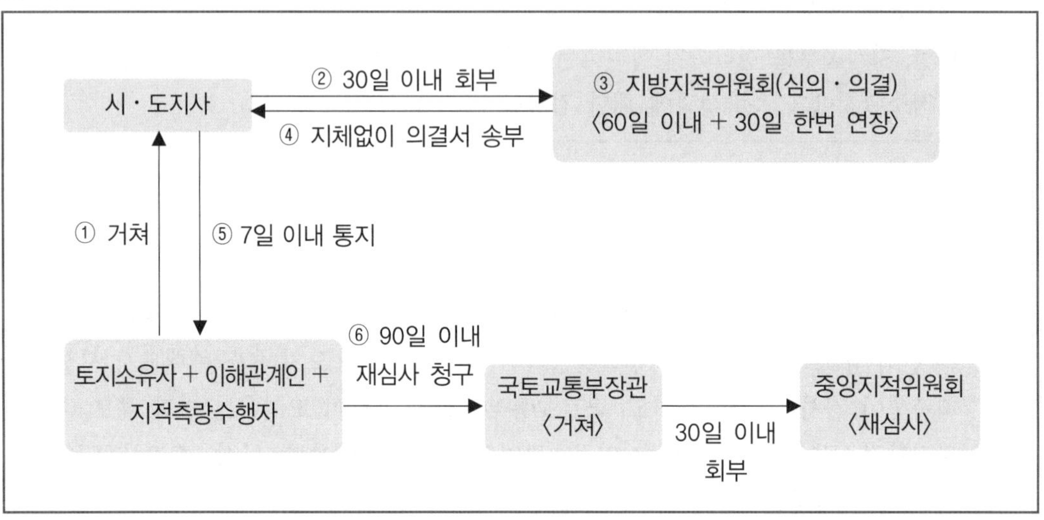

1 지적측량의 적부심사(適否審査)

(1) **의의**: 지적측량을 의뢰하여 측량성과도를 발급받은 자가 그 측량성과에 대하여 다투고자 하는 경우 거치는 절차를 지적측량의 적부심사 절차라 한다.

(2) **적부심사 절차**

① 청구인	㉠ 토지소유자, ㉡ 이해관계인 또는 ㉢ 지적측량수행자는 지적측량성과에 대하여 다툼이 있는 경우에는 관할 시 · 도지사를 거쳐 지방지적위원회에 지적측량 적부심사를 청구할 수 있다.
② 지방지적위원회에의 회부	지적측량 적부심사 청구서를 받은 시 · 도지사는 30일 이내에 법이 정하는 일정한 사항을 조사하여 지방지적위원회에 회부하여야 한다.

③ 심의 및 의결	㉠ 지적측량 적부심사 청구서 등을 회부받은 지방지적위원회는 그 회부받은 날부터 60일 이내에 심의 · 의결하여야 한다. ㉡ 다만, 부득이한 경우에는 그 심의기간을 해당 지적위원회의 의결을 거쳐 30일 이내에서 한 번만 연장할 수 있다.
④ 의결서 송부	지방지적위원회가 지적측량 적부심사 의결을 한 때에는 위원장과 참석위원 전원이 서명 및 날인한 지적측량 적부심사 의결서를 작성하여 지체없이 시 · 도지사에게 송부하여야 한다.
⑤ 통 지	㉠ 시 · 도지사는 의결서를 받은 날부터 7일 이내에 지적측량 적부심사 청구인 및 이해관계인에게 그 의결서를 통지하여야 한다. ㉡ 의결서를 통지할 때에는 재심사를 청구할 수 있음을 서면으로 알려야 한다.
⑥ 재심사 청구	시 · 도지사로부터 의결서를 받은 자가 지방지적위원회의 의결에 불복하는 경우에는 그 의결서를 받은 날부터 90일 이내에 국토교통부장관을 거쳐 중앙지적위원회에 재심사를 청구할 수 있다.
⑦ 등록사항의 직권정정	지방지적위원회 또는 중앙지적위원회의 의결서 사본을 송부받은 지적소관청은 그 내용에 따라 지적공부의 등록사항을 직권으로 정정하거나 측량성과를 수정하여야 한다.
⑧ 재심사 청구의 금지	지방지적위원회의 의결이 있은 후 90일 이내에 재심사를 청구하지 아니하거나 중앙지적위원회의 의결이 있는 경우에는 해당 지적측량성과에 대하여 다시 지적측량 적부심사를 청구할 수 없다.

3 과목

2 지적위원회

(1) 지적위원회의 구성

① **중앙지적위원회**(영 제20조)

㉠ 구성: 중앙지적위원회는 위원장 및 부위원장 각 1명을 포함하여 5명 이상 10명 이하의 위원으로 구성한다.

㉡ 위원장: 위원장은 국토교통부 지적업무 담당 국장이, 부위원장은 국토교통부 지적업무 담당 과장이 된다.

㉢ 위원: 위원은 지적에 관한 학식과 경험이 풍부한 자 중에서 국토교통부장관이 임명 또는 위촉한다.

㉣ 위원의 임기: 위원장 및 부위원장을 제외한 위원의 임기는 2년으로 한다.

② **지방지적위원회**: 지방지적위원회의 구성 등은 중앙지적위원회의 구성 등을 준용한다. 이 경우 '국토교통부'는 '시 · 도'로 '국토교통부장관'은 '시 · 도지사'로 본다.

등기의 종류

등기의 종류는 분류기준이 무엇이냐에 따라 나누어진다.

1 내용에 따른 분류

(1) **기입등기**: 새로운 등기원인에 따라 권리관계가 처음 기입되는 등기로, 여기에는 소유권보존등기, 소유권이전등기, 전세권설정등기, 저당권설정등기 등이 속한다.

(2) **변경등기**: 이미 등기가 행하여진 후 등기사항의 일부가 후발적으로 변경이 생긴 경우에 이를 등기부에 일치시키기 위한 등기를 말한다.

예 저당권이 설정된 후 저당권의 피담보채권액에 증감 변동이 있는 경우

(3) **경정등기**: 등기가 완료되기 전 원시적인 사유로 등기사항의 일부에 착오 또는 빠진 부분이 있는 경우에 이를 일치시키기 위한 등기를 말한다.

예 전세권자의 성명이 '김말순'인데 '김말자'로 잘못 등기된 경우

(4) **말소등기**: 기존의 등기사항의 전부가 원시적 또는 후발적인 사유로 실체관계에 부합하지 않게 된 경우 이를 소멸시키기 위한 등기를 말한다.

예 저당권의 피담보채권 변제로 인한 저당권말소등기, 전세권의 존속기간 만료로 인한 전세권말소등기 등

(5) **말소회복등기**: 아직 실체관계가 존재함에도 불구하고 기존 등기사항의 전부 또는 일부가 부적법하게 말소된 경우 이를 말소되기 이전으로 회복하기 위한 등기를 말한다.
말소회복등기가 행하여지면 종전등기의 순위와 효력을 그대로 회복한다.

핵심 용어 Check

◆ **보 존**

미등기 부동산에 대하여 이미 원시취득하여 가지고 있는 소유권의 존재를 공시하기 위해 최초로 하는 등기를 말한다(예 건물의 신축 · 공유수면의 매립 등). 보존등기를 할 수 있는 권리로는 소유권 뿐이다(소유권보존등기).

◆ **설 정**

당사자 사이의 계약에 의하여 새로이 소유권 이외의 권리(예 전세권 설정, 저당권 설정 등)를 창설하는 것을 말한다.

◆ **이전**(권리 주체의 변경)

소유자가 바뀌면 소유권이전, 전세권자가 바뀌면 전세권이전, 저당권자가 바뀌면 저당권이전에 관한 등기를 한다.

◆ **등기명의인표시변경**

권리자는 변경이 없고, 권리자의 동일성을 나타내는 성명, 주소, 회사상호 등에 변경이 있는 경우 (예 방귀녀 ⇨ 방복녀로 개명, 한빛은행 ⇨ 우리은행 상호변경)에 한다.

【을 구】	(소유권 이외의 권리에 관한 사항)			
순위번호	등기목적	접 수	등기원인	권리자 및 기타사항
~~1~~	~~저당권 설정~~	~~2000년 1월 3일~~ ~~제23호~~	~~2000년 1월 2일~~ ~~설정계약~~	~~① 채권액 300,000,000원~~ ~~㉠ 이자 연 5푼~~ ~~② 채무자 이영란~~ ~~서울 동작구 사당동 100~~ ~~③ 저당권자 주택은행~~ ~~서울 강남구 청담지점~~
1-1	1번 저당권변경	2005년 1월 3일 제11호	2005년 1월 2일 변경계약	채권액 350,000,000원
2	1번 저당권말소	2007년 1월 3일 제12호	2007년 1월 2일 채무변제	

2 효력에 따른 분류

(1) **종국등기**(본등기): 등기의 본래의 효력인 부동산물권변동의 효력을 종국적으로 발생케 하는 등기를 말한다.

(2) **예비등기**(가등기)

① **의의**: 예를 들어, 甲이 乙에게 부동산을 매도할 때 계약을 체결하고 乙이 중도금만 치른 상태에서 그 집값이 점점 올라가자, 중간에 매도인 甲이 제3자 丙에게 그 집을 처분한 경우 매수인 乙은 그 집이 아직 자신의 명의로 등기가 안 되어 있기 때문에 취득할 수가 없는데 이럴 때 매수인 乙을 보호하기 위해서 일정한 경우에 권리의 순위만이라도 확보할 수 있도록 법은 가등기라는 제도를 인정하고 있다.

② **가등기의 효력**: ㉠ 가등기에 기한 본등기를 하면 본등기의 순위는 가등기의 순위에 의하나 ㉡ 물권변동의 효력은 가등기시로 소급하지 않고 본등기를 한 때에 발생한다.

3 등기의 형식(방식)에 따른 분류

(1) **주등기**(독립등기): 주등기는 등기관이 등기할 때 표시번호란 또는 순위번호란에 독립한 번호(예 1, 2, 3 등)를 붙여서 하는 등기로, 등기는 원칙적으로 주등기의 형식에 의한다.

(2) **부기등기**: 부동산 경매시 등기의 순위에 따라 배당을 받아가므로 순위가 중요하다. 따라서 등기관이 등기부에 기록할 때 표시번호나 순위번호란에 1, 2, 3 등 독립된 번호를 붙여서 행하는 등기를 주등기(독립등기)라 하고, 일정한 경우에는 주등기의 순위번호를 이어받을 필요가 있어서 가지번호를 붙여 1-1, 2-1 등의 형식으로 행하는 등기가 있는데 이를 부기등기라 한다.

Thema 18

등기할 사항

1 등기할 수 있는 물건(부동산)

(1) 등기대상이 되는 물건은 부동산인데, 부동산이란 토지와 그 정착물을 말한다(「민법」 제99조 제1항). 토지의 정착물 중 별도로 등기되는 물건은 건물에 한하므로 결국 부동산등기법상 등기되는 물건은 토지와 건물을 의미한다.

(2) **토지**: 「공간정보의 구축 및 관리 등에 관한 법률」의 규정에 따른 1필지가 1개의 토지로서 각 필지는 독립성이 인정된다.

(3) **건물**: 건물이란 토지에 정착하여 지붕과 기둥, 벽을 갖춘 토지의 정착물로서 일정한 용도에 사용되고 있는 물건을 말한다.

2 등기할 수 있는 권리

등기되는 권리는 부동산에 관한 일정한 물권과 일정한 채권이다.

등기할 수 있는 권리	등기할 수 없는 권리 (법 제29조 제2호의 각하사유에 해당)
① 소유권 예 땅주인, 집주인이 가지고 있는 권리 ② 지상권 예 한전이 농지에 송전탑을 세우고 사용하는 권리 ③ 지역권 예 甲이라는 논 주인이 벼를 심기 위하여 타인의 논에 송수관을 매설하여 사용하는 권리 ④ 전세권 예 세입자가 가지고 있는 권리 ⑤ 저당권 예 은행이 가지고 있는 권리 ⑥ 환매권(판 물건을 다시 사올 수 있는 권리) ⑦ 임차권, 채권담보권 등	① 점유권 ② 유치권 ③ 동산질권 ④ 주위토지통행권 등

3과목

3 등기할 사항인 권리변동의 모습

(1) **법률행위로 인한 물권변동**(등기 ⇨ 효력발생요건): 「민법」 제186조에 따라 법률행위(계약)로 인한 부동산의 물권변동은 등기를 하여야 물권변동의 효력이 발생한다.

(2) **법률의 규정에 의한 물권변동**(등기 ⇨ 처분요건): 「민법」 제187조에 따라 상속, 공용징수, 판결, 경매 기타 법률의 규정에 의한 부동산에 관한 물권의 취득은 등기를 요하지 아니한다. 다만, 등기를 하지 않으면 취득한 권리를 처분하지 못한다고 규정한다.

① **상속**(=포괄승계)

㉠ 상속: 피상속인 사망시에 등기가 없더라도 효력이 발생한다.

㉡ 포괄유증, 회사의 합병: 포괄적 유증이나 회사합병의 경우에도 상속과 같은 포괄승계이므로 포괄유증은 유증자가 사망한 때에, 회사합병의 경우에는 합병등기를 한 때 물권변동의 효력이 발생한다.

단, 특정유증은 등기해야 효력이 발생한다.

핵심용어 Check

◆**유 증**

유언자가 유언에 의하여 수증자에게 재산을 무상으로 증여하는 상대방 없는 단독행위를 말한다.

1. 포괄유증: 'A건물, B토지 등 각각 부동산의 3분의 1을 준다'는 식으로 재산을 특정하지 않고 전 재산을 비율로 표시하는 유증이다.
2. 특정유증: '현대 아파트 102호를 준다'는 식으로 개개 재산을 구체적으로 특정하여 주는 유증이다.

② **공용징수**: 보상금의 지급(공탁)을 정지조건으로 협의(재결)에서 정하여진 수용의 개시일에 소유권을 취득한다.

> 공용징수라 함은 특정한 공익사업을 위하여 타인의 재산권을 법정절차에 따라 강제적으로 취득하는 것을 말하는데, 토지수용이 가장 대표적인 경우이다.
> 예 도로를 확장하기 위하여 타인 토지를 법에 따라 강제로 취득하는 행위

③ **판결**(화해조서, 인낙조서)

㉠ 등기 없이도 물권변동의 효력이 발생하는 판결에는 '형성판결'만이 이에 해당한다.

예 공유물분할판결, 상속재산분할판결 등

㉡ 물권변동이 일어나는 시기는 '판결이 확정된 때'이다.

단, 이행판결은 등기를 하여야 물권변동의 효력이 발생한다.

핵심 용어 Check

◆ **이행판결**

법원이 일정한 법률행위를 인정하여 원고가 청구한 대로 피고에게 이행의 의무가 있음을 인정하여 이행을 명하는 판결을 말한다.

예 물건 인도(명도) 판결

◆ **형성판결**

판결로써 직접적으로 권리 또는 법률관계의 형성(발생·변경 혹은 소멸)이 이루어지는 판결을 말한다. 형성판결은 판결로써 권리변동이 확정되므로 별도의 등기가 필요없다.

예 공유물분할판결 등

◆ **확인판결**

기존의 법률상태, 즉 이미 어떠한 원인에 의하여 발생한 법률관계의 효력을 확인하거나 사실관계의 존부를 확인하는 판결을 말한다.

예 친자확인판결, 소유권확인판결 등

④ **경매**(공경매만 해당): 경락인(매수인)이 경락(매각)대금을 완납한 때 물권변동이 발생한다.

Thema 19

등기의 효력

1 물권변동적 효력

법률행위(계약)로 인한 부동산의 물권변동은 등기해야만 그 효력이 발생한다.

2 대항력

부동산환매권, 부동산임차권, 신탁등기나 물권의 임의적 기록사항(존속기간, 이자, 지료, 약정 등)은 등기한 때에 당사자 이외의 제3자에 대해서도 주장(대항)할 수 있다.

3 점유적 효력

일반시효취득의 점유기간이 20년인데 반하여, 등기부취득시효의 점유기간을 10년으로 함으로써 등기가 10년 동안 점유한 것에 갈음하는 효과가 인정되는데, 이를 등기의 점유적 효력이라 한다.

4 후등기 저지력(형식적 확정력)

등기가 존재하고 있는 이상 그것이 비록 실체법상 무효라 하더라도 그것을 말소하지 않고서는 그것과 양립할 수 없는 등기를 할 수 없다.

예 전세권의 존속기간이 만료된 경우에는 그 존재 자체만으로 형식상 효력을 갖게 되므로 전세권을 말소하지 않고서는 또 다른 전세권설정등기는 수리할 수 없다.

5 순위확정적 효력

(1) 같은 부동산에 관하여 등기한 권리의 순위는 법률에 다른 규정이 없으면 등기한 순서에 따른다(법 제4조 제1항).

(2) 등기의 순서는 등기기록 중 같은 구에서 한 등기 상호간에는 순위번호에 따르며, 다른 구에서 한 등기 상호간에는 접수번호에 따른다.

(3) 부기등기의 순위는 주등기의 순위에 따르고, 같은 주등기에 관한 부기등기 상호간의 순위는 그 등기 순서에 따른다.

(4) 가등기에 기한 본등기는 가등기 순위에 따른다.

(5) 말소회복등기는 종전의 등기와 동일한 순위와 효력을 보유한다.

6 권리의 추정적 효력(추정력)

(1) **의의**: 일단 등기가 있으면 그에 대응하는 실체적 권리관계가 존재하는 것으로 추정되는 효력으로, 소송시의 입증책임의 문제이다.

(2) **인정되는 경우**

① 저당권설정등기에서 저당권의 존재는 물론, 이에 상응하는 피담보채권의 존재도 추정된다.

② 소유권이전등기의 경우에는 제3자에 대해서뿐만 아니라 그 전 소유자에 대해서도 적법한 등기원인에 의하여 소유권을 취득한 것으로 추정된다.

(3) **부정되는 경우**

① **부동산표시의 등기**: 추정력은 권리의 등기에만 인정되는 것일 뿐, 표제부(사실의 등기: 지목, 면적 등)에는 추정력이 인정되지 않는다.

② 소유권이전청구권 보전을 위한 가등기가 있다고 하여 소유권이전등기를 청구할 어떤 법률관계가 있다고 추정되지 않는다.

③ 소유권보존등기는 소유권이 진실하게 보존되어 있다는 사실에 관하여서만 추정력이 있고 권리변동이 진실하다는 점에 관하여는 추정력이 없으므로, 보존등기의 명의인이 보존등기하기 이전의 소유자로부터 부동산을 양수한 것이라고 주장하고, 전 소유자는 양도사실을 부인하는 경우에는 그 보존등기의 추정력은 깨어지고 그 보존등기의 명의인 측에서 그 양수사실을 입증할 책임이 있다(대판 1982.9.14, 82다카707).

7 가등기의 효력

(1) **본등기 전의 효력**(가등기 자체의 효력): 실체법상의 효력이나 처분금지의 효력은 없다.

(2) **본등기 후의 효력**(본등기 순위보전의 효력)

① **본등기의 순위보전**: 본등기의 순위는 가등기의 순위에 의한다.

② **물권변동의 효력발생시기**: 가등기 당시로 소급하는 것이 아니라 본등기시에 발생한다.

Thema 20 등기의 기관과 설비

1 등기소

등기소란 등기사무를 담당하는 관서로 현행법상 등기사무는 지방법원 등기과(국), 지방법원지원 등기계 및 그 관할구역 안에 있는 각종 등기소에서 취급한다.

2 등기소의 관할

(1) **원칙**: 등기소의 관할구역은 대체로 행정구획인 시, 군, 구를 기준으로 한다.

(2) **관할 등기소의 지정**(관할 등기소의 중복 문제): 건물의 신축 등으로 소유권보존등기를 하는 경우 1개의 부동산(건물에 한함)이 여러 등기소의 관할구역에 걸쳐 있는 경우 그 부동산에 관한 최초의 등기를 신청하고자 하는 자는 각 등기소를 관할하는 상급법원의 장에게 관할 등기소의 지정을 신청하여야 한다.

1필지의 토지가 수개 등기소의 관할에 걸치는 경우는 없으므로 토지의 경우에는 관할의 지정이 문제되지 않는다.

(3) 관할 등기소가 다른 여러 개의 부동산과 관련하여 등기목적과 등기원인이 동일하거나 그 밖에 대법원규칙으로 정하는 등기신청이 있는 경우에는 그 중 하나의 관할 등기소에서 해당 신청에 따른 등기사무를 담당할 수 있다.

(4) 상속 또는 유증으로 인한 등기신청의 경우에는 부동산의 관할 등기소가 아닌 등기소도 그 신청에 따른 등기사무를 담당할 수 있다.

(5) 대법원장은 다음 각 호의 어느 하나에 해당하는 경우로서 등기소에서 정상적인 등기사무의 처리가 어려운 경우에는 기간을 정하여 등기사무의 정지를 명령하거나 대법원규칙으로 정하는 바에 따라 등기사무의 처리를 위하여 필요한 처분을 명령할 수 있다.

1. 「재난 및 안전관리 기본법」 제3조 제1호의 재난이 발생한 경우
2. 정전 또는 정보통신망의 장애가 발생한 경우
3. 그 밖에 제1호 또는 제2호에 준하는 사유가 발생한 경우

3 등기관

등기사무는 등기소에 근무하는 법원서기관, 등기사무관, 등기주사, 등기주사보 중에서 지방법원장이 지정하는 자인 등기관이 처리한다.

등기부의 구성

1 표제부

토지의 표제부에는 표시번호란, 접수란, 소재지번란, 지목란, 면적란, 등기원인 및 기타사항란을 둔다.

[토지등기부] 서울특별시 동작구 상도동 7 고유번호 1955-1996-467540

【표제부】		(토지의 표시)			
표시번호	접 수	소재지번	지 목	면 적	등기원인 및 기타사항
1 (전2)	2000년 10월 15일	서울특별시 동작구 상도동 7	대	359m²	「부동산등기법」 제177조의6 제1항의 규정에 의하여 2001년 7월 25일 전산이기

3 과목

2 갑구(소유권) : 순위번호, 접수란, 등기목적란, 등기원인란, 권리자 및 기타사항란

소유권보존, 소유권이전, 소유권변경, 소유권말소, 소유권말소회복, 소유권에 관한 가등기, 소유권에 대한 처분제한등기(압류, 가압류, 가처분, 경매), 환매특약등기, 신탁등기, 담보가등기 등이 등기된다.

【갑구】	(소유권에 관한 사항)			
순위번호	등기목적	접 수	등기원인	권리자 및 기타사항
1	소유권보존	2001년 3월 3일 제115호		소유자 전주성 751027-1460212 서울 은평구 갈현동 15
2	소유권이전청구권 가등기	2005년 3월 2일 제334호	2005년 2월 19일 매매예약	가등기권자 배기용 671115－1067035 서울 관악구 신림동 127
	소유권이전	2007년 5월 5일 제235호	2007년 5월 3일 매매	소유자 배기용 671115－1067035 서울 관악구 신림동 127
~~3~~	~~소유권이전~~	~~2006년 2월 6일~~ ~~제357호~~	~~2006년 2월 5일~~ ~~매매~~	~~소유자 이해우~~ ~~631015-1467075~~ ~~서울 관악구 봉천동 357~~
~~4~~	~~1 소유권 가압류~~	~~2006년 3월 2일~~ ~~제124호~~	~~2006년 3월 1일~~ ~~서울지방법원~~ ~~가압류결정~~	~~청구금액 5,000,000원~~ ~~채권자 김재호~~ ~~671115－1067048~~ ~~서울 관악구 신림동 348~~

3 을구 : 순위번호란, 접수란, 등기목적란, 등기원인란, 권리자 및 기타사항란

을구에 등기되는 사항(소유권 이외의 권리에 관한 사항)

> 지상권, 지역권, 전세권, 저당권, 권리질권, 채권담보권, 임차권 등에 대한 설정, 이전, 변경, 말소, 말소회복, 처분제한, 가등기 등이 등기된다.

【을구】		(소유권 이외의 권리에 관한 사항)		
순위번호	등기목적	접 수	등기원인	권리자 및 기타사항
1 (전2)	전세권설정	2010년 3월 6일 제3345호	2010년 2월 5일 설정계약	전세금 2억 범위 주거용 전부 존속기간 3년 전세권자 김말순 631127-1362012 서울 강서구 방화동 12
2 (전4)	근저당권 설정	2011년 10월 4일 제7333호	2011년 10월 3일 설정계약	채권최고액 금 50,000,000원 채무자 민경찬 651010-1589111 서울 관악구 신림동 100 근저당권자 한빛은행 184636-0000200 서울 동작구 상도동 100-3(상도동지점)
1-1	1 전세권 가압류	2012년 6월 5일 제113호	2012년 5월 5일 서울민사지방 법원의 결정	청구금액 1억 채권자 김예찬 (생략)

4 구분건물 등기기록의 구성

(1) 1동의 건물의 표제부

① **1동의 건물의 표시란**(상단): 표시번호란, 접수란, 소재지번 · 건물명칭 및 번호란, 건물내역란, 등기원인 및 기타사항란을 둔다.

② **대지권의 목적인 토지의 표시란**(하단): 표시번호란, 소재지번란, 지목란, 면적란, 등기원인 및 기타사항란을 둔다.

(2) 각 전유부분의 표제부

① **전유부분의 표시란**(상단): 표시번호란, 접수란, 건물번호란, 건물내역란, 등기원인 및 기타사항란을 둔다.

② **대지권의 표시**(하단): 표시번호란, 대지권 종류란, 대지권 비율란, 등기원인 및 기타사항란을 둔다.

구분건물의 공용부분(규약상 공용부분 ⇨ 노인정 등)에 관한 등기부는 표제부만을 둔다.

5 집합건물의 등기기록

101동 건물의 표제부

【표제부】	(1동 건물의 표시)			
표시번호	접 수	소재지번, 건물명칭 및 번호	건물내역	등기원인 및 기타사항
1	2004년 10월 7일	서울특별시 강남구 청담동 157-1 외 1필지 동인아파트 제101동	철근콘크리트조 슬래브지붕 5층 아파트 1층 310.02m² 2층 310.02m² 3층 310.02m² 4층 310.02m² 5층 310.02m²	도면편철장 제7책 제33면

(대지권의 목적인 토지의 표시)				
표시번호	소재지번	지 목	면 적	등기원인 및 기타사항
1	1. 서울특별시 강남구 청담동 157-1 2. 서울특별시 강남구 청담동 157-2	대 대	50,000m² 100,000m²	2004년 10월 7일

전유부분(501호)의 표제부

【표제부】	(전유부분의 건물의 표시)			
표시번호	접 수	건물번호	건물내역	등기원인 및 기타사항
1	2004년 10월 7일	제5층 제501호	철근콘크리트조 51.67m²	도면편철장 제6책 제5면

(대지권의 표시)			
표시번호	대지권 종류	대지권 비율	등기원인 및 기타사항
1	1. 소유권대지권	150000분의 47	2004년 10월 7일 대지권
			별도등기 있음(직권으로 함) 1. 토지(을구 1번 근저당권설정등기)

⇨ **전유부분**(501호)**의 갑구+을구도 있음**(생략).

관공서의 촉탁등기와 등기관의 직권등기

1 관공서(법원, 세무서, 지적소관청 등)의 촉탁등기

촉탁대상 등기는 다음과 같다.

(1) **처분제한**(압류, 가압류, 가처분, 경매)**의 등기**

(2) **매각**(경매)**으로 인한 소유권이전등기**

(3) (주택)**임차권등기명령에 따른 등기 등**

3 과목

핵심 용어 Check

◆ **촉탁등기**
촉탁등기란 관공서(법원, 세무서 등)가 등기소에 등기를 신청하는 경우를 말한다.

◆ **압 류**
채권자의 금전채권에 관한 강제집행(경매)의 제1단계로서 집행기관이 먼저 채무자의 재산(물건 또는 권리)의 사실상 또는 법률상의 처분을 금지하고 이를 확보하는 강제행위를 말한다.

◆ **가압류**
채무자가 강제집행을 하기 전에 재산을 숨기거나 팔아버릴 우려가 있는 경우에 법원이 금전채권자를 위하여 나중에 강제집행할 목적으로 채무자의 재산을 임시로 확보하는 행위를 말한다.

◆ **가처분**
금전 이외의 물건이나 권리를 대상으로 하는 청구권을 가지고 있을 때 그 강제집행시까지 다툼 대상의 물건이 처분 또는 멸실되는 등 법률적·사실적 변경이 생기는 것을 방지하여 그 현상을 동결시키는 보전처분이다. 따라서 특정물의 지급을 목적으로 하는 청구권에 대한 강제집행의 보존을 위하여 그 효능이 있는 것으로서 금전채권의 보전을 위한 가압류와 구별된다.

2 등기관의 직권에 의한 등기

(1) **의의**: 직권에 의한 등기는 등기관이 스스로 하는 등기로서 당사자에게 등기를 신청하게 하는 것이 부적당하거나 신청(촉탁)의 전제로서 등기가 필요한 경우 등이 있다. 구체적인 예는 다음과 같다.

⑵ **직권에 의한 소유권보존등기**: 미등기 부동산에 대한 법원의 소유권에 관한 처분제한등기(① 가압류, ② 가처분, ③ 강제경매개시결정) 또는 ④ 임차권등기명령에 따른 촉탁이 있는 경우 등기관이 직권으로 소유권보존등기를 하고 해당 처분제한등기 또는 임차권등기를 실행한다.

⑶ **직권에 의한 변경등기**: 행정구역 또는 그 명칭이 변경된 경우(예 대전시가 대전광역시로 변경된 경우)는 등기관이 직권으로 변경등기를 할 수 있다.

⑷ **직권에 의한 말소등기**

① 관할 위반의 등기(법 제29조 제1호)가 실행된 경우의 말소등기

② 사건이 등기할 것이 아님에도(법 제29조 제2호) 실행된 경우의 말소등기

③ 말소등기시 말소할 권리를 목적으로 하는 제3자의 권리에 관한 등기의 말소등기

④ 가등기에 의한 본등기시에 가등기 후 본등기 전의 양립 불가능한 중간처분의 등기의 말소등기

등기신청적격(등기명의 적격)

1 의 의

등기신청적격이란 등기신청절차에서 당사자, 즉 등기권리자나 등기의무자가 될 수 있는 법률상의 자격을 말하며 「민법」상 권리능력에 대응하는 개념이다.

(1) **자연인**: 사람은 살아 있는 동안 권리와 의무의 주체가 되므로(「민법」 제3조) 자연인이면 미성년자든지, 피성년후견인이든지 불문하고 누구나 등기신청적격이 인정된다.
다만, 태아는 아직 출생하고 있지 않으므로 등기신청적격을 인정하고 있지 않다.

(2) **법인**: 법인은 단체성과 설립등기가 행하여지면 성립하므로, 영리법인이든 비영리법인이든, 사법인이든 공법인이든 그 법인 명의로 등기된다.
한편, 공법인인 국가나 지방자치단체(시, 군, 구)는 그 명의로 등기할 수 있지만 읍, 면, 동, 리는 지방자치단체에 해당되지 않으므로 그 명의로 등기신청을 할 수 없다.

(3) **권리능력 없는 사단 또는 재단**: 권리능력 없는 사단 또는 재단이란 단체로서의 성질을 가지고 있으나 법인설립등기를 하지 않아 「민법」상 권리능력이 없는 단체를 말하는데, 부동산등기법에서는 '종중, 문중, 그 밖에 대표자나 관리인이 있는 법인 아닌 사단·재단을 등기권리자 또는 등기의무자로 한다(법 제26조 제1항)'고 규정하여 권리능력 없는 사단 또는 재단의 등기신청적격을 인정하고 있다.

(4) **「민법」상 조합**: 「민법」상 조합은 계약의 한 유형으로 법인과 같은 단체로서의 성질을 가지고 있지 않아 조합 자체의 명의로는 등기할 수 없고 조합원 전원명의로 합유등기를 신청하게 되어 있다.
다만, 특별법상의 조합으로 농업협동조합이나 「도시 및 주거환경정비법」에 따른 재건축조합은 명칭은 조합이나 법적성질은 법인이므로 그 명의로 등기를 할 수 있다.

(5) **학교**: 학교는 하나의 시설물에 불과하여 권리·의무의 주체가 될 수 없으므로 학교명의로는 등기할 수 없고, 설립자인 국가·지방자치단체 또는 재단법인의 명의로 등기를 해야 한다.

공동신청(등기권리자 + 등기의무자)

1 의 의

절차법상(부동산등기법상) 등기권리자라 함은 신청한 등기가 실행됨으로써 등기부상 권리를 취득하거나 기타의 이익을 받는 자를 말하고, 등기의무자라 함은 등기가 실행됨으로써 등기부상 권리를 상실하거나 기타의 손해를 받는 자를 말한다.

2 구체적인 예

예를 들어, 甲소유의 부동산을 乙에게 매매한 경우 등기부상 새로이 소유권을 취득하는 매수인 乙이 등기권리자가 되고, 기존 소유권을 상실하게 되는 매도인 甲이 등기의무자가 된다. 전세계약을 통하여 전세권설정등기를 하는 경우에는 전세권을 취득하는 전세권자는 그 부동산의 사용·수익권을 취득하므로 등기권리자가 되고, 전세권설정자(예 건물 주인)는 사용·수익권을 상실하므로 등기의무자가 된다. 반면에 전세권말소등기를 하는 경우에는 전세권자가 사용·수익권을 상실하므로 전세권말소등기의 등기의무자가 되고 전세권설정자는 사용·수익권을 다시 회복하므로 전세권말소등기의 등기권리자가 된다.

구 분	등기권리자	등기의무자
매매(소유권이전)	매수인	매도인
환매특약등기	매도인(환매권자)	매수인
전세권설정등기	전세권자	전세권설정자(예 집주인)
전세권말소등기	전세권설정자	전세권자
근저당권채권최고액 (증액·감액)변경등기	• 증액시: 근저당권자 • 감액시: 근저당권설정자	• 증액시: 근저당권설정자 • 감액시: 근저당권자
가등기 후 본등기시	가등기권리자	가등기의무자(제3취득자 ×)

Thema 25 단독신청

1 의 의

등기는 공동신청이 원칙이지만, 등기의 성질상 등기의무자가 없거나 판결 등을 통하여 등기의 진정성을 보장할 수 있는 경우에는 단독신청을 인정하고 있다.

2 단독으로 신청하는 등기

(1) 건물을 신축하고 처분하기 위해서 하는 소유권보존등기(所有權保存登記)는 등기명의인으로 될 자, 소유권보존등기의 말소등기(抹消登記)는 등기명의인이 단독으로 신청한다.

(2) 피상속인이 사망하여 그 자의 상속인들이 행하는 상속등기, 법인의 합병에 따른 등기는 등기권리자가 단독으로 신청한다.

(3) 토지의 분할, 지목변경, 면적변경 등 부동산표시의 변경이나 경정(更正)의 등기는 소유권의 등기명의인이 단독으로 신청한다.

(4) 등기명의인의 표시인 성명, 주소, 회사상호 등의 변경으로 행하는 등기명의인표시의 변경이나 경정의 등기는 해당 권리의 등기명의인이 단독으로 신청한다.

(5) 신탁재산에 속하는 부동산의 신탁등기는 수탁자(受託者)가 단독으로 신청한다.

(6) **판결에 의한 등기**

① 등기절차의 이행 또는 인수를 명하는 판결에 의한 등기는 승소한 등기권리자 또는 승소한 등기의무자가 단독으로 신청한다.

② 등기권리자가 제기한 말소소송에서 승소판결을 받은 자가 그 판결에 의한 말소등기신청을 하지 아니한 경우에 패소한 등기의무자가 그 판결에 기하여 직접 말소등기를 신청하거나 대위신청 할 수는 없다.

③ 법 제23조 제4항의 판결은 확정판결이어야 한다.

④ 확정되지 아니한 가집행선고가 붙은 판결에 의하여 등기신청한 경우 각하한다.

⑤ 법 제23조 제4항 전단의 단독신청판결은 이행 또는 인수판결만을 의미하고, 확인판결이나 형성판결은 이에 해당되지 않는다.

⑥ 공유물분할 판결은 등기권리자 또는 등기의무자가 단독으로 신청한다.

Thema 26

등기신청에 필요한 정보

1 등기신청서(등기신청정보)

<table>
<tr><td colspan="7">소유권이전등기신청(매매)</td></tr>
<tr><td rowspan="2">접수</td><td>년 월 일</td><td rowspan="2">처리인</td><td colspan="3">등기관 확인</td><td>각종 통지</td></tr>
<tr><td>제 호</td><td colspan="3"></td><td></td></tr>
<tr><td colspan="7">① 부동산의 표시(거래신고관리번호/거래가액)</td></tr>
<tr><td colspan="7">1동의 건물의 표시
서울특별시 서초구 서초동 101 샛별아파트 가동
전유부분의 건물의 표시
건물의 번호: 1-101, 구조: 철근콘크리트조, 면적: 1층 101호 86.03m²
대지권의 표시
토지의 표시
1. 서울특별시 서초구 서초동 101 대 1,600m²
대지권의 종류: 소유권, 대지권의 비율: 3000분의 500

거래신고관리번호: 12345-2015-4-1234560 거래가액: 350,000,000원</td></tr>
<tr><td colspan="2">② 등기원인과 그 연월일</td><td colspan="5">2015년 6월 1일 매매</td></tr>
<tr><td colspan="2">③ 등기의 목적</td><td colspan="5">소유권 이전</td></tr>
<tr><td colspan="2">④ 이전할 지분</td><td colspan="5">㉠ 공유지분 갑 2/3, 을 1/3, ㉡ 합유인 뜻</td></tr>
<tr><td>구 분</td><td>성명
(상호 · 명칭)</td><td colspan="2">주민등록번호
(등기용등록번호)</td><td colspan="2">주소(소재지)</td><td>지분
(개인별)</td></tr>
<tr><td>⑤ 등기
의무자</td><td>이 해 우</td><td colspan="2">730320-1617312</td><td colspan="2">서울특별시 서초구
서초동 200</td><td></td></tr>
<tr><td>⑥ 등기
권리자</td><td>김 재 호</td><td colspan="2">680412-1011289</td><td colspan="2">서울특별시 종로구
원서동 9</td><td></td></tr>
</table>

<table>
<tr><td colspan="4">⑦ 시가표준액 및 국민주택채권매입금액</td></tr>
<tr><td>부동산 표시</td><td>부동산별 시가표준액</td><td colspan="2">부동산별 국민주택채권매입금액</td></tr>
<tr><td>1. 토 지</td><td>금 ○○,○○○,○○○원</td><td colspan="2">금 ○○○,○○○원</td></tr>
<tr><td>2. 건 물</td><td>금 ○○,○○○,○○○원</td><td colspan="2">금 ○○○,○○○원</td></tr>
<tr><td colspan="2">국민주택채권매입총액</td><td colspan="2">금 ○○○,○○○원</td></tr>
<tr><td colspan="2">국민주택채권발행번호</td><td colspan="2">1234-12-1234-1234</td></tr>
<tr><td colspan="2" rowspan="2">⑧ 취득세(등록면허세) 금 ○○○,○○○원</td><td colspan="2">지방교육세 금 ○○○,○○○원</td></tr>
<tr><td colspan="2">농어촌특별세 금 ○○○,○○○원</td></tr>
<tr><td>⑨ 세 액 합 계</td><td colspan="3">금 ○○○,○○○원</td></tr>
<tr><td rowspan="3">⑩ 등기신청수수료</td><td colspan="3">금 14,000원</td></tr>
<tr><td colspan="3">납부번호 : 12-12-12345678-0</td></tr>
<tr><td colspan="3">일괄납부 : 건 원</td></tr>
<tr><td colspan="4">⑪ 등기의무자의 등기필정보</td></tr>
<tr><td>부동산고유번호</td><td colspan="3">1102-2006-002095</td></tr>
<tr><td>성명(명칭)</td><td>일련번호</td><td colspan="2">비밀번호</td></tr>
<tr><td>이해우</td><td>Q77C-LO71-35J5</td><td colspan="2">40-4636</td></tr>
<tr><td colspan="4">⑫ 첨부서면</td></tr>
<tr><td colspan="2">• 매매계약서(전자수입인지첨부) 1통
• 취득세(등록면허세)영수필확인서 1통
• 등기신청수수료 영수필확인서 1통
• 등기필증 1통
• 매매목록 1통
• 위임장 1통</td><td colspan="2">• 토지대장등본 1통
• 집합건축물대장등본 1통
• 주민등록등(초)본 각 1통
• 부동산거래계약신고필증 1통
• 인감증명서나 본인서명사실확인서 또는 전자본인서명확인서 발급증 1통
〈기 타〉</td></tr>
<tr><td colspan="4">2015년 8월 1일

⑬ 위 신청인 이 해 우 ㊞ (전화 : 200-7766)
김 재 호 ㊞ (전화 : 300-7766)
(또는) ⑭ 위 대리인 이 동 진 서울특별시 관악구 신림9동 11 (전화 :)
⑭ 법인 아닌 사단, 재단 : 대표자의 성명, 주소 및 주민등록번호
⑮ 서울중앙 지방법원 등기국 귀중</td></tr>
</table>

3 과목

각종 권리 신청정보의 기록사항

구 분	필요적 기록사항 (신청정보 또는 등기부에 기록하여야 한다)	임의적 기록사항 (등기원인에 있는 경우 기록한다)
소유권보존	신청근거조항	등기원인과 그 연월일은 기재하지 않는다.
환매특약	① 매수인이 지급한 매매대금 ② 매매비용	환매기간
지상권	① 목적 ② 범위	지료, 존속기간 등
지역권	① 목적 ② 범위 ③ 요역지의 표시	부종성 배제특약 등
전세권	① 전세금(전전세금) ② 범위	존속기간, 위약금, 양도금지약정 등
저당권	① 채권액 ② 채무자 ③ 권리(지상권 · 전세권)의 표시	• 변제기간, 이자 및 그 발생시기 • 저당부동산에 부합된 물건과 종물에 저당권의 효력이 미치지 않는다는 특약 등
근저당권	① 근저당권설정계약이라는 뜻 ② 채권최고액 ③ 채무자	
임차권	① 차임 ② 범위	임차보증금, 존속기간 등

2 등기원인을 증명하는 정보

(1) **의의**: 등기할 권리변동의 원인인 법률행위 기타 법률사실의 성립을 증명하는 정보로서 이를 제출하는 이유는 부진정한 등기신청의 예방을 위해서이다.

(2) **검인계약서**: 부동산의 투기를 방지하기 위하여 일정한 등기는 계약서에 시장 등의 검인이 찍힌 계약서를 첨부해야 한다. 즉, 계약을 원인으로 하는 소유권이전등기 신청의 경우에 계약서에 시장, 군수 또는 권한을 위임받은 자의 검인이 필요하다.

3 거래신고필증과 매매목록

(1) **의의**: 다운계약서의 등장으로 국가가 세금의 탈루를 막기 위해서 매매에 관한 거래계약서를 등기원인을 증명하는 서면으로 하여 소유권이전등기를 신청하는 경우에는 거래가액을 신청정보의 내용으로 등기소에 제공하고 시장 · 군수 또는 구청장으로부터 교부받은 신고필증을 첨부하여야 하며, 일정한 경우에는 매매목록을 함께 제공하여야 한다.

매매목록

매매목록	
거래가액	금 500,000,000원
일련번호	부동산의 표시
1	[토지] 서울특별시 강남구 신사동 153
2	[건물] 서울특별시 강남구 신사동 153

4 등기의무자의 등기필정보(=등기필증) 제공

(1) **의의 및 제출 필요성**: "등기필정보(登記畢情報)"란 등기부에 새로운 권리자가 기록되는 경우에 그 권리자를 확인하기 위하여 등기관이 작성한 정보를 말한다.

(2) **등기필정보를 제공하는 경우**: 공동신청 또는 승소한 등기의무자의 단독신청일 때만 등기의무자의 등기필정보를 제공한다. 소유권보존등기나 상속등기 등 단독으로 신청하는 경우, 승소한 등기권리자가 등기를 신청하는 경우에는 등기필정보를 제공하지 않는다.

(3) **등기필정보가 멸실된 경우의 본인 확인방법**

등기의무자의 출석 (=확인조서)	등기의무자 또는 그 법정대리인이 등기소에 출석하여 등기관으로부터 등기의무자 등임을 확인받아야 한다.

절대로 재교부되지 않는다(단, 종래의 '보증서'제도는 폐지함).

5 대장정보

토지대장에는 부동산표시(지목, 면적 등)가 기록되어 있다. 따라서 일정한 경우에 지목, 면적 등을 확인하기 위해서 등기소에 대장을 제공하여야 한다.

(1) **부동산변경등기를 신청하는 경우**: 면적증감, 지목변경 등

(2) 소유권보존등기를 신청하는 경우 등은 대장정보를 첨부해야 한다.

6 도면정보(지적도, 건축물도면)

부동산 중 어느 특정 부분만에 등기를 할 때 어느 부분인지 확인하기 위해서 도면을 제공하여야 한다. 부동산의 일부에 대한 용익권[지상권, 지역권(승역지), 전세권, 임차권]설정등기를 신청할 때에는 그 부분을 표시한 지적도나 건물도면을 첨부정보로 등기소에 제공하여야 한다.

Thema 27

등기신청의 각하

1 의 의

등기신청의 각하란 등기관이 심사하여 등기부에 기록하기 전에 등기부에 기록할 수 없는 신청이 들어오면 그 등기신청을 거부하는 행위를 말한다.

2 각하사유

<table>
<tr><th>법 제29조</th><th>각하사유</th><th>실행된 경우</th></tr>
<tr><td>제1호</td><td>사건이 그 등기소의 관할이 아닌 경우</td><td rowspan="2">당연무효,
직권말소</td></tr>
<tr><td>제2호</td><td>사건이 등기할 것이 아닌 경우</td></tr>
<tr><td>제3호</td><td>신청할 권한이 없는 자가 신청한 경우
예 무권대리인의 신청, 당사자능력이 없는 자의 신청 등</td><td rowspan="5">실체관계와
부합하면
유효</td></tr>
<tr><td>제5호</td><td>신청정보의 제공이 대법원규칙으로 정한 방식에 맞지 아니한 경우</td></tr>
<tr><td>제7호</td><td>신청정보의 등기의무자의 표시가 등기기록과 일치하지 아니한 경우</td></tr>
<tr><td>제9호</td><td>등기에 필요한 첨부정보를 제공하지 아니한 경우
예 위조서류 제출 등</td></tr>
<tr><td>제10호</td><td>취득세, 등록면허세 또는 수수료를 내지 아니하거나 등기신청과 관련하여 다른 법률에 따라 부과된 의무를 이행하지 아니한 경우</td></tr>
</table>

3 사건이 등기할 것이 아닌 경우(법 제29조 제2호)

(1) 등기능력 없는 물건 또는 권리에 대한 등기를 신청한 경우

① **등기할 수 없는 물건**: ㉠ 터널, 교량, ㉡ 가설건축물, ㉢ 주유소캐노피, ㉣ 관광용 수상호텔선박 등

② **등기할 수 없는 권리**: ㉠ 점유권, ㉡ 부동산 유치권, ㉢ 동산질권 등

⑵ 농지를 전세권설정의 목적으로 하는 등기를 신청한 경우

농지 지상권, 농지 저당권은 가능

⑶ 일부지분에 대한 소유권보존등기를 신청한 경우

단, 공유자 중 1인이 전원명의의 보존등기는 가능

⑷ 공동상속인 중 일부가 자신의 상속지분만에 대한 상속등기를 신청한 경우 등

단, 공동상속인 중 1인이 전원명의의 상속등기 신청은 가능

4 각하사유를 간과하고 실행한 등기의 효력

⑴ **법 제29조 제1호**(관할 위반) **또는 제2호**(사건이 등기할 것이 아닌 경우)**를 위반한 경우**

법 제29조 제1호와 제2호의 규정위반을 간과하고 실행된 등기는 ① 당연무효인 등기이고, ② 등기관이 이를 직권으로 말소할 수 있으며, ③ 이의신청의 대상이 된다.

⑵ 법 제29조 제3호 이하를 위반한 경우

법 제29조 제3호 이하의 규정위반을 간과하고 실행한 등기는 실체관계에 부합하면 현재의 진실한 권리상태를 공시하는 것이어서 이는 ① 유효한 등기이고, 이를 ② 직권으로 말소할 수 없다.

Thema 28 등기필정보의 작성 및 통지

1 의 의

등기필정보란 '등기부에 새로운 권리자가 기록되는 경우에 그 권리자를 확인하기 위하여 등기관이 작성한 정보'를 말한다.

2 등기필정보의 기재사항

등기필정보에는 권리자, (주민)등록번호, 주소, 부동산고유번호, 부동산소재, 접수일자, 접수번호, 등기목적, 일련번호(영문 또는 아라비아 숫자를 조합한 12개로 구성) 및 비밀번호(50개를 부여함) 등을 기재한다.

3 등기필정보를 작성하는 등기

등기관이 등기권리자의 신청에 의하여 새로운 권리자로서 등기되는 다음 중 어느 하나의 등기를 하는 때에는 등기필정보를 작성하여야 한다. 그 이외의 등기를 하는 때에는 등기필정보를 작성하지 아니한다.

(1) 등기할 수 있는 권리로 규정하고 있는 권리를 보존, 설정, 이전하는 등기를 하는 경우

(2) 위 (1)의 권리의 설정 또는 이전청구권 보전을 위한 가등기를 하는 경우

(3) 권리자를 추가하는 경정 또는 변경등기(甲 단독소유를 甲, 乙 공유로 경정하는 경우나 합유자가 추가되는 합유명의인표시변경등기 등)를 하는 경우

등기필정보 및 등기완료통지

등기필정보 및 등기완료통지

대리인 : 법무사 홍길동

권 리 자 : 김갑동
(주민)등록번호 : 451111 - *******
주 소 : 서울시 서초구 서초동 123-4
부동산고유번호 : 1102 - 2006 - 002634
부 동 산 소 재 : [토지] 서울특별시 서초구 서초동 362-24
접 수 일 자 : 2006년 6월 11일 접 수 번 호 : 9578
등 기 목 적 : 소유권이전
등기원인및일자 : 2006년 6월 10일 매매

▶ 부착기준선

일련번호 : WTDI-UPRV-P6H1
비밀번호 (기록순서 : 순번 - 비밀번호)

01-7952	11-7072	21-2009	31-8842	41-3168
02-5790	12-7320	22-5102	32-1924	42-7064
03-1568	13-9724	23-1903	33-1690	43-4443
04-8861	14-8752	24-5554	34-3155	44-6994
05-1205	15-8608	25-7023	35-9695	45-2263
06-8893	16-5164	26-3856	36-6031	46-2140
07-5311	17-1538	27-2339	37-8569	47-3151
08-3481	18-3188	28-8119	38-9800	48-5318
09-7450	19-7312	29-1505	39-6977	49-1314
10-1176	20-1396	30-3488	40-6557	50-6459

2006년 6월 11일
서울중앙지방법원 등기국 [서울중앙지방법원등기국인]

◈ 보안스티커 안에는 다음 번 등기신청시에 필요한 일련번호와 50개의 비밀번호가 기록되어 있습니다.
◈ 등기신청시 일련번호와 비밀번호 1개를 임의로 선택하여 해당 순번과 함께 신청서에 기록하면 종래의 등기필증을 첨부한 것과 동일한 효력이 있으며, 등기필정보 및 등기완료통지서면 자체를 첨부하는 것이 아님을 유의하시기 바랍니다.
◈ 따라서 등기신청서 등기필정보 및 등기완료통지서면을 거래상대방이나 대리인에게 줄 필요가 없고, 대리인에게 위임한 경우에는 일련번호와 비밀번호 50개 중 1개와 해당 순번만 알려 주시면 됩니다.
◈ 만일 등기필정보의 비밀번호 등을 다른 사람이 안 경우에는 종래의 등기필증을 분실한 것과 마찬가지의 위험이 발생하므로 관리에 철저를 기하시기 바랍니다.

등기필정보 및 등기완료통지서는 종래의 등기필증을 대신하여 발행된 것으로 분실시 재발급되지 아니하니 보관에 각별히 유의하시기 바랍니다.

소유권보존등기

1 의 의

소유권보존등기라 함은 미등기 부동산에 대한 소유권을 원시취득한 자가 최초로 신청하는 등기를 말한다.

2 객체 및 신청방법

(1) **객체**: 소유권보존등기는 1부동산 1등기기록의 원칙상 1필의 토지나 1개의 건물의 전부에 대하여 신청하여야 한다. 따라서 부동산의 일부에 대해서는 신청할 수 없다.

미등기 부동산이 공유인 때

1. 공유자 전원이 소유권보존등기를 신청할 수 있다.
2. 공유자 1인이 전원을 위하여 전원명의의 소유권보존등기를 신청할 수도 있다.
3. 공유자 1인이 자기지분만을 보존등기하는 것은 허용되지 않는다.

(2) **신청방법**: 소유자의 단독신청으로 하고, 대위신청 할 수도 있다.

3 소유권보존등기의 신청인

모든 등기는 소유권보존등기를 기초로 이루어지므로 등기소에서는 아무나 오면 보존등기를 해주는 것이 아니다. 이 때 누가 보존등기를 신청할 수 있느냐의 문제가 발생한다.

토지·건물	① 토지대장, 임야대장 또는 건축물대장에 최초의 소유자로 등록되어 있는 자 또는 그 상속인, 그 밖의 포괄승계인
	② 확정판결에 의하여 자기의 소유권을 증명하는 자
	③ 수용으로 인하여 소유권을 취득하였음을 증명하는 자
건 물	④ 특별자치도지사, 시장, 군수 또는 자치구청장의 확인에 의하여 자기의 소유권을 증명하는 자(건물의 경우로 한정한다)

4 신청정보의 기록사항과 첨부정보

(1) 소유권보존등기 신청정보에는 법 제65조 각 호의 어느 하나에 따라 등기를 신청한다는 뜻(신청근거조항)을 신청정보의 내용으로 등기소에 제공하여야 한다. 그러나 등기원인과 그 연월일은 등기소에 제공할 필요가 없다.

(2) **첨부정보**

보존등기신청시 제공할 정보	제공하지 않아도 되는 정보
① 소유자임을 증명하는 정보(판결정본 등) ② 토지대장, 건축물대장정보 등	① 단독신청이므로 등기의무자의 등기필정보 ② 인감증명 등

5 등기의 실행

갑구에 기록하며, 등기원인과 그 연월일은 기록하지 않는다.

6 직권보존등기의 특례

소유자가 신청하지 않았는데도 등기소에서 직권으로 보존등기를 해주는 경우가 있다.

(1) 등기관은 미등기 부동산에 관한 법원의 소유권(전세권 X)에 대한 처분제한등기(가압류, 가처분, 강제경매개시결정의 등기 등)의 촉탁이 있는 경우 직권으로 소유권보존등기를 하고 처분제한등기를 한다(세무서의 압류 X).

(2) 등기관은 미등기 부동산에 대한 법원의 주택임차권등기명령 촉탁이 있는 경우 직권으로 소유권보존등기를 하고 임차권등기를 한다.

【갑구】		(소유권에 관한 사항)		
순위번호	등기목적	접 수	등기원인	권리자 및 기타사항
1	소유권 보존	–	–	소유자 박말환 680321－1234567 서울 관악구 신림동 37 가처분등기촉탁으로 인하여 2006년 7월 7일 등기
2	가처분	2006년 7월 7일 제2345호	2006년 7월 5일 서울중앙지방법원의 가처분결정	금지사항 : 증여, 매매, 교환, 양도, 전세권, 담보권설정 등 일체의 처분행위의 금지 권리자 김철수 751126-1372017 서울 관악구 봉천동 27

Thema

30 소유권이전등기

1 상속으로 인한 소유권이전등기(상속등기)

신청인	① 상속인이 수인인 공동상속의 경우에 공동상속인 전원이 신청하며, 공동상속인 중 1인이 전원명의의 상속등기 신청도 가능하다. ② 단, 공동상속인 중 1인이 자기지분만에 관한 상속등기를 신청할 수는 없다.
신청정보의 기록사항	등기원인은 '상속'이며, 등기원인일자는 '피상속인의 사망일'로 기재한다.
첨부정보	상속을 증명하는 시, 구, 읍, 면장의 서면(가족관계증명서 등) 또는 이를 증명함에 충분한 서면을 첨부하여야 하나, 등기의무자의 등기필정보나 인감증명은 제출하지 않는다.

2 유증(遺贈)으로 인한 소유권이전등기

종 류	① 포괄적 유증은 유증자의 사망과 동시에 물권변동의 효력이 발생한다. ② 특정적 유증은 등기해야 물권변동의 효력이 발생한다.
등기 신청방법	① 포괄적 유증이나 특정적 유증을 불문하고 수증자가 등기권리자가 되고 유언집행자(또는 상속인)가 등기의무자가 되어 공동으로 신청하여야 한다. 따라서 등기의무자의 등기필정보를 제공한다. ② 수증자가 여러 명인 포괄적 유증의 경우에는 수증자 각자가 자기지분만에 대하여 신청할 수도 있다.
등기원인과 그 연월일	등기원인은 '○년 ○월 ○일 유증'으로 기재하되, 그 연월일은 유증자가 사망한 날을 기재한다. 다만, 유증에 조건 또는 기한이 붙은 경우에는 그 조건을 성취한 날 또는 그 기한이 도래한 날을 등기원인일자로 기재한다.

핵심 용어 Check

◆ **유 증**

유언자가 유언에 의하여 수증자에게 재산을 무상으로 증여하는 상대방 없는 단독행위를 말한다.

1. 포괄유증 : 'A건물, B토지 등 각각 부동산의 3분의 1을 준다'는 식으로 재산을 특정하지 않고 전 재산을 비율로 표시하는 유증이다.
2. 특정유증 : '현대 아파트 102호를 준다'는 식으로 개개 재산을 구체적으로 특정하여 주는 유증이다.

3 토지수용에 의한 토지소유권이전의 등기

의의 및 등기방식	토지수용은 공익사업을 위하여 필요한 경우 타인 토지의 소유권 및 기타의 권리를 법률이 정하는 바에 따라 강제적으로 취득하는 경우로서 사업시행자는 보상금을 지급 또는 공탁하면 수용개시일에 등기없이 그 토지의 소유권을 취득하며, 법적 성질은 원시취득에 해당하나 이미 등기된 토지는 소유권이전등기의 방식에 의한다.
등기 신청인	① 단독신청: 등기의무자의 협력을 얻기가 어려우므로, 등기권리자(사업시행자)가 단독으로 신청할 수 있다. ② 관공서 촉탁: 관공서가 사업시행자인 경우는 소유권이전등기를 촉탁하여야 한다.
신청정보의 기록사항	등기원인은 '토지수용', 등기원인일자는 '수용개시일'을 기재한다.

【갑구】		(소유권에 관한 사항)		
순위번호	등기목적	접 수	등기원인	권리자 및 기타사항
1	소유권 보존	-	-	- 생 략 -
2	소유권 이전	2005년 3월 3일 제245호	2005년 3월 2일 토지수용	소유자 대한민국 관리청 국토교통부

4 환매특약의 등기

(1) **의의 및 대항요건으로서의 등기**: 환매라 함은 매매계약과 동시에 특약으로 매도인이 환매할 권리(환매권)를 보유한 경우에, 그 환매권을 일정한 기간 내에 행사하여 매매의 목적물을 다시 사오는 것을 말하고, 환매권은 채권이므로 당사자 간에는 등기가 필요없지만 등기함으로써 제3자에게 '대항'할 수 있다.

(2) **환매특약의 등기 절차**

신청인	매도인을 등기권리자(환매권자)+매수인을 등기의무자로 하여 공동신청한다.
등기신청방법	① 동시신청: 환매특약의 등기는 매매로 인한 소유권이전등기와 동시에 신청한다. 동시에 신청하지 않는 경우 법 제29조 제2호에 해당되어 각하의 대상이 된다. ② 별개의 신청정보: 환매권의 설정등기는 소유권이전등기와는 별개의 독립한 신청정보에 의하여 신청한다.
신청정보의 기록사항	① 필요적 기록사항 ㉠ 매수인이 지급한 매매대금 ㉡ 매매비용 ② 임의적 기록사항: 환매기간의 약정 등
등기의 실행	환매특약의 등기는 갑구 소유권이전등기에 부기등기의 방식으로 한다.

Thema

31 용익권에 관한 등기

1 지상권에 관한 등기

(1) 의의 및 객체

① **의의**: 지상권이라 함은 타인의 토지 위에 건물 기타 공작물이나 수목을 소유하기 위하여 그 토지를 사용하는 용익물권을 말한다.

예 한전이 타인 토지에 송전탑 이용시 갖는 권리

② **객체**: 1필지의 전부 또는 일부에는 지상권설정이 가능하나, 공유지분에 대한 지상권설정이나 이중지상권은 허용되지 않는다.

(2) 등기절차

① **신청인**: 지상권자(등기권리자)와 지상권설정자(등기의무자)가 공동신청 한다.

② **신청정보의 기록사항**

㉠ 필요적 기록사항

ⓐ 지상권설정의 목적: 건물, 공작물, 수목의 소유를 구체적으로 기록한다.

ⓑ 지상권설정의 범위: 1필의 전부 또는 일부에 가능하다.

㉡ 임의적 기록사항: 존속기간, 지료 및 그 지급시기의 약정 등을 기재한다.

③ **첨부정보**: 일반적 첨부정보 외에 지상권설정의 범위가 부동산의 일부인 경우에는 그 부분을 표시한 지적도를 첨부정보로 등기소에 제공하여야 한다.

지상권등기 기재례

【을구】	(소유권 이외의 권리에 관한 사항)			
순위번호	등기목적	접 수	등기원인	권리자 및 기타사항
1	지상권 설정	2004년 5월 3일 제1234호	2004년 5월 1일 설정계약	① 목적 철근콘크리트 건물 소유 ② 범위 토지의 일부 존속기간 2004년 5월 1일부터 30년 간 지 료 월 300,000원 지급시기 매월 말일 지상권자 한지혜 751221-1287364 서울 강남구 청담동 30

2 지역권의 등기절차

(1) 의 의

지역권이란 토지의 소유자가 설정계약에서 정한 일정한 목적(통행, 인수 등)을 위하여 타인의 토지를 자기토지의 편익에 사용하는 용익물권을 말한다(예 甲이라는 논주인이 벼를 심기 위하여 乙 논에 송수관을 매설하여 사용하는 권리).

지역권의 설정등기 기재례

1. **승역지**(신청으로)

【 을구 】 (소유권 이외의 권리에 관한 사항)

순위 번호	등기목적	접 수	등기원인	권리자 및 기타사항
1	지역권 설정	2004년 5월 3일 제1234호	2004년 5월 1일 설정계약	① 목적: 수로개설 ② 범위: 토지의 서북 간 100m² ③ 요역지: 서울 서초구 서초동 지역권 도면 제6책 제3면

2. **요역지**(직권으로)

【 을구 】 (소유권 이외의 권리에 관한 사항)

순위 번호	등기목적	접 수	등기원인	권리자 및 기타사항
1	요역지 지역권			① 목적: 수로개설 ② 범위: 서북 간 100m² 2002년 5월 3일 ③ 승역지: 서울 서초구 서초동 8

(2) 등기신청절차

① 신청인	㉠ 승역지소유자(등기의무자)와 요역지소유자(등기권리자)가 공동신청한다. ㉡ 토지의 소유자는 물론, 지상권자, 전세권자, 임차권자도 지역권을 설정하거나 취득할 수 있다.
② 신청정보의 기록사항	㉠ 필요적 기록사항 ⓐ 요역지표시 ⓑ 지역권설정의 목적: 인수, 통행, 관망 등 ⓒ 지역권설정의 범위: 요역지는 1필의 토지의 전부이어야 하고 1필의 토지의 일부에는 설정할 수 없으나, 승역지(요역지×)는 1필의 토지의 일부에도 설정이 가능하다. ㉡ 임의적 기록사항: 당사자가 정한 특약(부종성 배제특약 등)
③ 첨부정보	㉠ 승역지가 1필지 일부인 경우에는 도면정보를 제공하여야 한다. ㉡ 승역지가 수필지로서 그 소유자가 각각 다른 경우에는 승역지의 각 소유자별로 별개 신청정보에 의하여 이를 신청하여야 한다(등기예규).

3 전세권에 관한 등기

(1) 의의 및 객체

① **의의**: 전세권이란 전세금을 지급하고 타인의 부동산(토지와 건물)을 점유하여 그 부동산을 용도에 따라 사용·수익하는 용익물권이다.

예 세입자가 가지는 권리

② **객체**: 부동산의 전부 또는 특정 일부에는 전세권설정이 가능하지만, 공유지분에 대한 전세권설정, 이중전세권, 농지에 대한 전세권설정등기는 허용되지 아니한다.

(2) 등기절차

① **신청인**: 전세권자(등기권리자)와 전세권설정자(등기의무자)가 공동신청하는 것이 원칙이다.

② **신청정보의 기록사항**

㉠ 필요적 기록사항

ⓐ 전세금 또는 전전세금

ⓑ 전세권(전전세권)의 범위: 부동산의 일부가 전세권의 목적일 때에는 그 범위를 신청정보에 기재(지적도 또는 건물의 도면을 첨부)한다.

㉡ 임의적 기록사항: 존속기간(원칙적으로 10년을 넘지 못한다), 위약금이나 배상금 또는 전세권의 양도금지특약 등은 임의적 기록사항이다.

③ **첨부정보**: 전세권설정 또는 전전세의 범위가 부동산의 일부인 경우에는 그 부분을 표시한 지적도나 건물도면을 첨부정보로 등기소에 제공하여야 한다.

전세권등기 기재례

【을구】	(소유권 이외의 권리에 관한 사항)			
순위번호	등기목적	접 수	등기원인	권리자 및 기타사항
1	전세권 설정	2004년 1월 3일 제2346호	2004년 1월 2일 설정계약	① 전세금 2,000만원 ② 범 위 주거용 건물 전부 존속기간 2004년 1월 2일부터 2007년 1월 1일까지 전세권자 한가람 610415-1238595 서울 영등포구 신길동 5

저당권에 관한 등기

1 의 의

(1) 저당권이란 채무자 또는 제3자(물상보증인)가 채무의 담보로 제공한 부동산 기타의 목적물을 채권자가 인도받지 않고 관념적으로만 지배하다가 채무의 변제가 없는 경우에는 그 목적물로부터 경매를 통하여 우선변제를 받을 수 있는 약정담보물권을 말한다.

예 은행이 대출해주고 담보로 가지는 권리

(2) **객체**: 부동산소유권 · 지상권 · 전세권 · 공유지분에 대한 저당권설정등기는 허용되지만, 부동산의 특정 일부에 대한 저당권설정등기는 허용되지 아니한다.

2 저당권설정등기

(1) **신청인**: 저당권자(등기권리자)와 저당권설정자(등기의무자)가 공동으로 신청한다.

(2) **신청정보의 기록사항**

① **필요적 기록사항**

㉠ 채권액

㉡ 채무자: 채무자와 저당권설정자가 다른 경우는 물론, 동일인인 경우에도 신청정보와 등기기록에 반드시 채무자의 표시로서 성명과 주소 등을 적어야 한다.

㉢ 권리의 표시: 저당권의 목적이 지상권(또는 전세권)인 때에는 그 권리의 표시를 한다.

② **임의적 기록사항**: 변제기, 이자, 이자의 발생기 또는 그 지급시기, 원본(또는 이자)의 지급장소 등

(3) 등기의 실행

① 소유권을 목적으로 하는 저당권설정등기는 을구에 주등기로 한다.

② 지상권 또는 전세권을 목적으로 하는 저당권설정등기는 을구에 부기등기로 한다.

저당권설정등기 기재례

【을구】		(소유권 이외의 권리에 관한 사항)		
순위번호	등기목적	접 수	등기원인	권리자 및 기타사항
1	저당권 설정	2000년 1월 3일 제2346호	2000년 1월 2일 설정계약	① 채권액 150,000,000원 이 자 연 5푼 ② 채무자 이영란 750610－2385954 서울 동작구 사당동 100 저당권자 주택은행 101010-1010101 서울 강남구 청담지점

3 저당권말소등기

예를 들어, 담보대출금이 변제된 경우에 누가 저당권말소등기를 신청하는가의 문제이다. 피담보채권의 변제로 인한 저당권말소의 경우에 등기신청인인 등기권리자(저당권설정자)와 등기의무자(저당권자)가 공동으로 신청한다.

변경등기

1 의 의

변경등기는 등기와 실체관계와의 사이에 일부가 후발적으로 불일치가 생긴 경우에 이를 일치시키기 위한 등기를 말한다.

3 과목

2 부동산변경등기

(1) **의의**: 부동산변경등기란 토지나 건물의 분합, 지목변경, 면적의 증감, 건물구조의 변경 등과 같이 표제부에 있는 부동산 자체의 물리적으로 일부가 변경된 경우에 이를 공시하는 등기를 말한다.

(2) **등기절차**

① **대장등록의 선행**: 부동산의 물리적 변경은 대장의 기재가 기초가 되므로 대장등록을 변경한 후 대장등본을 첨부하여 변경등기를 신청한다.

② **단독신청**: 소유권의 등기명의인이 단독신청한다.

③ **신청의무**: 토지의 분합(分合), 면적의 증감 또는 지목의 변경 등 부동산변경이 있을 때에는 그 소유권의 등기명의인은 그 사실이 있는 때부터 1개월 이내에 변경등기를 신청하여야 한다. 신청의무 게을리시에도 과태료는 없다.

④ **첨부정보**: 대장정보(토지대장, 건축물대장)를 첨부한다. 단, 등기의무자나 이해관계인이 없으므로 등기필정보와 인감증명, 이해관계인의 승낙서 등은 첨부하지 않는다.

⑤ **등기의 실행**: 표제부에 주등기로 행하여진다.

【표제부】		(토지의 표시)			
표시번호	접 수	소재지번	지 목	면 적	등기원인 및 기타사항
~~1~~ ~~(전2)~~	~~2000년 10월 15일~~	~~서울특별시 동작구 상도동 7~~	~~전~~	~~359m²~~	
2	2002년 5월 5일	서울특별시 동작구 상도동 7	대	359m²	지목변경으로 인하여 등기

3 권리변경등기

(1) **의의**: 권리변경등기란 등기부의 갑구, 을구에 기재된 권리내용의 일부가 후발적 변경이 생긴 경우에 이를 고치기 위하여 행하는 등기로, 예컨대 전세권에서 전세금의 증감·존속기간의 변경, 저당권에서의 피담보채권액의 증감·이율의 변경 등이 있을 때에 행하여지는 등기이다.

(2) **공동신청**: 권리변경등기는 등기권리자와 등기의무자가 공동신청함이 원칙이다.

(3) **등기의 형식**

① **이해관계인이 없는 경우**: 부기등기로 한다.

② **이해관계인이 있는 경우**

㉠ 부기등기: 이해관계인의 승낙서나 이에 대항할 수 있는 재판등본을 첨부한 경우에는 부기등기로 하고, 변경 전 사항은 말소하는 표시를 한다.

㉡ 주등기: 이해관계인의 승낙서 등을 첨부하지 못한 경우에는 주등기로 하고, 변경 전 사항에 말소하는 표시를 하지 아니한다.

권리변경등기(부기등기의 경우)

【을구】	(소유권 이외의 권리에 관한 사항)			
순위번호	등기목적	접 수	등기원인	권리자 및 기타사항
1	전세권 설정	2004년 1월 3일 제2346호	2004년 1월 2일 설정계약	~~전세금 200,000,000원~~ 범 위 주거용 건물 전부 존속기간 2004년 1월 2일부터 2007년 1월 1일까지 전세권자 한가람 610415-1238595 서울 영등포구 신길동 5
1-1	1번 전세권 변경	2004년 10월 5일 제39291호	2004년 10월 1일 변경계약	전세금 280,000,000원

권리변경등기(주등기의 경우)

【을구】	(소유권 이외의 권리에 관한 사항)			
순위번호	등기목적	접 수	등기원인	권리자 및 기타사항
1	전세권설정	2004년 1월 3일 제2346호	2004년 1월 2일 설정계약	전세금 200,000,000원 범 위 주거용 건물 전부 존속기간 2004년 1월 2일부터 2007년 1월 1일까지 전세권자 한가람 610415－1238595 서울 영등포구 신길동 5
2	저당권설정	생략	생략	생략
3	1번 전세권 변경	2004년 10월 5일 제39291호	2004년 10월 1일 변경계약	전세금 280,000,000원

3과목

4 등기명의인표시의 변경등기

(1) **의의**: 등기명의인의 동일성을 나타내는 표시사항이 후발적으로 일부가 변경된 경우에, 즉 등기명의인의 성명, 주소, 주민등록번호, 회사 상호 등이 변경된 경우에 행하는 등기이다.
예 한빛은행 ⇨ 달빛은행으로 상호변경

(2) **등기신청 및 등기실행방법**

- **단독신청**: 등기명의인(登記名義人)의 표시(表示)의 변경(變更) 또는 경정(更正)의 등기는 등기명의인이 단독으로 신청할 수 있다.

(3) **첨부정보**: 등기명의인의 표시의 변경 또는 경정의 등기를 신청하는 경우에는 신청정보에 그 표시의 변경 또는 경정을 증명하는 시·구·읍·면장의 서면(예 주민등록등·초본 등) 또는 이를 증명할 수 있는 서면을 첨부하여야 한다.

(4) **등기의 형식**: 등기명의인의 표시의 변경 또는 경정의 등기는 항상 부기등기에 의하여 한다. 등기를 한 경우에는 변경 전의 등기사항을 말소하는 표시를 하여야 한다.

(5) **등기관의 직권에 의한 변경등기**: 행정구역 또는 그 명칭이 변경되었을 때에는 등기기록에 기록된 행정구역 또는 그 명칭은 변경된 것으로 본다. 이 경우 등기관이 직권으로 등기명의인표시변경등기를 할 수 있다(규칙 제54조).

【갑구】	(소유권에 관한 사항)			
순위번호	등기목적	접 수	등기원인	권리자 및 기타사항
1	소유권 이전	2003년 7월 7일 제35679호	2003년 7월 6일 매매	소유자 박미희 660920-2113456 ~~서울 송파구 가락동 10~~
1-1	1번 등기명의인 표시 변경		2004년 10월 5일 주소이전	박미희의 주소 서울특별시 강남구 청담동 326 2004년 10월 10일 부기

경정등기

1 의 의

경정등기란 등기실행 당시 원시적에 생긴 등기사항 일부의 착오나 빠트림을 등기완료 후에 발견하여 시정하는 등기이다.

경정등기 기재례

【 을구 】 (소유권 이외의 권리에 관한 사항)

순위 번호	등기목적	접 수	등기원인	권리자 및 기타사항
1	전세권설정	2004년 1월 3일 제346호	2004년 1월 2일 설정계약	전세금 200,000,000만원 범위 주거용 건물 전부 존속기간2004년 1월 2일부터2007년 1월 전세권자 김치 610415-123859
1-1	등기명의인 표시경정	2004년 10월 5일 제391호	2004년 10월 1일 신청착오	전세권자 김치국 610415-123859

2 경정등기의 요건

(1) **'등기'에 대한 착오 또는 빠진 부분일 것**: 부동산의 표시 또는 권리관계에 관한 등기사항에 대하여 착오나 유루가 있어야 한다.

(2) **등기사항의 '일부'에 대한 착오 또는 빠진 부분일 것**

(3) **등기와 실체관계가 '원시적' 불일치일 것**

(4) **등기 '완료' 후에 착오나 빠진 부분이 발견될 것**

(5) **착오 또는 빠진 부분이 있을 것**: 원인이 등기관의 잘못이든 신청인의 잘못이든 불문한다.

3 과목

3 착오, 빠진 부분의 통지

(1) 착오 또는 빠진 부분을 발견한 등기관은 이를 등기권리자와 등기의무자에게 알려야 한다. 등기권리자와 의무자가 없는 경우에는 등기명의인에게 알려야 한다.

(2) 등기권리자나 등기의무자가 2인 이상인 경우에는 그중 1인에게만 통지하면 된다.

4 직권경정등기

(1) 등기의 착오나 빠진 부분이 등기관의 잘못으로 인한 것임을 발견한 경우에는 지체 없이 등기관이 직권으로 경정등기 할 수 있다. 이 경우는 경정전후의 동일성 여부는 별도로 심사하지 않는다.

(2) 등기관의 과오로 인한 경우에는 당사자도 경정등기를 신청할 수 있다. 이 경우는 지방법원장에게 보고할 필요가 없다.

(3) 등기상 이해관계 있는 제3자가 있는 경우에는 제3자의 승낙이 있어야 한다.

(4) 등기관은 직권에 따른 경정등기를 하였을 때에는 그 뜻을 등기권리자와 등기의무자에게 사후에 알려야 한다. 이 경우 등기권리자나 등기의무자가 2인 이상인 경우에는 그중 1인에게 알릴 수 있다.

Thema 35 말소등기

1 의 의

말소등기란 기존등기의 전부가 부적법한 경우에 이를 소멸시키기 위해 하는 등기이다. 말소등기의 종류에는 제한이 없으나, 말소등기의 말소등기는 허용되지 않으며 이 때에는 말소회복등기에 의하게 된다(예 대출금변제로 인한 저당권말소등기).

3 과목

2 말소등기의 요건

(1) **등기의 전부가 부적법해야 한다**: 말소등기의 대상이 되는 것은 등기사항의 전부가 부적법한 경우에 한한다. 따라서 등기사항의 일부가 부적법하게 된 경우에 행해지는 변경·경정등기와는 구별된다.

(2) 부적법의 원인이 원시적인 것(예 원인무효 등)이든 후발적인 것(예 대출금변제로 인한 저당권 말소 등)이든 불문한다.

3 등기절차

(1) **공동신청 원칙**: 말소등기는 등기권리자와 등기의무자가 공동신청함이 원칙이다. 예를 들면, 저당권설정등기는 저당권자가 등기권리자이고 저당권설정자가 등기의무자이지만, 저당권말소등기는 저당권자가 등기의무자이고 저당권설정자가 등기권리자가 된다.

(2) **단독신청에 의하는 경우**

① 판결에 의하여 승소한 등기권리자나 등기의무자가 단독으로 말소등기를 신청할 수 있다.

② **혼동으로 소멸한 권리의 말소**: 소유권과 소유권을 목적으로 하는 다른 권리 등이 혼동에 의해 소멸한 경우, 소유자 또는 소유권 이외의 권리자는 단독으로 말소등기를 신청할 수 있다.
예 전세권자가 소유권 취득시의 전세권말소등기 단독신청

③ **사망 등으로 인한 권리의 소멸과 말소등기**: 등기명의인인 사람의 사망 또는 법인의 해산으로 권리가 소멸한다는 약정이 등기되어 있는 경우에 사람의 사망 또는 법인의 해산으로 그 권리가 소멸하였을 때에는, 등기권리자는 그 사실을 증명하여 단독으로 해당 등기의 말소를 신청할 수 있다.

④ **등기의무자가 소재불명된 경우**: 등기권리자가 등기의무자의 소재불명으로 인하여 공동으로 등기의 말소를 신청할 수 없을 때에는 「민사소송법」에 따라 공시최고(公示催告)를 신청할 수 있고 이 경우에 제권판결(除權判決)이 있으면 등기권리자가 그 사실을 증명하여 단독으로 등기의 말소를 신청할 수 있다.

⑤ 소유권보존등기는 말소도 단독으로 신청한다.

(3) 등기관의 직권에 의한 말소등기

① **법 제29조 제1호**(관할 위반), **제2호**(사건이 등기할 것이 아닌 때)**에 위반된 등기의 말소**

㉠ 등기관이 등기를 마친 후 그 등기가 법 제29조 제1호 또는 제2호에 해당된 것임을 발견하였을 때에는 등기권리자, 등기의무자와 등기상 이해관계가 있는 제3자에게 1개월 이내의 기간을 정하여 그 기간에 이의를 진술하지 아니하면 등기를 말소한다는 뜻을 통지하여야 한다.

㉡ 이의를 진술한 자가 없는 경우 또는 이의를 각하한 경우에는 등기관은 직권으로 등기를 말소하여야 한다.

② 말소등기를 할 때 그 말소에 대하여 등기상 이해관계 있는 제3자가 있는 경우 제3자의 승낙이 있어야 한다. 승낙이 있는 경우 등기상 이해관계 있는 제3자 명의의 등기는 등기관이 직권으로 말소한다(법 제57조).

③ 등기관이 가등기에 의한 본등기를 하였을 때 가등기 이후에 된 등기로서 가등기에 의하여 보전되는 권리를 침해하는 등기는 직권으로 말소하여야 한다(법 제92조 제1항).

4 첨부정보

(1) **이해관계인의 승낙정보 등**: 말소등기를 신청함에 있어서 그 등기에 이해관계 있는 제3자가 있는 경우에는 그의 승낙서나 이에 대항할 수 있는 재판등본을 첨부하여야 한다.

(2) 승낙서 등을 첨부하지 않고 말소등기 신청시 그 말소등기 신청을 각하하여야 한다(법 제29조 제9호).

(3) **이해관계인의 판단기준**: 등기상 이해관계 있는 제3자라 함은 등기기록상 자기의 권리가 등기되어 있고, 그 기재에 의하여 형식적으로 판단할 때 손해를 받게 될 지위에 있는 자를 말한다.

등기상 이해관계인에 해당하는 경우	등기상 이해관계인에 해당하지 않는 경우
전세권(또는 지상권)의 말소등기 신청시에 전세권(또는 지상권)을 목적으로 한 저당권자	① 1번 저당권의 말소에 관한 2번 저당권자 ② 2번 저당권의 말소에 관한 1번 저당권자

5 말소등기의 실행방법

말소등기는 주등기 방식으로 행하며, 등기를 말소할 때에는 말소의 등기를 한 후 해당 등기를 말소하는 표시를 하여야 한다.

말소회복등기

1 의 의

말소회복등기란 등기사항의 전부 또는 일부가 부적법하게 말소된 경우에 그 말소 전의 상태로 회복하기 위해서 하는 등기를 말한다.

2 말소회복등기의 요건

(1) 등기가 부적법하게 말소되어야 한다.

① 부적법하게 말소된 이유는 실체적 이유이든, 절차적 하자이든 불문한다.

② 당사자가 자발적으로 말소등기를 한 경우에는 말소회복등기를 할 수 없다.

(2) 말소된 등기를 회복하려는 것이어야 한다.

말소회복등기는 이전에 말소된 등기를 회복하는 것이므로 이는 말소등기의 말소등기에 의할 것이 아니라 말소회복등기에 의하여야 한다.

(3) 말소회복등기로 인하여 등기기록상 손해를 입는 이해관계인이 있으면 승낙 또는 이에 대항할 수 있는 재판등본이 있어야 한다.

3 말소회복등기의 효력

(1) 말소 전의 등기와 동일한 효력이 있고, 등기의 순위도 종전 등기순위와 같다.

(2) 등기사항의 전부 말소회복등기를 하는 때에는 주등기로 하고, 일부 말소회복등기를 하는 때에는 부기등기로 한다.

말소회복등기 기재례

【갑구】	(소유권에 관한 사항)			
순위번호	등기목적	접 수	등기원인	권리자 및 기타사항
1	소유권 보존	(생략)	(생략)	(생략)
~~2~~	~~소유권 이전~~	~~2003년 5월 10일~~ ~~제23456호~~	~~2003년 5월 7일~~ ~~매매~~	~~소유자 전주성~~ ~~650702-1273645~~ ~~서울 관악구 신림동 21~~
3	2번 소유권 말소	2003년 6월 10일 제34567호	매매계약 해제	
4	2번 소유권 말소회복	2003년 10월 10일 제45675호	2003년 10월 2일 서울민사지방법원의 확정판결	
2	소유권 이전	2003년 5월 10일 제23456호	2003년 5월 7일 매매	소유자 전주성 650702-1273645 서울 관악구 신림동 21

Thema 37

부기등기

부동산 경매시 등기의 순위에 따라 배당을 받아간다. 그래서 등기관이 등기부에 기록할 때 표시번호나 순위번호란에 1, 2, 3 등 독립된 번호를 붙여서 행하는 등기를 주등기라 하고, 일정한 경우에는 주등기의 순위번호를 이어받을 필요가 있어서 1-1, 2-1 등의 형식으로 행하는 등기가 있는데 이를 부기등기라 한다. 그럼 어느 등기는 주등기로 하고, 어느 등기는 부기등기로 행하는지를 기억해야 한다.

3 과목

1 의 의

부기등기란 그 자체로는 독립된 순위번호를 갖지 않고, 어느 등기에 기초한 것인지 알 수 있도록 주등기 또는 부기등기의 순위번호에 가지번호를 붙여서 하는 등기를 말한다.

예 등기기록에 1-1, 1-2 등으로 표시

2 효 력

(1) 부기등기의 순위는 주등기의 순위에 의하나, 부기등기 상호간의 순위는 그 순서에 의한다.

(2) 하나의 주등기에 여러 개의 부기등기를 할 수 있으며, 부기등기에 대한 부기등기도 가능하다.

3 부기등기로 하는 경우

1. 소유권 외의 권리를 목적으로 하는 권리에 관한 등기(예 전세권 목적의 저당권설정등기 등)
2. 소유권 외의 권리의 이전등기(예 전세권이전등기 등)
3. 소유권 외의 권리에 대한 처분제한등기(예 전세권에 대한 가압류등기 등)
4. 환매특약등기
5. 등기명의인표시의 변경이나 경정등기
6. 권리의 변경이나 경정등기(이해관계인의 승낙서 등이 있는 경우) 등

【갑구】		(소유권에 관한 사항)		
순위번호	등기목적	접 수	등기원인	권리자 및 기타사항
2	소유권 이전	2001년 2월 23일 제2010호	2001년 1월 23일 매매	소유자 배기용 621220-1110908 ~~서울 마포구 공덕동 107~~ ~~동인아파트 307~~
2-1	2번 등기명의인 표시변경		2002년 5월 20일 주소이전	배기용의 주소 서울 관악구 신림동 127 현대아파트 1505 2002년 6월 7일 부기

가등기

예를 들어, 甲(갑)이 乙(을)에게 부동산을 매도할 때 계약을 체결하고 乙이 중도금만 치른 상태에서 그 집값이 점점 올라가자, 중간에 매도인 甲이 제3자 丙(병)에게 그 집을 처분할 경우 매수인 乙은 그 집이 아직 자신의 명의로 등기가 안 되어 있기 때문에 취득할 수가 없는데 이럴 때 매수인 乙을 보호하기 위해서 일정한 경우에 권리의 순위만이라도 확보할 수 있도록 법은 가등기라는 제도를 인정하고 있다.

1 의 의

가등기란 현재 본등기를 할 수 있는 요건이 갖추어지지 아니한 경우에 후일에 할 본등기상 권리의 순위를 미리 확보해 놓기 위하여 부동산물권변동을 목적으로 한 청구권을 보전하기 위해 하는 임시적인 등기이다.

2 가등기를 할 수 있는 경우

(1) **가등기를 할 수 있는 권리**: 본등기를 할 수 있는 권리는 모두 가등기의 대상이 될 수 있다. 소유권, 지역권, 지상권, 전세권, 저당권, 권리질권 등 물권은 물론, 임차권, 환매권도 가등기를 할 수 있다.

(2) **가등기를 할 수 있는 권리변동**

① 가등기는 본등기할 수 있는 모든 권리의 설정 · 이전 · 변경 · 소멸의 청구권을 보전하기 위하여 하는데, 이 청구권은 시기부나 정지조건부인 때, 기타 장래에 확정될 청구권일 때도 가능하다.

② 다만, 이 청구권은 상대적 효력만 있는 채권적청구권에 한하며, 물권적청구권을 보전하기 위한 가등기는 허용되지 않는다.

3 가등기의 신청절차

(1) **공동신청의 원칙**: 가등기도 가등기권리자와 가등기의무자가 공동신청함이 원칙이다.

(2) **가등기권리자의 단독신청**: 가등기는 임시적인 등기이므로 가등기권리자는 가등기의무자의 승낙서를 첨부하거나 또는 가등기의 가처분명령(假處分命令)의 정본(正本)을 첨부하여 단독으로 신청할 수 있다(법 제89조).

4 가등기의 실행

(1) **갑구 · 을구에 기재**: 소유권이전청구권보전의 가등기는 갑구에, 소유권 이외의 권리 청구권보전의 가등기(예 전세권설정청구권보전가등기 등)는 을구에 기록된다.

(2) **가등기의 형식**: 후일에 경료될 본등기형식에 따라 주등기 또는 부기등기로 한다.

> 1. **주등기**: 소유권이전청구권보전의 가등기, 전세권설정청구권보전의 가등기 등은 주등기로 한다.
> 2. **부기등기**: 전세권이전청구권보전의 가등기 등은 부기등기로 한다.

5 가등기의 효력

가등기만으로는 아무런 실체법상 효력을 갖지 않는다. 따라서 가등기가 있더라도 처분금지의 효력이 없다.

(1) **순위보전의 효력**: 가등기를 한 경우에 가등기에 기한 본등기의 순위는 가등기의 순위에 따른다.

(2) 다만, 물권변동의 효력은 본등기시에 일어나고 가등기시로 소급되지 않는다.

6 가등기의 말소등기

(1) **공동신청의 원칙**: 가등기의 말소등기도 가등기권리자와 가등기의무자가 공동신청함이 원칙이다.

(2) **단독신청의 특칙**

① 가등기명의인이 가등기의 말소를 단독으로 신청할 수 있다(소유권에 관한 가등기명의인이 가등기말소를 신청하는 경우에는 가등기명의인의 인감증명 첨부).

② 가등기의무자 또는 등기상 이해관계인도 신청정보에 가등기명의인의 승낙서 또는 이에 대항할 수 있는 재판의 정보를 첨부한 경우에는 가등기의 말소를 단독으로 신청할 수 있다.

3 과목

7 가등기에 기한 본등기절차

> 매수인 乙이 나중에 잔금을 치르고 등기(본등기)를 하러 갈 때 누가 신청해야 본등기를 해주고, 만약 중간에 행해진 등기가 있으면(중간처분등기) 등기관은 이를 어떻게 처리할 것인가의 문제이다.

(1) **본등기의 등기신청인**

① **본등기권리자**: 가등기권리자 또는 가등기를 이전받은 자

② **본등기의무자**: 가등기의무자가 본등기의무자가 된다. 가등기 후 본등기 전에 중간취득자가 있더라도 그의 권리는 본등기 후 직권말소되므로 본등기의무자가 아니다.

(2) **본등기의 실행**: 가등기에 기한 본등기는 가등기 아래에 기록하되 별도의 순위번호를 기록하지 아니하고 가등기의 순위번호를 사용하여 본등기사항을 기록한다.

(3) **본등기 후의 조치**(양립이 불가능한 중간처분등기의 직권말소 문제)

① 등기관은 가등기에 기한 본등기를 하였을 때에는 대법원규칙으로 정하는 바에 따라 가등기 이후에 된 등기로서 가등기에 의하여 보전되는 권리를 침해하는(본등기와 양립이 불가능한) 등기를 직권으로 말소하여야 한다.

② **소유권이전청구권보전의 가등기에 기한 본등기를 한 경우**: 가등기 후 본등기 전에 마쳐진 소유권이전등기나 용익물권, 저당권등기는 직권으로 말소하나 다음의 등기는 직권말소되지 않는다.

1. 가등기 전에 마쳐진 전세권 및 저당권에 의한 임의경매개시결정등기
2. 가등기 전에 마쳐진 가압류에 의한 강제경매개시결정등기
3. 해당 가등기상 권리를 목적으로 하는 가압류등기나 가처분등기

【갑구】		(소유권에 관한 사항)		
순위번호	등기목적	접 수	등기원인	권리자 및 기타사항
1	소유권 보존	생략	생략	김기자(가등기의무자)
2	소유권이전 청구권 가등기	2005년 3월 2일 제334호	2005년 2월 19일 매매예약	권리자 배기용(가등기권리자) 671115-1067035 서울 관악구 신림동 127
	소유권 이전	2007년 5월 5일 제235호	2007년 5월 3일 매매	소유자 배기용 671115-1067035 서울 관악구 신림동 127
~~3~~	~~소유권 이전~~ (직권말소)	~~2006년 7월 6일 제357호~~	~~2006년 7월 5일 매매~~	~~소유자 이해우(중간취득자) 631015-1467075 서울 관악구 봉천동 357~~
4	3번 소유권 말소		2번 가등기에 기한 본등기로 인하여 2007년 7월 6일	

MEMO

박문각 공인중개사

과목별 학습 방법

부동산세법은 먼저 세법의 흐름과 용어에 대한 이해를 해야 한다. 세법에서 사용하는 법률용어와 기본 개념을 확실하게 숙지하는 것이 중요하다. 기본적인 용어와 개념에 대한 이해를 하지 못한 상태에서 무조건적인 암기 형태의 학습 방법은 일시적으로는 효과가 있어 보이지만 시간이 지날수록 오히려 혼란이 올 수 있다. 용어에 대한 이해가 없다면 구구단도 암기를 못하면서 미적분을 풀려고 하는 것과 같다.
공인중개사 시험은 학문을 하는 것이 아니라 국가공인자격증을 취득하는 것이다. 공인중개사는 평균 60점이면 합격하는 절대평가 시험이다. 고득점도 중요하지만 합격하는 것이 더 중요하기 때문에 평균 60점을 맞기 위한 과목별 맞춤 전략이 필요하다. 따라서 부동산세법은 출제되는 16문제에서 10문제 이상을 목표로 한다면 지방세에서 취득세 3문제, 재산세 3문제, 국세에서 양도소득세 5문제 정도 출제가 되기 때문에 이 부분에 대한 집중적인 학습이 필요하다.
세법은 문항 수가 적다는 이유로 '나중에 해야지'하는 생각을 버려야 하고, 숫자(많이 안 나옴)가 많이 나오고 계산문제(1문제)가 많이 나온다는 막연한 두려움을 버려야 한다. 가장 중요한 것은 '할 수 있다'는 자신감과 꾸준함이다. 느리지만 소처럼 우직하게 한 걸음(반복) 한 걸음(반복) 걷다 보면 정상에 다다른 내 모습을 볼 수 있을 것이다.

04

부동산세법

부동산 활동 및 산출세액 계산

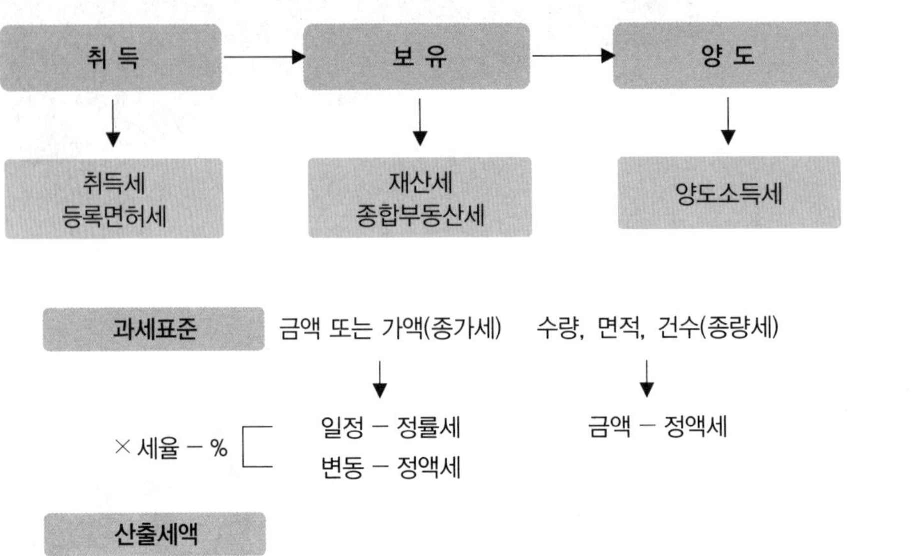

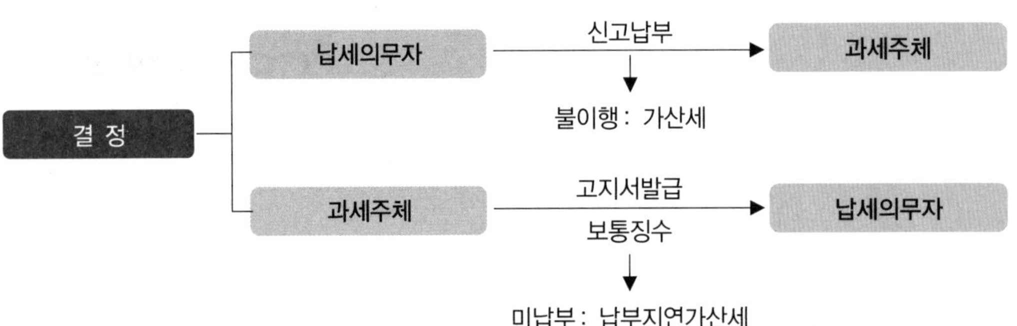

조세의 개념

1 조세의 의의

조세는 국가 또는 지방자치단체가 재정수입 등을 조달할 목적으로 법률규정에 의하여 과세요건을 충족하는 자연인이나 법인에게 직접적인 반대급부 없이 강제적으로 징수하는 경제적 부담을 말한다.

(1) **국가 · 지방자치단체 – 과세주체**(전기요금이나 수도요금은 조세가 아님)

(2) **재정수입 등을 조달할 목적**

(3) **법률 규정에 의함**

(4) **과세요건 충족**(과세대상, 납세의무자, 과세표준, 세율)

(5) **자연인, 법인**

(6) **직접적인 반대급부 없이 부과**(무보상성)

(7) **경제적 부담**

① **원칙**: 금전납부

② **예외**: 물납(재산세, 상속세)

구 분		재산세	종합부동산세	양도소득세
물 납	요 건	1,000만원 초과	–	–
	대 상	관할구역 내 부동산		
분 납	요 건	250만원 초과	250만원 초과	1,000만원 초과
	금 액	① 500만원 이하: 250만원 초과 금액 ② 500만원 초과: 50/100 이하 금액	① 500만원 이하: 250만원 초과 금액 ② 500만원 초과: 50/100 이하 금액	① 2,000만원 이하: 1,000만원 초과 금액 ② 2,000만원 초과: 50/100 이하 금액

4과목

조세의 분류 등

1 과세주체

조세를 부과할 수 있는 권한을 가지고 있는 자를 말하며, 과세주체에는 국가와 지방자치단체가 있다.

(1) **국세**(과세주체 : 국가)

소득세, 상속세 및 증여세, 법인세, 부가가치세, 종합부동산세 등

(2) **지방세**(과세주체 : 지방자치단체)

취득세, 등록면허세, 재산세, 지방교육세, 지방소득세, 지방소비세, 지역자원시설세, 주민세, 자동차세, 담배소비세, 레저세

① **취득세** : 특별시, 광역시, 도세

② **등록면허세** : 도세 및 구세

③ **재산세** : 시, 군, 구세

특별시 관할구역의 재산세는 특별시세 및 구세로 한다.

2 과세대상

세법에 따라 조세부과의 목적이 되는 소득, 재산, 행위 등을 과세대상 또는 과세물건이라 한다. 이러한 과세대상은 다음과 같이 분류할 수 있다.

(1) **소득** : **양도소득세, 법인세 등**

(2) **재산** : **재산세, 종합부동산세, 상속세, 증여세 등**

(3) **행위** : **취득세, 등록면허세 등**

3 납세의무자

세법에 의하여 조세를 납부할 의무가 있는 자를 말하여 이와 같은 납세의무자의 범위에는 연대납세의무자, 제2차 납세의무자 및 납세보증인을 포함한다.

4 과세표준

세법에 의하여 세액 산출에 기초가 되는 과세물건의 수량 또는 가액을 말한다. 이 경우 과세표준을 표시하는 방법에 따라 종가세와 종량세로 구분한다.

(1) 종가세

① 과세표준이 금액(가액)으로 표시되는 것을 종가세라 한다.

② 세율이 금액이 아닌 %로 나타난다.

③ 소득세, 법인세, 취득세, 등록면허세, 재산세 등 대부분의 조세이다.

(2) 종량세

① 과세표준이 수량이나 면적 등으로 표시되는 것을 종량세라 한다.

② 세율이 %가 아닌 금액으로 표시된다.

③ 등록면허세(일부), 인지세(일부), 지역자원시설세(일부), 주민세(사업소분) 등

4 과목

5 세 율

세액을 산출하기 위하여 과세표준에 곱하는 비율이나 금액을 말한다.

(1) 세율 표시단위에 따른 분류

① 정률세율

㉠ 세율을 표시함에 백분비 또는 천분비로 표시되는 세율을 말한다.

㉡ 취득세, 재산세, 양도소득세의 일부 등

② 정액세율

㉠ 세율을 표시함에 있어서 화폐단위로 표시하는 세율을 말한다.

㉡ 등록면허세 중 일부(말소등기: 건수)

(2) 과세표준 크기 변화 유무에 따른 분류

① **비례세율**: 과세표준 크기와 관계없이 일정하게 고정된 세율

② **누진세율**: 과세표준이 증가할수록 세율도 점차 높아지는 세율

(3) 표준세율

재정상의 이유 또는 기타 특별한 사유가 있다고 인정되는 경우 일정범위 내에서 과세권자가 가감·조정할 수 있는 세율

취득세(중과세율은 적용하지 않음), 등록면허세(부동산 등기에 한함), 재산세(당해 연도만 적용) 등은 과세권자가 조례로 정하는 바에 따라 100분의 50의 범위 내에서 가감·조정할 수 있다.

세목별세율 비교

구 분	취득세	등록면허세	재산세	종합부동산세	양도소득세
비례세율	○	○	○	○(주택: 법인)	○
누진세율	×	×	○	○	○

6 징수방법

(1) 보통징수(국세: 정부부과 과세제도)

① 지방자치단체장이 납부하여야 할 세액을 부과함으로써 확정되는 것으로 지방자치단체장이 세액을 결정하고 이를 납세의무자에게 납세고지서에 의하여 통지하는 것을 말한다.

② 재산세, 종합부동산세, 상속세, 증여세 등

(2) 신고납부(국세: 신고납세제도)

① 신고납부 방법이란 납세의무자가 세법이 정하는 바에 따라 과세표준과 세액을 정부에 신고함으로써 납세의무가 확정되는 방법을 말한다.

② 신고납부기한 내에 신고 및 납부를 하지 않을 경우 가산세를 부가하여 보통징수한다.

③ 취득세, 등록면허세, 법인세, 양도소득세, 부가가치세

7 가산세

세법에 규정하는 의무의 성실한 이행을 확보하기 위하여 세법에 따라 산출한 세액에 가산하여 징수하는 금액을 말한다.

구 분		가산세		
지방세	취득세, 등록면허세	신고불성실 가산세	무신고	무신고납부세액의 20%(부정: 40%)
			과소신고	과소신고납부세액의 10%(부정: 40%)
		납부지연가산세		1일(0.022%): 75/100 한도
국 세	양도소득세	신고불성실 가산세	무신고	무신고납부세액의 20%(부정: 40%)
			과소신고	과소신고납부세액의 10%(부정: 40%)
		납부지연가산세		1일 22/100,000(0.022%)

1. 국세의 납세고지 후 납부지연가산세(① + ②)

① 납부하지 아니한 세액 또는 과소납부분 세액×법정납부기한의 다음 날부터 납부일까지의 기간×22/100,000(5년을 초과할 수 없음: 150만원 미만인 경우 적용하지 않음)

② 납세고지서에 따른 납부기한까지 납부하지 아니한 세액 또는 과소납부분 세액×3%(납세고지에 따른 납부기한까지 완납하지 아니한 경우에 한함)

2. 지방세의 납세고지 후 납부지연가산세(① + ②)

① 납부기한 경과 후 1개월 지날 때마다 66/10,000(60개월을 초과할 수 없음: 45만원 미만이면 적용하지 않음)

② 납세고지서에 따른 납부기한까지 납부하지 아니한 세액 또는 과소납부분 세액×3%(납세고지에 따른 납부기한까지 완납하지 아니한 경우에 한함)

8 과세대상의 인적 귀속 여부

납세의무자의 인적 귀속 여부에 따라 인세와 물세로 구분한다.

(1) **인세**(대부분의 국세)

① 소득이나 재산이 귀속되는 사람을 중심으로 납세자의 담세능력과 인적사항을 고려하여 과세하는 조세이다.

② 과세대상 금액을 합산하여 과세(합산과세)하는 것이 원칙이다.

③ 납세지를 사람의 주소지로 함이 원칙이다.

④ 양도소득세, 상속세 및 증여세 종합부동산세 등이다.

(2) **물세**(대부분의 지방세)

① 납세자의 인적사항과 조세부담 능력과 관계없이 과세대상 그 자체에 대하여 과세하는 조세이다.

② 개별적으로 과세하는 것이 원칙이다.

③ 납세지를 물건의 소재지로 함이 원칙이다.

④ 취득세, 등록면허세, 재산세 등이다.

9 조세 독립성 여부에 따른 분류

(1) **독립세**

① 다른 조세와 관계없이 독자적인 세원에 대하여 독립적으로 부과되는 조세

② 취득세, 재산세, 양도소득세, 종합부동산세 등 대부분의 조세

(2) **부가세**(지방교육세, 농어촌특별세)

① 독립적인 세원이 존재하지 않고 다른 조세를 부과할 때 부가적으로 과세되는 조세

② **종 류**

본 세	부가세	본세의 감면시
취득세	• 농어촌특별세 10%(1,000분의 20을 적용한 세액) • 지방교육세 20%(표준세율에서 1,000분의 20을 차감한 세율을 적용한 세액)	농어촌특별세 20%
등록면허세	지방교육세 20%	농어촌특별세 20%
재산세	지방교육세 20%	–
종합부동산세	농어촌특별세 20%	–
양도소득세	납부세액에는 부가세가 부과되지 않는다.	농어촌특별세 20%

조세 관련 용어 정의

1 과세표준

(1) 세액산출의 기초가 되는 과세물건의 수량 또는 가액을 말한다.

(2) 과세표준이 금액과 가액으로 표시되는지, 수량 또는 건수 등으로 표시되는지에 따라 종가세와 종량세로 구분이 된다.

2 면세점

과세표준이 일정금액 또는 일정량 이하에 대하여 과세하지 않는 제도를 말한다.

취득세 : 취득가액이 50만원 이하인 경우 면세점을 적용한다.

3 소액징수면제(재산세, 지역자원시설세 등)

징수할 세액이 일정금액에 미달하는 경우에 이를 징수하지 아니하는 것을 말한다.

재산세 : 고지서 1매당 세액이 2,000원 미만인 경우 재산세를 징수하지 아니한다.

4 과세기준일

세금을 부과하기 위한 일정한 기준이 되는 날을 말한다.

1. 재산세, 종합부동산세 : 과세기준일(6월 1일)
2. 주민세(개인분, 사업소분) : 과세기준일(7월 1일)

4과목

5 과세기간

세법에 의하여 조세의 과세표준 계산에 기초가 되는 기간을 말한다.

(1) **소득세**: 매년 1월 1일부터 12월 31일까지

(2) **부가가치세**

① **1기**: 1월 1일부터 6월 30일까지

② **2기**: 7월 1일부터 12월 31일까지

(3) **법인세**: 법령 정관 등에 따라 정하는 기간

6 고가주택

(1) **양도소득세**

실지거래가액이 12억원을 초과하는 주택을 말한다.

(2) **사업소득**(부동산임대소득)

기준시가 12억원을 초과하는 주택을 말한다.

7 겸용주택

(1) **재산세**

① 1구(構)의 건물이 주거와 주거 외의 용도로 사용되고 있는 경우에는 주거용으로 사용되는 면적이 전체의 100분의 50 이상인 경우에는 주택으로 본다.

② 1동(棟)의 건물이 주거와 주거 외의 용도로 사용되고 있는 경우에는 주거용으로 사용되는 부분만을 주택으로 본다. 이 경우 건물의 부속토지는 주거와 주거 외의 용도로 사용되는 건물의 면적비율에 따라 각각 나누어 주택의 부속토지와 건축물의 부속토지로 구분한다.

(2) **양도소득세**

① 하나의 건물이 주택과 주택 외의 부분으로 복합되어 있는 경우에 주택의 연면적이 주택 이외의 연면적보다 큰 경우에는 그 건물 전부를 주택으로 본다.

② 주택의 연면적이 주택 이외의 연면적보다 적거나 같을 때에는 주택 외의 부분은 주택으로 보지 아니한다.

③ 고가주택의 경우 면적과 무관하게 주택부분만 주택으로 본다.

납세의무의 성립 · 확정 · 소멸

1 지방세

구 분	납세의무 성립(추상적)	납세의무 확정(구체적)
취득세	과세물건을 취득하는 때	신고하는 때
등록면허세	등기 또는 등록을 하는 때	신고하는 때
재산세, 소방분 지역자원시설세	과세기준일(매년 6월 1일)	결정하는 때
지방교육세	과세표준이 되는 세목의 납세의무가 성립하는 때	• 신고납부 : 신고하는 때 • 보통징수 : 결정하는 때
지방소득세	과세표준이 되는 소득세 · 법인세 납세의무가 성립하는 때	신고하는 때
주민세(개인분, 사업소분)	과세기준일(매년 7월 1일)	• 개인분 : 결정하는 때 • 사업소분 : 신고하는 때
수시부과하는 조세	수시부과 사유가 발생하는 때	결정하는 때

2 국 세

구 분		납세의무 성립(추상적)	납세의무 확정(구체적)
소득세	확정신고	과세기간이 끝나는 때	신고하는 때
	예정신고	과세표준이 되는 금액이 발생한 달의 말일	신고하는 때
	중간예납	중간예납기간이 끝나는 때	신고하는 때
종합부동산세		과세기준일(매년 6월 1일)	• 원칙 : 결정하는 때 • 예외 : 신고하는 때
상속세		상속을 개시하는 때	결정하는 때
증여세		증여 재산을 취득하는 때	결정하는 때
인지세		과세문서를 작성하는 때	작성하는 때 동시 확정

3 납세의무의 소멸

(1) 소멸사유

① 납부

② 충당

③ 부과취소

④ 부과권의 제척기간의 만료

⑤ 징수권의 소멸시효 완성

(2) 조세채권의 소멸시효 또는 제척기간

① 소멸시효

원 칙	5년	
예 외	10년	국세: 5억원 이상
		지방세(가산세 제외): 5천만원 이상

② 소멸시효의 중단과 정지

㉠ 중단 사유: 납세고지, 독촉, 납부최고, 교부청구, 압류

㉡ 정지 사유: 분납**기간**, 징수유예**기간**, 연부연납**기간**, 체납처분유예**기간**, 체납자가 국외에 6개월 이상 계속하여 체류하는 경우 해당 국외 체류**기간**

③ 제척기간

㉠ 국세 부과 제척기간

구 분		제척기간
원 칙	국제거래에 부정행위로 국세를 포탈 · 환급 · 공제시	15년
	사기나 그 밖의 부정행위로 국세를 포탈 · 환급 · 공제시	10년
	법정신고기한까지 과세표준신고서를 제출하지 않은 경우	7년
	기타(종합부동산세)	5년
상속세 · 증여세	• 부정행위로 상속세 · 증여세를 포탈 · 환급 · 공제받은 경우 • 신고서를 제출하지 않은 경우 • 거짓신고 또는 누락신고를 한 경우	15년
	기타의 경우	10년

부담부증여를 통한 양도시 채무인수한 부분은 양도소득세 과세대상이지만 제척기간은 증여세의 제척기간을 따른다.

㉡ 지방세 부과 제척기간

구 분		제척기간
지방세	• 사기나 그 밖의 부정 행위로 지방세를 포탈 · 환급 · 공제시 • 상속 또는 증여(부담부증여 포함)를 원인으로 취득하는 경우와 명의신탁 약정으로 실권리자가 사실상 취득하는 경우로서 법정신고기한까지 신고서를 제출하지 않는 경우 • 타인의 명의로 법인의 주식 또는 지분을 취득하였지만 해당 주식 또는 지분의 실권리자인 자가 과점주주가 되어 해당 법인의 부동산 등을 취득한 것으로 보는 경우 • 부담부증여로 인한 취득	10년
	법정신고기한까지 신고서를 제출하지 않은 경우	7년
	그 밖의 경우(재산세)	5년

제척기간의 기산일
1. 신고납부 세목: 신고기한의 다음 날
2. 보통징수 세목: 납세의무 성립일
3. 소멸시효의 기산일: 납부기한의 다음 날

Thema

05 과세대상

1 취득세 과세대상

취득세는 「지방세법」에 열거된 과세대상을 등기·등록 여부와 관계없이 또는 유상·무상을 불문하고 취득자에게 과세하는 지방세로서 「지방세법」에 열거된 과세대상은 다음과 같다.

(1) 토 지

'토지'란 「공간정보의 구축 및 관리 등에 관한 법률」에 따라 지적공부의 등록대상이 되는 토지와 그 밖에 사용되고 있는 사실상의 토지를 말한다.

(2) 건축물

'건축물'이란 「건축법」 제2조 제1항 제2호에 따른 건축물(이와 유사한 형태의 건축물을 포함한다)과 토지에 정착하거나 지하 또는 다른 구조물에 설치하는 레저시설, 저장시설, 도크(Dock)시설, 접안시설, 도관시설, 급수·배수시설, 에너지 공급시설 및 그 밖에 이와 유사한 시설(이에 딸린 시설을 포함한다)로서 대통령령으로 정하는 것을 말한다.

(3) 차 량

'차량'이란 원동기를 장치한 모든 피견인차 및 궤도로 승객 또는 화물을 운반하는 모든 기구를 말한다.

(4) 기계장비

'기계장비'란 건설공사용, 화물하역용 및 광업용으로 사용되는 기계장비로서 「건설기계관리법」에서 규정한 건설기계 및 이와 유사한 기계장비 중 행정안전부령으로 정하는 것을 말한다.

(5) 항공기

'항공기'란 사람이 탑승·조종하여 항공에 사용하는 비행기, 비행선, 활공기(滑空機), 회전익(回轉翼) 항공기 및 그 밖에 이와 유사한 비행기구로서 대통령령으로 정하는 것을 말한다.

(6) 선 박

'선박'이란 기선, 범선, 부선(艀船) 및 그 밖에 명칭에 관계없이 모든 배를 말한다.

(7) 입 목

'입목'이란 지상의 과수, 임목과 죽목(竹木)을 말한다.

(8) 광업권

'광업권'이란 「광업법」에 따른 광업권을 말한다.

(9) 어업권

'어업권'이란 「수산업법」 또는 「내수면어업법」에 따른 어업권을 말한다.

(10) 양식업권

'양식업권'이란 「양식산업발전법」에 따른 양식업권을 말한다.

(11) 골프 회원권

'골프 회원권'이란 「체육시설의 설치 · 이용에 관한 법률」에 따른 회원제 골프장의 회원으로서 골프장을 이용할 수 있는 권리를 말한다.

(12) 승마 회원권

'승마 회원권'이란 「체육시설의 설치 · 이용에 관한 법률」에 따른 회원제 승마장의 회원으로서 승마장을 이용할 수 있는 권리를 말한다.

(13) 콘도미니엄 회원권

'콘도미니엄 회원권'이란 「관광진흥법」에 따른 콘도미니엄과 이와 유사한 휴양시설로서 대통령령으로 정하는 시설을 이용할 수 있는 권리를 말한다.

(14) 종합체육시설 이용 회원권

'종합체육시설 이용 회원권'이란 「체육시설의 설치 · 이용에 관한 법률」에 따른 회원제 종합체육시설업에서 그 시설을 이용할 수 있는 회원의 권리를 말한다.

(15) 요트 회원권

'요트 회원권'이란 「체육시설의 설치 · 이용에 관한 법률」에 따른 회원제 요트장의 회원으로서 요트장을 이용할 수 있는 권리를 말한다.

2 등록면허세 과세대상

재산권 기타권리의 설정, 변경, 소멸에 관한 사항을 공부상에 등기 또는 등록(등재 포함)하는 경우에 과세한다.

3 재산세 과세대상

공부상 등재현황과 사실상 현황이 상이한 경우 사실상 현황에 의해 재산세를 부과한다. 단, 공부상 등재현황과 다르게 이용함으로써 재산세 부담이 낮아지는 경우 등 대통령이 정하는 경우에는 공부상 등재현황에 의한다.

(1) 토 지

「공간정보의 구축 및 관리 등에 관한 법률」에 의하여 지적공부의 등록대상이 되는 토지와 그 밖에 사용되고 있는 사실상의 토지를 말한다.

1. **분리과세대상 토지**
   ① 저율분리과세대상
      ㉠ 농지(전, 답, 과수원), 목장용지, 임야
      ㉡ 공장, 주택, 산업공급용 토지
   ② 고율분리과세대상: 골프장 및 고급오락장의 토지
2. **별도합산과세대상**: 일반 영업용(상가, 사무실 등) 건축물의 부속토지
3. **종합합산과세대상**: 분리과세대상과 별도합산과세대상을 제외한 토지

(2) **주택**(토지와 건축물의 범위에는 주택은 제외)

① **겸용주택**

㉠ 1구(構)의 건물이 주거와 주거 외의 용도로 사용되고 있는 경우에는 주거용으로 사용되는 면적이 전체의 100분의 50 이상인 경우에는 주택으로 본다.

㉡ 1동(棟)의 건물이 주거와 주거 외의 용도로 사용되고 있는 경우에는 주거용으로 사용되는 부분만을 주택으로 본다. 이 경우 건물의 부속토지는 주거와 주거 외의 용도로 사용되는 건물의 면적비율에 따라 각각 안분하여 주택의 부속토지와 건축물의 부속토지로 구분한다.

② **다가구주택**

「건축법 시행령」에 따른 다가구주택은 1가구가 독립하여 구분 사용할 수 있도록 분리된 부분을 1구의 주택으로 본다. 이 경우 그 부속토지는 건물면적이 비율에 따라 각각 나눈 면적을 1구의 부속토지로 본다.

③ 주택의 부속토지 경계가 불분명한 경우 그 주택 바닥면적의 10배를 부속토지로 본다.

(3) 건축물(주택 제외)

「건축법」 규정에 의한 건축물과 토지에 정착하거나 지하 또는 다른 구조물에 설치하는 부수시설물을 말한다. 부속토지는 별도의 토지분 재산세가 과세된다.

(4) 선 박

(5) 항공기

4 종합부동산세 과세대상(소유자별 합산과세)

(1) 주 택

① 과세대상 주택의 범위

과세기준일 현재 재산세 과세대상 주택은 전국을 합산하여 종합부동산세 과세대상으로 한다.

② 합산과세대상 주택의 범위에 포함하지 아니하는 주택

㉠ 종업원의 주거에 제공하기 위한 기숙사 및 사원용 주택

㉡ 어린이집용 주택

㉢ 주택건설사업자가 건축하여 소유하고 있는 미분양 주택 등

③ 합산배제주택의 보유현황 신고

이 경우 합산배제 주택을 보유한 납세의무자는 당해 연도 9월 16일부터 9월 30일까지 납세지 관할세무서장에게 당해 주택의 보유현황을 신고하여야 한다.

(2) 토 지

① 종합합산과세대상 토지

토지에 대한 종합부동산세는 국내에 소재하는 토지에 대하여 「지방세법」에 따른 종합합산과세대상 토지를 소유자별로 합산하여 과세한다.

② 별도합산과세대상 토지

토지에 대한 종합부동산세는 국내에 소재하는 토지에 대하여 「지방세법」에 따른 별도합산과세대상 토지를 소유자별로 합산하여 과세한다.

5 양도소득세 과세대상

「소득세법」은 열거주의를 원칙으로 한다. 따라서 양도소득세 과세대상은 다음에 열거된 자산의 양도로 인하여 발생하는 소득으로 한다.

1. 부동산(토지 또는 건물)
2. 부동산에 관한 권리
3. 주식 및 출자지분
4. 파생상품 등
5. 기타자산
6. 신탁수익권

(1) 부동산

① 토 지

「공간정보의 구축 및 관리 등에 관한 법률」에 의하여 지적공부에 등록하여야 할 지목에 해당하는 것을 말한다.

② 건 물

건물(건물에 부속된 시설물과 구축물을 포함한다)의 양도로 발생하는 소득을 말한다.

(2) 부동산에 관한 권리

① 지상권

'지상권'이란 타인의 토지에 건물 · 입목 · 기타시설물 등을 소유하기 위하여 그 토지를 사용할 수 있는 권리를 말한다.

② 전세권

'전세권'이란 전세금을 지급하고 타인의 부동산을 점유하여 그 부동산의 용도에 좇아 사용 수익할 수 있는 권리를 말한다.

③ 등기된 부동산임차권

'부동산임차권'이란 임대차계약에 의하여 사용료를 지급하고 타인의 물건을 사용 수익하는 권리를 말한다.

④ 부동산을 취득할 수 있는 권리

㉠ 건물이 완성되는 때에 그 건물과 이에 부수되는 토지를 취득할 수 있는 권리
㉡ 지방자치단체 한국토지공사가 발행하는 토지상환채권 및 주택상환사채
㉢ 부동산매매계약을 체결한 자가 계약금만 지급한 상태에서 양도하는 권리

(3) 주식 또는 출자지분

(4) 파생상품 등

(5) 기타자산

① 사업에 사용하는 토지 건물 부동산에 관한 권리와 함께 양도하는 영업권

② 특정시설물 이용권 · 회원권

③ 토지 건물과 함께 양도하는 이축권

(6) 신탁수익권

양도의 개념 및 형태

1 양도의 정의

'양도'란 자산에 대한 등기 또는 등록과 관계없이 매매, 교환, 법인에 대한 현물출자 등으로 인하여 그 자산이 유상으로 사실상 이전되는 것을 말한다.

2 양도행위로 보는 경우

(1) 매 매

매매는 당사자 일방이 재산권을 상대방에게 이전할 것을 약정하고 상대방이 그 대금을 지급할 것을 약정함으로써 그 효력이 발생한다.

(2) 교 환

교환은 당사자 쌍방이 재산권을 상대방에게 이전할 것을 약정하고 상대방이 그 대금을 지급할 것을 약정함으로써 그 효력이 생긴다.

(3) 현물출자

현물출자는 금전 이외에 재산을 목적으로 출자하는 것으로써 현물출자에 대한 대가로 법인의 주식 또는 지분을 받은 때에는 유상이전에 해당한다.

(4) 법률에 의하여 토지 등의 수용

「도시 및 주거환경정비법」 또는 기타 관계법령에 의하여 토지 등을 수용할 수 있는 사업인정을 받은 자에게 부동산 등이 매수 또는 수용되는 것은 유상이전으로 양도소득세를 과세한다.

(5) 대물변제

'대물변제'란 본래의 급부에 갈음하여 다른 급부를 제공함으로써 채권을 소멸시키는 채권자와 채무자 간의 계약을 말한다.

① 손해배상에 따른 위자료 지급

② **이혼에 따른 위자료 지급**

「민법」 제839조의2에 따라 재산분할청구권에 의한 이전은 양도로 보지 아니한다.

(6) 부담부증여

'부담부증여'란 수증자가 재산을 무상으로 증여받으면서 증여자의 채무를 부담하거나 인수하는 조건부증여를 말한다.

① **수증자가 인수하는 채무액**

증여자의 채무를 수증자가 인수하는 경우에는 증여가액 중 그 채무액에 상당하는 부분은 그 자산이 유상으로 사실상 이전되는 것으로 본다.

② **채무 이외의 재산**

증여가액 중 그 채무액에 상당하는 부분 이외의 재산에 대하여는 유상 이전에 해당하지 아니하므로 증여로 본다.

③ **배우자 또는 직계존비속 간의 부담부증여**

배우자 또는 직계존비속 간의 부담부증여에 대해서는 수증자가 증여자의 채무를 인수하는 경우에도 그 채무액은 수증자에게 인수되지 아니한 것으로 추정한다.

4 과목

3 양도로 보지 아니하는 경우

(1) 환지처분 및 보류지 충당

「도시개발법」이나 그 밖의 법률에 따른 환지처분으로 지목 또는 지번이 변경되거나 보류지로 충당되는 경우에는 양도로 보지 아니한다.

(2) 지적경계선 변경을 위한 토지의 교환

토지의 경계를 변경하기 위하여 「공간정보의 구축 및 관리 등에 관한 법률」에 따른 토지의 분할 등 대통령령으로 정하는 경우는 양도로 보지 아니한다.

(3) 양도담보

'양도담보'란 채권담보의 목적으로 일정한 재산을 양도하고 채무자가 채무를 이행하지 않은 경우 채권자는 그 목적물로 우선변제를 받게 되며 또한 채무자가 채무이행을 하는 경우에는 그 목적물을 채무자에게 반환한다는 계약을 말한다.

① 양도로 보지 않는 경우

채무자가 채무의 변제를 담보하기 위하여 자산을 양도하는 계약을 체결한 후 다음의 요건을 충족한 경우에는 양도로 보지 않는다.

1. 당사자 간에 채무의 변제를 위하여 양도한다는 의사표시가 있을 것
2. 당해 자산을 채무자가 원래대로 사용 수익한다는 의사표시가 있을 것
3. 원금, 이자율, 변제기한, 변제방법 등에 관한 약정이 있을 것

② 양도로 보는 경우

양도담보계약 체결 후 위에 요건을 위배하거나 채무불이행으로 인해 당해 자산을 변제에 충당한 때에 이를 양도한 것으로 본다.

(4) 공유물 분할

공동소유의 토지를 소유지분별로 단순히 분할하거나, 공유하던 토지를 공유자 지분 변경 없이 2개 이상의 공유토지로 분할하였다가 소유지분별로 단순히 재분할하는 경우에는 양도로 보지 않는다.

(5) 소유권의 환원

매매원인 무효판결에 의하여 소유권이 환원되는 경우 양도로 보지 아니한다.

4 배우자 또는 직계존비속 간의 양도시 증여추정

(1) 증여추정

배우자 또는 직계존비속에 양도한 경우 양도자가 당해 자산을 양도한 때에 그 재산가액을 배우자 또는 직계존비속에게 증여한 것으로 추정하여 증여세가 부과된다.

(2) 양도로 보는 경우

양도 사실이 다음과 같이 객관적으로 확인되는 경우에는 양도로 본다.

1. 법원의 결정으로 경매절차에 따라 처분된 경우
2. 파산선고로 인하여 처분된 경우
3. 「국세징수법」에 따라 공매된 경우
4. 배우자 등에게 대가를 받고 양도한 사실이 명백히 인정되는 다음의 경우
   ① 권리의 이전이나 행사에 등기나 등록을 요하는 재산을 서로 교환하는 경우
   ② 당해 재산의 취득을 위하여 이미 과세 받았거나 신고한 소득금액 또는 상속 및 수증재산의 가액으로 그 대가를 지급한 사실이 입증되는 경우
   ③ 당해 재산의 취득을 위하여 소유재산을 처분한 금액으로 그 대가를 지출한 사실이 입증되는 경우

Thema 07

납세의무자

1 취득세 납세의무자

(1) 사실상 취득자

부동산 등의 취득은 공부상 등기·등록 등의 여부와 관계없이 사실상 취득한 경우 각각 취득한 것으로 보아 해당 취득물건의 소유자 또는 양수인을 각각 취득자로 한다. 다만, 차량, 기계장비, 항공기 및 주문에 의해 건조하는 선박은 승계취득에 한하여 취득세를 과세하며 원시취득의 경우에는 과세하지 않는다.

(2) 주체구조부 취득자

건축물 중 조작 기타 등기·등록 등의 부대설비에 속하는 부분으로서 그 주체구조부와 일체가 되어 건축물로서의 효용가치를 이루고 있는 것에 대하여는 주체구조부의 취득자 이외의 자가 가설한 경우에도 주체구조부 취득자가 함께 취득한 것으로 본다.

(3) 수입하는 자

외국인 소유의 취득세 과세대상 물건(차량, 기계장비, 항공기 및 선박에 한한다)을 직접 사용하거나 국내의 시설대여 이용자에게 대여하기 위하여 소유권을 이전받는 조건으로 임차하여 수입하는 경우에는 수입하는 자가 이를 취득한 것으로 본다.

(4) 상속인

상속(피상속인으로부터 상속인에게 한 유증 및 포괄유증과 신탁재산의 상속을 포함한다)으로 인하여 취득하는 경우에는 상속인 각자가 상속받는 과세물건(지분을 취득하는 경우에는 그 지분에 해당하는 취득물건)을 취득한 것으로 본다. 이 경우 공동상속의 경우 상속인에게는 연대납세의무가 있다.

(5) 주택조합의 조합원

「주택법」의 규정에 의한 주택조합과 「도시 및 주거환경정비법」의 규정에 의한 주택재건축조합이 당해 조합원용으로 취득하는 조합주택용 부동산(공동주택과 부대복리시설 및 그 부속토지를 말한다)은 그 조합원이 취득한 것으로 본다. 단, 조합원에게 귀속되지 아니하는 부동산(비조합원용 부동산)은 조합이 취득한 것으로 본다.

(6) 배우자 직계존비속으로부터 취득

증여로 취득한 것으로 본다. 단, 다음의 경우에는 유상으로 취득한 것으로 본다.

1. 공매를 통하여 취득
2. 파산선고로 인하여 처분되는 부동산을 취득
3. 등기를 요하는 부동산을 교환하는 경우
4. 대가를 지급한 사실이 입증되는 경우

(7) 부담부증여의 경우

증여자의 채무를 인수하는 부담부증여의 경우에는 그 채무액에 상당하는 부분은 부동산 등을 유상으로 취득하는 것으로 본다. 다만, 채무액에 상당하는 부분을 제외한 나머지 부분의 경우 부동산 등을 무상으로 취득한 것으로 본다.

2 등록면허세 납세의무자

등기·등록을 받는 명의자(등기권리자)인 외관상의 권리, 즉 사실상의 권리자라 하더라도 등기·등록을 받지 않는 경우에는 등록면허세 납세의무가 없으며 사실상의 권리자가 아니더라도 등기·등록을 받는 경우에는 그 명의자가 납세의무를 부담한다.

(1) 등기별 납세의무자

① **소유권 이전등기**: 매수인

② **전세권 설정등기**: 전세권자인 임차인

③ **저당권 설정등기**: 채권자인 은행 등

④ **채권자 대위등기**

㉠ 甲 소유의 미등기 건물에 대하여 乙이 채권확보를 위해 대위권을 행사하여 甲 건물의 소유권 보존등기를 한 경우 등록면허세 납세의무는 甲에게 있다.

㉡ 「부동산 등기법」에 따라 대위등기를 하고자 하는 채권자는 취득세 과세물건을 취득한 자를 대위하여 취득세를 신고할 수 있다.

㉢ 지방자치단체의 장은 대위자의 신고가 있는 경우 납세의무자에게 신고 사실을 즉시 통보하여야 한다.

3 재산세 납세의무자

(1) 원 칙

과세기준일 현재 사실상 소유자로 한다.

과세기준일 현재 양도, 양수된 경우 양수인을 당해 연도 납세의무자로 본다.

(2) 공유재산의 지분권자

공유재산인 경우에는 그 지분에 해당하는 부분(지분표시가 없는 경우에는 지분이 균등한 것으로 본다)에 대하여 그 지분권자를 납세의무자로 한다.

(3) 주택의 건물과 부속토지의 소유자가 다른 경우

주택의 건물과 부속토지의 소유자가 다를 경우에는 당해 주택의 건물과 부속토지의 가액을 합산한 과세표준액에 세율을 적용하여 계산한 산출세액을 건축물과 그 부속토지의 시가표준액 비율로 안분 계산한 부분에 대하여 그 소유자를 납세의무자로 한다.

(4) 공부상 소유자

공부상의 소유자가 매매 등의 사유로 소유권이 변동되었는데도 신고하지 아니하여 사실상의 소유자를 알 수 없을 때에는 공부상의 소유자로 한다.

(5) 상속재산의 주된 상속자

상속이 개시된 재산으로서 상속등기가 이행되지 아니하고 사실상의 소유자를 신고하지 아니하였을 때에는 주된 상속자(민법상 지분이 가장 높은 자. 가장 높은 사람이 두 명 이상이면 그중 나이가 가장 많은 사람으로 한다)로 한다.

(6) 종중재산의 공부상 소유자

공부상에 개인 등의 명의로 등재되어 있는 사실상의 종중재산으로서 종중소유임을 신고하지 아니하였을 때에는 공부상 소유자로 한다.

(7) 매수계약자

국가, 지방자치단체, 지방자치단체조합과 재산세 과세대상 재산을 연부로 매매계약을 체결하고 그 재산의 사용권을 무상으로 받은 경우에는 그 매수계약자로 한다.

(8) 「신탁법」에 따른 신탁재산의 위탁자

위탁자별로 구분된 재산에 대해서는 그 위탁자를 납세의무자로 한다.

(9) 도시개발사업 등의 사업시행자

「도시개발법」에 따라 시행하는 환지방식에 의한 도시개발사업 및 「도시 및 주거환경정비법」에 따른 정비사업(주택재개발사업 및 「도시 및 주거환경정비법」만 해당한다)의 시행에 따른 환지계획에서 일정한 토지를 환지로 정하지 아니하고 체비지 또는 보류지로 정한 경우에는 사업시행자로 한다.

(10) 소유권 귀속이 불분명한 재산의 사용자

재산세 과세기준일 현재 소유권의 귀속이 분명하지 아니하여 사실상의 소유자를 확인할 수 없는 경우에는 그 사용자가 재산세를 납부할 의무가 있다.

4 종합부동산세 납세의무자

(1) 주택에 대한 납세의무자

과세기준일 현재 주택분 재산세의 납세의무자로서 국내에 있는 재산세 과세대상인 주택의 공시가격을 합산한 금액이 9억원(1세대 1주택 단독명의자: 12억원 초과)을 초과하는 자는 종합부동산세를 납부할 의무가 있다.

(2) 종합합산대상 토지

국내에 소재하는 당해 과세대상 토지의 공시가격을 합산한 금액이 5억원을 초과하는 자는 종합부동산세를 납부할 의무가 있다.

(3) 별도합산대상 토지

국내에 소재하는 당해 과세대상 토지의 공시가격을 합산한 금액이 80억원을 초과하는 자는 종합부동산세를 납부할 의무가 있다.

5 거주자와 비거주자

구 분	정 의	납세의무범위
거주자	국내주소 또는 1과세 기간 중 183일 이상 거소를 둔 자	국내 + 국외
비거주자	—	국내자산 양도시

Thema 08

비과세

1 취득세 비과세

(1) 국가 등에 대한 비과세

① 국가, 지방자치단체, 지방자치단체조합, 외국정부 및 주한국제기구의 취득에 대하여는 취득세를 부과하지 아니한다. 다만, 대한민국정부기관의 취득에 대하여 과세하는 외국정부의 취득에 대하여는 취득세를 부과한다.

② 국가, 지방자치단체, 지방자치단체조합에 귀속 또는 기부채납조건으로 취득하는 부동산 및 사회기반시설에 대하여는 취득세를 부과하지 아니한다. 단, 다음의 경우에는 취득세를 부과한다.

㉠ 국가 등에 귀속 등의 조건을 이행하지 아니하고 타인에게 매각, 증여하거나 귀속 등의 조건을 이행하지 아니하는 것으로 조건이 변경된 경우

㉡ 국가 등에 귀속 등의 반대급부로 국가 등이 소유하고 있는 부동산 및 사회기반시설을 무상으로 양여받거나 기부채납 대상물의 사용권을 무상으로 제공받는 경우

(2) **신탁**(「신탁법」에 의한 신탁으로서 신탁등기가 병행되는 것에 한한다)**으로 인한 신탁재산의 취득**(단, 주택조합 등과 조합원 간의 부동산 취득 및 주택조합 등의 비조합원용 부동산 취득은 과세한다)

① 위탁자로부터 수탁자에게 신탁재산을 이전하는 경우의 취득

② 신탁의 종료 또는 해지로 인하여 수탁자로부터 신탁재산이 위탁자에게 이전되는 경우의 취득

③ 신탁의 수탁자 경질로 인하여 신수탁자에게 신탁재산을 이전하는 경우의 취득

(3) 법률에 의한 환매권의 행사

「징발재산 정리에 관한 특별조치법」 또는 「국보위수용토지법」 폐지 법률 부칙에 따른 동원 대상 지역 내의 토지의 수용·사용에 관한 환매권의 행사로 매수하는 부동산의 취득에 대하여는 취득세를 부과하지 아니한다.

⑷ 임시용 건축물

임시흥행장 등(사치성재산은 제외) 임시건축물의 취득에 대하여는 취득세를 부과하지 아니한다. 다만, 존속기간이 1년을 초과하는 경우는 취득세를 부과한다.

⑸ 공동주택 개수로 인한 취득

「주택법」에 따른 공동주택 개수(「건축법」상 대수선은 제외)로 인한 취득 중 취득 당시 주택의 시가표준액이 9억원 이하인 주택의 개수로 인한 취득은 취득세를 부과하지 아니한다.

⑹ 상속개시 이전에 천재지변 등에 의한 차량취득

상속개시 이전에 천재지변, 화재, 교통사고, 폐차, 차령 초과 등으로 사용할 수 없는 대통령령이 정하는 차량에 대해서는 상속에 따른 취득세를 부과하지 아니한다.

2 등록면허세 비과세

⑴ 국가 등에 대한 비과세

국가, 지방자치단체, 지방자치단체조합, 외국정부 및 주한국제기구가 자기를 위하여 받는 등록에 대하여는 등록면허세를 부과하지 아니한다. 다만, 대한민국정부기관의 등록에 대하여 과세하는 외국정부의 등록의 경우에는 등록면허세를 부과한다.

⑵ 기타 등록에 대한 비과세

① 회사의 정리 또는 특별청산에 관하여 법원의 촉탁으로 인한 등기 또는 등록

② 행정구역의 변경, 주민등록번호의 변경, 지적소관청의 지번 변경, 계량단위의 변경, 등록담당공무원의 착오 및 이와 유사한 사유로 인한 등록으로서 주소, 성명, 주민등록번호, 지번, 계량단위 등의 단순한 표시변경 등기

③ 무덤과 이에 접속된 부속시설물의 부지로 사용되는 토지로서 지적 공부상 지목이 묘지인 토지에 관한 등기

3 재산세 비과세

(1) 국가 등에 대한 비과세

① 국가, 지방자치단체(조합), 외국정부 및 주한 국제기구의 소유에 속하는 재산에 대하여는 재산세를 부과하지 아니한다. 다만, 다음에 해당하는 재산에 대하여는 그러하지 아니하다.

㉠ 대한민국 정부기관의 재산에 과세하는 외국정부의 재산

㉡ 매수계약자에 납세의무가 있는 재산

② 국가, 지방자치단체 등이 1년 이상 공용 또는 공공용으로 사용(1년 이상 사용할 것이 계약서 등에 의해 입증되는 경우를 포함한다)하는 재산에 대하여는 재산세를 부과하지 아니한다. 다만, 유료로 사용하는 재산의 경우에는 그러하지 아니하다.

(2) 용도 구분에 의한 비과세

① 대통령령이 정하는 도로(도로의 부속물 중 도로관리시설, 휴게시설, 주유소, 충전소, 교통・관광안내소 등을 제외함), 하천, 제방, 구거, 유지, 사적지 및 묘지

② 「군사기지 및 군사시설 보호법」에 의한 통제보호구역 안에 있는 토지(전・답・과수원 및 대지를 제외)

③ 「자연공원법」에 의한 공원 자연보존지구 안의 임야

④ 행정기관으로부터 철거명령을 받은 건축물 등 재산세를 부과하는 것이 적절하지 아니한 건축물 또는 주택(「건축법」에 따른 건축물 부분으로 한정한다)

4 종합부동산세 비과세

재산세 규정을 준용한다.

5 양도소득세 비과세

1. 파산선고 처분으로 인하여 발생하는 소득
2. 농지의 교환・분합으로 인하여 발생하는 소득
3. 1세대 1주택(고가주택 제외)과 부수토지의 양도로 인하여 발생하는 소득
4. 지적재조사 사업 과정에서 지적공부상 면적이 감소되어 조정금을 받는 경우 해당 조정금

(1) 파산선고에 의한 처분으로 발생하는 소득

(2) 농지의 교환 · 분합으로 발생하는 소득

① **비과세를 위한 금액요건**

교환 · 분합하는 쌍방 토지 가액의 차액이 가액이 큰 편의 4분의 1 이하

② 경작상 필요에 의해 교환 · 분합하는 경우 교환에 의해 새로이 취득하는 농지를 3년 이상 농지 소재지에 거주하면서 경작하는 경우에 한한다.

③ **경작기간의 특례**

㉠ 새로운 농지 취득 후 3년 이내 「공익사업을 위한 토지 등의 취득 및 보상에 관한 법률」에 의한 협의매수 수용 및 그 밖의 법률에 의하여 수용되는 경우 3년 이상 경작한 것으로 본다.

㉡ 새로운 농지 취득 후 3년 이내 농지 소유자가 사망한 경우 상속인이 농지소재지에서 계속 경작한 경우 피상속인의 경작기간과 통산한다.

④ **교환 · 분합 사유**

㉠ 국가 또는 지방자치단체가 시행하는 사업으로 인한 교환 · 분합하는 농지

㉡ 국가 또는 지방자치단체가 소유하는 토지와 교환 · 분합하는 농지

㉢ 「농어촌정비법」, 「농지법」 등에 의하여 교환 · 분합하는 농지

㉣ 경작상 필요에 의하여 교환하는 농지

(3) 1세대 1주택 및 부수토지

① **1세대 1주택 비과세 요건**

㉠ 1세대로서

㉡ 양도일 현재 국내에 1주택(고가주택은 제외)을 보유하고 있을 것

㉢ 양도일 현재 2년 이상(조정지역은 2년 이상 거주) 보유(취득일 ~ 양도일)되었을 것

㉣ 미등기가 아닐 것

㉤ 부수토지: 주택정착면적(무허가 정착면적도 포함)

도시지역 내			도시지역 밖
수도권 내		수도권 밖	
주거, 상업, 공업지역	녹지지역		
3배	5배	5배	10배

② **1세대**

㉠ 원 칙

1세대란 거주자 및 그 배우자가 그들과 같은 주소 또는 거소에서 생계를 같이하는 자(법률상 이혼하였으나 생계를 같이하는 등 사실상 이혼한 것으로 보기 어려운 경우 포함)와 함께 구성하는 집단을 말한다.

㉡ 예외: 배우자가 없어도 1세대로 인정하는 경우

ⓐ 거주자의 연령이 30세 이상인 경우

ⓑ 배우자가 사망하거나 이혼한 경우

ⓒ 「소득세법」상 소득이 「국민기초생활 보장법」에 따른 기준 중위소득의 100분의 40 이상으로서 소유하고 있는 주택 또는 토지를 유지관리하고 독립된 생계를 유지할 수 있는 경우. 다만, 미성년자의 경우를 제외하되 미성년자의 결혼, 가족의 사망, 그 밖의 사유로 1세대의 구성이 불가피한 경우에는 그러하지 아니하다.

③ **1주택**

'주택'이란 허가 여부나 공부상의 용도구분에 관계없이 사실상 주거용으로 사용하는 건물을 말한다. 이 경우 그 용도가 분명하지 아니하면 공부상의 용도에 따른다.

㉠ 고가주택

실지거래가액으로 양도가액이 12억원을 초과하는 주택(12억 초과하는 부분에 대해서는 과세)

㉡ 겸용주택(고가주택의 경우 면적과 무관하게 주택부분만 주택으로 본다)

하나의 건물이 주택과 주택 외의 부분으로 복합되어 있는 경우와 주택에 딸린 토지에 주택 외 건물이 있는 경우에는 그 전부를 주택으로 본다.

구 분	건물분 비과세	토지분 비과세
주택 > 주택 이외	전부 주택으로 보아 비과세	주택정착면적 × (3배/5배/10배)
주택 ≦ 주택 이외	주택만 주택으로 보아 비과세	①과 ② 중 적은 면적 비과세 ① 주택정착면적 × (3배/5배/10배) ② 토지면적 × (주택면적/전체면적)

㉢ 다가구주택

다가구주택은 한 가구가 독립하여 거주할 수 있도록 구획된 부분을 각각 하나의 주택으로 본다. 다만, 해당 다가구주택을 구획된 부분별로 양도하지 아니하고 하나의 매매 단위로 양도하는 경우에는 전체를 하나의 주택으로 본다.

㉣ 공동소유 주택

1주택을 여러 사람이 공동으로 소유하는 경우에는 주택수를 계산할 때 공동소유자 각자가 그 주택을 소유하는 것으로 본다.

④ **2년 이상 보유**

㉠ 원 칙

1세대가 양도일 현재 국내에 1주택을 보유하고 있는 경우로서 해당 주택의 보유기간이 2년(조정대상 지역은 2년 이상 거주) 이상인 것

㉡ 예 외

다음 어느 하나에 해당하는 경우에는 보유기간 및 거주기간의 제한을 받지 아니한다.

ⓐ 「민간임대주택에 관한 특별법」에 따른 민간건설임대주택을 취득하여 양도하는 경우로서 해당 건설임대주택의 임차일로부터 해당 주택의 양도일까지의 기간 중 세대전원이 거주한 기간이 5년 이상인 경우

ⓑ 주택 및 그 부속토지(사업인정 고시일 전에 취득한 주택 및 그 부수토지에 한한다)의 전부 또는 일부가 「공익사업을 위한 토지 등의 취득 및 보상에 관한 법률」에 의한 협의매수 수용되는 경우. 다만, 양도일 또는 수용일로부터 5년 이내 양도하는 그 잔존주택 및 부속토지를 포함하는 것으로 한다.

ⓒ 「해외이주법」에 따른 해외이주로 세대전원이 출국하는 경우. 다만, 출국일 현재 1주택을 보유하고 있는 경우로서 출국일로부터 2년 이내 양도하는 경우에 한한다.

ⓓ 1년 이상 계속하여 국외거주를 필요로 하는 취학 또는 근무상의 형편으로 세대전원이 출국하는 경우. 다만, 출국일 현재 1주택을 보유하고 있는 경우로서 출국일로부터 2년 이내 양도하는 경우에 한한다.

ⓔ 취학, 질병요양, 근무상의 형편 등으로 인하여 1년 이상 거주한 주택을 세대전원이 다른 시·군으로 주거를 이전함에 따라 양도하는 경우

⑤ **1세대 1주택 특례**

1세대가 양도일 현재 국내에 2주택을 소유하고 있다가 그중 1주택을 2년 이상 보유(조정대상 지역은 2년 이상 거주)하고 양도하는 경우로서 다음의 요건을 충족한 경우에는 1세대 1주택을 보아 비과세할 수 있는 특례규정을 말한다.

㉠ 주거이전을 목적으로 인한 일시적 2주택

국내에 1주택을 소유한 1세대가 그 주택을 양도하기 전에 다른 주택을 취득함으로써 일시적으로 2주택이 된 경우에는 종전주택을 취득한 날로부터 1년 이상이 지난 후 새로운 주택을 취득하고 새로운 주택 취득일로부터 3년 이내 종전 주택을 양도하는 경우 1세대 1주택으로 보아 비과세 규정을 적용한다.

㉡ 상속으로 인한 2주택(상속개시 당시 시점에서 보유한 주택에 한해 적용)

일반주택(상속개시일로부터 2년 이내 증여 받은 주택은 제외)을 양도하는 경우 1세대 1주택으로 본다(상속받은 주택 먼저 양도시에는 과세). 공동상속 주택의 경우 상속지분이 가장 큰 상속인의 주택으로 본다.

㉢ 동거봉양을 위한 2주택

1주택을 보유하고 있는 1세대를 구성하는 자가 1주택을 보유하고 있는 60세 이상의 직계존속(배우자의 직계존속을 포함하며, 직계존속 중 어느 한사람이 60세 미만인 경우를 포함한다)을 동거봉양하기 위하여 세대를 합침으로써 1세대가 2주택을 보유하게 되는 경우 합친 날로부터 10년 이내에 먼저 양도하는 주택은 이를 1세대 1주택으로 보아 비과세 규정을 적용한다.

㉣ 혼인으로 인한 2주택

1주택을 보유한 자와 1주택을 보유한 자가 혼인함으로써 1세대가 2주택을 보유하게 되는 경우 혼인한 날로부터 5년 이내 먼저 양도하는 주택은 1세대 1주택으로 보아 비과세 규정을 적용한다.

㉤ 문화재 주택 보유로 인한 2주택

「문화유산의 보존 및 활용에 관한 법률」에 따른 지정문화유산에 해당하는 주택과 그 밖의 주택을 국내에 각각 1개씩 소유하고 있는 1세대가 일반주택을 양도하는 경우에는 국내에 1개의 주택을 소유하고 있는 것으로 보아 1세대 1주택의 비과세 규정을 적용한다.

㉥ 수도권 밖 실수요 목적으로 1세대 2주택

기획재정부령이 정하는 취학, 근무상 형편, 질병의 요양 그 밖에 부득이한 사유로 취득한 수도권 밖에 소재하는 주택과 일반주택을 국내에 각각 1개씩 소유하고 있는 1세대가 부득이한 사유가 해소가 된 날로부터 3년 이내에 일반주택 양도하는 경우에는 1세대 1주택으로 보아 비과세 규정을 적용한다.

취득시기

1 취득세 취득시기

(1) 유상승계취득

① 사실상의 잔금지급일

② 신고인이 제출한 자료로 사실상 잔금지급일을 확인할 수 없는 경우에는 그 계약상의 잔금지급일(계약상 잔금지급일이 명시되지 않은 경우 계약일로부터 60일이 경과하는 날을 말한다)

③ **등기·등록을 먼저 한 경우**: 등기·등록일

(2) 연부취득

연부로 취득하는 것(취득가액의 총액이 50만원 이하는 제외)은 그 사실상의 연부금지급일을 취득일로 본다.

(3) 무상승계취득

무상승계취득의 경우에는 그 계약일(상속 또는 유증으로 인한 취득의 경우에는 상속 또는 유증개시일을 말한다)에 취득한 것으로 본다.

(4) 건축물의 건축 또는 개수

건축물을 건축 또는 개수하여 취득하는 경우에는 사용승인서를 내주는 날과 사실상 사용일 중 빠른 날을 취득일로 본다.

(5) 토지의 지목변경

토지의 지목이 사실상 변경된 날과 공부상 변경한 날 중 빠른 날을 취득일로 본다. 다만, 지목변경일 전에 사실상 사용하는 경우 사실상 사용일을 취득일로 본다.

⑹ 매립, 간척에 의한 토지의 원시취득

관계법령에 따라 매립, 간척 등으로 토지를 원시취득하는 경우에는 공사준공인가일을 취득일로 본다.

2 양도 및 취득시기

⑴ 매매 등 일반적인 거래

① **원칙**: 대금청산일

자산의 양도차익을 계산함에 있어 양도 또는 취득의 시기는 원칙적으로 당해 자산의 대금을 청산한 날로 한다. 이 경우 자산의 대금에는 해당 자산의 양도에 대한 양도소득세 및 양도소득세의 부가세액을 양수자가 부담하기로 약정한 경우에는 해당 양도소득세 및 양도소득세 부가세액은 제외한다.

② **예외**: 등기·등록접수일 또는 명의개서일

㉠ 대금을 청산한 날이 분명하지 아니한 경우

㉡ 대금을 청산하기 전에 소유권이전등기를 한 경우

⑵ 장기할부조건의 매매

소유권이전등기 접수일, 인도일 또는 사용수익일 중 빠른 날을 말한다.

⑶ 공익사업을 위하여 수용되는 경우

「공익사업을 위한 토지 등의 취득 및 보상에 관한 법률」이나 그 밖의 법률에 따라 공익사업을 위해 수용되는 경우에는 대금청산일, 수용개시일 또는 소유권이전등기 접수일 중 빠른 날. 단, 소유권 소송으로 보상금이 공탁된 경우 소송 확정 판결일을 말한다.

⑷ 자가 건설 건축물

① **허가를 받은 경우**: 사용승인서 교부일

② **허가를 받지 않은 경우**: 사실상 사용일

⑸ 상속과 증여

① **상속**: 상속이 개시된 날

② **증여**: 증여를 받은 날

⑹ 대금청산일까지 그 목적물이 완성 또는 확정되지 아니한 자산

완성 또는 확정되지 아니한 자산을 양도 또는 취득한 경우로서 해당 자산의 대금을 청산한 날까지 그 목적물이 완성 또는 확정되지 아니한 경우에는 그 목적물이 완성 또는 확정된 날을 말한다.

⑺ 환지처분으로 인하여 취득한 토지

① **원칙**: 환지 전 토지 취득일

② **예외**: 교부 받은 토지의 면적이 환지처분에 의한 권리면적보다 증가 또는 감소된 토지의 경우는 환지처분공고일 다음 날

⑻ 점유에 의한 시효취득시기

당해 부동산의 점유를 개시한 날을 말한다.

Thema 10

과세표준

1 취득세 과세표준(취득당시가액)

(1) 원 칙

취득당시가액(연부취득은 연부금액: 매회 사실상 지급되는 금액을 말하며 계약보증금이 있으면 계약보증금을 포함)

(2) 무상취득의 경우 과세표준(지방세법 제10조의2)

① 부동산 등을 무상취득하는 경우 제10조에 따른 취득 당시의 가액(이하 '취득당시가액'이라 한다)은 취득시기 현재 불특정 다수인 사이에 자유롭게 거래가 이루어지는 경우 통상적으로 성립된다고 인정되는 가액(매매사례가액, 감정가액, 공매가액 등 대통령령으로 정하는 바에 따라 시가로 인정되는 가액을 말하며, 이하 '시가인정액'이라 한다)으로 한다.

② 제7조 제11항 및 제12항에 따라 증여자의 채무를 인수하는 부담부 증여의 경우 유상으로 취득한 것으로 보는 채무액에 상당하는 부분(이하 이 조에서 '채무부담액'이라 한다)에 대해서는 제10조의3에서 정하는 유상승계취득에서의 과세표준을 적용하고, 취득물건의 시가인정액에서 채무부담액을 뺀 잔액에 대해서는 이 조에서 정하는 무상취득에서의 과세표준을 적용한다.

(3) 유상승계취득의 경우 과세표준(지방세법 제10조의3)

부동산 등을 유상거래(매매 또는 교환 등 취득에 대한 대가를 지급하는 거래를 말한다)로 승계취득하는 경우 취득당시가액은 취득시기 이전에 해당 물건을 취득하기 위하여 거래상대방이나 제3자에게 지급하였거나 지급하여야 할 일체의 비용으로서 대통령령으로 정하는 사실상의 취득가격(이하 '사실상취득가격'이라 한다)으로 한다.

(4) 원시취득의 경우 과세표준(지방세법 제10조의4)

① 부동산 등을 원시취득하는 경우 취득당시가액은 사실상취득가격으로 한다.

② 제1항에도 불구하고 법인이 아닌 자가 건축물을 건축하여 취득하는 경우로서 사실상취득가격을 확인할 수 없는 경우의 취득당시가액은 제4조에 따른 시가표준액으로 한다.

(5) 지목변경

지목변경으로 증가한 가액에 해당하는 사실상 취득가격을 과세표준으로 한다.

과세표준에 포함하는 경우

1. 할부이자, 연체이자(법인)
2. 건설자금이자(법인), 소개수수료, 당사자 약정에 의한 취득자 조건부담액과 채무인수액
3. 농지보전부담금, 대체산림자원조성비
4. 중개보수(법인)

취득대금을 일시급으로 지급하여 할인받은 경우에는 할인된 금액을 취득가액으로 한다.

과세표준에 포함하지 않는 경우

1. 판매를 위한 광고선전비 등의 판매비용
2. 이주비
3. 부가가치세

2 등록면허세 과세표준

(1) 부동산 가액

소유권, 지상권

(2) **채권금액**: 가압류, 가처분, 저당권설정, 경매신청

① **일정한 채권금액이 있는 경우**: 채권금액

② **일정한 채권금액이 없는 경우**: 채권의 목적이 된 금액 또는 처분의 제한목적이 된 금액 (채권최고액)

(3) 건수에 의한 과세표준

토지의 합병등기, 지목변경등기, 말소등기, 건축물의 구조변경 등기

(4) 기 타

① **전세권**: 전세금액

② **지역권**: 요역지 가액

③ **임차권**: 월임대차금액

④ **가등기**: 부동산가액 또는 채권금액

3 재산세 과세표준(개인, 법인 원칙: 시가표준액)

(1) 과세표준

① **토지와 건축물**(50 ~ 90%)
과세기준일 현재 시가표준액 × 공정시장가액비율(70%)

② **주택**(40 ~ 80%)
과세기준일 현재 시가표준액 × 공정시장가액비율(60%)

③ **선박, 항공기**: 과세기준일 현재 시가표준액

4 종합부동산세 과세표준

(1) 주 택

납세의무자별로 주택의 공시가격을 합한 금액에서 9억원을 공제한 금액(1세대 1주택 단독명의자는 12억원 공제)에 공정시장가액비율을 곱한 금액으로 한다.

① 1세대 1주택 단독명의자의 경우 과세표준에서 12억원을 공제한다.

② **세액공제**(단, 공제율 합계 100분의 80의 범위 안에서 중복공제가 가능)

㉠ 1세대 1주택 연령별 세액공제

연령별	공제율
만 60세 이상 ~ 만 65세 미만	100분의 20
만 65세 이상 ~ 만 70세 미만	100분의 30
만 70세 이상	100분의 40

㉡ 1세대 1주택 장기보유 세액공제

보유기간	공제율
5년 이상 ~ 10년 미만	100분의 20
10년 이상 ~ 15년 미만	100분의 40
15년 이상	100분의 50

(2) **종합합산과세대상 토지**

납세의무자별로 당해 과세대상 토지의 공시가격을 합한 금액에서 5억원을 공제한 금액에 공정시장가액비율을 곱한 금액

(3) **별도합산과세대상 토지**

납세의무자별로 당해 과세대상 토지의 공시가격을 합한 금액에서 80억원을 공제한 금액에 공정시장가액비율을 곱한 금액

5 양도소득세 계산구조

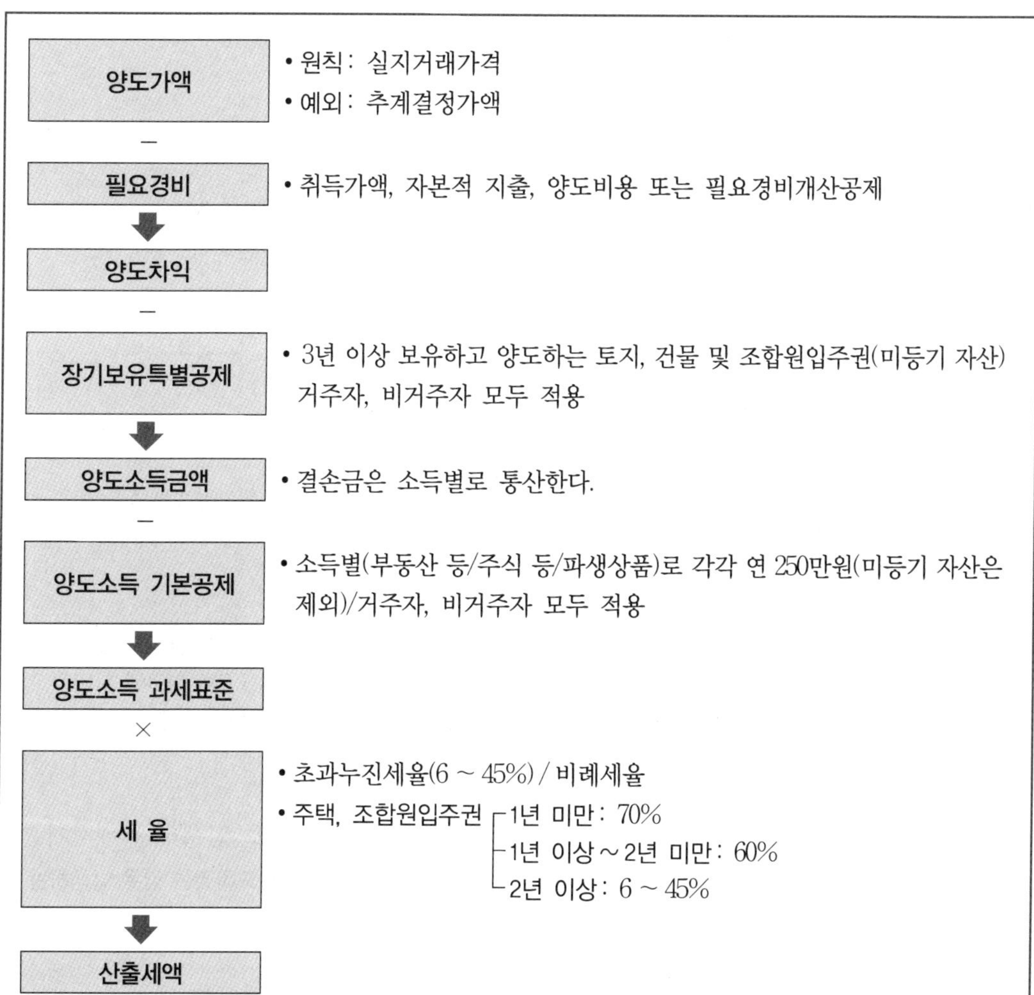

(1) 양도가액과 취득가액

구 분	원 칙	예 외
토지, 건물, 부동산에 관한 권리	실지거래가액	추계결정(실지거래가액 미확인 및 불인정시)
1. 주식 또는 출자지분 2. 기타자산	실지거래가액	추계결정가액

참고

추계결정가액의 적용순서

1. 취득가액 : 매매사례가액 ⇨ 감정가액 ⇨ 환산취득가액 ⇨ 기준시가
2. 양도가액 : 매매사례가액 ⇨ 감정가액 ⇨ 기준시가

1. 추계조사 결정 경정은 취득가액과 양도가액 모두 적용순서가 바뀌면 안 된다.
2. 환산취득가액은 취득가액의 경우에만 적용되고 양도가액의 경우 적용하지 아니한다.

(2) 양도차익의 계산

① 실지거래가액에 의한 양도차익 계산

실지양도가액 − 필요경비(실지취득가액 + 자본적 지출 + 양도비)

참고

필요경비에 포함하지 않는 경우

1. 취득 관련 조세의 가산세
2. 보유 관련 조세(재산세, 종합부동산세)
3. 당초 약정에 의한 거래가액의 지급기일의 지연으로 인하여 추가로 발생하는 이자상당액
4. 부당행위계산에 의한 시가초과액
5. 수익적 지출
6. 양도 간접비용
7. 취득에 대한 쟁송이 있는 자산에 대하여 그 소유권 등을 확보하기 위하여 직접 소요된 소송비용, 화해비용 등의 금액으로서 그 지출한 연도의 각 소득금액 계산에 있어서 필요경비에 산입된 것
8. 지적공부상 면적이 증가한 해당 토지를 양도할 때 지적재조사 결과 보유한 토지면적이 증가하여 납부한 조정금은 취득가액에서 제외

② 국민주택채권, 토지개발채권을 만기 전에 할인하여 매각함으로 발생하는 매각차손

금융기관 이외의 자에게 양도한 경우에는 동일한 날에 금융기관에 양도하였을 경우 발생하는 매각차손을 한도로 한다.

③ **자본적 지출**

2018년 4월 1일 이후 지출한 자본적 지출액은 그 지출에 관한 증명서류를 수취·보관하거나 실제 지출사실이 금융거래 증명서류에 의하여 확인되는 경우 필요경비에 포함한다.

(3) 취득가액을 추계조사 결정·경정에 의하는 경우 양도차익 계산

양도가액 − 필요경비(취득가액 + 필요경비개산공제) = 양도차익

필요경비개산공제(추계조사 결정·경정시 적용)

토 지	취득 당시의 기준시가 × 3%(미등기 0.3%)
건 물	취득 당시 국세청장 산정 고시가액 × 3%(미등기 0.3%)
지상권, 전세권, 등기된 부동산 임차권	취득 당시 기준시가 × 7%(미등기 1%)
부동산을 취득할 수 있는 권리, 주식 등 기타자산	취득 당시 기준시가 × 1%

(4) 양도차익 계산 특례(고가주택: 양도당시 실지거래가액이 12억원을 초과하는 주택)

참고

고가주택의 양도차익과 장기보유특별공제

1. 고가주택의 양도차익 = 양도차익 × $\frac{\text{양도가액} - \text{12억원}}{\text{양도가액}}$

2. 고가주택의 장기보유특별공제 = 장기보유특별공제 × $\frac{\text{양도가액} - \text{12억원}}{\text{양도가액}}$

(5) 양도소득금액계산: 장기보유특별공제(거주자, 비거주자 모두 적용)

양도소득금액 = 양도차익 − 장기보유특별공제

1. 보유기간 계산특례: 배우자 또는 직계존비속으로부터 증여받은 자산을 10년 이내 양도한 경우에는 증여한 배우자 또는 직계존비속이 해당 자산을 취득한 날부터 기산한다.
2. 조합원 입주권의 경우에는 종전 토지, 건물의 취득일로부터 관리처분계획인가일까지로 한다.

① **적용대상**: 등기되고, 3년 이상 보유한 토지, 건물, 조합원 입주권(조합원으로부터 취득한 것은 제외)에 적용(미등기, 국외자산 양도시의 경우 제외)한다.

㉠ 일반 자산

보유기간	일반적인 경우 공제율(매년 2%)
3년 이상 4년 미만	양도차익의 100분의 6
4년 이상 5년 미만	양도차익의 100분의 8
5년 이상 6년 미만	양도차익의 100분의 10
6년 이상 7년 미만	양도차익의 100분의 12
7년 이상 8년 미만	양도차익의 100분의 14
8년 이상 9년 미만	양도차익의 100분의 16
9년 이상 10년 미만	양도차익의 100분의 18
10년 이상 11년 미만	양도차익의 100분의 20
11년 이상 12년 미만	양도차익의 100분의 22
12년 이상 13년 미만	양도차익의 100분의 24
13년 이상 14년 미만	양도차익의 100분의 26
14년 이상 15년 미만	양도차익의 100분의 28
15년 이상	양도차익의 100분의 30

㉡ 1세대 1주택(고가주택)

보유기간	공제율	거주기간	공제율
3년 이상 4년 미만	100분의 12	2년 이상 ~ 3년 미만 (보유기간이 3년 이상인 경우에 한정)	100분의 8
		3년 이상 4년 미만	100분의 12
4년 이상 5년 미만	100분의 16	4년 이상 5년 미만	100분의 16
5년 이상 6년 미만	100분의 20	5년 이상 6년 미만	100분의 20
6년 이상 7년 미만	100분의 24	6년 이상 7년 미만	100분의 24
7년 이상 8년 미만	100분의 28	7년 이상 8년 미만	100분의 28
8년 이상 9년 미만	100분의 32	8년 이상 9년 미만	100분의 32
9년 이상 10년 미만	100분의 36	9년 이상 10년 미만	100분의 36
10년 이상	100분의 40	10년 이상	100분의 40

동일연도에 장기보유특별공제대상을 수회 양도한 경우: 양도자산마다 각각 공제 적용(자산별 공제)

(6) **양도소득 과세표준의 계산**: 양도소득 기본공제(거주자, 비거주자 모두 적용)

양도소득 과세표준 = 양도소득 금액 − 양도소득 기본공제

① **적용대상**: 모든 양도 자산에 대해 적용(미등기 제외, 국외자산의 경우는 공제한다)

② 보유기간과 무관하게 공제

③ **공제액**: 소득별(소유자별 ×, 자산별 ×)로 각각 연 250만원

참고

소득별 구분

1. 토지, 건물, 부동산에 관한 권리, 기타자산
2. 주식 또는 출자지분
3. 파생상품 등
4. 신탁수익권

④ **공유자산의 경우**: 공동 소유자 각각 공제 가능

세 율

1 취득세 세율(표준세율의 50/100 범위 가감조정 가능)

취득 원인	구 분	세 율	비 고
상속으로 인한 취득	농 지	1,000분의 23	전 · 답 · 과수원 목장용지
	기 타	1,000분의 28	농지 이외
증여 그 밖의 무상취득	일 반	1,000분의 35	–
	비영리사업자	1,000분의 28	
원시취득(건축, 매립, 간척)	일반적인 경우	1,000분의 28	면적증가
	농 지	1,000분의 8	
공유물 합유물 총유물 분할	–	1,000분의 23	–
그 밖의 원인으로 인한 취득 (법인 · 합병 · 분할 등)	농 지	1,000분의 30	전 · 답 · 과수원 목장용지
	기 타	1,000분의 40	농지 이외

(1) 주택 유상거래 세율

주택 유상거래(상속 · 증여 · 원시취득의 경우는 제외)의 경우

① **6억원 이하 주택**: 10/1,000

② **6억원 초과 ~ 9억원 이하 주택**: (취득당시가액 × 2/3억원 − 3) × 1/100

③ **9억원 초과 주택**: 30/1,000

(2) 2주택 이상의 경우에는 다음의 세율을 적용한다.

구 분	세 율		비 고
	조정대상지역	조정대상지역 외	
1주택	1 ~ 3%		법인의 경우 주택수와 무관하게 12%
2주택	「지방세법」 제11조 제1항 제7호 나목 세율을 표준세율로 하여 해당 세율에 중과기준세율의 100분의 200을 합한 세율	1 ~ 3%	
3주택	「지방세법」 제11조 제1항 제7호 나목 세율을 표준세율로 하여 해당 세율에 중과기준세율의 100분의 400을 합한 세율	「지방세법」 제11조 제1항 제7호 나목 세율을 표준세율로 하여 해당 세율에 중과기준세율의 100분의 200을 합한 세율	
4주택	–	「지방세법」 제11조 제1항 제7호 나목 세율을 표준세율로 하여 해당 세율에 중과기준세율의 100분의 400을 합한 세율	

4 과목

(3) 주택을 증여로 취득한 경우

구 분		세 율
조정대상지역 내 주택 증여	공시가격 3억원 이상	12%
	공시가격 3억원 미만	3.5%
조정대상지역 이외 주택 증여	금액과 무관	3.5%

2 중과세율

사치성 재산 (골프장, 고급오락장, 선박, 고급주택)	표준세율과 중과기준세율의 100분의 400을 합한 세율
과밀억제권역 내 공장의 신·증설	표준세율과 중과기준세율의 100분의 200을 합한 세율
과밀억제권역 내 법인의 본점용 부동산 취득(신·증축)	표준세율과 중과기준세율의 100분의 200을 합한 세율
대도시 내 법인의 설립·설치· 전입에 따른 부동산 취득	표준세율의 100분의 300에서 중과기준세율의 100분의 200을 뺀 세율을 적용한다.
대도시 내 공장 신·증설	표준세율의 100분의 300에서 중과기준세율의 100분의 200을 뺀 세율을 적용한다.

3 세율의 특례

구 분	(구) 등록세	(현) 취득세
과 세	과세	표준세율
비과세	과세	표준세율 − 중과기준세율
과 세	비과세	중과기준세율
비과세	비과세	비과세

(1) 표준세율에서 중과기준세율을 뺀 세율

표준세율에서 1,000분의 20을 제외한 세율	① 환매등기된 환매권으로서 환매기간 내 매도자와 매수자와의 취득	
	② 상속으로 인한 취득	1가구 1주택 및 부속토지
		감면대상 농지의 취득
	③ 법인의 합병 및 건축물의 이전으로 인한 취득	
	④ 민법규정에 의한 재산분할로 인한 취득	
	⑤ 건축물의 이전으로 인한 취득	

(2) 중과기준세율

<table>
<tr><td rowspan="7">1,000분의 20</td><td>① 개수로 인한 취득</td></tr>
<tr><td>② 종류변경 및 지목변경에 따른 선박, 차량과 기계장비 및 토지의 가액증가</td></tr>
<tr><td>③ 비상장법인의 주식취득으로 과점주주의 간주취득</td></tr>
<tr><td>④ 외국인 소유 차량, 기계장비, 항공기, 선박의 소유권을 이전 받는 조건으로 임차하여 수입하는 경우</td></tr>
<tr><td>⑤ 시설대여업자의 건설기계 또는 차량의 취득</td></tr>
<tr><td>⑥ 존속기간이 1년을 초과하는 임시건축물의 취득</td></tr>
<tr><td>⑦ 무덤과 이에 접속된 부속시설물의 부지로 사용되는 토지로서 지적공부상 지목이 묘지인 토지</td></tr>
</table>

4 과목

4 등록면허세 세율

부동산 등기의 세율

<table>
<tr><th colspan="2">구 분</th><th>과세표준</th><th>세 율</th><th>비 고</th></tr>
<tr><td colspan="2">보존등기</td><td>부동산가액</td><td>1,000분의 8</td><td rowspan="9">6,000원 미만의 경우에는 그 세액을 6,000원으로 한다.</td></tr>
<tr><td rowspan="3">이전 등기</td><td>상 속</td><td>부동산가액</td><td>1,000분의 8</td></tr>
<tr><td>증여 등 무상</td><td>부동산가액</td><td>1,000분의 15</td></tr>
<tr><td>유 상</td><td>부동산가액</td><td>1,000분의 20</td></tr>
<tr><td colspan="2">지역권설정 및 이전</td><td>요역지가액</td><td>1,000분의 2</td></tr>
<tr><td colspan="2">전세권설정 및 이전</td><td>전세금액</td><td>1,000분의 2</td></tr>
<tr><td colspan="2">임차권설정 및 이전</td><td>월임대차금액</td><td>1,000분의 2</td></tr>
<tr><td colspan="2">가압류, 가처분 경매신청, 저당권</td><td>채권금액</td><td>1,000분의 2</td></tr>
<tr><td colspan="2">가등기</td><td>부동산 가액
또는 채권금액</td><td>1,000분의 2</td></tr>
<tr><td colspan="2">합필등기, 지목변경 말소등기, 건물구조변경</td><td>매 1건당</td><td>6,000원</td><td>–</td></tr>
</table>

5 재산세 세율

(1) 토지 세율 – 초과누진 세율, 비례 세율

구 분	과세대상 토지	세 율
종합합산	소유자별로 합산	2/1,000 ~ 5/1,000
별도합산	① 일반 건축물의 부속토지 ② 소유자별 합산	2/1,000 ~ 4/1,000
저율 분리과세	농지(전, 답, 과수원), 목장용지, 임야	0.7/1,000
	공장용지, 염전, 터미널용 토지	2/1,000
고율 분리과세	① 고급오락장용 건축물 부속토지 ② 골프장 안의 토지	40/1,000

(2) 건축물 세율 – 비례 세율

과세대상	표준세율
고급오락장 및 골프장용 건축물	40/1,000
특별시 · 광역시 · 시 지역에서 지정된 주거지역 및 조례로 정하는 지역의 공장용 건축물	5/1,000
그 밖의 건축물	2.5/1,000

(3) 주택 – 초과누진 세율[1주택 : 시가표준액 9억원 이하(0.05% ~ 0.35%)]

과세대상	표준세율
일반주택	(1/1,000 ~ 4/1,000) 4단계 초과누진세율
고급주택	(1/1,000 ~ 4/1,000) 4단계 초과누진세율

6 종합부동산세 세율

(1) **1세대 2주택**(법인은 27/1,000 적용)

과세표준	세 율
3억원 이하	1천분의 5
3억원 초과 6억원 이하	150만원 + (3억원 초과금액의 1천분의 7)
6억원 초과 12억원 이하	360만원 + (6억원 초과금액의 1천분의 10)
12억원 초과 25억원 이하	960만원 + (12억원 초과금액의 1천분의 13)
25억원 초과 50억원 이하	2천650만원 + (25억원 초과금액의 1천분의 15)
50억원 초과 94억원 이하	6천400만원 + (50억원 초과금액의 1천분의 20)
94억원 초과	1억5천200만원 + (94억원 초과금액의 1천분의 27)

(2) **3주택 이상**(법인은 50/1,000 적용)

과세표준	세 율
3억원 이하	1천분의 5
3억원 초과 6억원 이하	150만원 + (3억원 초과금액의 1천분의 7)
6억원 초과 12억원 이하	360만원 + (6억원 초과금액의 1천분의 10)
12억원 초과 25억원 이하	960만원 + (12억원 초과금액의 1천분의 20)
25억원 초과 50억원 이하	3천560만원 + (25억원 초과금액의 1천분의 30)
50억원 초과 94억원 이하	1억1천60만원 + (50억원 초과금액의 1천분의 40)
94억원 초과	2억8천660만원 + (94억원 초과금액의 1천분의 50)

(3) **종합합산과세대상토지의 세율**(3단계 초과누진 세율)

과세표준	세 율
15억원 이하	1천분의 10
15억원 초과 45억원 이하	1천500만원 + (15억원 초과금액의 1천분의 20)
45억원 초과	7천500만원 + (45억원 초과금액의 1천분의 30)

⑷ **별도합산과세대상토지의 세율**(3단계 초과누진 세율)

과세표준	세 율
200억원 이하	1천분의 5
200억원 초과 400억원 이하	1억원 + (200억원 초과금액의 1천분의 6)
400억원 초과	2억2천만원 + (400억원 초과금액의 1천분의 7)

7 양도소득세 세율

⑴ **토지, 건물, 부동산에 관한 권리**

<table>
<tr><th colspan="2">구 분</th><th>세 율</th></tr>
<tr><td rowspan="5">토지, 건물, 부동산에 관한 권리</td><td>2년 이상 보유</td><td>6 ~ 45%</td></tr>
<tr><td>2년 이상 보유(비사업용 토지)</td><td>16 ~ 55%</td></tr>
<tr><td>1년 미만 보유</td><td>50%</td></tr>
<tr><td>1년 이상 ~ 2년 미만 보유</td><td>40%</td></tr>
<tr><td>미등기 양도자산</td><td>70%</td></tr>
<tr><td colspan="2">기타자산(보유기간, 등기여부 무관)</td><td>6 ~ 45%</td></tr>
</table>

⑵ **주택 조합원입주권 분양권**

<table>
<tr><th colspan="2">구 분</th><th>주택 입주권</th><th>분양권</th></tr>
<tr><td rowspan="3">보유기간</td><td>1년 미만</td><td>70%</td><td>70%</td></tr>
<tr><td>1년 이상 ~ 2년 미만</td><td>60%</td><td rowspan="2">60%</td></tr>
<tr><td>2년 이상</td><td>6 ~ 45%</td></tr>
</table>

납세절차

1 취득세 납세절차

(1) 신고납부

가산세가 부과되는 경우에는 보통징수하고 가산세를 제외한 경우에는 모두 신고납부한다.

① 일반적인 납세절차

구 분		신고납부
일반적인 경우		취득일로부터 60일 이내
상 속	국내 주소	상속개시일이 속한 달의 말일부터 6개월 이내
	국외 주소	상속개시일이 속한 달의 말일부터 9개월 이내
증여(부담부증여 포함)		취득일이 속하는 달의 말일부터 3개월
허가 전에 대금을 완납한 경우		허가일이나 허가구역 지정 해제일 또는 축소일로부터 60일 이내
법정신고기한 내에 등기하거나 또는 등록을 하려는 경우		등기 또는 등록신청서를 등기 등록관서에 접수하는 날까지

② 추가 신고납부

㉠ 취득 후 중과세대상

취득세 과세물건을 취득한 후에 그 과세물건이 중과세율의 적용대상이 되었을 때에는 대통령령이 정하는 날부터 60일 이내에 중과세율을 적용하여 산출한 세액에서 이미 납부한 세액(가산세 제외)을 공제한 금액을 세액으로 하여 신고하고 납부하여야 한다.

㉡ 비과세 감면 후 부과대상

이 법 또는 다른 법령에 따라 취득세를 비과세, 과세면제, 또는 경감 받은 후에 해당 과세물건이 취득세 부과대상 또는 추징대상이 되었을 때에는 그 사유발생일로부터 60일 이내에 해당 세율을 적용하여 산출한 세액[경감 받은 경우에는 이미 납부한 세액(가산세 제외)을 공제한 세액을 말한다]을 신고하고 납부하여야 한다.

(2) 가산세(보통징수)

① **신고불성실가산세**

㉠ 일반무신고가산세: 20%

㉡ 일반과소신고가산세: 10%

㉢ 부당무(과소)신고가산세: 40%

② **납부지연가산세**: 납부기한 경과 후 하루 경과시마다 1일 22/100,000(0.022%)

단, 미납세액 또는 부족세액의 75/100 한도

(3) 중가산세: 산출세액의 80%(보통징수) – 취득세에만 적용

취득 후 법정신고 기한 내 신고하지 않고 매각하는 경우. 단, 다음의 경우는 제외한다.

① 취득세 과세물건 중 등기 또는 등록을 필요로 하지 아니하는 과세물건(단, 골프 회원권, 콘도미니엄 회원권 및 종합체육시설 이용권 등은 제외)

② 지목변경, 차량, 건설기계 또는 선박의 종류변경 및 과점주주의 주식취득 등 취득으로 간주되는 과세물건

(4) 법인의 장부 등 작성과 보존의무 불이행시

산출세액 또는 부족세액의 100분의 10에 해당하는 금액을 가산하여 징수한다.

(5) 면세점

① 취득가액(취득세액이 아님. 연부취득은 연부금 총액) 50만원 이하인 경우

② 취득일로부터 1년 이내 인접한 부동산을 취득한 경우 1건의 취득으로 보아 면세점 여부 판단

(6) 부가세

① 취득세 납부세액(표준세율을 2% 적용한 세액) × 농어촌특별세 10%

② 취득세 감면세액 × 농어촌특별세 20%

③ **지방교육세**: 표준세율에서 1천분의 20을 뺀 세율을 적용하여 산출한 금액의 100분의 20

④ 주택 유상거래 취득의 경우 해당 세율에 100분의 50을 곱한 세율을 적용하여 산출한 금액의 100분의 20

(7) 납세지

물건의 소재지 관할 특별시 · 광역시 · 도. 단, 도세 징수위임규정에 따라 시장 · 군수 · 구청장이 징수한다.

같은 취득 물건이 둘 이상의 시 · 군에 걸쳐 있는 경우 각 시 · 군에 납부할 취득세를 산출할 때 그 과세표준은 취득 당시의 가액을 취득물건의 소재지별 시가표준액 비율로 나누어 계산한다.

2 등록면허세 신고납부

(1) 일반적인 경우

등록을 하려는 자는 과세표준에 해당 세율을 적용하여 산출한 세액을 등록을 하기 전까지 납세지를 관할하는 지방자치단체의 장에게 신고하고 납부하여야 한다.

(2) 추가 신고납부하는 경우

① 등록 후 중과세 대상

등록면허세 과세물건을 취득한 후에 그 과세물건이 중과세율의 적용대상이 되었을 때에는 대통령령이 정하는 날부터 60일 이내에 중과세율을 적용하여 산출한 세액에서 이미 납부한 세액(가산세 제외)을 공제한 금액을 세액으로 하여 신고하고 납부하여야 한다.

② 비과세 감면 후 부과대상 또는 추징대상

이 법 또는 다른 법령에 따라 등록면허세를 비과세, 과세면제, 또는 경감 받은 후에 해당 과세물건이 등록면허세 부과대상 또는 추징대상이 되었을 때에는 그 사유발생일로부터 60일 이내에 해당 세율을 적용하여 산출한 세액[경감 받은 경우에는 이미 납부한 세액(가산세 제외)을 공제한 세액을 말한다]을 신고하고 납부하여야 한다.

(3) 등록을 하기 전까지 납부하는 경우

등록면허세를 위 규정에 따라 신고를 하지 아니한 경우에도 등록면허세 산출세액을 등록을 하기 전까지 납부한 때에는 신고를 하고 납부한 것으로 본다. 이 경우 무신고가산세 및 과소신고가산세를 징수하지 아니한다.

(4) **보통징수**(가산세)

① 신고불성실가산세

㉠ 일반무신고가산세: 20%

㉡ 일반과소신고가산세: 10%

㉢ 부당무(과소)신고가산세: 40%

② **납부지연가산세**: 납부기한 경과 후 하루 경과시마다 1일 22/100,000(0.022%)

단, 미납세액 또는 부족세액의 75/100 한도

(5) 부가세

① **지방교육세**

등록면허세 납부세액이 있는 경우 납부세액의 100분의 20

② **농어촌특별세**

등록면허세 감면세액이 있는 경우 감면세액의 100분의 20

3 재산세 부과징수

(1) 과세기준일

재산세의 과세기준일은 매년 6월 1일로 한다.

(2) 납 기

<table>
<tr><th>과세대상</th><th colspan="2">납 기</th></tr>
<tr><td>토 지</td><td colspan="2">매년 9월 16일부터 9월 30일까지</td></tr>
<tr><td>건축물</td><td colspan="2">매년 7월 16일부터 7월 31일까지</td></tr>
<tr><td rowspan="3">주 택</td><td>해당 연도에 부과징수할 세액의 1/2</td><td>매년 7월 16일부터 7월 31일까지</td></tr>
<tr><td>해당 연도에 부과징수할 세액의 1/2</td><td>매년 9월 16일부터 9월 30일까지</td></tr>
<tr><td colspan="2">다만, 해당 연도에 부과할 세액이 20만원 이하의 경우는 조례가 정하는 바에 따라 납기를 7월 16일부터 7월 31일까지 한꺼번에 부과징수할 수 있다.</td></tr>
<tr><td>선 박</td><td colspan="2">매년 7월 16일부터 7월 31일까지</td></tr>
<tr><td>항공기</td><td colspan="2">매년 7월 16일부터 7월 31일까지</td></tr>
</table>

시장·군수는 과세대상 누락, 위법 또는 착오 등으로 인하여 이미 부과한 세액을 변경시키거나 수시 부과하여야 할 사유가 발생한 때에는 수시로 부과징수할 수 있다.

(3) 징수방법

① 재산세는 관할 지방자치단체의 장이 세액을 산정하여 보통징수의 방법으로 부과징수한다.

② 재산세를 징수하려면 토지, 건축물, 주택, 선박 및 항공기로 구분한 납세고지서에 과세표준과 세액을 적어 늦어도 납기개시 5일 전까지 발급하여야 한다.

(4) 소액 징수 면제

고지서 1장당 징수할 세액이 2,000원 미만인 때에는 당해 재산세를 징수하지 않는다.

예 2,000원이면 징수하지 아니한다 : ×

(5) 병기세목

소방분 지역자원시설세의 납기와 재산세의 납기가 같을 때에는 재산세의 납세고지서에 나란히 기재하여 납세고지할 수 있다. 예 하여야 한다 : ×

(6) 신탁재산 수탁자의 물적 납세의무

신탁재산의 위탁자가 재산세 등을 체납한 경우로서 그 위탁자의 다른 재산에 대하여 체납처분을 하여도 징수할 금액에 미치지 못할 때에는 해당 신탁재산의 수탁자는 그 신탁재산으로써 위탁자의 재산세 등을 납부할 의무가 있다.

(7) 부가세

재산세 부가세는 재산세액(도시지역 분 재산세액은 제외)의 100분의 20에 해당하는 지방교육세가 부과된다.

(8) 물납 및 분납

① **물 납**

납부세액이 1천만원을 초과할 때(1천만원인 경우 물납할 수 없다)

㉠ 물납대상

관할 구역 내에 소재하는 부동산에 한하여 허가

㉡ 물납의 신청과 납부절차

ⓐ 납부기한 10일 전까지 신청 ⇨ 5일 이내 서면으로 허가여부 통지

지방자치단체 장은 물납신청을 받은 부동산이 관리처분상 부적당하다고 인정되는 경우에는 허가를 하지 아니할 수 있다.

ⓑ 불허가 받은 경우: 10일 이내 변경 신청

물납을 하면 납기 내 납부한 것으로 본다.

㉢ 물납 부동산 평가: 과세기준일 현재의 시가

② **분납**(납부금액이 250만원을 초과할 때)

㉠ 분납금액

ⓐ 500만원 이하일 경우: 250만원을 초과하는 금액

ⓑ 500만원 초과일 경우: 그 세액의 100분의 50 이하의 금액

㉡ 분납기간: 납부기한 경과 후 3개월 이내에 분납

㉢ 시장·군수는 분납신청을 받은 경우 이미 고지한 납세고지서를 납부기한 내 납부할 납세고지서와 분할납부기한 내 납부할 납세고지서로 구분하여 수정고지하여야 한다.

4 종합부동산세 납부 방법

(1) **원칙**: 부과·징수

① 관할세무서장은 납부하여야 할 종합부동산세의 세액을 결정하여 당해 연도 12월 1일부터 12월 15일까지 부과·징수한다.

② 관할세무서장은 종합부동산세를 징수하고자 하는 때에는 납세고지서에 주택 및 토지로 구분한 과세표준과 세액을 기재하여 납부기간 개시 5일 전까지 발부하여야 한다.

(2) **예외**: 신고납부

종합부동산세를 신고납부 방식으로 납부하고자 하는 납세의무자는 종합부동산세 과세표준과 세액을 당해 연도 12월 1일부터 12월 15일까지 신고하여야 한다. 이 경우 부과주의 규정에 따른 결정은 없었던 것으로 본다.

신고납부를 하지 않아도 무신고가산세는 부과되지 않는다. 단, 과소신고가산세는 부과될 수 있다.

(3) **과세기준일**

매년 6월 1일을 과세기준일로 한다.

(4) **납세지**

① **개인 또는 법인으로 보지 아니하는 단체**: 주소지 관할 세무서. 다만, 주소지를 알 수 없는 때에는 거소지 관할 세무서로 한다.

② **법인 또는 법인으로 보는 단체**: 본점 소재지 관할 세무서

(5) 분 납

납부세액이 250만원 초과시 납부기한 경과 후 6개월 이내 분납한다.

(6) 비과세 및 감면

재산세 비과세 감면 규정을 준용한다.

(7) 부가세

농어촌특별세 20%

(8) 세부담의 상한

① **주택**: 150/100(단, 법인 소유 주택의 경우에는 세부담상한을 적용하지 아니한다)

② **종합합산대상 토지, 별도합산대상 토지**: 150/100

5 양도소득세 납세절차

(1) 양도소득세 과세표준 예정신고납부

① **예정신고기한**

㉠ 토지, 건물 및 부동산에 관한 권리, 기타자산: 양도일이 속하는 달의 말일부터 2월 이내

㉡ 주식 또는 출자 지분: 양도일이 속하는 반기의 말일부터 2월 이내

㉢ 토지거래허가구역 내 토지로서 허가일 전에 잔금을 지급한 경우: 허가일(허가 전에 구역지정이 해제된 경우 해제일)이 속하는 달의 말일부터 2월 이내

㉣ 부담부증여의 채무액에 해당하는 부분으로서 양도로 보는 경우: 양도일이 속하는 달의 말일부터 3개월 이내에 신고를 하여야 한다.

② 양도차익이 없거나 양도차손이 발생한 경우에도 신고는 하여야 한다.

(2) 양도소득 과세표준 확정 신고납부

① **신고기한**

과세기간의 다음 연도 5월 1일부터 5월 31일(단, 토지거래 허가구역의 경우 허가 전에 대금청산시 허가일이 속하는 과세기간이 속한 연도의 다음 연도)

② **가산세**

㉠ 일반무신고가산세: 무납부세액의 20%

㉡ 일반과소신고가산세: 과소납부세액의 10%

㉢ 부정무신고가산세: 부정무납부세액의 40%

㉣ 부정과소신고가산세: 부정과소납부세액의 40%

㉤ 납부지연가산세: 1일 경과시마다 100,000분의 22(0.022%) 적용

납부고지 후 미납세액의 3/100

③ **환산취득가액 적용에 따른 가산세**

거주자가 건물을 신축 또는 증축(바닥면적 합계 85m²를 초과하여 증축한 경우)을 하고 그 신축 또는 증축한 건축물의 취득일 또는 증축일로부터 5년 이내 해당 건물을 양도하는 경우로서 환산취득가액(증축의 경우 증축한 부분에 한정한다)이나 감정가액(증축의 경우 증축한 부분에 한정한다)을 그 취득가액으로 하는 경우에는 해당 건물의 환산취득가액이나 감정가액의 100분의 5에 해당하는 금액을 양도소득 결정세액에 더한다.

④ **예정신고한 자 중 확정신고 대상자**

예정신고한 자는 확정신고를 하지 않을 수 있다. 다만, 다음의 경우에는 확정신고를 하여야 한다.

㉠ 해당 과세기간에 누진세율 적용대상 자산에 대한 예정신고를 2회 이상 한 자가 이미 신고한 양도소득금액과 합산하여 예정신고를 하지 않는 경우

㉡ 토지, 건물, 부동산에 관한 권리 및 기타자산을 2회 이상 양도한 경우로서 양도소득기본공제의 적용으로 인하여 당초 신고한 양도소득 산출세액이 달라지는 경우

(3) 분납과 부가세

① **분납의 요건**(예정신고 또는 확정신고시)

㉠ 납부세액이 1천만원 초과시

㉡ 납부기한 경과 후 2개월 이내

㉢ 분납금액

ⓐ 세액 2천만원 이하인 경우: 1천만원을 초과하는 금액

ⓑ 세액 2천만원 초과의 경우: 그 세액의 50% 이하의 금액

② **부가세**: 감면 받은 경우에는 감면세액의 농어촌특별세 20%

Thema 13 세목별 특징

1 취득세 특징

(1) 취득세는 취득한 물건의 소재지 관할하는 특별시 · 광역시 · 도에서 그 취득자에게 부과하는 지방세 중 도세이다.

(2) 취득세는 과세대상 물건의 소유권이 이전되는 거래단계마다 과세되는 거래세 유통세이며 그 취득하는 행위에 대하여 과세하는 행위세이며 물세에 해당한다.

(3) 취득세는 물건의 가액을 과세표준으로 하는 종가세이며 세율은 과세표준의 크기에 관계없이 동일한 세율을 차등하여 적용하는 차등 비례세율을 적용한다.

(4) 취득세는 소유권 변동에 관한 법률상 형식적 요건인 등기 · 등록을 하지 아니한 경우라도 당해 물건에 대하여 수용 수익 또는 처분할 수 있는 지위에 서면 취득으로 보는 실질주의를 취득하고 있으며 또는 실질적인 소유권 취득 여부에 관계없이 등기 · 등록을 한 경우에도 취득으로 인정하는 형식주의도 취하고 있다.

(5) 취득세는 공부상 현황과 사실상 현황이 다른 경우 사실상 현황에 따라 취득세를 과세한다.

4
과목

2 등록면허세 특징

(1) 등록면허세는 재산권 기타 권리의 설정 · 이전 · 변경 또는 소멸에 관한 사항을 공부에 등록하는 경우에 그 등기 또는 등록을 하는 자에게 부과하는 특별시와 광역시의 자치구세 및 도세이다.

(2) 등록에 대한 등록면허세는 등기 · 등록을 하는 행위 자체가 반드시 합법적이고 정당하냐에 무관하게 외형상 형식인 등기 또는 등록행위를 담세력으로 보아 과세하는 형식주의를 취하고 있다.

(3) 등록면허세의 과세표준 결정은 과세대상 물건의 가액이나 채권금액 등으로 표시하는 종가세와 과세물건의 단위(건수) 등으로 표시하는 종량세로 되어 있다.

(4) 등록면허세의 세율은 과세표준의 표시 방법에 따라 적용 세율의 구조가 다르다. 과세표준이 종가세인 경우에는 정률세율이며 종량세인 경우에는 정액세율이다.

(5) 등록면허세는 부동산등기의 경우 산출세액이 6,000원 미만인 경우 그 세액을 6,000원으로 한다.

(6) 등기·등록 후 무효나 말소가 된 경우 이미 납부한 등록면허세는 과오납으로 환급하지 아니한다.

(7) 등록면허세를 신고하지 아니한 경우라도 등록을 하기 전까지 납부한 경우에는 신고하고 납부한 것으로 보아 신고불성실가산세를 부과하지 아니한다.

3 재산세 특징

(1) 재산세는 과세물건의 소재지 관할하는 시장·군수·구청장이 과세하는 시군세이다. 다만, 특별시 관할구역에 있는 구의 재산세(선박 및 항공기는 제외)는 특별시 및 구세인 재산세로 한다.

(2) 재산세는 소유자의 보유기간에 관계없이 과세기준일에 소유자에게 정기적·반복적·계속적으로 과세하는 보유세이다.

(3) 재산세는 과세표준과 세액을 과세관청에서 결정하는 조세로서 세원이 안정적이다.

(4) 재산세는 소유하고 있는 재산을 중심으로 하여 과세하는 물세로서 그 재산으로 인하여 예상되는 수익창출력에 대하여 과세하는 응익과세의 성격과 일부토지에 대해서는 소유자별로 합산하여 응능과세하는 인세의 성격도 지니고 있다.

(5) 법령이 정하는 도시지역 안에 소재하는 부동산세 대하여는 조례에 따라 산출한 세액을 재산세액으로 부과할 수 있다.

(6) 재산세는 납세자의 편의제도인 물납 및 분납제도를 인정하고 있다.

(7) 재산세는 소액징수면제제도와 세부담상한제도를 두고 있다.

4 종합부동산세 특징

(1) 종합부동산세는 부동산 보유시 과세하는 보유세로서 국세이다.

(2) 종합부동산세는 과세기준일에 납세의무가 성립하는 조세이다.

(3) 전국의 토지 또는 주택가액을 소유자별로 합산하여 보유 정도에 따라 초과누진세율을 적용하는 인세이다.

(4) 종합부동산세는 고지서에 의하여 부과징수를 원칙으로 하지만 예외로 납세의무자의 신고에 의하여 납부할 수 있다. 이 경우 무신고가산세는 부과하지 아니한다.

(5) 종합부동산세는 납세자 편익을 고려하여 분할납부제도를 인정하는 조세이다.

5 양도소득세 특징

(1) 등기·등록 여부에 관계없이 사실상 이전되는 경우에 과세한다.

(2) 대가를 받고 자산을 양도하는 유상이전에 대하여 과세한다.

(3) 사업성이 없는 일시적 비반복적 양도에 대하여 과세한다.

(4) 종합소득 및 퇴직소득에 합산하지 아니하고 분류하여 과세한다.

(5) 주소지 관할 세무서에 신고하고 납부하는 국세이며 인세에 해당한다.

제36회 공인중개사 시험대비 **전면개정판**

2025 박문각 공인중개사 2차 기초입문서

초판인쇄 | 2024. 10. 25. **초판발행** | 2024. 10. 30. **편저** | 박문각 부동산교육연구소
발행인 | 박 용 **발행처** | (주)박문각출판 **등록** | 2015년 4월 29일 제2019-000137호
주소 | 06654 서울시 서초구 효령로 283 서경빌딩 4층
팩스 | (02)584-2927 **전화** | 교재주문·학습문의 (02)6466-7202

정가 28,000원 ISBN 979-11-7262-282-4 / ISBN 979-11-7262-280-0(1·2차 세트)